Charles Meryon, *Le Stryge*, 1853.

Realidade Possível:
Dilemas da Ficção em Henry James
e Machado de Assis

Estudos Literários 41

Apoio:
CAPES

Marcelo Pen Parreira

Realidade Possível:
Dilemas da Ficção em Henry James e Machado de Assis

Ateliê Editorial

Copyright © 2012 Marcelo Pen Parreira

Direitos reservados e protegidos pela Lei 9.610
de 19 de fevereiro de 1998.

É proibida a reprodução total ou parcial
sem autorização, por escrito, da editora.

Dados Internacionais de Catalogação na Publicação (CIP)
(Câmara Brasileira do Livro, SP, Brasil)

Parreira, Marcelo Pen
  Realidade Possível: Dilemas da Ficção em Henry James e Machado de Assis / Marcelo Pen Parreira. – Cotia, SP: Ateliê Editorial, 2012. – (Coleção estudos literários)

ISBN 978-85-7480-626-6
Bibliografia.

1. Assis, Machado de, 1839-1908 – Crítica e interpretação 2. James, Henry, 1843-1916 – Crítica e interpretação 3. Literatura brasileira 4. Literatura comparada 5. Literatura norte-americana I. Título. II. Série.

12-13754   CDD-809

Índices para catálogo sistemático:
1. Teoria literária e literatura comparada
809

Direitos reservados à
ATELIÊ EDITORIAL
Estrada da Aldeia de Carapicuíba, 897
06709-300 – Granja Viana – Cotia – SP
Telefax: (11) 4612-9666
www.atelie.com.br / contato@atelie.com.br
2012
Printed in Brazil
Foi feito o depósito legal

When you have to attend to things of that sort, to the mere incidents of the surface, the reality – the reality, I tell you – fades.

JOSEPH CONRAD, Heart of Darkness.

A Dveire e Isaac Pen, e Augusta de Freitas Parreira e Adelardo Parreira Vianna, in memoriam.

Sumário

Advertência 13

I. MERGULHO 15

   1. "Mais Coisas do que Sonha Nossa
      (Vã) Filosofia" 15

   2. *Les Vieux*. 32

   3. Leitura(s) Machadiana(s): Fantasmas no
      Armário 43

   4. A Aventura de Strether 86

   5. De Volta ao *Memorial*: A Causa Secreta 114

II. PERCURSOS. 129

   1. Olhos Carregados de Crimes: Ardil e Ambiguidade
      na Obra Inicial de James e de Machado. 129

   2. *Revue* em Revista 161

3. Entre o Quadro e o Sepulcro: Strether, Aires
   e o Cerco ao Real 201

4. *Os Embaixadores*: Análise de Cena 232

5. *Memorial de Aires*: Análise de Cena 269

III. CHEGADA................................... 305

Bibliografia 349

Advertência

Este livro deriva de minha tese de doutorado *Estratégias do Falso*, defendida em agosto de 2007. Os cerca de cinco anos que o separam dela, porém, já assinalam que muita coisa mudou de lá para cá. As alterações, das ligeiras às profundas, foram bem variadas. Acrescentei e suprimi notas; reescrevi frases, parágrafos e até mesmo páginas inteiras; inseri novas referências (sobretudo trechos extraídos da *Revue des Deux Mondes*, que hoje pode ser facilmente acessada pelo sítio da Biblioteca Nacional Francesa) e no geral ampliei o aparato teórico-crítico. Substitui as citações a *The Ambassadors* pelas da tradução que fiz do romance, lançado em 2010 pela editora Cosac Naify, dando o cotejo com original quando se fez necessário. Finalmente incluí um outro capítulo: aquele que, nesta edição, corresponde à seção II. 3.

Entretanto, mantenho a convicção de que os (assim espero) aperfeiçoamentos e esclarecimentos tenham sido fiéis ao espírito de cinco anos atrás; não no sentido de que meu pensamento não se modificou, mas sim no de que certas ideias precisam ser conservadas para servirem à discussão. E, se a discussão que envolve o confronto entre os contemporâneos Henry James e Machado de Assis não é nova, conquanto sem uma sistematização ou aprofundamento maiores, minha defesa do método peculiar de ambos de representar a realidade (num mundo onde o progresso e a fugacidade moderna toldaram nossa visão do real) alimenta apesar disso a esperança de mostrar-se proveitosa nos debates que envolvem ambos os escritores.

São muitos os meus agradecimentos, desde os que dirijo à minha primeira e querida leitora Iumna Maria Simon; passando pela contribuição empenhada, amorosa, de Ademir Souza dos Santos e as sagazes observações de Laura Aguiar; pelos conselhos dados pelos membros da banca de doutoramento, Hélio de Seixas Guimarães, Samuel Titan Júnior, Paulo Henriques Britto e Sérgio Bellei, até os comentários de Ana Paula Pacheco ao novo capítulo. Agradeço também a Jorge de Almeida, pela sugestão de título; a Fábio de Souza Andrade, pela intermediação inicial com a editora; aos demais colegas e aos funcionários do Departamento de Teoria Literária e Literatura Comparada da FFLCH-USP, e a Daniel Mason, pela localização de obras cruciais nos Estados Unidos. Sou grato ainda à Capes, pelo amparo financeiro durante a pesquisa, e à Ateliê Editorial, pelo cuidado no tratamento da obra. Acima de tudo não poderia deixar de registrar meu reconhecimento pelo apoio incondicional que sempre recebi de minha família. Por fim, quero expressar meu débito para com autores sem os quais minha imaginação nem chegaria a esboçar os primeiros voos: Candido, Schwarz, Watt, Booth, Gledson e, principalmente, Dolf Oehler, a quem devo muito dos últimos capítulos.

Não há publicação sem riscos e pretendo mui graciosamente assumi-los, com todos os equívocos que porventura se apresentem. E, a despeito do tempo de amadurecimento, sempre resta a desconfiança de que este jamais se revelará de fato acabado nem renderá frutos apetecíveis. Mas a obra nunca está pronta sem que se a ofereça a seu leitor. E é a ele ou ela que a dedico agora, no desejo de um diálogo profícuo.

I

Mergulho

> *Omnes vulnerant, ultima necat*
>
> Inscrição latina, citada em
> *Os Embaixadores*.
>
> LUCIFER
> *E, porque é errar*
> *mandar o soberbo a negociar*
> *cousas que hão de ser feitas per manha,*
> *não te mandei: que a fúria não ganha,*
> *mas doces palavras, e dissimular*
> *faz toda a façanha.*
>
> GIL VICENTE, *Breve Sumário*
> *da História de Deus*.

1. "Mais Coisas do que Sonha Nossa (Vã) Filosofia"

No capítulo dedicado a *Os Embaixadores*, na coletânea de estudos de Richard Palmer Blackmur sobre Henry James, o ensaísta americano compara Strether Lambert, protagonista do romance, ao príncipe Myshkin, depois que este último volta da Suíça no final de *O Idiota*. "São primos separados por suas culturas", ele diz[1].

A aproximação entre James e Fedor Dostoiévski é sugerida por muitos críticos, dentre os quais Roberto Schwarz que, em *Um Mestre na Periferia do Capitalismo*, relaciona ambos a Machado de Assis[2]. Já em *Ao Vencedor as Batatas*, Schwarz cita a novela

---

1. Blackmur, 1983, p. 215.
2. Schwarz, 2000b, pp. 11, 180, 241 e 242.

de James, *A Madona do Futuro*, para exemplificar o complexo de inferioridade que artistas de nações periféricas sentiriam em relação aos países europeus, culturalmente mais desenvolvidos. Na história, o escultor Teobaldo lamenta o fato de os americanos serem "os deserdados da arte", visto que o solo pátrio lhes afigura "escasso, estéril, artificial". O autor podia não concordar exatamente com a ideia do herói, em grau, mas é certo que James a encampava, em gênero, como atestam seus diários. Neles, o escritor, que viveu a maior parte da vida na Europa, observou que os europeus podiam prescindir das coisas americanas para produzir sua literatura, ao passo que seus concidadãos careciam do Velho Mundo, que lhes servia de esteio à imaginação. Um americano precisava "lidar, mais ou menos, e ainda que só por implicação, com a Europa", declarou o romancista, na época com 37 anos[3].

Em *Um Mestre*, Schwarz explica como Machado, ao dramatizar "a estrutura do país" numa alternância de perspectivas ou pontos de vista, assim converte o assunto de primeiro plano num celeiro para relações bastante complexas, lembrando, nesse ponto, Henry James, além de Marcel Proust e Thomas Mann. Outrossim, ao abordar a crise do narrador que segundo a tradição marxista sucedeu a insurreição parisiense de 1848, o crítico mostra como James buscou procedimentos por meio dos quais a objetividade pudesse ser reincorporada à narrativa.

Na esteira do problema epistemológico que levou à separação dos discursos, o narrador passou a ser visto com desconfiança; o leitor *a priori* já não lhe outorgava a marca da autoridade. As soluções artísticas foram variadas. Enquanto Flaubert procurou dotar sua prosa de uma impessoalidade expositiva e Zola quis aproximar a ficção do discurso científico, James baseou sua narrativa na ênfase sobre o ponto de vista. É nesse campo, onde reina o "primado do procedimento sobre

---

3. Schwarz, 2000a, pp. 35-36. A citação de James está em Matthiessen e Murdock, 1947. Arthur Nestrovski traduziu o conto mencionado por Schwarz; veja James, 1997.

as opiniões", que, no entender de Schwarz, Machado pode ser inserido no quadro internacional das inovações artísticas. Conforme assevera o crítico, páginas depois: "Com perfil realçado mas enigmático, à maneira de Baudelaire, Flaubert, Dostoiévski e Henry James, o procedimento artístico se coloca deliberadamente a descoberto, como parte, ele próprio, do que esteja em questão. Não porque a literatura deva tratar de si mesma, segundo hoje se costuma afirmar, mas porque na arena inaugurada em meados do século XIX, cuja instância última é o antagonismo social, toda representação passava a comportar, pelas implicações de sua forma, um ingrediente político, e a ousadia literária consistia em salientar isso mesmo, agredindo as condições da leitura confiada e passiva, ou melhor, chamando o leitor à vida desperta"[4].

A ideia de semelhança entre Machado e James também parece ter seduzido a professora Onédia Célia Pereira de Queiroz. Para transferir ao nosso idioma uns textos do segundo, ela afirma ter voltado a ler o primeiro: "Não apenas pelo problema da linguagem – Machado é sempre um Mestre e sua época é a mesma de Henry James – mas também porque sinto que há mais coisas entre Machado e James 'do que sonha nossa (vã) filosofia'". Embora tenham escrito dentro do período denominado realista, os dois teriam tratado a realidade de forma peculiar, dissolvendo-a "em ambiguidades, ironias, nuanças psicológicas, de tal sorte que a história em si, os incidentes passam a ter papel secundário: o que importa mais são os oblíquos e indiretos jogos das impressões, das relações, das motivações". Com o tempo, a técnica de ambos teria se tornado cada vez mais elaborada, "refletindo uma grande preocupação com a arte do romance em si e uma busca incessante da perfeição"[5].

Trata-se de um julgamento em certa medida conforme ao do crítico inglês John Gledson, para quem, ademais, os

---

4. Schwarz, 2000b, pp. 241-242.
5. O. C. Pereira de Queiroz, em James, 1991.

romances de Machado posteriores a 1880 são "veículos de crítica ideológica"[6]. Segundo ele, a comparação entre o escritor e seu colega americano justifica-se, sobretudo no caso de *Memorial de Aires* (1908), no qual o ceticismo do protagonista leva-o (nos) a um "insistente questionamento de gestos, olhares, palavras, atitudes, motivações".

Ainda que a semelhança entre James e Machado seja patente para diversos críticos, a verdade é que é muito difícil de encontrar, acerca do tema, mais do que um punhado de alusões e estudos. Ao contrário do quadro dos escritores ingleses, cuja influência é admitida pelo brasileiro e estudada de há muito, o mais que temos sobre sua ligação com o americano são hipóteses não sistematizadas; no máximo, trechos em livros.

A influência inglesa, por outro lado, é assunto de estudo clássico do baiano Eugênio Gomes, que parte do ataque de Sílvio Romero, para quem "o autor de Brás Cubas não era mais do que um simples macaqueador de Sterne", para examinar a ascendência em Machado do criador de *Tristram Shandy*, além de Dickens, de Thackeray, de Shakespeare, entre outros. Baseado em depoimento de Luís Delfino e Lafaiete Silva, Gomes diz que o entusiasmo de Machado pelo "*humour* britânico" cresceu a partir de 1882, "graças a aulas de inglês tomadas com o professor que ensinava também nesse tempo a Capistrano e a Vale Cabral, seus companheiros de curso"[7].

---

6. Gledson, 1986, p. 234.
7. Gomes, 1976, pp. 9 e 14. Jean-Michel Massa duvida que Machado tivesse um profundo conhecimento, não propriamente desses autores, mas da língua inglesa. Ao traduzir *Oliver Twist*, em 1870, e até mesmo "O Corvo", o escritor teria se valido de versões francesas. É possível que mesmo *Uma Viagem Sentimental Através da França e da Itália* e *A Vida e as Opiniões do Cavalheiro Tristam Shandy* tenham sido lidos em francês, cujas versões abundavam na época: "O problema do conhecimento do inglês é, até agora, um problema delicado; de qualquer maneira não se pode considerar que Machado tivesse um conhecimento do inglês igual ao que tinha do francês" ("Entrevista com o Professor Jean-Michel Massa", em *Teresa: Revista de Literatura Brasileira*, 2004-2005, p. 465).

Há todavia autores que fazem alusões proveitosas aos pontos de convergência entre Machado e James. Num estudo recente, de 1989, Earl Fitz afirma que os dois "têm muito em comum", por estarem menos interessados na descrição do mundo externo da ação do que na vida interna de seus personagens, "nas forças que os motivam e os levam a tomar uma decisão ou outra". Essa ênfase nos motivos, circunstâncias e no tumulto interno – que teria encontrado forma mais feliz em suas melhores obras, entre as quais *Os Embaixadores* e *Dom Casmurro* – teria igualmente contribuído para o "estabelecimento do [moderno] romance psicológico". Outra semelhança estaria no fato de que, assim como Flaubert, James e Machado "compartilham um compromisso com o refinamento do romance como obra de arte, com a técnica da ficção". Por fim, tanto o americano quanto o brasileiro, admiradores de Charles-Augustin Sainte-Beuve, julgavam que a maneira correta de atestar a excelência de uma obra artística seria auferir as intenções do autor e, a partir daí, determinar com que felicidade ele atingiu seu objetivo[8].

Ao examinar a própria obra nos "Prefácios" da *Edição de Nova York*, com efeito, James tinha por hábito procurar o germe originário, a ideia ou concepção primeira, para depois tentar descobrir se suas metas foram ou não alcançadas a contento. Esse parece ser, inclusive, um de seus únicos dogmas críticos; o autor costumava evitar conceitos apriorísticos acerca de gênero ou escola: *A Ilha do Tesouro*, de Stevenson, um romance de aventuras, seria assim melhor do que *Chérie*, de Edmond de Goncourt, uma obra de corte psicológico, porque o primeiro teria logrado atingir os objetivos narrativos a que o autor se propôs e o segundo, não[9].

Decerto James criticava a estética naturalista, mas não porque esta o desagradasse profundamente do ponto de vista ético, digamos, mas porque achava que seus procedimentos

---

8. Fitz, 1989, pp. 16 e 101.
9. Veja a esse respeito: James, 2003, pp. 58-78.

feriam princípios artísticos. A listagem exaustiva de detalhes sórdidos, por exemplo, não era moralmente deplorável: era simplesmente tediosa, desinteressante. Havia um quê de superficial, de sensacionalismo, na escola que desagradava tanto a James quanto a Machado, conforme salienta Fitz. Os ditames naturalistas, além disso, seriam incapazes de lidar com as múltiplas complexidades da realidade – de maneira que Machado teria aconselhado os escritores a "perscrutar a 'realidade', afastando-se da superficialidade do naturalismo", o que evitaria, assim, o sacrifício "da 'verdade estética', a que toda arte verdadeira almeja"[10].

Bem antes de Fitz, Augusto Meyer já apresentara outro interessante confronto entre James e Machado, por intermédio de um julgamento negativo relacionado justamente ao peso que ambos davam à forma artística. No ensaio "De Machadinho a Brás Cubas", publicado originalmente na *Revista do Livro*, em 1958, Meyer arrola uns avanços técnicos, sobretudo em *Memórias Póstumas*, quando esta obra é contraposta não só à produção anterior do Machado, mas também ao que se fazia na arena literária na época, que o teriam permitido "criar uma obra digna do seu gênio, ou se preferem, do seu demônio, o *daimon* que se agitava dentro dele, sem que o soubesse, ainda em estado fetal ou dormitativo [...]"[11].

A evolução proporcionada por influência deste ser subterrâneo mostrou-se tremenda. A própria forma teria sido rompida, passando a apresentar-se com uma coesão aparentemente muito mais solta, encharcada por uma infinidade de referências, alusões históricas e literárias[12], que deixou furibundo o Sílvio

10. Fitz, *op. cit.*, pp. 102-103.
11. A. Meyer, "De Machado a Brás Cubas", em *Teresa: Revista de Literatura Brasileira*, 2004-2005, p. 409.
12. Meyer se dá ao trabalho de listá-las: Stendhal, Sterne, Xavier de Maistre, Moisés e o Pentateuco, Hamlet e o seu solilóquio, alusão a Chateubriand, alusão ao enigma de Édipo, Bismarck, Suetônio e os Doze Césares, Cláudio, Sêneca, Tito, Lucrécia e os Bórgias, Messalina, a dieta germânica, a Batalha

Romero. Para o ensaísta sergipano, tudo aquilo soava falso, premeditado, fabricado, dotado "daquela falsa originalidade que é rebusca de efeitos mais sensacionais que profundos". A crítica ao cuidado excessivo conferido à forma lembrou Meyer da censura que fez, entre outras, E. M. Forster a James, em *Aspectos do Romance*: "All that is prearranged is false"[13].

Forster condenava não só o cuidado exagerado com a organização prévia do material, com as modulações e as reservas, com a configuração antecipada do esquema narrativo ("all that is prearranged"), enfim, mas com a primazia da forma, o zelo excessivo com a técnica, que, para ele, redundava numa arte falsa, contrária aos princípios da verdade. O escritor deveria recolher diretamente suas flores no jardim da vida, sem preocupar-se antecipadamente com o arranjo delas: elas serão tão mais vivas quanto mais espontânea e naturalmente colhidas – com as cores, formas, agrupamentos e tamanhos que se acham na natureza. Nem James nem Machado, como veremos, concordavam com isso; para eles, a seleção, a formulação prévia, o rigor na disposição dos elementos e na estrutura da narrativa são essenciais para conferir o almejado ar de realidade à obra acabada. Para eles, quanto maior o investimento na forma, maior a verdade artística (diferente da verdade histórica ou sociológica, digamos) obtida.

Dez anos antes do ensaio de Meyer, um crítico americano, na que talvez tenha sido a primeira aproximação entre a obra de Machado e de James, falava justamente do "estilo apolíneo" do brasileiro, que, como os antigos gregos, "abomina excessos e verbosidade de todo tipo". Num livro que mistura biografia, impressão e análise, e no qual se inserem muitos acertos, mas também certas excentricidades interpretativas, Samuel Putnam dedica várias páginas à apresentação de Machado, que se iniciam com um episódio da biografia do próprio crítico.

---

de Salamina, Cromwell e uma sugestão de Pascal, a tenda de Abraão, Tertuliano etc. (*Idem*, p. 417).

13. *Idem*, p. 414.

Putnam está sentado no terraço de seu hotel, desfrutando de "cafezinhos"[14]; à sua frente a magnífica Baía de Guanabara, a avenida, o passeio público ("uma cidade exteriormente tão alegre e bela quanto Paris jamais fora") e, atrás, o morro, os favelados e a miséria. Um amigo lhe pergunta se conseguia conceber um escritor estadunidense capaz de ser comparado a Machado de Assis. O trecho prossegue assim:

> O outro americano (por acaso era eu) ficou silencioso por um momento. "Não, não consigo... A não ser que seja Henry James."
> "Mas James não possui a *sabedoria*, a vasta, profunda sabedoria de Machado."
> "É verdade, ele não tem. Não, não consigo pensar em ninguém mais"[15].

A "sabedoria" profunda a que Putnam alude combina com a ideia de verdade trazida dos subterrâneos ou do inferno, do mergulho nos recessos do próprio homem, defendida por Meyer. Putnam fala do escritor que "sempre explorou a penumbra da consciência humana, os escuros recessos da vida moral – ou amoral". Seus escritos revelariam uma "inesgotável desilusão com a raça humana", ainda que se mostrem contagiados por uma "serenidade olímpica"[16]. A prosa de Machado também não exibiria uma mensagem social ou política discernível – pelo menos não numa primeira instância. Seu objeto é o homem, mas, ao descrevê-lo, acaba inevitavelmente retratando "a época e a sociedade" em que vive. Nesse ponto estaria ao lado de escritores como James, Proust e Joyce. Putnam cita o caso de *Memórias Póstumas*, em que, de uma forma não ostensiva nem propagandista, já se achavam expos-

---

14. Putnam, 1948, p. 178. (Em português, no original.)
15. *Idem, ibidem.* (A primeira ocorrência da palavra "sabedoria" está em português, no original.)
16. *Idem*, pp. 186 e 180.

tas as forças "ocupadas em minar o velho regime patriarcal e escravocrata de outrora"[17].

Este seria, portanto, o primeiro ponto de contato entre James e Machado (e Proust e Joyce): sua arte está intrinsecamente relacionada com seu mundo e sua época – embora a relação possa mostrar-se sutil. O segundo ponto está no fato de que ambos são autores que tratam de "ideias"; não ideias abstratas, mas "cobertas pela forma humana". Ambos se interessam pela análise psicológica, portanto, "pela ação nebulosa que se aloja na consciência velada dos homens". Mas há diferenças, e estas residiriam na suposta sabedoria subterrânea. Enquanto James se daria por satisfeito em remexer pouco abaixo da superfície e conjugar as nuanças de comportamento, a frágil motivação de seus personagens "enquanto eles se deslocam numa atmosfera de alheamento aristocrático", Machado teria por costume ir mais fundo "nas regiões proibidas da alma onde o homem se aventura sob sua conta e risco" – uma análise que Meyer provavelmente acolheria[18].

Um último ponto de semelhança entre os dois escritores está na relativa ausência de ação ou enredo, entendidos no sentido mais corriqueiro. A ação, bem como a paisagem e o quadro social, é internalizada. É a partir do investimento em seus caracteres, naquilo que eles guardam de mais recôndito – seus desejos e motivações – que todo o resto se revela. Dessa maneira, seria pouco importante – para não dizer contrário às leis da verdade artística – concentrar-se nos lances externos da ação. Veremos como Machado, por exemplo, reprova a circunstância do extravio das cartas em *O Primo Basílio*. A ênfase no episódio fortuito, sem vínculo com o estado de alma dos personagens, quando de fato o romance deveria partir dos caracteres para a ação e não o contrário, tornaria todo o conjunto falso e frágil.

17. *Idem*, p. 183.
18. *Idem*, p. 184.

De modo geral, outro aspecto digno de interesse na análise que esses comentadores mais antigos (e também Fitz) fazem de Machado está na dupla aliança que se daria entre o escritor e as esferas clássica e moderna[19]. Para eles, a afinidade do romancista quer seja com autores clássicos – ou dos Oitocentos como Sterne ou ainda castiços como Garrett –, quer seja com propósitos considerados clássicos, como a censura aos excessos, contribuiu para que ele se afastasse não só do romantismo, então já decrépito, como principalmente da nova escola realista/naturalista. Vimos que Putnam ressaltou-lhe o estilo apolíneo (marcado por uma "claridade mediterrânea") e veremos, no exame da atividade crítica de Machado, que Tristão de Ataíde, já em 1939, chamava-o de "clássico".

Fitz, para quem Machado também era "essencialmente um clássico", aproxima-o da tradição peripatética, que não buscaria a mera cópia da realidade (no todo naturalmente impossível, segundo o mestre de Aristóteles, Platão), mas a imitação seletiva do real. Por outro lado, o crítico reforça a qualidade precursora que se atribui a Machado (Putnam compara-o a Proust e a Joyce), quando afirma que o tipo de drama internalizado que se vê em *Dom Casmurro* e *Quincas Borba* antecipou o romance psicológico moderno. Fitz termina por explicar a interpenetração entre clássico e moderno ao sugerir que é o clássico que possibilita o moderno. A concepção clássica, para ele, não seria rígida nem dogmática, mas abraçaria a mudança que conduz a um modo de arte superior. Fitz examina a teoria crítica que se extrai dos ensaios escritos por Machado e afirma que ele, como James, não refutava o novo, mas procurava comungar com uma "tradição de arte elevada e duradoura, que, por intermédio de seu controle técnico e formal e universalidade temática, supera o teste do tempo"[20].

---

19. Candido também aponta a ligação: "... nos seus contos e romances, sobretudo entre 1880 e 1900, nós encontramos, disfarçados por *curiosos traços arcaizantes*, alguns dos temas que seriam *característicos da ficção do século XX*" (Candido, 1995, p. 20; grifos meus).
20. Fitz, *op. cit.*, p. 101. Otto Maria Carpeaux, ao analisar a posição "ambígua"

Apesar das coincidências, não há nada ainda que ateste na prática, como se dá no caso dos ingleses, uma relação de influência unilateral ou recíproca. O certo é que James nunca leu Machado, e é provável que o segundo também não tenha tido grande (ou nenhum) conhecimento do primeiro. Nas palavras do crítico José Veríssimo, companheiro de Machado na Academia Brasileira de Letras, a maior parte dos poetas norte-americanos não diz "grande coisa" aos brasileiros. A exceção seria Edgard [*sic*] Poe, conhecido pela tradução de Baudelaire e pela versão, baseada no francês, que Machado fez de "O Corvo". O conhecimento dos imortais acerca da ficção norte-americana não era muito melhor, como ainda sugere Veríssimo ao descrever uma sessão da Academia. Embora lembrassem de nomes que se firmaram mormente até a década de 1850, como Henry Longfellow, Harriet Beecher Stowe e Ralph Waldo Emerson, quando se tratou de eleger os seus correspondentes estrangeiros, contemporâneos, poucos acadêmicos foram capazes de "dizer mais de dois nomes de escritores vivos norte-americanos"[21]. A julgarmos pelos assuntos dos ensaios de Veríssimo, os franceses mantiveram-se nossa maior referência alienígena, seguidos pelos alemães (Schopenhauer e Nietzsche, ainda pela via francesa), russos (Tostoi, também em tradução francesa), italianos e, somente então, os ingleses. A mesma constatação pode ser feita a partir da

de James, afirma que ele é ao mesmo tempo, "antiquado e moderníssimo". Carpeaux, 2010, p. 2037.

21. A questão está em saber qual é o segundo dos dois autores, pois Mark Twain, que faleceu em 1910, é nominalmente citado. Se estivesse vivo, decerto seria James Fenimore Cooper (1789-1851). Segundo Brito Broca, José de Alencar admirou-o e foi pelo escritor influenciado. O autor de *O Guarani*, que depois se casou com uma inglesa e veio a tornar-se íntimo do idioma da esposa, em sua mocidade entrou em contato com a obra do americano, muito provavelmente em tradução francesa, pois, "nessa época, de 1845 a 1860, quase nada traduzíamos". Broca imagina que a voga de Fenimore Cooper na Europa deve tê-lo promovido também no Brasil. Alencar não o recebera, portanto, dos Estados Unidos, mas pela via indireta do Velho Mundo. "O mesmo aconteceria, logo depois, com escritores brasileiros que se interessavam por Longfellow e Poe. Era a Europa que os impunha. Vinham a nós, por assim dizer, em segunda mão" (Broca, 1998, p. 67; Veríssimo, 2003, p. 107).

estatística de obras da biblioteca de Machado de Assis. Quase 20% dos volumes referem-se à literatura francesa e apenas 0,9% à norte-americana (a presença da literatura inglesa é bem maior: 13%)[22]. A página sobre os escritores norte-americanos, sobretudo os contemporâneos, ainda estava por ser escrita.

Se não deve ser vista pela linha da influência, porém, a relação entre Machado e James pode ser estudada pela via da contemporaneidade. Havendo quatro anos de diferença entre eles (Machado, o mais velho, nasceu em 1839 e faleceu em 1908, enquanto James veio ao mundo em 1843 e morreu em 1916), os dois passaram por quase os mesmos eventos históricos internacionais, com exceção da Primeira Guerra Mundial, cuja deflagração só o segundo testemunhou. Embora os Estados Unidos já se firmassem na época como grande potência imperialista[23], sua exígua posição cultural os obrigava a ter, como nós, os olhos postos no que ocorria na Europa. O Velho Continente era a referência para ambos, que talvez tenham sentido como se berrassem "nos desertos da América", conforme a expressão cunhada por Mário de Andrade, anos mais tarde. E ainda: mesmo que muito mais ricos, os Estados Unidos também possuíam um passado colonial e uma herança escravocrata. Na definição de Schwarz, ambos os países representavam as "jovens nações emancipadas da América"[24].

A presença da escravidão é bastante marcada, como sabemos, nos romances de Machado, mas talvez não esteja tão

---

22. Glória Vianna, "Revendo a Biblioteca de Machado de Assis", em Jobim, 2001, p. 124.
23. Veja, a esse respeito, os ensaios de José Veríssimo acerca da situação norte-americana: "O País Extraordinário" (1899) e "O Perigo Americano" (1907). Diz ele, no segundo destes textos: "... haviam os Estados Unidos, apenas no primeiro terço do século passado, atingido a situação de prosperidade a que chegaram e que jamais descontinuou". O historiador aponta a índole expansionista de nosso vizinho do norte, que o fez abocanhar um território quase cinco vezes tão grande quanto aquele com que começou sua carreira nacional, e a vocação imperialista, que, na época, o fazia sonhar estender-se "de polo a polo" (Veríssimo, *op. cit.*, pp. 143-151 e 557-562).
24. Schwarz, 2000a, p. 15.

distante assim, conquanto sugerida, dos enredos jamesianos[25]. Além disso, conforme nos parece ser o mais importante, ambos chegaram a sínteses formais próprias, embora porventura comparáveis, partindo de dilemas nacionais que envolveram a antiga relação entre metrópole e colônia e também de impasses artísticos e epistemológicos mais amplos, alimentados por circunstâncias históricas específicas, que os fizeram propor estratégias mais modernas na esfera da representação estética.

Com a autoridade do narrador ameaçada, outras estratégias narrativas foram colocadas em prática, como a onisciência autoral de Flaubert ou a feição cientificista do texto de Zola. No entanto, à medida mesmo que essas inovações eram propostas, uma voz conservadora já podia ser ouvida – e a mais famosa delas se formou em torno da *Revue des Deux Mondes*. Fundada como periódico liberal em 1829, a revista foi responsável pela divulgação dos poemas de *Les Fleurs du Mal*, de Baudelaire, além de ser reputada como tendo sido o veículo onde, pela primeira vez, a expressão "literatura comparada" foi empregada[26]. Apesar desses exemplos de arrojo, a revista nunca escondeu sua oposição aos programas artísticos radicais da época, como aprofundaremos adiante. Até mesmo a publicação dos poemas de Baudelaire, por exemplo, veio acompanhada de uma nota na qual os editores destacam a importância das dores morais contidas naqueles versos, como "sinais de nosso tempo"[27].

Em relação a Zola, as investidas da *Revue* são mais contundentes. Conquanto encampe uma visão positivista afim às teorias de Darwin, de Spencer e de Taine, Ferdinand Bruné-

---

25. Veja adiante, p. 90.
26. A menção aparece em texto de Sainte-Beuve sobre J. J. Ampère. A teoria estética de Ferdinand Brunétière, considerada precursora da Literatura Comparada, também se relaciona com artigos da revista., J. Agostini Mello, "Literatura Comparada e Literatura de Viagem: Estratégias Ópticas", em *Revista Magma*, 2002, pp. 101-109.
27. Du Val, 1936, p. 134.

tière, uma das principais figuras da publicação no último quartel do século XIX, considera repugnante a escolha dos temas e personagens, além de censurar o estilo brutal e materialista do autor de *Les Rougon-Macquart*[28]. Para o crítico, tanto o realismo quanto o naturalismo não são formas de oposição ao romantismo, mas uma espécie de último suspiro degradado dessa escola, uma instância corrompida após a qual uma forma de arte mais bem-acabada havia de ser criada.

O artigo de Brunétière vergastando Zola saiu em abril de 1875. Nessa época, Machado já havia publicado *Ressurreição* (1872) e *A Mão e a Luva* (1874); *Helena* e *Iaiá Garcia* apareceriam, respectivamente, um e três anos depois. As ideias antirrealistas do escritor, contidas principalmente nos ensaios "Instinto de Nacionalidade", "O Primo Basílio e "A Nova Geração", parecem coincidir com a posição ideológica da *Revue des Deux Mondes*, como também procuraremos demonstrar. De fato, a nos valermos da análise de Schwarz, Machado tomou os ensaios da revista, principalmente os de Charles de Mazade, como mote de sua retórica conservadora[29].

Igualmente interessante de observar é que, nesse mesmo período, James travava contato com o olimpo das letras francesas. Frequentava as reuniões na casa de Flaubert, às quais compareciam Zola (seu romance *L'Assommoir* começava a circular em revista), Alphonse Daudet, Edmond de Goncourt e Guy de Maupassant. No entanto, embora admirasse a figura do anfitrião, sentia-se intimidado pelo séquito de artistas realistas e naturalistas. Incomodavam-no não apenas o temário mundano das conversas, mas o tom radical de suas ideias

---

28. Brunétière afirma que, em *Les Rougon-Macquart*, Zola "ultrapassou todos os excessos que o realismo até então se permitira. É difícil imaginar tamanho zelo aplicado na busca do tema mais odioso, na descrição mais ignóbil e repulsiva das personagens, no estilo mais brutal e materialista [...] Não haveria na humanidade, portanto, senão patifes, loucos e figuras grotescas? O artista goza de muitos privilégios, mas não o de mutilar a natureza" (Mello, 1999, pp. 14-15).
29. Schwarz, 2000a, p. 86.

políticas. Mais do que tudo, discordava de algumas de suas posições estéticas.

Como não seria de estranhar, o grupo de Flaubert desprezava a *Revue*, seus colaboradores e ficcionistas, como Octave Feuillet, Gustave Droz e Victor Cherbuliez. Zola, por exemplo, não perdia a oportunidade de revidar as críticas que lhe faziam. James viria a lembrar-se de uma diatribe do escritor, para quem a obra de Droz não passaria de "merde à la vanille". A verdade, porém, é que o americano estimava a *Revue*. Quando chegou a Paris, em novembro de 1875, descobriu, num misto de orgulho e falsa contrariedade, que a revista havia estampado seu conto "O Último Valério", sem ter pedido autorização. O biógrafo Leon Edel considera essa divulgação não-autorizada "o alardeio de sua [de James] chegada à França". O periódico publicou outros contos do autor nos meses seguintes[30].

30. James tinha boas lembranças de seus momentos de exclusividade com Flaubert, que considerava "o homem mais interessante e o artista mais forte de seu círculo". Quanto aos outros, ele escreveria a seu amigo e editor William Dean Howells: "Há cinquenta razões pelas quais não deveria tornar-me íntimo deles. Não lhes aprecio as mercadorias e eles certamente não gostam de nenhuma outra" (Edel, 1987, pp. 181 e 185-187). Os textos de James foram publicados entre novembro de 1875 e outubro de 1876. São eles "Le Dernièr des Valerius" (*Revue des Deux Mondes*, XLV ^{ème} année, 15 novembre, 1875, p. 431), "Le Premier Amour d'Eugène Pickering: une Femme Philosophe" (*Revue des Deux Mondes*, XLVI ^{ème} année, 1er janvier, 1876, p. 153), "La Madone de l'Avenir" (*Revue des Deux Mondes*, XLVI ^{ème} année, 1er avril, 1876, p. 590) e "Cousin et Cousine" (*Revue des Deux Mondes*, XLVI ^{ème} année, 1er octobre, 1876, p. 512). Os contos estrearam na *Atlantic Monthly*; os títulos originais são os seguintes: "The Last of the Valerii" (1874), "Eugene Pickering" (1874), "The Madonna of the Future" (1873) e "A Passionate Pilgrim" (1871). Em novembro de 1878, também saíram o conto "Quatre Rencontres" (*Revue des Deux Mondes*, XLVIII ^{ème} année, 1er novembre, 1878, p. 904; o original *Four Meetings* foi lançado na *Scribner's Monthly*, em novembro de 1877) e, em maio de 1883, um ensaio de 40 páginas de Th. Bentzon sobre James, na série "Les Nouveaux Romanciers Américains" (*Revue des Deux Mondes*, LIII ^{ème} année, 1er mai, 1883, p. 120). Os números da revista, desde 1829, recentemente disponibilizados em sua íntegra pela Biblioteca Nacional Francesa, podem ser consultados através do endereço http://gallica.bnf.fr

Para darmos uma ideia do que se veiculou na *Revue* durante o ano em que as histórias de James vieram a lume, podemos citar um texto de Sacher-Masoch sobre a Galícia oriental; um ensaio de Paul Janet sobre o socialismo de Saint-Simon, "Le Fondateur du Socialisme Moderne"; uma ficção serializada de George Sand, *La Tour de Percemont*, e outra de Victor Cherbuliez, *Le Fiancé de Mlle Saint-Maur*, além de uma série de comentários deste último autor sobre o *Salon* de 1876, incluindo "Les Impressionnistes, les Tableaux de Genre et les Portraits".

Apesar da desconfiança contra os excessos do círculo flaubertiano, James decerto não podia deixar de admirar o prógono das novas ideias. Flaubert foi um dos primeiros a defender para a ficção o mesmo status de arte com o qual, até então, apenas a poesia era reconhecida – um programa caro ao americano. Além disso, a técnica narrativa de Flaubert, que abominava os comentários autorais e que preconizava que, em vez de ser discutido, o assunto precisava ser "mostrado", tem forte apelo junto ao método dramático defendido por James. Embora, nas histórias do americano, o autor nunca desapareça de vez, como presença narrativa, ele se afasta um pouco, para que o leitor possa relacionar-se de modo mais direto com os embates que se desenrolam na mente dos personagens.

A *Revue des Deux Mondes* pode ser a primeira ligação palpável, de influência estética e ideológica, entre Machado e James. O fato é que o primeiro pode até mesmo ter lido ali algum dos mal vertidos contos do segundo, publicados na época em que escrevia os romances anteriores a *Memórias Póstumas de Brás Cubas* (1881). Embora não seja de maneira nenhuma uma inferência de caráter conclusivo, essa coincidência estética nos leva a uma pergunta ainda mais urgente do que a mera discussão sobre influências: como é que, em suas respectivas searas, ambos conseguiram, ao tomar como base um programa artístico conservador como o da *Revue*, ultrapassar tanto as armadilhas epistemológicas ocultas nesse mesmo discurso moralizante quanto os dogmas a que os radicalismos do realismo e do naturalismo podiam conduzir? De que modo, ao reagir ao realismo, alcançaram soluções estéticas capazes de alargar o horizonte dos procedimentos até então praticados, incluindo dentro de seu quadro esquemas sociais infinitamente mais nuançados do que a mera aplicação de conceitos de escola poderia jamais conceber? Ou seja, devemos imaginar que os dois, ao descontarmos o elemento francamente preconceituoso da afirmação de Brunétière, estivessem de fato superando as limitações das escolas pós-românticas e apontando para um tipo vindouro de atitude artística? E, nesse caso, qual seria a ordem de procedimentos em que se vislumbraria essa nova posição?

Para compreendermos o grau de avanço que ensaiavam os dois autores na virada no século XIX para o XX, avanço pelo qual parte da crítica considera-os tão modernos quanto Proust ou Joyce, propomos aprofundar a análise de dois romances, lançados com apenas cinco anos de diferença entre eles, *The Ambassadors* (ou, como viemos chamando, *Os Embaixadores*, de 1903), de James, e *Memorial de Aires* (1908), a derradeira obra de Machado. O ensaio nos levará a alguns deslocamentos, de Machado a James e vice-versa, passando, durante o percurso pela observação mais atenta da teoria estética e política preconizada pela *Revue* e pelo exame de outras obras de cada autor, detendo-nos em certo momento no período inicial de sua produção. A escolha de *Os Embaixadores* e de *Memorial de Aires* não se deu em razão do comentário de Gledson ao romance de James, nem da proximidade entre os lançamentos ou mesmo do fato de serem obras da maturidade expressiva de cada autor, isto é, obras em que um e outro podiam empenhar o máximo de sua capacidade artística. A escolha se fez, sobretudo, porque cada uma delas descreve, na tela de sua especificidade formal, uma ordem de coisas que estava morrendo, enquanto alude a um novo, gélido e impreciso conjunto de circunstâncias, que já então despontava no horizonte. Trata-se de um estado que podemos chamar de crepuscular, em dois sentidos: pela ligação com as débeis fulgurações do dia agonizante e pelo prenúncio, como em sangrentos arrebóis, do surgimento de uma evasiva sociedade escorada em crimes. Para fazer face a essa realidade, ambos tiveram de empunhar suas armas, aguçar suas estratégias. Se poucos leitores compreenderam a real dimensão do que eles propunham, à sua época, está por outro lado notadamente no fundo dessas mesmas propostas o espírito que os faz, hoje, como então, tão modernos.

2. *Les Vieux*

Uma das grandes parecenças superficiais entre *Os Embaixadores* e *Memorial de Aires* reside, é claro, na coincidência física e biográfica entre os dois protagonistas. Aires tem, no início do romance, 62 anos, enquanto Strether está com 55. Ambos são viúvos. As circunstâncias da morte das esposas também não ficam muito claras, nos dois romances. A de Aires morreu em Viena, em cujo solo ficou enterrada. A morte da mulher de Strether parece ter-lhe pesado bem mais do que o falecimento da brasileira, para o brasileiro, até mesmo a ponto de levar o reputado cidadão de Woollett a negligenciar o filho, que morreria dez anos depois.

O *Memorial*, escrito como sabemos em primeira pessoa à maneira de um diário, dá poucas pistas, mas, em *Esaú e Jacó*, o retrato de Aires é menos airoso. O diplomata casou por conveniência de ofício com uma mulher que não amava e a viuvez não parece tê-lo consternado:

> Posto que viúvo, Aires não foi propriamente casado. Não amava o casamento. Casou por necessidade de ofício; cuidou que era melhor ser diplomata casado que solteiro, e pediu a primeira moça adequada ao seu destino. Enganou-se: a diferença de temperamento e de espírito era tal que ele, ainda vivendo com a mulher, era como se vivesse só. Não se afligiu com a perda; tinha o feitio do solteirão[31].

31. Machado de Assis, 2004, vol. 1, p. 965.

O principal, porém, mais do que a idade ou os pormenores da viuvez, é o fato de os dois, embora em idade já avançada para a época, encontrarem-se em condições de pleitear amores e casamentos. São velhos "enxutos" ou "verdes", conforme se falava então. No início do *Memorial*, Aires interessa-se – amorosamente, de modo ostensivo, nesse momento – pela viúva Noronha, a quem avista no cemitério de São João Batista. A irmã Rita não acha estranho que o velho possa nutrir aspirações conjugais pela jovem viúva. Ao contrário, se ela diz que a moça não casa, não é porque não desposaria o irmão, mas porque, dadas as circunstâncias da viuvez, Rita não acredita que ela contraísse matrimônio com ninguém. Inda mesmo com Aires.

– Com meus sessenta e dois anos?
– Oh! não os parece; tem a verdura dos trinta[32].

Como se sabe, Strether está para casar-se com outra viúva, Mrs. Newsome, com idade compatível à dele (ela tem cerca de 50 anos), mas não deixa de despertar o interesse de Maria Gostrey, pelo menos, que está na faixa dos trinta ("Achou-a quase insolentemente jovem; mas uma idade de trinta e cinco anos vividos sem preocupações lhe daria a mesma impressão"[33]). A descrição de James apresenta Strether como um senhor distinto. Num dos raros reajustes de ponto de vista do romance, em que o foco desloca-se para a óptica de Miss Gostrey, esta o enxerga como

a figura esguia, algo desenvolta, de um homem de altura mediana e talvez passado da meia-idade – um homem de cinquenta e cinco

---

32. Machado de Assis, *op. cit.*, p. 1099. O comentário de Rita já vinha dublado por Natividade, em *Esaú e Jacó*: "Sua irmã disse-me outro dia que o senhor anda como aos trinta". Ao que o conselheiro, retruca, modesto: "Rita exagera." (*Idem*, p. 995).
33. James, 2011, p. 44. (A tradução do romance é minha; quando necessário, faço o devido confronto com o original.)

anos cujas características mais visíveis eram um rosto de tez acentuadamente trigueira e pálida, um bigode negro e cerrado, cortado à americana, de crescimento robusto e pontas derreadas, e cabelos ainda abundantes mas salpicado de fios grisalhos, e um nariz de franca e ousada proeminência..."[34]

O que cada um deles recebe, em determinado ponto de suas respectivas trajetórias, é o direito a uma segunda chance, o privilégio de vislumbrar uma nova vida – e, quando esta lhes afigura impossível de ser levada adiante, contentam-se em vê-la experimentada pela geração mais jovem. A tentação da juventude e da segunda chance é explicitada por Aires, que compara a aposta da irmã, que o instiga a cortejar a viúva, à contenda entre Deus e Mefistófeles pela alma de Fausto, o "servo do Senhor"[35]. Mais uma vez *Esaú e Jacó* esclarece a referência. O narrador (capa sob a qual se esconde o próprio Aires) procura um verso do *Fausto* para descrever a situação de Flora, dividida entre os irmãos Pedro e Paulo. Ele se recorda do verso de Goethe: "Ai, duas almas no meu seio moram!". O trecho completo, o qual se acha na cena "Diante da porta da cidade", da primeira parte da tragédia, foi assim vertido por Jenny Klabin Segall:

Vivem-me duas almas, ah! no seio,
Querem trilhar em tudo opostas sendas;
Uma se agarra, com sensual enleio
E órgãos de ferro, ao mundo e à matéria;
A outra, soltando à força o térreo freio,
De nobres manes busca a plaga etérea[36].

---

34. *Idem*, pp. 42-43.
35. Machado de Assis, *op. cit.*, p. 1099.
36. Goethe, 2004, p. 119. (O original vai assim: "Zwei Seelen wohnen, ach! in meiner Brust, / Die eine will sich von der andern trennen; / Die eine hält, in derber Liebeslust, / Sich and die Welt mit klammernden Organen; / Die andre hebt gewaltsam sich vom Dunst / Zu den Gefilden hoher Ahnen.")

O trecho refere-se ao coração de Flora, em que se trava a disputa entre duas índoles opostas: a de Pedro – que busca as coisas celestes, aspirando ao ideal da pureza e do sagrado – e a de Paulo – ligada ao reino da vontade e da paixão, aos mistérios da carne e da natureza. A dúvida e a confusão entre sendas diversas, segundo a perspectiva do narrador/Aires, avizinham-se do domínio mefistofélico – ou o ultrapassa ("nem o próprio Mefistófeles no-lo explicaria de modo claro e certo"). Strether, um pouco mais, e Aires, em certa medida, sofrem a tentação exercida por domínios que lhe são estranhos: o mundanismo e o refinamento europeu, no primeiro caso; as novas forças ideológicas, políticas e financeiras, no primeiro e no segundo. A alma de ambos está em jogo nos romances de James e de Machado – quanto ao senhor a que eles se submetem; bem, disto trataremos adiante.

Outro ponto de contato entre eles está estampado no título da obra de James e na ocupação pregressa de Aires: a diplomacia. O conselheiro viveu "trinta e tantos anos" como diplomata, longe do Brasil, tendo visitado o país em poucas ocasiões antes do retorno definitivo, com a aposentadoria, um ano antes de iniciado o *Memorial*. Viveu na Europa, onde conheceu diversos países e representou o Brasil. Sua personalidade engloba todas as características esperadas de um bom diplomata – "o sorriso aprovador, a fala branda e cautelosa, o ar da ocasião, a expressão adequada, tudo tão bem distribuído [...]" –, além de outra, como seu horror à polêmica ou à disputa. O conselheiro, "não por inclinação à harmonia, senão por tédio à controvérsia", aceitava tudo, concordava de pronto com seu interlocutor. Nas discussões, tinha a invejável capacidade de dourar a pílula e de achar o ponto médio, o que, junto com o teatro das pausas, circunlóquios delicados, do erguer os olhos como que em busca de uma lembrança, do polir do monóculo com lenço de seda, acabava conquistando a adesão de toda audiência[37].

---

37. Machado de Assis, *op. cit.*, pp. 964-966.

Já Strether, sabemos, não é diplomata de carreira. Mas sua embaixatura na Europa é a razão de ser do romance de James: cabe a ele representar os interesses da burguesia endinheirada dos Estados Unidos, junto aos decadentes europeus, de modo a trazer de volta à próspera nação a ovelha desgarrada, encarnada na figura do jovem (ou quase isso) herdeiro. Se um foi diplomata de fato, o outro se vê obrigado a sê-lo, de direito. A consciência de ambos se abre a uma perspectiva bipartida: a própria e aquela dos valores e interesses a que são chamados a representar e, em grande parte, também defendem.

A diferença, naturalmente, jaz no fato de Aires ver sua atração inicial pela viúva como uma veleidade, um motejo do amor serôdio, cuja energia afetiva depois ele pretende que tenha sido desviada para outra ordem de interesse: ele decide tratar Fidélia como objeto de estudo, em razão de "certa feição de espírito, algo parecido com o sorriso fugitivo, que já lhe vi algumas vezes"[38]. Mas, se o leitor tem razão em desconfiar da rejeição do conselheiro, ainda mais quando Aires atribui à viúva o traço sensual do sorriso de mona lisa (Rita também debocha do irmão, como se sua pressa em esquivar-se da aposta se assemelhasse ao comportamento da raposa, que menospreza as uvas como verdes por elas estarem demasiado distantes), a verdade é que Strether está de fato investido do ofício de emissário justamente por encontrar-se na condição de nubente de Mrs. Newsome.

Os sopros da mocidade atingem, contudo, com idêntico ímpeto os dois personagens, pois a disponibilidade do conselheiro faz com que ele adquira, também aos olhos do leitor, ar de gente muito mais moça[39]. Aires tem a inclinação do conquistador, posto que sereno, pois não se desgastaria com uma longa e possivelmente infrutífera corte. Não é um homem de paixões, em-

---

38. *Idem*, p. 1116.
39. O leitor acaba agindo de maneira muito semelhante às crianças do episódio de 9 de setembro, que, ao verem o conselheiro, exclamam: "Olha aquele *moço* que está rindo para nós" (*Idem*, p. 1148, grifo meu).

bora goste "assaz de mulheres e ainda mais se eram bonitas". Dispõe, portanto, de um temperamento que faculta a aposta de mana Rita. Em *Esaú e Jacó*, chegou a gostar de Natividade, que se casou com Santos, o qual, mais tarde, quando o conselheiro já estava viúvo, pensou em casá-lo com a cunhada Perpétua. Ele é, em suma, um homem disponível.

Quando regressa ao Brasil (conforme *Esaú e Jacó*), não perde o "toque de galanteria", portando na botoeira "a mesma flor eterna"[40]. O casal Aguiar, diante dele, parece provecto, assim como o barão de Santa-Pia. Aguiar, porém, tem sessenta anos, enquanto dona Carmo, com todos os seus achaques de velha, está com "apenas" cinquenta. Quanto ao barão, diz Aires: "Santa-Pia não é feio velho, nem muito velho; terá menos idade que eu"[41].

Contudo, a velhice aflige nossos heróis. "A vida, mormente nos velhos, é um ofício cansativo", reclama Aires[42]. Já Strether, quando promete deixar "todos seus tostões" para Little Bilham, na condição de que ele se case com Mamie Pocock, lembra ao rapaz que ele, Strether, não tem muitos anos de vida pela frente[43]. Tanto Strether quanto Aires são, portanto, homens dotados de uma história de vida. Não representam apenas interesses alheios, mas experiências, gostos e aspirações próprios.

Em passeio a Petrópolis, ao lado do desembargador Campos, o conselheiro defende a viagem por caleças tiradas a burro, em oposição ao moderno trem de ferro, porque este último "leva a gente de corrida, de afogadilho, desesperado", ao passo que as primeiras vagam lentamente, revelando pouco a pouco aos olhos "aspectos pinturescos"[44]. Aires é definitivamente

---

40. *Idem*, p. 987.
41. *Idem*, p. 1117.
42. *Idem*, p. 1105.
43. James, *op. cit.*, p. 426.
44. Machado de Assis, *op. cit.*, p. 1106. Vale notar o uso do termo "pinturesco", em vez do mais comum, "pitoresco", ambos remetendo ao vocábulo inglês "picturesque", que James costuma usar desde as primeiras histórias (e, em

passadista. Além das caleças, lembra com melancolia do Rio de Janeiro dos entrudos, do pote de sanguessugas à porta dos barbeiros e do velho costume de se confessar pela quaresma. Trata-se de coisas que lhe acodem ao recordar-se da meninice, além do caso do rapaz de "nome desconhecido" que leva uma surra de pau, dada por escravos a mando do pai da moça por quem ele se apaixonara. O moço é depois enviado ao exército, provando que nem tudo são flores no terreno – quer seja pretérito, quer seja hodierno – das discórdias humanas, a despeito do nome da moça – ironicamente, Flor. Por falar de nomes, aliás, o conselheiro rumina que, nos tempos do *Memorial* já não se queriam saber de "Anas nem Marias, Catarinas nem Joanas". O nome de Fidélia, que ele julga ser uma homenagem ao Fidélio, de Beethoven, já faria parte de uma nova "onomástica, para variar o aspecto às pessoas"[45].

A questão dos nomes parece de fato ter grande importância para Aires, no que se refere à separação entre o mundo antigo e o moderno. Na barca para Niterói, em conversa com Tristão, diz preferir a antiga alcunha de Praia Grande ao novo nome "oficial, administrativo e político". Ao outro explica que a razão para a preferência é o fato de ele ser velho e o outro, moço. "Criei-me com a Praia Grande; quando o senhor nasceu a crisma de Niterói pegara." Tristão responde:

– Não há velhice para um espírito como o seu.

– Acha? perguntei incredulamente.

– Já meus padrinhos mo haviam dito, e eu reconheço que diziam a verdade[46].

Os Embaixadores, inclusive, várias vezes) para referir-se principalmente às paisagens e coisas europeias. "Pitoresco" e "picturesque" partem do italiano "pittoresco" (no caso inglês, com alteração pelo francês "pittoresque"), que aludem a algo digno de ser contemplado, de servir aos olhos do pintor, ou, poderíamos, dizer, do observador.

45. *Idem*, p. 1113, 1130 e 1134.
46. *Idem*, p. 1137.

Mas a história de vida de Aires não se conforma exatamente à de Strether. Há decerto muitas diferenças entre elas. Poderíamos até dizer que se trata de trajetórias opostas. A do brasileiro, até certo ponto vitoriosa; a do americano, fracassada. O conselheiro é discreto, mas não esconde, no tom, alguma satisfação pelo dever cumprido. Teve longa carreira. Serviu a seu país em países do hoje chamado Primeiro Mundo. Tem amizade ou relações com a elite brasileira. Quando o conselheiro João Alfredo organiza novo gabinete, ele fala de ir dar suas felicitações ao novo ministro dos negócios estrangeiros[47].

Já Strether empreendeu diversos negócios, que não foram para frente. Morreu-lhe a esposa, morreu-lhe o filho. Vive sob o jugo indefectível de Mrs. Newsome, que subsidia a publicação que ele edita, uma espécie de gazeta local, a *Woollett's Review*. Quando Maria Gostrey pergunta de que tipo de periódico se trata, Strether responde que é verde. Maria, intrigada, quer saber se verde refere-se à cor política, como se diria na Europa. O americano assegura que só quis dizer que a capa era verde – "do mais adorável matiz"[48].

A resposta, naturalmente, é irônica, mas, como em tudo, há uma ponta de melancólica verdade, como se muitas vezes fosse necessário julgar o livro pela capa: em várias outras referências posteriores, como na extravagância que Strether comete, de comprar uma coleção da obra de Victor Hugo em setenta volumes (mas por um preço módico, ele faz questão de frisar, para uma transação como aquela), a cor da capa (em

---

47. *Idem*, p. 1114. Aires faz uma observação que parece destoar de seus méritos, pois atribui a si uma posição bem mais modesta. Mas é preciso levar em conta que a atitude quase sempre não gabarola do conselheiro não desmerece seus feitos. Aires atuou, ao que parece, muito mais nos bastidores do que na posição de frente do corpo diplomático: "A diplomacia que exerci em minha vida era antes função decorativa que outra coisa; não fiz tratados de comércio nem de limites, não celebrei alianças de guerra" (*idem*, p. 1142).
48. James, *op. cit.*, p. 90.

vermelho e dourado) sempre é salientada. Mas o importante aqui é que na capa verde da *Review* figura o nome de Strether, um feito decerto patético, haja vista a inexpressividade da publicação, bastante impopular e ignorada, quase um capricho, um desperdício financeiro que Mrs Newsome assume em nome do "ideal". Strether está, mais do que ninguém, consciente do segredo de sua "casa penitenciária", como ele define a própria vida. Seu nome na capa verde pode parecer pífio, mas é tudo de que dispõe: "É exatamente o que me restou fazer por mim mesmo. Julguei que de certo modo pudesse resgatar do naufrágio das ambições e esperanças, do entulho das desilusões e dos fracassos, meu único pedacinho apresentável de identidade"[49].

Fracassada ou não, porém, fulgurante ou reduzida a reles migalha, a existência de Strether e de Aires descreve experiências reais, acúmulos concretos de vida. É a partir dessa bagagem que eles farão (ou deixarão de fazer) suas escolhas. Convém notar um trecho dos diários de James, quando cogitava o título para seu romance. Ele revela que o germe para a história partiu de um caso contado por Jonathan Sturges: o escritor e editor William Dean Howells, amigo comum aos dois, encontra o primeiro em Paris e, estimulado pelos ares da cidade, incita-o a aproveitar a vida. Howells já estaria velho (na ocasião, também é chamado às pressas aos Estados Unidos, por causa da morte do pai) e não seria mais capaz de aproveitá-la, ao contrário de Sturges. James reflete: "Pareceu-me ver algo muito ínfimo brotando dali para o pequeno conjunto que eu gostaria de fazer dos *Les Vieux* – *Os velhos* (Como chamaria em inglês – *Velhos companheiros*? Não, seria trivial e comum)"[50].

Vieux, portanto, é como podemos considerar Strether e Aires – este último, aliás, alinha-se ostensivamente à gente Aguiar em

---

49. *Idem, ibidem*.
50. Matthiessen e Murdock, *op. cit.*, p. 226.

sua doce melancolia longeva[51]. A idade, claro, possibilitou que ambos enxergassem os fatos da vida de uma perspectiva mais nuançada, ponderada, crítica e irônica. Inteligentes, são capazes de tecer análises e emitir opiniões judiciosas, mordentes, das circunstâncias que os cercam e também de si mesmos. A idade livrou-os do fogo da juventude e insuflou-lhes a aragem da razão. Não que estejam isentos dos sentimentos humanos mais ordinários: amam, angustiam-se, sofrem – talvez mais Strether que Aires – enganam e são admiravelmente enganados. Mas a luz emanada por sua longa experiência decerto ilumina trechos mais extensos do mundo em que se deslocam (inclusive o mundo da própria mente) do que se se tratasse de indivíduos menos calejados. Seu ponto de vista é, em resumo, privilegiado.

A experiência dos dois personagens inclui também uma noção mais firme da história contemporânea e passada (da qual trataremos adiante), um conhecimento fino das artes, da música, da filosofia. Aires é capaz de discursar sobre Wagner e Schumann; de citar Renan, Heine e Shelley. Strether, como vimos, adquiriu num rompante a volumosa coleção de Victor Hugo. Chateubriand e Madame de Stäel lhe vêm à cabeça quando descreve a casa de Madame de Vionnet, além do "jovem Lamartine"[52].

O mestre da geração romântica francesa é, aliás, citado por ambos os heróis. Aires lembra o brinde que fez "ao grande Lamartine", quando era jovem, por ocasião da revolução de 1848. Vale observar ainda como a maior parte das referências artísticas dos dois remete a figuras do romantismo – o que não só os anuncia como sujeitos alinhados aos padrões do passado, voltando as costas para as tendências mais contemporâneas do realismo e do naturalismo nas artes (*Germinie Lacerteux*, dos

---

51. "Venha o terceiro velho, disse Aguiar, venha fazer companhia aos dois que aqui ficaram abandonados". O banqueiro fala a Aires, referindo-se a si mesmo e à sua mulher (Machado de Assis, *op. cit.*, p. 1150).
52. James, *op. cit.*, p. 244 e 289; Machado de Assis, *op. cit.*, p. 1114.

irmãos Gouncourt, é de 1864; *Thérèse Raquin*, de Zola, é de 1867, por exemplo; no Brasil, *Casa de Pensão*, de Aluísio Azevedo, é de 1884; a primeira exposição dos impressionistas no Salão dos Recusados é de 1863 e a tela de Monet *Impressão: Sol Nascente* é de 1872 – isso, sem contar que Flaubert lançou *Madame Bovary* em 1856, a cujo escândalo e a cujo processo judicial nenhum dos dois personagens, por seu grau de cultura, podia ter ficado indiferentes)[53], mas também como indivíduos dotados de grande imaginação. A de Strether chega a ser "monstruosa". Maria Gostrey diz que ele dispõe de "treasures of imagination", grandes reservas de imaginação, característica que o herói compartilha com Madame de Vionnet. No campo oposto, Chad, então, não teria nenhuma, assim como Mrs. Newsome[54].

No caso do *Memorial*, Brito Broca alega que o caráter passadista do narrador confere não só com a perspectiva do romance, "inspirado pela saudade", mas também com as preferências do autor, para quem o Rio dos primeiros anos do século XX já não tinha o mesmo interesse do Rio de outrora. Por isso, não seria coincidência a ação passar-se entre 1888 e 1889, "que marcaram decerto para o autor o declínio de um teor de vida em que ele estava profundamente integrado". A marca do declí-

---

53. As veleidades românticas do conselheiro apartam o personagem de seu criador. Pois conquanto Machado tivesse em sua biblioteca um extenso número de obras do período romântico (Jobim, *op. cit.*), ele parece não comungar em sua cartilha, que julgava ultrapassada. Veja, a esse respeito, o ensaio "A Nova Geração", em que diz que o romantismo "teve as suas horas de arrebatamento, de cansaço e por fim de sonolência, até que sobreveio a tarde e negrejou a noite", para afirmar depois que o movimento, no fim de 1870, já teria se transformado em "fórmula vã". Ele havia igualmente ponderado o assunto ao criticar os "excessos do realismo" de *O Primo Basílio*: "Não peço, decerto, os estafados retratos do Romantismo decadente". Como os críticos da *Revue*, porventura não só cresse que o romantismo havia se convertido numa arte decrépita, como ainda imaginasse que o realismo não passasse do último suspiro, muito menos interessante, dessa escola (Machado de Assis, *op. cit.*, vol. 3, pp. 810, 812 e 912; cf. pp. 182-186 deste livro).
54. James, *op. cit.*, p. 490. Chad concorda com a opinião de Maria, no que se refere a si próprio e a Strether (*idem*, p. 489).

nio, do momento em que o "velho Rio" começa a desaparecer para Machado se daria, segundo o crítico, com a proclamação da República[55]. Voltaremos a esse ponto também, mas já nos interessa marcar aqui o interesse e a atenção devotados pelos dois personagens, o americano e o brasileiro, às coisas e aos costumes dos tempos idos.

Há diversas outras coincidências entre Strether e Aires, mas a maioria, como as descritas acima, não parece ter grande importância quando alinhavada assim à solta. Quase todas ganham relevo, no entanto, quando entram na análise outros elementos narrativos, como se verá adiante. É na fusão entre o quadro das características de cada um, além das dos outros personagens, e os procedimentos estruturais postos em prática por James e por Machado que essas considerações adquirem valor. De todo modo, e já entrando um pouco nessa análise formal, passaremos a tecer alguns comentários sobre como esses mesmos procedimentos dão ensejo a uma leitura mais crítica das histórias dos dois romancistas. Começamos por Machado. Em seguida, James.

3. Leitura(s) Machadiana(s): Fantasmas no Armário

Uma das primeiras teses mais lúcidas acerca do *Memorial* partiu do crítico inglês John Gledson, num ensaio depois incluído em *Ficção e História*, da década de 1980. Gledson realizou nesse texto uma leitura, conforme se diz, a contrapelo, do romance de Machado, classificando o conselheiro como narrador não confiável, na mesma linhagem de Brás Cubas e Bentinho. Até não muito tempo atrás, era ainda comum ouvir-se que o pacato diplomata seria um retrato de Machado, funcionário público exemplar, homem ponderado e literato dono de obra madura e estabelecida. Dona Carmo, por sua vez, teria sido criada à se-

---

55. Broca, 1983, p. 222.

melhança de dona Carolina, mulher do fundador da Academia Brasileira de Letras, morta quatro anos antes da publicação do romance. Tratar-se-ia, essa última aproximação, entre Carmo e Carolina, de matéria comentada até pelo próximo Machado[56].

Gledson também atribui valor decisivo à "consciência da íntima ligação entre literatura, realidade social e História, nos romances de Machado", retomando as teses do livro *Ao Vencedor as Batatas*, de Roberto Schwarz. No entanto, em que se pesem os juízos sobre as "ideias fora de lugar" e a instituição do favor na obra machadiana, o fato é que já antes de Schwarz a crítica buscava submeter os textos do bruxo do Cosme Velho a um exame mais literário, por meio do qual os procedimentos formais, o aspecto técnico da narrativa, não poderiam vir desvinculados das circunstâncias históricas e sociais que ela contempla, e vice-versa. Não se trata de uma leitura sociológica nem histórica *per se*, mas de um exame literário que não deixa de lado a matéria viva do romance: a realidade do mundo.

Em 1968, Antonio Candido traçou, diante de plateia norte-americana, um quadro geral dos temas machadianos, como o problema da identidade, a relação entre fato real e imaginário,

---

56. Se a crítica chegou a aproximar Strether e Aires de, respectivamente, James e de Machado, cumpre notar que a confusão muitas vezes partiu dos próprios autores. Ao enviar a um amigo uma cópia dos *Embaixadores*, James anotou: "se você conseguir desbravar estas páginas, tente gostar do pobre e velho herói, em quem talvez encontre uma vaga semelhança (embora não de rosto!) com o seu, sempre, HENRY JAMES" (*apud* Tambling, 2000, p. 41). Entre os comentaristas machadianos, repare-se nesta afirmação de Renard Pérez: "A história desta união [entre Machado e Carolina] – uma das mais perfeitas que se conhecem na vida de nossos escritores – será evocada mais tarde, com grande ternura, no *Memorial de Aires*. Esse último romance, guardadas as naturais transposições que a ficção implica, é a história daquela vida em comum...". Não se nega que o autor possa tomar emprestados pedaços de sua personalidade, de sua existência interior e de sua biografia, mas, ao transpô-los para a narrativa, como intuiu Pérez, já o faz de acordo com as inevitáveis transformações impostas pela arte; a ficção não se presta, como esta análise pretende mostrar, a analogias simplistas, pacíficas ou edulcoradas (Renard Pérez, "Esboço Biográfico", em Machado de Assis, *op. cit.*, vol. 1, p. 80).

o sentido do ato, o tema da opção, a transformação do homem em objeto do homem, entre outros[57]. A linha de raciocínio de Candido pressupõe que, como ponto-chave da excelência artística, existe a relação produtiva entre substância e forma de expressão. No caso brasileiro, essa relação nem sempre se deu sem conflitos, principalmente entre o registro do "dado local", que se estabelece na substância da expressão, e "os moldes herdados da tradição europeia", que se estruturam na forma da expressão[58]. A perspectiva de Schwarz emana em grande parte dessa fonte. Para ele, somente quando Machado trouxe para o centro do palco os aspectos de enredo e personagem que estavam relegados a um segundo (ou terceiro) plano na prosa de Alencar, traduzindo-os por meio de recursos formais que reforçavam a contradição que esses mesmos aspectos expressavam, é que passou a produzir uma ficção de primeira grandeza.

Como salienta Candido, ao lembrar Roger Bastide, Machado incorporou a natureza de seu país "à filigrana da narrativa, como elemento *funcional* da composição literária". No final, o crítico adverte que o leitor deve procurar sobretudo as *"situações ficcionais"* inventadas pelo romancista brasileiro[59]. A situação está ligada ao real, ao elemento concreto, histórico, se quisermos. Mas ela só adquire sentido quando contraposta a seu aspecto "ficcional", formal ou funcional. É no texto, dentro das balizas propriamente ficcionais, que ela de fato ganha reali-

---

57. Candido, 1995. A primeira edição da obra é de 1970.
58. Candido, 2000, p. 110. Como observa Peter Bürger, a dialética entre forma e conteúdo é hegeliana. Em sua *Enzyklopaedie*, Hegel afirma que "as verdadeiras obras de arte o são precisamente devido ao fato de que sua forma e seu conteúdo mostram-se completamente idênticos." Bürger problematiza essa discussão quando observa que, com o desenvolvimento da sociedade burguesa, houve um primado da forma, defendido pelos movimentos esteticistas: "a luta pela pureza da forma, que caracterizou a concepção idealista da arte desde suas formulações iniciais, ameaça aniquilar exatamente aquilo que faz valer a pena produzir uma obra, ou seja, o conteúdo." (P. Bürger, "O Declínio da Era Moderna", em *Novos Estudos Cebrap*, 1988, p. 93).
59. Candido, 1995, pp. 25 e 39.

dade, que pode ser compreendida e que pode entreter significados com a paisagem externa. É, portanto, na correta imbricação entre substância e forma que devemos deitar nosso reparo.

Embora, no caso de Gledson, a balança tenha pendido sobremodo para o lado da substância, pois sua análise depende da demonstração de como uma dada "visão da História molda os próprios romances", o crítico não se exime da revista rigorosa da forma, ou, como ele chama, suas "tramas complexas". A ideia de que os romances de Machado constituem "uma lição de História do Brasil"[60] influenciou vários ensaístas, como Sidney Chalhoub. Em quase todas as narrativas machadianas examinadas por este último em *Machado de Assis: Historiador*, percebemos o movimento das classes subordinadas para se ajustar, ascender ou formar uma oposição, dentro da lógica senhorial. E, no lugar de uma "política de domínio na qual a vontade senhorial é inviolável e na qual os trabalhadores e subordinados só podem se posicionar como dependentes em relação a essa vontade soberana", encontramos cada vez mais "a vigência da alteridade no centro mesmo dos rituais senhoriais que insistiam em ignorá-los"[61].

Machado teria, assim, abordado com mestria as inter-relações entre dominadores e dominados em "situações que, posto que rotineiras, traziam sempre o risco do deslize, da palavra dita em má hora, provocando em contrapartida os atos de agressão e humilhação dos detentores das prerrogativas senhoriais"[62]. Um dos exemplos apresentados por Chalhoub é o de Helena, que manipula, a seu modo, Estácio, fingindo entrar no jogo dele para conseguir vantagens que apenas o jovem, recipiente da autoridade paterna, poderia conceder. Mas a moça anda na corda bamba e, como sabemos, toda sua astúcia será baldada, no fim. Outro exemplo é o da manipulação que Valéria Gomes procura

---

60. Gledson, 1986, pp. 22-24.
61. Chalhoub, 2003, pp. 47 e 118.
62. *Idem*, p. 62.

exercer sobre Luís Garcia, em *Iaiá Garcia*. O subordinado percebe a insinceridade da viúva, mas não pode fazer-lhe frente, de modo que responde com tato para não afrontá-la. O resultado é que o diálogo entre ambos esconde outro, muito mais perigoso, cheio de campos minados, o qual reflete uma luta de classes subliminar. Outro caso de que ainda nos ocuparemos é o de Guiomar, de *A Mão e a Luva*, que precisa agir com muita astúcia e cálculo, até com insinceridade, para fazer valer sua vontade num cenário de forças que lhe é desfavorável, devido à sua condição de agregada.

O fato de o poder vir exercido pela viúva[63], não pelo patriarca, portanto, mas por seu representante, pode indicar que a autoridade paterna já se encontra livre de sua fonte, sendo reproduzida por uma rede muito mais extensa de intermediações. O pai não passa da cópia da cópia da cópia, uma miragem, um fantasma, que, decerto, continua a assombrar, de modo ainda mais sutil, pois se mostra desvinculado de um corpo específico, insinuando-se no tecido das relações humanas, no próprio mecanismo que faz os personagens ver e sentir, pensar e agir, e significar. A razão para esse deslocamento pode estar no fato de o paternalismo tradicional estar, então, passando por uma débâcle.

Essa crise não significa, é claro, o fim da dominação. Faz parte das características da vontade do chefe de família, além da pretensa inviolabilidade e da função organizadora das relações sociais, o fato de que ela carregaria "tamanha inércia que continua a governar os vivos postumamente". Ou seja, posto que rolando nas molas do tecido social e econômico, o poder paterno repercute como que fantasmagoricamente nas camadas supersensíveis do inter-relacionamento humano. Em Chalhoub, encontramos uma justificativa para a tese na maneira como o crítico enfatiza a questão do testamento do conselheiro Vale.

---

63. Em *A Mão e a Luva*, é a baronesa quem detém o poder – como é Dona Glória, no início de *Dom Casmurro*; Dona Antônia, viúva de ex-ministro de Pedro I, em *Casa Velha* etc.

O patriarca, de par com as disposições costumeiras acerca dos bens, impõe aos herdeiros a aceitação da pretensa filha natural Helena, que devia ser tratada "com desvelo e carinho, como se de seu matrimônio fosse"[64]. O mesmo ocorre em *Eugene Pickering*, como examinaremos mais para frente, de Henry James, onde o pai deseja controlar postumamente as escolhas do filho. O que reforça a tese de que o poder senhorial continua ecoando, ainda que de forma modificada ou "em crise", por intermédio dos atos, ou da cadeia de intermediações, perpetrados por seus representantes ou delegados – de cujas hostes sem dúvida fazem parte Aires e Strether.

A partir de *Memórias Póstumas de Brás Cubas*, quando a voz da classe dominante adquire novos matizes, seria preciso mais do que nunca ler as histórias a contrapelo. Só assim pode-se perceber como se articulam os subordinados, que atuam muitas vezes à revelia dos senhores. Com isso, a narrativa do autor torna-se também "mais sinuosa, cheia de mediações e nuances". De acordo com Chalhoub, tais "pequenas filigranas", que a partir de *Brás Cubas* "*são o enredo do romance*", evidenciam "a relatividade das ideologias de sustentação de poder, sua *transitoriedade*"[65].

O que percebemos, portanto, é uma relação de reciprocidade entre a matéria e modo ou forma da narrativa. Machado tratou das relações entre dominadores e dominados, relações problemáticas, perigosas, cheias de armadilhas, sobretudo para os segundos, nas quais as coisas não podiam ser ditas abertamente, com certeza não pelos últimos, que assim se veriam sob o risco da retaliação, mas também pelos primeiros, vide o caso da viúva Valéria, obrigada a mentir e dissimular diante de seu subordinado. Essa condição se dá não só porque as relações políticas de dominação são em si complexas, mas ainda porque,

---

64. *Idem*, p. 20. Machado de Assis, 1952, p. 17. Interessante como "matrimônio", dadas as circunstâncias aqui, rima com "patrimônio"...
65. Chalhoub, *op. cit.*, p. 71, destaques meus.

no período retratado em muitas das histórias, essa dominação cediça passava por uma crise que ecoou o fracasso das jornadas de 1848, conforme verificaremos adiante. Nesse contexto também se constata uma exigência *de transição*, em cujo intervalo as condições não são propriamente as do passado, mas ainda não se estabeleceram como as do futuro; ou seja, o terreno se mostra aí ainda mais poroso e explosivo do que antes.

Essa temática obrigou Machado, principalmente a partir de *Brás Cubas*, a rodeios, meandros, meios-tons, ambiguidades, ironias, que se incorporaram de tal forma à sua escrita a ponto de serem confundidos com ela. O autor do *Memorial* passou a ser conhecido, no limiar da fortuna crítica, como um escritor fino, dotado de um estilo elegante, sutil e inteligente. O que ninguém percebeu, na época, é que essa forma requintada era necessária para expressar um complexo mecanismo de interdependências, um jogo de cartas marcadas e de regras imponderáveis, que continha, dentro do seu refinamento, grande dose de tirania e crueldade.

3.1. Intenção e Disfarce

A leitura de Gledson não põe no banco dos réus apenas as atitudes e o discurso de Aires, mas também sua capacidade de discernimento. A despeito de toda sua inteligência, seu interesse (apenas inicial?) por Fidélia não teria embotado sua capacidade de "enxergar" corretamente as atitudes da viúva Noronha? Para o crítico, ela é mais ardilosa do que se pensa – tão ou mais manhosa do que Tristão.

O afilhado do casal Aguiar é descrito pelo próprio Aires como bonito e dono de "um certo ar de petulância". Trata-se, nesse estádio inicial, de um comentário feito em decorrência do retrato encaixilhado visto na casa dos Aguiares, antes de o conselheiro conhecer o moço. Entretanto, Aires depois confirma que o retrato ajudou-o a identificá-lo, quando o encontrou no centro do Rio. Ou seja, a foto foi fiel à realidade, até mesmo no que diz respeito, sabemos, à aparência petulante. Antes, o conselheiro já mencionara episódios da infância, "histórias de graça, de esperteza, algumas de manha"[66]. Também ficou denotada a volubilidade do rapaz, que de início teimou que desejava ser advogado (ou "doutor"), sendo que, para convencimento do pai, que queria vê-lo comerciante, foi necessária a intervenção dos Aguiares – apenas para que, futuramente, ao mudar-se para Portugal (outra "teima" sua), ele entrasse na Escola de Medicina e, enfim, bandeasse para a carreira política.

Ademais, seria patente sua falta de consideração com os padrinhos, com quem interrompeu completamente a comunicação até que, sem razão aparente, voltou a escrever-lhes. Mesmo o padrinho Aguiar, quando relata ao conselheiro as andanças de Tristão pela Europa, observa que o afilhado "pode ser que invente ou exagere", para depois dizer que não, que tudo o que ele lhe narrou é afinal verossímil, e combina com o que os pais do rapaz lhe contaram também[67]. O moço se comporta de modo estranho desde a chegada. Num impulso, decide procurar um certo padre Bessa, que o batizou e era comensal de seus pais. Vai do Flamengo até a Praia Formosa, em busca do humilde sacerdote, e recusa a companhia do padrinho. Diz que quer mostrar que ainda conhece seus caminhos para a corte, uma resposta que cheira a desculpa.

O motivo alardeado para a vinda de Tristão ao Brasil é comercial: uns interesses mercantis do pai (embora tenhamos tido notícia de que Guimarães já voltara antes ao país a fim de liquidar seus negócios). Diz ter vindo apenas por quatro meses, embora Aguiar alegue que queira retê-lo de oito a dez. Chama a atenção, no entanto, que a notícia da vinda de Tristão coincida com a doença do barão de Santa-Pia, pai de Fidélia, e sua chegada só ocorra após (menos de um mês após) a morte do fazendeiro. Tem-se a impressão de que a excursão do moço não

---

66. Machado de Assis, *op. cit.*, pp. 1133 e 1127.
67. *Idem*, p. 1136.

seria exatamente para tratar dos assuntos paternos ou para rever a cidade-natal ou os padrinhos, mas para admirar, e quem sabe angariar, os mais de trezentos contos da fortuna do barão.

Gledson sugere que Tristão talvez não seja, afinal, estranho a Fidélia. Ambos poderiam ter-se encontrado em Portugal, pois sabemos que Eduardo, o marido da moça, morreu no país onde Tristão residia. Gledson não chega a afirmar que ambos tenham alguma coisa a ver com a morte do médico (inesperada, decerto), mas pondera que a semente da paixão mútua possa ter sido plantada lá. Estaria também explicada a razão pela qual Tristão esperou mais de dois anos para voltar ao Brasil: simplesmente porque, antes, Santa-Pia estava vivo, sentado na fortuna, por assim dizer, e brigado com a filha. Tristão e Fidélia teriam enganado tanto o casal Aguiar, quanto o conselheiro: eles não apenas se conheciam, mas haviam arquitetado entre si o plano de se casarem e voltar para Portugal, abandonando os velhos amigos.

Todo o jogo amoroso entre os dois, fingindo que não se conheciam; toda a dúvida sobre se Tristão, ainda solteiro, e Tristão e Fidélia, depois de casados, voltariam ou não para Portugal – tudo não passou de uma farsa. Comédia que incluiu a venda da fazenda Santa-Pia. O ato de desprendimento benemérito da herdeira, de deixar para os libertos a propriedade, pode não ter sido tão altruísta assim. Sabemos desde o início que a fazenda não ia bem ("a lavoura decai", comenta o desembargador Campos, e Fidélia, embora tivesse ação, vontade e espírito de ordem, "não se sente com forças para sustê-la"[68]). O ato pareceria abnegado, mas, no fundo, apenas a livraria de um fardo – além de calar a boca dos fofoqueiros, como dona Cesária, que insinuam que o casamento podia ser de interesse. A dama refere-se à "água benta" e, para não deixar dúvidas sobre que água a mulher estava falando, o marido faz o gesto de esfregar o indicador e o índice. Dona Cesária tem o espírito manhoso do conselheiro, insinuando a causa espúria sob a capa da imagem

---

68. *Idem*, p. 1131.

sagrada, enquanto o papel de Faria é botar tudo às claras[69]. O leitor, porém, depois é informado de que é o noivo quem sugere a Fidélia que venda a propriedade. E é a "santa" Dona Carmo quem comenta:

– Tristão é capaz da intenção e do disfarce, mas eu também acho possível que o principal motivo fosse arredar qualquer suspeita de interesse no casamento. Seja o que for, parece que assim se fará.
– E andam críticos a contender sobre romantismos e naturalismos[70].

Nem romantismos (a venda da propriedade não se daria por razões idealistas, mas, sobretudo, para dirimir as suspeitas) nem naturalismos (se se verificasse o vil golpe do baú): a natureza humana para Aires, assim como para Machado, é muito mais ampla, sutil e complexa para ser reduzida aos princípios de qualquer uma dessas escolas. Assim, o casal nada mais teria feito do que acomodar-se a uma conveniência, deixando os ex-escravos, ainda por cima, ao deus-dará. De fato, qual a chance de eles converterem a fazenda depauperada em empresa lucrativa? Muito pouca, e até o próprio conselheiro pondera o assunto, com ceticismo. A fazenda é conferida aos libertos, mas estes, sem recursos nem conhecimento da moderna tecnologia e das relações comerciais mais amplas, terminariam por transformá-la em terra de ninguém. Trata-se de uma tragédia anunciada, varrida para debaixo do tapete da história.

3.2. Tristan und Isolde?

Gledson reforça essa tese com os trechos de cantiga de amigo que servem de epígrafe ao romance, os quais insinuariam o enredo, ao falarem de barcos sobre o mar de Lisboa (a primeira) e

69. *Idem*, p. 1178.
70. *Idem*, p. 1191.

de uma viagem com o fito de reencontrar o amado (a segunda). "Será a prova clara que procurávamos, de que Fidélia também faz parte de um plano consciente, maquinado em Lisboa, para tornar a se casar e levar sua herança para Portugal?"[71], pergunta o crítico. O outro índice de incriminação, sugerido por Machado, estaria no nome de Tristão (claramente associado a Richard Wagner, de cuja *Tannhäuser* o moço dá um trecho). Em *Tristan und Isolde*, a maga Isolde tem de decidir entre o amor ao guerreiro Tristan e a lealdade que deve a seu cavaleiro Morold, morto pelo primeiro – assim como Fidélia deve resolver se continua fiel à memória do marido defunto ou se cede aos apelos de Tristão. O que se sugere, entretanto, é que talvez não tenha havido nem o dilema. A Isolda de Machado desde sempre esteve decidida por seu Tristão.

Mas os fundamentos da acusação não parecem tão convincentes assim. Afinal, se Tristão e Fidélia tivessem se conhecido em Lisboa, onde houve um interesse inicial, por que afinal o rapaz esperou tanto tempo para vir ao Brasil, após a morte de Eduardo (vamos descartar a hipótese de assassinato do médico, sugerido pelo enredo wagneriano, mas incongruente com o tom do romance e desprovido do apoio de outros "índices")? O pai de Fidélia sem dúvida estava brigado com ela, mas a briga se devia ao fato de ela ter-se casado com Eduardo em primeiro lugar, cuja família era inimiga política do barão. Será que o ódio de Santa-Pia não podia ser abrandado (há elementos no romance que confirmam que já vinha se abrandando) com os auspícios de um novo matrimônio?

Talvez, podemos pensar, houvesse a desconfiança por parte de Tristão de que ele fosse igualmente rejeitado. Afinal sua família também não parece ter "nome conhecido", como o pobre sujeito que amava a moça Flor, no caso narrado por Aires. No início passaram por dificuldades, as quais, inclusive, obrigaram a mãe e o menino a morar com os Aguiares. Mas o pai, comer-

---

71. Gledson, *op. cit.*, p. 244.

ciante de café, afinal progrediu. Era orgulhoso de sua ocupação, como demonstra ao insistir para que o filho abraçasse a atividade mercantil, feito ele. A mãe, Luísa, era "filha de Taubaté", próspera região cafeeira. Depois, Tristão forma-se médico, conhece outros países europeus, refina-se, entra para a política em Portugal. Posto que não se trate de Osório, o outro pretendente de Fidélia, advindo de uma família tradicional do Norte, não há nada de fortemente desabonador nem em sua formação nem em sua trajetória. Exceto talvez o fato de não ser tão rico quanto Fidélia. Mas, então, não se trata de um inimigo político...[72]

Portanto, parece mesmo um pouco improvável que ele estivesse esperando o momento certo – ou seja, a morte do barão –, para vir ao Brasil. Afinal, a morte poderia demorar muitos outros anos, já que o fazendeiro era ainda moço (mais jovem que Aires). Mas sem dúvida tratava-se de uma circunstância favorável, isto é, a morte era, e talvez o rapaz tivesse se regozijado com a notícia, especialmente se ele de fato conheceu Fidélia em Portugal. Quem sabe não a tivesse encontrado de fato, mas a tenha tão somente avistado de longe? Alguém poderia ter-lhe comentado quem era aquela senhora. Sabemos que ele viu Aires antes, em Bruxelas[73], embora não tivessem travado contato, mas, desde então, não o esquecera. O mesmo não poderia ter ocorrido entre o moço e a Fidélia? Quando o conselheiro lhe fala na barca a Niterói, pela primeira vez mencionando a viúva,

---

72. Há outra hipótese, tão fantasiosa quanto a do assassinato de Eduardo – fantasiosa não só pelo elemento espetaculoso, como há num crime, mas também pela falta de outros elementos na narrativa capazes de comprová-lo. Sabemos que Guimarães era comerciante de café e que o barão era produtor de café. Podíamos pensar que tivesse ocorrido uma desavença entre os dois, que impossibilitasse o namoro de Tristão com Fidélia, antes da morte do fazendeiro. No entanto, como todos os outros argumentos dessa sorte, é pouco provável que nenhum dos outros personagens soubesse de nada, sobretudo Aguiar, que parecia tão chegado ao compadre.
73. Aguiar a Aires: "– [...] Ele fala da sua pessoa com grande respeito e admiração. Diz que um dia o viu em Bruxelas, e estava longe de crer que viria achá-lo e falar-lhe aqui" (Machado de Assis, *op. cit.*, p. 1136).

a resposta de Tristão é ao mesmo tempo lacônica e desnecessariamente explicativa:

– Eles [os Aguiares] querem-lhe muito.
– Sei, muito, como a um filho.
– Têm também uma filha de afeição.
– Também sei, uma viúva, filha de um fazendeiro que morreu há pouco. Já me falaram dela. Vi-lhe o retrato encaixilhado pelas mãos da madrinha [...]

Ele parece ávido por oferecer a informação de que a conhece apenas por intermédio do retrato (a moça encontrava-se na fazenda, por aqueles dias). Imediatamente desvia o assunto, tecendo considerações sobre a grande ternura de dona Carmo e terminando, no mesmo discurso, por mudar completamente o foco, aludindo a um "terceiro filho", ou seja, um cão que o casal teve, à época. Não é necessária acuidade psicológica para perceber que o desvio do assunto pode ter-lhe sido conveniente (o moço, afinal, é um político em gestação, que já discursou em público), evitando um campo porventura minado. Aí vai o resto da fala de Tristão, seguida da réplica de Aires, que diz desconhecer esse outro filho. Em seguida, o moço revela que se trata do cão, e conta o caso.

– [...] Se conhece bem a madrinha, há de saber o coração terno que tem. Toda ela é maternidade. Aos próprios animais estende a simpatia. Nunca lhe falaram de um terceiro filho que tiveram, e ela amava muito?
– Creio que não; não me lembra.
– Um cão, um pequeno cão de nada. Foi ainda no meu tempo [...][74]

Logo, é possível supor que Tristão já houvesse visto Fidélia e tivesse um interesse não declarado em sua viagem ao Brasil.

---

74. *Idem*, p. 1137.

Assim como é igualmente plausível que o casal já viesse se encontrando muito antes de o conselheiro desconfiar que o rapaz estava enamorado da viúva. Todo o episódio do dia 22 de setembro é esquisito, e o próprio conselheiro levanta a lebre. Não nos estenderemos nele, mas o caso é que Aires encontra causalmente a viúva Noronha na rua, no centro do Rio. Depois de trocarem algumas frases, Fidélia se despede e entra num carro, que se acha à sua espera, no largo de São Francisco. Eles seguiam pela rua do Ouvidor, a pouco mais de dez passos de distância. Quando ia voltar, o conselheiro dá com Tristão também mirando o coche. Ele vinha pela rua do Ouvidor e, ao avistar o conselheiro, diz uma frase um tanto sem sentido, que deixa Aires perplexo: "Grande talento!"[75].

O que causa espanto a Aires, claro, é a frase, mas a nós nos desperta ainda a suspeita de que havia algo mais: não teria o conselheiro inadvertidamente impedido, ao topar com Fidélia, o encontro de ambos? É também provável. Em seguida, Aires decodifica a frase de Tristão: ele falava do talento musical de Fidélia. Trata-se quase de um *lapsus linguae*, já que ele, desconversando, alude justamente à noite em que a viúva põe de lado o longo luto musical, para, diante da insistência do rapaz (e com o conluio da gente Aguiar) tocar uma reminiscência de Schumann ao piano. Se guardava silêncio em respeito ao falecido, ela parecia, naquele exato momento, ceder aos apelos da vida e do amor, circunstância de que breve trataremos. Há, além disso, na referência musical a lembrança da alusão (ainda) oculta a Wagner e à tragédia de Tristão e Isolda.

Sabemos que a execução de peças de música, em especial as compostas por artistas românticos, é um tropo do extravasamento emocional, mormente por parte de moças recatadas, que não dispõem de outras formas possíveis de expansão. Em *A Room with a View*, de E.M. Forster, que tanto se opôs a James

---

75. *Idem*, p. 1154.

em *Aspectos do romance*, mas tanto lhe seguiu os passos na vida literária, uma execução de uma peça de Beethoven pela donzela Lucy Honeychurch antecede sua vontade de sair para uma aventura, e, consequentemente à descoberta da morte e do amor. Dias depois, em seguida a uma excursão no campo, quando o peso dessa mesma descoberta recai sobre ela com força renovada, parecendo-lhe insuportável, ela recusa a Miss Alan um convite para tocar[76].

Aires não faz alusão direta a um possível encontro entre os dois: a inferência é bem mais oblíqua. Ele reclama da simetria entre o evento e um outro, relatado dias antes, afirmando que, em ficção, tais simetrias são descartadas (contrariamente à vida, onde elas ocorrem, segundo ele) como matéria romanesca ou "forçada". O episódio anterior foi outro encontro casual, com Fidélia, também no centro do Rio. A moça logo foi embora, daquela feita de bonde. Nisso, o conselheiro dá com Osório, que ia com os olhos grudados no veículo que levava a amada embora. Diz o diplomata aposentado: "Entrei nesta dúvida, – se teriam estado juntos na rua ou na loja a que ela veio, ou no banco, ou no inferno, que também é lugar de namorado, é certo que de namorados viciosos, *del mal perverso*"[77].

Num procedimento bastante comum no *Memorial*, o conselheiro refuta em seguida a inferência – não, não teriam marcado encontro e, se Osório a tivesse visto na rua, nem teria tido cora-

---

76. Forster, 1992, pp. 30-73. Para os ataques a James, ver Forster, 2003, pp. 156--163 e 182, entre outras. Nesta última página, ele o coloca ao lado de Meredith e Stevenson, como escritores "que fedem" (na verdade, trata-se de uma má tradução: o crítico quis dizer autores que não prestam); antes, acerca de *A Taça de Ouro*, ele diz: "Pode-se chegar perto do significado padrão vendo o que James sacrificou para alcançá-lo... picando beterraba e cebolinha para sua salada: porque sei que ele se contentaria com os vegetais, quando menos porque seus órgãos reprodutivos não são proeminentes...". Não se pode acusar James de puritanismo, ao menos em nível simbólico, em *Os Embaixadores*; vimos que Maria descreve o órgão olfativo de Strether como dotado de uma "bold free prominence" (James, 2010, p. 43).
77. Machado de Assis, *op. cit.*, p. 1149.

gem de cumprimentá-la, tímido que é, mantendo-se a distância[78] –, mas a suspeita permanece aos olhos do leitor. Não apenas a suspeita, afinal nem tão grave, de que Fidélia tenha se encontrado (para desestimulá-lo?) com Osório ou de que os dois tenham se topado ao acaso, mas, mais a propósito, que o possível encontro entre Tristão e Fidélia tenha sido – pela simetria como as coisas se dispõem – arranjado no inferno, ambiente adequado aos "namorados viciosos".

Tudo isso fica muito bem, a não ser por um fato. Se a viúva quisesse encontrar-se com Tristão, não poderia ter buscado um lugar menos conspícuo que a rua do Ouvidor? – ainda mais se for verdadeira a suposição de Aires, de que ele quase a flagrou com Osório, poucos dias antes, também no centro do Rio? Ali seria o ponto da cidade menos favorável a encontros amorosos, privados, como aliás atestam essas duas vezes em que o conselheiro a avista. O banco de Aguiar, além do mais, ficava perto dali. Todos os bancos, verdade seja dita, e todas as lojas finas, sendo aquela a área para onde afluía toda a fina flor, todas as bocas maledicentes do Rio de Janeiro. Seria Fidélia tão descuidada?

Ademais, há uma referência curiosa, a abrir a cena do segundo encontro casual. Sobre o dia imediatamente anterior, Aires escreve ter visto dona Cesária passar na rua "tão risonha que parecia falar mal de mim". O conselheiro volta a lembrar o prazer que essa senhora sente ao fazer mau juízo da vida alheia. Parece singular que esse curto parágrafo esteja inserido justo agora, antecipando a cena e as conjeturas do herói. Haveria aqui a sugestão de que Aires também, assim como dona Cesária, cuja língua venenosa ele admira, estivesse pronto para destilar o próprio veneno?[79]

78. Além disso, dias antes, Aguiar afirma que Fidélia já teria rejeitado "tacitamente" o moço.
79. *Idem*, p. 1153. Observamos aqui uma discrepância em relação ao parentesco dessa senhora. Dona Cesária é tratada o tempo todo como cunhada do corretor Miranda (pp. 1132 e 1185, ou pp. 114, 245 e 247 da edição Jackson, 1946), mas, nesta passagem, é descrita como "irmã do corretor Miranda" (p. 159 da edição Jackson).

Há outros indícios, porém, de que algo poderia estar ocorrendo entre os dois. Poucos dias antes de Fidélia quebrar seu jejum musical, Aires vê passar a gente Aguiar, ladeada pela viúva e o afilhado (27 de agosto). Aguiar dava o braço a Fidélia e dona Carmo a Tristão. Os velhos tinham o sorriso no rosto, mas Fidélia não deixava transparecer nada, sorria de leve (um sorriso forçado) e vinha cabisbaixa. O capítulo se encerra assim, sem que o conselheiro seja visto pelo quarteto ou lhe interrompa o passeio. Já vinha a moça preocupada com alguma proposta ou algum gesto de Tristão?

Em seguida ao episódio do largo de S. Francisco, há diversas outras situações "suspeitas". Logo depois, por exemplo (9 de setembro), volta Osório do Recife, onde o pai estava doente e morreu. Quem conta o caso funesto ao conselheiro é Aguiar, que ainda lamenta o fato de Fidélia tê-lo rejeitado, e passa a louvar as qualidades do ex-pretendente. Dona Carmo confirma as palavras do marido, sem lamentar, porém (Aires suspeita, não sem razão, que a boa senhora prefira que a viúva não torne a casar, ou case-se com outro). Durante essa conversa, quem está na sala, mudo, folheando um livro de gravuras? Tristão. Talvez estivesse quieto por estar distraído, talvez porque o assunto não lhe dissesse respeito, mas talvez mantivesse silêncio justamente pela razão de o assunto lhe dizer, sim, respeito – a ponto de ter usado o livro como "álibi" para seu mutismo. Mas não era um mero "livro de gravuras" que ele examinava, mas um álbum de retratos descerrado, observa Aires, na página onde estavam as fotografias de Carmo e de Aguiar – representando tanto os laços firmes do matrimônio quanto o outro elo na equação entre o rapaz e Fidélia.

No relativamente extenso capítulo de 18 de setembro, descobrimos a gente Aguiar sozinha em casa. O joelho de dona Carmo dói, e o marido fica para fazer-lhe companhia. Aires chega e se junta a eles. Tristão foi a uma recepção na casa do desembargador. Aguiar diz que, se não ficasse com a mulher, era capaz de o afilhado não ir, para não deixá-la sozinha. O conselheiro crê ver dona Carmo concordar com os olhos, mas o que ela diz de fato em seguida é que o afilhado iria de qualquer forma, para deleitar-se com as moças de lá, ajuntando que se tratava das filhas de velhos amigos do desembargador.

Dona Carmo, sabemos, com toda sua bondade e discrição, é muito mais sagaz nesses assuntos que o marido. Fidélia, na verdade, estaria ali. Uma alusão à moça leva ao tema de Osório, logo descartado, pois a velha não participa da conversa, e então o conselheiro pergunta-lhes se não seria excelente que, em vez de "amigos e estranhos" um ao outro, Fidélia e Tristão fossem irmãos e filhos do casal. A ideia, claro, anima dona Carmo que, depois, por mais que lhe doa o joelho, acompanha Aires até a sala.

Duas coisas ficam logo claras. Tristão, um moço solteiro e que vai à festa com o propósito oculto de conhecer moças, terá a oportunidade de falar à viúva – e, melhor, num evento social, em que ambos não se veriam constrangidos pelo ar familiar da casa do Flamengo e pela companhia da gente Aguiar. Para assegurar a ida do afilhado, o banqueiro decide ficar com a mulher – quem sabe ela até o tivesse aconselhado a isso. Quem sabe o joelho não passasse de uma desculpa ou estratagema, pois, em seguida, vemos que ela está bem o bastante para seguir o conselheiro até a entrada. O casal sem dúvida gostaria que Tristão e Fidélia fossem mais unidos. Irmãos, sugere Aires, porém, mais a propósito, "seus filhos" – e que modo mais simbólico de ter os dois a seu lado do que acolher a viúva, sua nova filha, como noiva de seu afilhado? Veremos, no transcorrer do romance, diante da alegria da gente Aguiar com a notícia do casamento, como esse sonho sempre fora acalentado – consciente ou inconscientemente.

Pois há a chance de a vontade ser consciente; nesse caso, dona Carmo não padeceria tanto assim do joelho, conforme apregoava, a ponto de desistir da recepção; ela na verdade queria que Tristão fosse sozinho. (É interessante que, quando Aires pergunta se se trata de uma festa, Aguiar tenha acudido para dizer que não.) Mais curioso, já que o conselheiro gosta de simetrias, é que, após ter-se despedido de Carmo, ele mencione a Aguiar o cão sepultado no jardim. Mais uma vez a história do cão serve para mudar o tópico da conversa. Antes, era Tristão que não queria (na barca a Niterói) continuar discorrendo sobre Fidélia; agora, o tema é trazido intencionalmente à baila por Aires, após "três ou quatro" rápidas investidas, na despedida. E o assunto sobrepõe-se àquele acalentado pelos Aguiares: a união filial de Tristão e Fidélia.

A história deixa Aguiar estranhamente espantado e constrangido – e a pergunta que ele faz – "Quem lhe contou isso?" – é das mais estranhas, como se se tratasse de um segredo ou tabu. Então, com poucas palavras, confirma a história narrada por Tristão. Percebemos o desvelo com que dona Carmo cuidava do animal, costurando-lhe roupas e preparando-lhe papinhas. Aí, Aguiar conta da tristeza pela doença e a morte do cão, e mais uma vez indaga:

– Tristão riu-se naturalmente do nosso carinho?
– Ao contrário, falou-me com muito louvor; tem bom coração aquele rapaz.
– Muito bom.

Parece haver um quê de alívio no "muito bom" de Aguiar, como se ele houvesse temido que Tristão pudesse tê-los desmerecido diante do amigo ao contar-lhe o zelo talvez excessivo que tinham para com o animal. Em seguida, temos a conclusão, em chave parabólica ou aforística, típica de Machado. Aires passa por uma chácara, na rua da Princesa, e um cão começa a ladrar. Então, imagina que o animal esteja lhe dizendo: "Meu amigo, não lhe importe saber o motivo que me inspira este discurso; late-se como se morre, tudo é ofício de cães, e o cão do casal Aguiar latia também outrora; agora esquece, que é ofício de defunto"[80].

80. *Idem*, p. 1153.

3.3. Viva Sevilla!

O discurso é enigmático e uma das coisas que sugere (somada ao ar de mistério e tristeza suscitado pela reação de Aguiar) é que não se pode fiar inteiramente no motivo dos discursos. O cão, em seu ofício de cão, e o banqueiro, em seu ofício de banqueiro, podem ter razões muito mais profundas e várias. Há outra ocasião na biografia do conselheiro em que ele foi animado a forjar um apólogo. Em *Esaú e Jacó*, estava próximo à travessa S. Francisco, quando viu um burro empacado, atrapalhando o trânsito. O dono do animal dava-lhe pancadas, sem conseguir, contudo, dissuadi-lo de livrar o caminho. A agonia se alonga, tanto a do asno quando a do homem, e Aires fica na dúvida se tem mais pena do sujeito ou do bicho. Este último por fim resolve mover-se, com aparente má vontade e desprezo pelo proprietário. O conselheiro desta feita parece ouvir o animal dizer, com ironia:

> Anda, patrão, atulha a carroça de carga para ganhar o capim de que me alimentas. Vive de pé no chão para comprar as minhas ferraduras. Nem por isso me impedirás que te chame um nome feio, mas eu não te chamo nada; ficas sendo sempre o meu querido patrão. Enquanto te esfalfas em ganhar a vida, eu vou pensando que o teu domínio não vale muito, uma vez que me não tiras a liberdade de teimar...[81]

A passagem apaga a lembrança de outra, igualmente significativa, que o conselheiro vinha ruminando. Nessa reminiscência, estava Aires em Caracas, bem mais jovem, na qualidade de adido. Achava-se no camarim de uma atriz sevilhana chamada Cármen. Entre um chamego e outro, ouve um alarido, que o deixa apreensivo, e pergunta à bela mulher o que ocorria. Ela responde:

– Não se assuste, amigo meu; é governo que cai.
– Mas eu ouço aclamações...

---

81. *Idem*, p. 998.

— Então é governo que sobe. Não se assuste. Amanhã é tempo de ir cumprimentá-lo[82].

Esse *recuerdo*, por sua vez, acode a Aires em meio ao cenário da emancipação dos escravos, "questão grave e gravíssima", pouco depois de o "ex-rapaz" passar por um tumulto no centro da cidade. Um grupo de pessoas protesta contra a prisão de um homem. Os praças o acusam do furto de uma carteira. O homem bradava que nada roubara: "É falso! Larguem-me! sou um cidadão livre! Protesto! protesto!"

As três ações, do presente e do passado, dispersas como que sem nexo, indicam, naturalmente, uma lógica clara. A questão gravíssima da abolição relaciona-se tanto com o tema da liberdade quanto com o direito do homem de participar da vida social e política, em sua condição de cidadão. O suposto gatuno da passagem seguinte não é descrito como negro, mas sua grita poderia ser a mesma de um antigo cativo, ou de um ex-escravo recém-empossado em seus direitos civis: "Larguem-me! sou um cidadão livre!"

Independentemente da cor da pele, ele é levado sob protesto, como o burro que enfim começa a andar e zomba de seu mestre. No fundo de seu chasco está sua certeza de que, não importa quantas lambadas tome e quanto o homem o obrigue a mourejar, o animal ainda é "livre" para teimar. Tanto o escravo recém-libertado quanto o hipotético ladrão e o burro representam seres obrigados a uma condição de subordinação. E também fica patente, nos dois últimos casos, uma ponta de rebeldia, como que a mostrar que o oprimido pode dobrar-se ao opressor por uma questão de conveniência e de falta de opção, mas não esquece seu estado vexatório e ainda se revela capaz de, mesmo que a custo de muito sacrifício, vexar o opressor. Há, todavia, um pormenor notável: o burro chama o sujeito de "querido patrão". Sob a ironia do adjetivo, alude-se também a

---

82. *Idem*, p. 997.

uma mudança na ordem social. Não se trata mais de uma relação colonial entre amo e servo. Os escravos foram libertados, e o que temos agora é um contrato entre patrão e empregado – mesmo que o primeiro por vezes se esqueça disso e o leve à força ou sob pancadas. A verdade é que, na transição entre as duas ordens, muitos hábitos antigos permanecem, sugerindo-se, inclusive, que a dominação continuaria robusta e eficaz.

Entre um evento e outro intercala-se o episódio de Caracas. A sem cerimônia com que a atriz trata a ascensão e queda de um governo antecipa o posterior episódio da troca das tabuletas, com a derrocada da Monarquia e subida da República. Paulo previra, orgulhoso, que a emancipação marcaria o início da revolução: "A abolição é a aurora da liberdade; esperemos o sol; emancipado o preto, resta emancipar o branco"[83]. Nas reminiscências de Aires, porém, a problemática séria da liberdade, da cidadania, dos arroubos e arrufos, é expulsa pela cantilena, pela dança sensual e pelo riso franco da sevilhana: "A sombra da moça varreu tudo o mais, a rua, a gente, o gatuno, para ficar só diante do velho Aires, dando aos quadris e cantarolando a trova andaluza"[84].

Não estranha que Aires venha a descartar assim os eventos, políticos e sociais, "as ideias novas, os seus homens frescos, leis e aclamações". Como velho galanteador e hedonista convicto, afeito aos negócios sensuais, não podia deixar de recordar que, subam governos e caiam governos, o ser humano continua sujeito à carne; em última instância, ao pó. Não compartilha nem o enlevo revolucionário de Paulo nem a defesa da tradição, como Pedro. Habituado desde jovem a não entrar em polêmicas, a agradar a todos e a seguir a direção dos ventos políticos, prefere refugiar-se no passado, nos braços de uma amante supostamente cínica.

Mas será assim tão simples? Quem sabe Aires não se engana mais vez, falhando em enxergar na classe subordinada a

---

83. *Idem*, p. 992
84. *Idem*, p. 998.

ironia com que esta encara os grandes eventos promovidos pela classe dominante. Assim como o burro ou o ex-escravo e atual miserável, a atriz sevilhana sabe que, independentemente do governo, a oligarquia continuará no poder e o povo, sob o látego. A pista aqui pode estar na própria nacionalidade da amante do conselheiro. Afinal Sevilha não é tão somente cenário para as aventuras amorosas de Dom Juan. A cidade foi foco de resistência liberal no Triênio Constitucional de 1820-1823, por exemplo, antes da década de monarquia absolutista de Fernando VII, além de guardar um matiz de orgulho regional, como aliás se percebe na letra da toada popular contada por Cármen ("Tienen las sevillanas, / En la mantilla, / Un letrero que dice: / ¡ Viva Sevilla!"[85]).

E o episódio do burro, que completa o tríptico, traz novas significações, remetendo-o inclusive à cena do cão, no *Memorial*. Após ouvir do asno a "reflexão", que em si recolhe e evidencia sub-repticiamente os elementos subversivos contidos nos causos anteriores, Aires ri de si para consigo. Sabe que não pode ter lido nada nos olhos da besta, senão "ironia e paciência". Foi o conselheiro quem lhes deu forma e sintaxe. Até mesmo a ironia estaria estampada na retina do ex-diplomata, não do animal. Daí diz: "O olho do homem serve de fotografia ao invisível, como o ouvido serve de eco ao silêncio. Tudo é que o dono tenha um lampejo de imaginação para ajudar a memória a esquecer Caracas e Cármen, os seus beijos e experiência política"[86].

O raciocínio de Aires põe o apólogo a nu. O burro nada disse, não podia ter dito nada. O conselheiro deduziu a fala a partir de um brilho que julgou ter visto nos olhos do animal. O homem compôs não apenas o discurso da alimária, como, a

---

85. Mais tarde, Frederico García Lorca coligiria e trabalharia musicalmente a cançoneta como "Sevillanas del siglo XVIII", em suas *Canciones Populares Españolas*.
86. Machado de Assis, *op. cit.*, p. 998.

propósito, todas as outras cenas. Compôs o quadro a partir do nada; criou, com um lampejo de imaginação, a partir do invisível e do silêncio. Claro que não é bem assim. Houve o asno, houve o dono, houve os eventos políticos e os beijos de Caracas, como há o preito da abolição e o rastilho da República. Foi em função desses elementos que a "reflexão do burro" se engendrou. Mas o conselheiro tem razão, posto que noutro sentido.

Segundo esse raciocínio, são os lampejos de imaginação que criam senão o todo, ao menos parte do todo, e essa perspectiva nos é então transmitida como sendo a própria realidade. O quadro externo que o conselheiro nos permite entrever é modificado por suas retinas. O quadro – a natureza, os belos aspectos "pinturescos" apreciados por Aires, os processos sociais – é internalizado. O objeto externo é filtrado pelos olhos do observador, que inevitavelmente o transformam. Cada vez mais. Antes, as caleças puxadas a burro permitiam que o olhar do observador se detivesse nos dados do exterior e, posto que houvesse a necessária filtragem, também havia maior certeza do que se via. Nos tempos do afogadilho do trem, nada se fixa direito nas retinas. A velocidade oblitera a realidade. O observador é forçado a montar a cena em cima das impressões, dos vislumbres, até do vácuo. Tudo que se pode transmitir, o que ainda não se perdeu, aloja-se na tela da mente do observador. E o processo muita vez espelha obliquamente o quadro externo, muita vez falseia-o. Voltaremos ao tema.

Havia, em *Esaú e Jacó*, um narrador onisciente que denunciava o simulacro, a quebra da ilusão; um narrador do tipo que não existe no *Memorial*. Aqui, os olhos e os ouvidos do conselheiro podem produzir um caso a partir do nada, podem alterar livremente os fatos, podem juntá-los como que por acaso mesmo que o acaso nada tenha a ver com a junção, podem suprimi-los ou realçá-los ao bel-prazer. Cabe ao leitor desconfiar das peças que se lhe exibem; posto que *bastante* reais, não se devem em princípio confundi-las com a realidade.

No *Memorial*, Aires já não finge que o animal faça o sutil comentário: ele prefere atribui-lo a um cão que late dentro do próprio cérebro. Como outrora a "grossa" Alboni engolira um rouxinol, que a fazia cantar maviosamente, o conselheiro brinca que talvez o cozinheiro lhe tenha servido um "cão filósofo", que acabou por engolir. Se não existe um cão filósofo, sabemos onde se acha um cão e onde se acha um filósofo, que é no *Quincas Borba*. De fato, as palavras atribuídas ao cão, no *Memorial*, têm um quê das lições amalucadas do pensador de Barbacena, amigo de Brás Cubas.

Humanitas, o princípio vital, a vontade absoluta que reinaria na natureza, regozija-se com as guerras e com o espetáculo da batalha diária, onde os fortes subjugam os fracos para ficar com as batatas. Há uma defesa do individualismo e do *homo homini lupus* no arcabouço dessa filosofia, que casa bem não só com o espírito do capitalismo moderno, mas ainda com a atmosfera melancólica do *Memorial* e com as palavras do cão. Latir, na lógica do discurso canino, equivale ao viver. Tanto os cães ladram hoje, como o casal Aguiar latia outrora. No entanto, hoje, o banqueiro e sua senhora já se aproximam do reino dos defuntos, dos que estão prestes a ser ultrapassados pela geração mais nova, representada por Fidélia e Tristão. Humanitas alimentar-se-ia disso, pois celebraria a vitória da expansão mais bem talhada diante da outra, pertencente a uma ordem caduca, que deve, assim, sacrificar-se para dar continuidade à vida na sobrevivência da voraz ordem sucedânea.

Nesse pequeno incidente, somado à reflexão canina, já se sugere o destino dos velhos, em cujo grupo Aires vem se integrar: serão abandonados. Seu momento foi outro, quando latiam a rodo e à vontade, molestando os anciãos que passavam nas ruas – como os cães atuais, "uns feios, outros bonitos, e todos impertinentes", seguem com seu alarido incomodando passantes alquebrados como o conselheiro. E este termina o capítulo com o seguinte dizer: "Nem era novo para mim este comparar de vozes vivas com vozes defuntas" – que se associa, de certo modo, ao *les morts vont vite* da morte do leiloeiro, que observaremos com maior detença na seção II. 5.

3.4. Fugir de Si Mesmo

Três dias depois se dá o segundo encontro fortuito entre Aires e Fidélia. A primeira coisa que vem à mente da viúva é agradecer a companhia que o conselheiro fez ao casal Aguiar. Aires se deleita com a gentileza da jovem senhora e nem se dá conta de que o reconhecimento pode ter um sentido oculto, pois lembrar-se dos velhos lá sem Tristão sugere, naturalmente, ter lembrado antes do Tristão na casa do tio, *com* ela. Então, vem o golpe de misericórdia, desferido por Aires sem que ele mesmo aparentemente tenha se dado conta: o conselheiro revela que os dois foram o assunto da conversação. Fidélia se espanta: "Isso ela [dona Carmo] não me disse". É tudo que consegue falar. Felizmente o conselheiro, tagarela, desvia o assunto: "A senhora não sabe o que podem dizer três velhos juntos, se alguma vez sentiram e pensaram alguma coisa".

Mais alguns dias e ocorre o quiproquó acerca da ida ou não de Fidélia à fazenda. Os libertos ameaçam deixar a roça (depois de saber da venda) e a moça decide ir à propriedade, dada a propalada influência exercida sobre os ex-escravos, para convencê-los a ficar. A doença (do joelho) de dona Carmo a convence a aceitar a proposta do tio de adiar a partida para as férias, em dezembro, em vez de naquela data, em outubro. Logo, porém, mana Rita chega com notícia diferente. A moça e o tio iriam imediatamente, e Tristão pretende acompanhá-los. A desculpa para a ida do moço é a mais pífia: "nunca viu uma fazenda, e tem vontade, antes de voltar para Lisboa..." (reticências do original, a frase é proferida por Rita, que, segundo Aires, "está com vontade de achar algum defeito grande no afilhado do Aguiar"). Ao cabo, porém, depois de o desembargador conseguir tirar licença e de Tristão ter feito as malas, Fidélia decide ficar. "Entendam lá as mulheres!", exclama o conselheiro[87].

Várias conclusões podem ser tiradas da passagem. A alardeada influência de nhanhã Fidélia é no mínimo exagerada: ela mesma chega à conclusão de que tanto faz ir como não. O tio também desconfia da amizade que os libertos lhe têm, ou, como depois acrescenta: "dizem ter". No máximo, talvez fosse uma desculpa. Ou bem, ela quisesse fugir de Tristão (já estaria ele lhe fazendo sub-repticiamente a corte?), mas, como ele decidiu ir junto, ela "muda de ideia". Ou então, a viúva desde o início soubesse que ele a acompanharia (já concordava, de certo modo, com a corte), mas, na última hora, perdeu a coragem, talvez em razão do respeito que devia ao marido morto, talvez por achar que não ficava bem, talvez por ambas as causas.

A escusa de Tristão para ir é vista com ceticismo por Rita (a maneira como ela a enuncia, seguida pelas reticências, confirma a suspeita), mas então, segundo o conselheiro, ela não é a pessoa mais isenta para falar do moço. De todo modo, estranha o interesse do rapaz de ir ver uma fazenda. Será que, por trás, havia intenção de calcular a fortuna da viúva? E, chegando lá (pois ele vai, afinal), tenha se desencantado com a propriedade, a ponto de ser o primeiro a sugerir que a vendessem? Bem mais tarde, é ele mesmo quem se encarrega de dissipar as (possíveis) dúvidas. Quando posteriormente confessa ao conselheiro seu amor pela viúva, diz que havia resolvido acompanhá-la a Santa-Pia, porque não queria ficar no Rio sem ela, e também porque, na roça, julgara que teriam mais privacidade para ele abrir seu coração à moça. A confissão é acompanhada, contudo, por um enigmático olhar "abaixo e ao longo" (estão os dois nas Paineiras)[88].

A notícia da permanência de Fidélia é dada por dona Carmo e confirmada por Fidélia quando Aires aparece na casa do

---

87. *Idem*, pp. 1156-1158.
88. *Idem*, p. 1172.

Flamengo. O conselheiro acode a dizer que os amigos é que lucram. Dona Carmo, afirma o narrador, concorda com ele, "mas sem palavras, com os olhos apenas". Trata-se de uma repetição da ideia de páginas atrás, como vimos, essa de a senhora concordar com os olhos. Mais uma vez dá a impressão de que ela está a esconder algo, ou de que não esteja dizendo tudo. O efeito, durante o passeio dos três pela costa, é acentuado pelo silêncio guardado por Fidélia, cujos olhos mais uma vez vinham grudados no chão (o mar batia com força, sugerindo talvez o tormento que mordia a viúva?).

A última evidência de que algo vinha ocorrendo entre Tristão e Fidélia – antes, é claro, do jogo amoroso muito claro que se arma quando ela decide aceitar o convite de dona Carmo e pintar na casa do Flamengo – sucede duas semanas antes dos Finados. É Rita quem conta uma visita que fez à gente Aguiar. Lá estavam também a viúva e Tristão. Contrariamente ao hábito, Fidélia não fica para jantar e sai com Rita. A irmã de Aires não se lembra de voltar a cabeça, mas a outra sim e, quando a primeira a imita, vê que Tristão e Carmo estão acenando. A caminhada das duas é silenciosa. Fidélia não falou muito e parecia preocupada, pela terceira vez com os olhos fitos no chão. Em Botafogo, a viúva encomenda flores para pôr na sepultura do defunto: a escolha é minuciosa, o número de grinaldas, as cores que teriam etc.

Aires, que diz gostar de "ver e antever, e também de concluir", deduz que Fidélia "foge a alguma coisa, se não foge a si mesma". De fato, podemos concluir (o conselheiro deixa o assunto no ar...) que Fidélia vive um drama de consciência, entre o amor a Tristão (ela lhe volta os olhos) e o dever fúnebre. Logo depois, a viúva começa a pintar, recusando o convite de dona Carmo de levar seus pincéis para o Flamengo. A viúva prefere retratar a paisagem do Botafogo. Para pôr lenha na fogueira, o conselheiro sugere (a dona Carmo, que fica de falar com a amiga) que Fidélia pinte uma figura humana, talvez o Tristão... Somente uma semana depois do dia dos mortos, em que a viúva não se mostra no cemitério (ou ela foi muitíssimo cedo, antes de Rita, que lá chegou às oito e pouco; ou nem foi), é que ela finalmente troca a paisagem do Botafogo pela marinha do Flamengo...

3.5. Um Pouco de Fel

Podemos aventar a hipótese de que a saída de Fidélia com Rita, seguida da caminhada e da compra das flores, não passa de uma encenação da viúva Noronha. Gledson sugere que os atos da moça são teatrais desde o princípio, tanto no cemitério, quando o conselheiro a vê no início do romance, quanto na recepção dos Aguiares, com sua chegada na vigésima-quinta hora. A dificuldade mais uma vez é saber por que ela finge. Além disso, se quisesse fingir até o fim, em prol do espetáculo, sem dúvida decidiria comparecer ao cemitério, no dia dos mortos, num horário mais conspícuo. Não o fez. E, mesmo se assim agisse, não estaria descartado o dilema.

A verdade, contudo, é que em todos esses casos ocultam-se o traço da indefinição, a tinta da incerteza, a semente da dúvida. Ou seja, não se podem medir as dimensões do relacionamento entre Tristão e Fidélia; ainda que seja factível que o casal estivesse levando um *affair* às escondidas, ainda que seja razoável supor que estivesse, nunca podemos afirmar com certeza. A cada passo que ensaiamos, à cada conclusão que chegamos, sempre há uma ou outra evidência que nos impedem de registrar a hipótese como cabal. Mesmo as inferências mais verossímeis são cercadas de dúvidas.

Vejamos o caso de Tristão. Por tudo o que sabemos e nos é contado, por meio de diversas testemunhas (Aguiar, dona Carmo etc), o rapaz é astucioso, ambicioso, interesseiro, volúvel, por vezes demonstrando bem pouca consideração. Também podemos distinguir seu comportamento através das desculpas que esses mesmos personagens fabricam: Tristão deixou de corresponder-se com a gente Aguiar? São coisas da mocidade. Ele demandou a venda de Santa-Pia? É para arredar suspeita de que pudesse haver interesse no casamento. São essas justificativas inclusive, por vezes pouco consistentes, que nos ajudam a fazer um juízo pouco abonador do moço.

Essa nossa impressão, contudo, precisa ser temperada com um grau de sal – dois grãos, quem sabe. Afinal, tudo nos é contado por meio do rival no coração de Fidélia. É certo que o conselheiro diz ter abandonado as veleidades serôdias do início, em favor de interesses puramente "estéticos" pela sinhá-moça, mas não podemos fiar em que sua apresentação dos fatos seja, sobretudo no começo, das mais confiáveis. O ex-diplomata é um galanteador – mais ainda, um conquistador frio, pois desprovido de paixão, concentrado na sua tarefa de cortejar as mais belas damas. Se diz ter desistido de Fidélia é menos porque a respeita ou respeita seu luto, e mais porque não é homem de empregar esforços na conquista nem de se meter em terreno potencialmente perigoso. Ama a constância e ausência de conflito, mas não deixa de continuar interessado nela, como ele mesmo viria inadvertidamente demonstrar.

Daí, a primeira notícia que recebemos acerca de Tristão é a tal história da troca das aspirações profissionais. Seria ele de fato volúvel, como faz-nos crer o relato, ou trata-se apenas do encaminhamento de aspirações ainda incertas, comum na mocidade? Mas Aires gosta de pintá-lo como teimoso, pois logo em seguida mostra como o rapazote insiste em acompanhar os pais a Portugal, mesmo contra a vontade de dona Carmo, que queria que ele ficasse no Brasil. Ora, seria tão incomum assim um menino desejar seguir com os pais verdadeiros, ainda mais numa viagem que promete tantas emoções, em vez de ficar para trás, com os pais postiços? O conselheiro insinua que o garoto poderia gostar mais da gente Aguiar do que da gente Guimarães, mas seria isso verdadeiro? O afeto exagerado dos pais postiços quem sabe turve a real situação, ou seja, a de que o casal Guimarães não visse com bons olhos o zelo que os compadres dirigiam ao filho, quase a pique de querer furtar-lhes o lugar de primazia no coração do pequeno Tristão. A doença da mãe de Guimarães quiçá não fosse mais do que um pretexto: o casal desde o início via nessas circunstâncias a oportunidade de não apenas sair do Brasil, como também de fugir do cerco que os Aguiares faziam ao filho. Quem sabe sugerissem isso a Tristão, não com essas palavras, mas propondo que ele os acompanhasse a Portugal, pedindo além do mais que não alertasse os compadres de suas intenções e, sobretudo, que não os magoasse?

A questão é que os Guimarães não voltam. Nem Tristão. Ou melhor, o pai regressa apenas para encerrar os negócios no Brasil, como dissemos. O afilhado, que de início se correspondia com os velhos, aos poucos deixa de fazê-lo. Seria falta de consideração? Ou apenas o curso normal dos relacionamentos? Os Aguiares não teriam confundido a consideração normal que um afilhado deve ter para com os padrinhos com o verdadeiro afeto e o verdadeiro compromisso que ele deve firmar com relação aos pais?

O fato é que o conselheiro, sempre muito ponderado, não pondera nada disso. O que ele mostra em seguida é o retrato de Tristão com seu ar petulante – reforçando a noção já sugerida de obstinação e arrogância, atribuída tacitamente ao rapaz. Aires nem esconde que acha exagerado o cuidado dos amigos. Dona Carmo só quer conversar sobre o filho postiço, enquanto a outra filha de afeição, de quem ela devia falar, por estar sofrendo com a morte do pai, é ignorada: "Leve o diabo tal filho. A filha postiça é que há de estar a esta hora mui triste no casarão da fazenda, onde certamente passou as antigas noites de S. João de donzela esperançada e crédula"[89].

O conselheiro também não esconde ser apreciador da maledicência, se ela for conduzida com graça e discrição, como a patrocinada por dona Cesária. Na barca a Niterói, o moço revela ser português naturalizado e não mais brasileiro. Segundo a descrição feita por Aires, Tristão parece ficar acabrunhado

---

89. *Idem*, p. 1130.

com a confissão. É o ex-diplomata que lhe acode dizendo que muitas vezes essas decisões consistem em atos políticos, que não afastam o carinho que se sente pela terra natal. A resposta teria deixado o moço aliviado, pois parecia ao conselheiro que o outro temesse que sua atitude fosse considerada uma traição à pátria. Aires interrompe a narrativa para revelar que, até aquele momento, adicionara a ela "um pouco de fel" e que era preciso fazer "um pouco de justiça": a idade de Tristão, a companhia dos pais, a mesma língua etc. tudo parece contribuir para que ele trocasse a antiga colônia pela metrópole. Mas então ajunta, entre as razões, a carreira política e... "a visão do poder, o clamor da fama"[90] – estaria ele de fato fazendo aí justiça, ou ainda derramando fel?

As opiniões de Aires são eivadas de ambiguidade: Tristão tem os "olhos vivos e lépidos" (embora a "brevidade do encontro e da apresentação os obrigasse a essa expressão única"). "Tem agradado muito o Tristão, e para crer que o merece basta dizer que a mim não me desagrada, ao contrário", diz o conselheiro dias depois, e acrescenta: "Ainda não lhe ouvi grandes coisas"[91]. E por aí vai. Não é descabido pensar que, em pequena escala, ele esteja armando um caso contra Tristão, sobre quem jaz a culpa de arrastar Fidélia a Portugal.

Guardadas as proporções, pois não se trata de suspeita de adultério, ele estaria agindo como Bentinho, que elabora uma série de evidências contra Capitu, especialmente no que diz respeito à personalidade da moça, forjada ainda em tempos de menina – indícios muitas vezes pouco sólidos ou apenas circunstanciais. Há outra grande diferença, claro. Bentinho estava consciente do caso que estava elaborando. Já Aires, a despeito do fel e do pé atrás que mostra (ao menos inicialmente) com relação ao rapaz, pela própria natureza da narrativa, não pode em princípio ser acusado de manipular toda a história em seu benefício.

---

90. *Idem*, p. 1139-1140.
91. *Idem*, p. 1133-1134.

Bentinho desfia suas memórias em retrospecto, depois que tudo ocorreu, depois de ter remoído seu rancor e seus ciúmes, depois de ter sofrido e purgado – ele tem tempo e determinação fria para expor seus argumentos. Aires, por sua vez, escreve um diário: suas anotações são deitadas poucos dias, às vezes poucas horas, depois da ocorrência dos fatos. Seu poder de manipulação é teoricamente bem menor. Os acontecimentos sucedem como, por assim dizer, na vida. Evidentemente, a escolha dos assuntos (o que ele trata ou deixa de tratar), bem como o tratamento que lhes dá (ressaltando isso ou aquilo, maldando um pouco aqui ou acolá) dá margem à manipulação suficiente – e é esse justamente nosso ponto. Podemos confiar plenamente no que nos conta Aires acerca de Tristão?

3.6. O Melhor Chapéu

> *Quoi donc? as-tu pensé qu'Andromaque infidèle*
> *Pût trahir un époux qui croit revivre en elle [...]?*
>
> JEAN RACINE, *Andromaque*.

Mesmo Gledson admite que, de tudo isso, a única coisa que importa é "ocorrência da traição"[92]. Mas o ensaísta inglês não está falando da suposta perfídia de Tristão, e sim da de Fidélia. Como em várias histórias policiais, em Machado também é urgente, na expressão de Alexandre Dumas, "*cherchez la femme*"![93] Nhanhã Fidélia seria culpada de uma tripla traição (se descontarmos a bem pouco defensável traição aos afetos de Aires): a traição à gente Aguiar, a traição aos ex-escravos e a traição à pátria. Ela traiu os velhinhos por tê-los abandonado

---

92. Gledson, *op. cit.*, p. 242.
93. A expressão parece ter sido cunhada pelo francês em *Les Mohicans de Paris* (1864).

no Rio, possivelmente escondendo deles que pretendia casar-se com Tristão e mudar com ele para a Europa. Traiu os libertos, pois os deixou desamparados, com uma fazenda depauperada e meios nenhuns para dela cuidar. Traiu o país, pois parte para a metrópole "com o dinheiro ganho no Brasil (e com a escravidão)". Diz Gledson: "Este Tristão e Isolda não são ligados por uma poção mágica, mas por 300 contos, e seu caso de amor não é trágico, mas escandalosamente bem-sucedido. O que há de romance é teatro, no sentido de ilusão e impostura"[94].

Mas as coisas não parecem ser, mais uma vez, tão descomplicadas. É certo que a filha postiça deixa os Aguiares no Brasil, depois de instar com eles para que pelo menos dona Carmo inicialmente acompanhe o casal. Ela também pode ter escondido dos velhos que já encetara um caso com Tristão e que os dois pretendessem desde o princípio ir à Europa. Na primeira implicação está oculta a acusação de que ela também traísse a memória do marido. Mas, afinal, a quem a viúva devia, para início de conversa, sua obsessão de luto? Aos Aguiares? Decerto que não, pois eles, ao saber da intenção da moça de casar, apenas têm palavras de júbilo a transmitir. À sociedade (incluindo aí todos os que, como Rita, dizem que ela não se casa de novo)? Ora, após mais de dois anos do passamento, durante os quais a viúva guardou luto quase pesado (rompido só aqui e ali por uns detalhes de adorno), exibiu sinais de respeito (até mesmo evitando festas, teatros e abandonando a música), tendo prestado seguidas homenagens no cemitério, para que ela se daria ao trabalho de criar uma farsa? Mesmo, e talvez até principalmente, se o que ela sentisse pelo marido não fosse mais sincero, pois Gledson, como vimos, insinua que o comportamento de Fidélia, na cena inicial do romance, já tinha muito de encenação. Em *Ressurreição*, para dar apenas um exemplo contrário, a viúva Lívia, igualmente virtuosa, decerto não viu necessidade de guardar luto eterno.

---

94. *Idem*, pp. 246-248.

Ora, ela não tinha motivos para esconder seu romance com Tristão, a não ser, é claro, os mais prosaicos e evidentes. Ela não queria descerrar ao mundo a notícia antes de estar muito certa das intenções do português e de seus próprios sentimentos. Talvez ainda sentisse dúvida, talvez ainda estivesse dividida entre o novo amor que começava a sentir, e o antigo, que talvez (aí sim) não passasse de um hábito fúnebre. Esse dilema mudo podia muito bem responder pelas reticências, pelas mudanças repentinas de decisão e pelo humor um tanto aflito da viúva. Antes disso, antes de saber ao certo o que ia dentro de si, não queria participar a ninguém – nem aos Aguiares – o seu enlace.

Então, suponhamos, ela não contou ao casal sua intenção de mudar-se para a Europa depois de casada, deixando que eles pensassem que o propósito de Tristão, já anunciado, tivesse sido abandonado. O jovem Guimarães apenas protelou o projeto. Nunca cogitou renunciar à profissão política nem à cadeira de deputado, já garantida. A notícia, porém, corre como um choque entre eles, contribuindo para o ar de tragédia e melancolia do fim do romance. Eles foram abandonados. Eles foram traídos. Mas foram? Pode-se culpar uma mulher, ainda mais naqueles tempos, por não resistir à vontade do marido, e seguir com ele aonde quer que lhe apraza ir?

Mas digamos que ela não tenha resistido, que de fato tenha desejado a viagem. E então? Apesar do justo compadecimento por deixar os velhinhos para trás, por que Fidélia desistiria de seguir adiante com sua vida? Afinal, eles são seus parentes de afeição, muito bons amigos, pessoas que a ampararam em momentos difíceis, por certo, mas muitas vezes é preciso deixar os amigos, segundo as vicissitudes do destino. Eles não são os pais da moça e, mesmo se fossem, deveria ela ficar no Rio por causa deles? Ora, sabemos que ela não ficou em Santa-Pia, por causa do pai verdadeiro, tendo preferido romper com ele e seguir com o marido – por que agora seria diferente? Apenas dentro da visão do amor quase doentiamente excessivo dos Aguiares é que a traição teria algum sentido. Decerto que isso não lhe furta o dilema ou a tristeza por abandonar o casal – ela deve ter sentido essa angústia; se não, não ocultaria deles, como estamos presumindo, até o último momento, a confirmação da viagem.

Fidélia, em seguida, teria traído os ex-escravos legando a eles, por assim dizer, uma herança maldita. Um dos temas candentes do *Memorial* é sem dúvida a escravidão. Não parece ser à toa que Machado retrocedeu vinte anos a ação de seu romance, fazendo o diário do conselheiro principiar no início do ano em que, quatro meses depois, seria declarada a abolição. O assunto é um dos que agastam Santa-Pia, sujeito conservador que considera que a alforria tira da elite o privilégio de decidir sobre o que seria seu direito legítimo – a prerrogativa dos senhores em dispor de sua propriedade; no caso, a vida dos negros. Sua indignação é tamanha (e quiçá sua certeza de que o governo acabaria por ceder aos apelos liberais) que resolve emancipar seus cativos por antecipação: ninguém, assim, tomaria seu direito sagrado de decidir.

Ademais, conforme o barão pragmaticamente raciocina: "Estou certo que poucos deles deixarão a fazenda; a maior parte ficará comigo, ganhando o salário que lhes vou marcar, e alguns até sem nada, – pelo gosto de morrer onde nasceram." Santa-Pia não poderia estar mais certo. Trata-se de um raciocínio conforme ao do burro de *Esaú e Jacó*: agora assalariados, mantêm-se sob o jugo do seu ex-senhor e atual patrão, conscientes tanto dessa promessa de liberdade, quanto da ausência de conjunturas concretas para que se lhe altere a condição. Restar-lhes-ia fazer troça ou manha contra seus dominadores ou o gosto de morrer no local onde nasceram.

De fato, os ex-escravos não só não deixam a fazenda, nem após a alforria nem após a abolição (eles apenas ameaçam), como ainda pedem a Fidélia, depois da morte do barão, que não venda a propriedade. Temem que sua sorte possa piorar com a mudança de mãos. A viúva e todos os seus amigos raciocinam pela óptica senhorial: os ex-cativos pleiteiariam que ela não venda Santa-Pia, por quererem bem à sinhazinha. Na carta que envia, da fazenda, à dona Carmo, e que Aires resume, ela refere-se "às mucamas e moleques deixados pequenos e encontrados crescidos livres com a mesma afeição de escravos", nada mais faz do que repetir o raciocínio do pai por meio de uma nota sentimental[95].

Na verdade, sabemos que os ex-escravos permaneceram na propriedade não pelo "gosto de morrer onde nasceram", nem por "afeição", mas porque não têm outra escolha. Que fariam eles? Para onde iriam? Esse foi o dilema enfrentado pela maioria dos libertos, após a abolição. Não tinham como se sustentar sozinhos. Não tinham para onde ir. Fidélia acha graça quando eles – tolinhos!, talvez queira implicar – lhe sugerem acompanhá-la ao Rio. "Tinha graça vê-la chegar à Corte com os libertos atrás de si, e para quê, e como sustentá-los? Custou muito fazer entender aos pobres sujeitos que eles precisam trabalhar [como se eles não soubessem!], e aqui não teria onde os empregar logo"[96]. Fidélia acaba não lhes prometendo grande coisa, do ponto de vista deles: diz que não os esquecerá [!] e lhes recomendará ao futuro dono.

No fim, como sabemos então, ela decide deixar a fazenda aos escravos. É o próprio Aires quem fornece a nota cética, logo em seguida desmerecendo o problema: "Poderão estes [os libertos] fazer a obra comum e corresponder à boa vontade da sinhá-moça? É outra questão, mas não se me dá de a ver ou não resolvida; há muito outra cousa neste mundo mais interessante"[97]. A nota é de uma acuidade, de uma frieza, de uma crueza dignas do barão de Santa-Pia. Os ex-escravos devem estar à altura do gesto nobre, do altruísmo, da ex-futura patroa, coisa que Aires duvida – ele antevê o desastre, sem especificar as causas: falta de estrutura, de dinheiro, de experiência mercantil etc etc. Não lhe interessa ver o resultado, porém, nem este lhe diz respeito: o caso não importa ao mundo.

---

95. *Idem*, p. 1116, 1130 e 1131.
96. *Idem*, p. 1138.
97. *Idem*, p. 1191.

Não é verdade. O caso importava sim; talvez não à elite proprietista que ele representava, mas decerto a Machado[98]. Aires, a julgarmos por comentário anterior, que teceu por ocasião da promulgação da Lei Áurea, preocupava-se muito menos com a sorte dos libertos do que com a imagem que o Brasil poderia passar para o mundo, se continuasse a incentivar essa atividade já condenada por países ditos civilizados. Não seria possível, mesmo abolindo a escravatura, apagar toda a documentação que atesta a prática criminosa, nem os versos com que Heine cantou a sina dos negros vendidos no Rio de Janeiro, versos estes imortalizados para a eternidade[99]. A má imagem que o deplorável comércio negreiro deixou ao Brasil é o que mortifica o conselheiro.

Nesse contexto, entre um diplomata apreensivo com a estampa nacional e um genitor francamente convicto no direito que tem sobre a vida dos outros, já que esta seria sua legítima propriedade, será que a atitude de Fidélia foi tão ruim assim? Ela decerto age e fala como uma sinhazinha, mas poderia ser diferente, sem que se forçassem os limites da verossimilhança? Afinal, a fazenda estava para ser vendida. Havia até mais de um interessado na propriedade, um dos quais até concordou com o preço. Por mais depauperada que ela estivesse, era um latifúndio, e valia

---

98. Para compreender a importância que Machado ligava à questão dos direitos dos escravos na década de 1870, quando chefiou a segunda seção da Diretoria da Agricultura do Ministério da Agricultura, ver o livro supracitado de Sidney Chalhoub. Ele foi responsável por dar pareceres acerca da aplicação da Lei do Ventre Livre, cuja interpretação era muitas vezes ambígua. O autor de *Quincas Borba* sempre procurou explicar a regra como "lei de liberdade", defendendo alforrias nos processos que opunham senhor e escravo (Chalhoub, *op. cit*, pp. 131-291).

99. Machado de Assis, *op. cit.*, p. 1118. De modo geral, na última metade do século XIX, parecia ser senso comum entre as pessoas instruídas que a escravidão devia ser subtituída assim que se encontrasse uma força de trabalho sucedânea, como o trabalho livre ou a imigração. Essa, pelo menos, é a impressão que teve o explorador inglês Richard Burton quando visitou o Brasil, em 1867. Nesse caso, a lógica para a manutenção do trabalho cativo parece ser muito mais a do capital: como ainda não se achavam alternativas que o substuíssem de modo economicamente favorável, o escravismo mantinha-se (Burton, 1976, p. 234).

algo. Se não valesse, a possível ideia de Tristão de que a venda da fazenda calaria as más línguas seria ridícula. É certo que os trezentos contos de Fidélia não se restringiam à fazenda (logo no início, já se fala de dinheiro provindo de "títulos de renda" e não só do plantio de café). Tratava-se de um quinhão, um bom quinhão, e não há como negar que a atitude do casal, malgrado seus interesses pessoais na doação, tenha sido louvável.

Diz-se que ela não supriu os libertos dos elementos materiais necessários para implementar uma produção digna, mas quem, naquela época, pensava nisso? A ideia de que os senhores devessem recompensar os antigos escravos pela fortuna que estes ajudaram a amealhar é tão estranha na época quanto pedir a um capitalista atual uma distribuição justa de seus lucros em função da exploração que ele realiza por meio da mais-valia. Causaria espécie. Até muito pouco tempo atrás no Brasil, aliás, a reforma agrária consistia somente na outorga de terras – somente há poucas dezenas de anos é que a bandeira dos recursos e da infraestrutura necessários para gerar uma propriedade passou a fazer parte das reivindicações dos agricultores. A ideia de que não bastava dar a terra, mas também ajudar os libertos na recuperação da fazenda, não passou – nem poderia passar – pela cabeça de Fidélia. O que está longe, porém, de constiuir uma traição[100].

---

100. Como se sabe, a concepção de reforma agrária é antiga e remonta, com a consequente reação violenta por parte da elite, pelo menos à época dos reformistas romanos do século II a.c., como Tibério Graco, que propôs a *Lex Sempronia Agraria*. No século XIX, se não se falava de suprir os pequenos agricultores de recursos mínimos para desenvolver o negócio, alguns comentadores pregavam, dentro de um raciocínio econômico, contra a "praga das grandes propriedades". Segundo Richard Burton, as cercanias de Juiz de Fora já contavam com a terra mais bem distribuída – como ocorria, ele acrescenta, em França, nos Estados sulinos da União e na Grã-Bretanha. Burton se pergunta, em 1867, contemplando o Paraibuna: "Quando será que o economista político perceberá devidamente o benefício derivado da subdivisão de terra?". Os extensos latifúndios, como Santa-Pia, decerto se alinhavam como um dos sinais de uma época obsoleta, os quais entretanto constituíam a regra, não a

A última das traições, a fuga do casal para a Europa, virando as costas para o país, é uma inculpação moralmente muito mais alegórica, com certeza, e por isso mesmo não de todo descabida. Sim, foi isso mesmo que eles fizeram, embora possamos pensar que a ida do casal não fosse definitiva, pois havia negócios pendentes de Fidélia – presumindo-se que a fortuna do barão não consistia apenas na fazenda de café. Mas a questão parece nem ser bem esta, mas outra: por que, ao cabo, Tristão volta a Portugal? Sabemos que ele tem a cadeira de deputado esperando-o, mas essa razão seria apenas suficiente caso não tivesse se casado com Fidélia. Casando-se, a fortuna da moça, além de suas relações, assegurar-lhe-ia um futuro tranquilo aqui no Brasil – e, quem sabe, até a chance de entrar para a política local.

Pois de fato intriga o cenário político em que Tristão decide deixar o país: em poucos meses se daria a esperada mudança de sistema de governo (o Partido Republicano, fundado no Rio de Janeiro em 1870, em São Paulo contava com o apóio dos fazendeiros de café, conforme se sabe). Como político, o jovem não teria deixado de perceber a agitação em torno do Clube Republicano, por exemplo, e de figuras como Quintino Bocaiúva, Rui Barbosa, Campos Sales e Assis Brasil. A questão militar correu solta, com polêmica na imprensa, até maio de 1887, e continuou a repercutir. Enfim, eram fatos políticos que estavam, como se viria a dizer, na "crista" da onda, mas, sobre os quais tanto Tristão quanto o conselheiro guardam profundo silêncio[101].

    exceção, na sociedade retratada por Machado. Bosi mostra como, no Brasil (ao contrário da Inglaterra pós-vitoriana, por exemplo), o "endinheiramento é adubo do conservadorismo ora hipócrita, ora cínico: o que reforça a hipótese da estreita correlação que mantiveram entre si capitalismo agrocomercial, escravismo e paternalismo". Esse meio conservador mantido por um "liberalismo utilitário", meio do qual Fidélia faz parte mas para o qual fornece uma face mais caridosa, seria o "único que Machado manteve sempre sob sua mira" (*idem*, pp. 53 e 57, e Bosi, 2007, p. 53, nota).

101. A única alusão direta é a do desembargador Campos (Machado de Assis, *op.cit.*, p. 1114).

Em princípio, poderíamos não estranhar. Vimos que a passagem da Monarquia para a República era retratada na ficção de Machado como mera troca de tabuleta de confeitaria, como em *Esaú e Jacó*, onde a elite continua intocada, os miseráveis prosseguem miseráveis e a classe média bamboleia, tentando agradar uns sem desagradar aos outros – em suma, um clima de *cambiar tutto per non cambiar niente* consoante ao *Il Gattopardo*, de Lampedusa. A ideia de uma mudança completa de sistema político que não fere a estrutura oligárquica do país está numa crônica de Machado, citada por Gledson, de 11 de maio de 1889, em que um dos interlocutores vê a República como alteração indispensável ("há uma coisa no ar"; ao que o outro responde: "O melhor chapéu é o que vai bem à cabeça"), porém inócua tanto para mudar o arcabouço econômico e social quanto para abalar o poder das elites. Confirma-se-lhe o argumento uma frase do *Rio-Post*, citada pelo mesmo sujeito no original em alemão: "*Es dürfte leicht zu erweisen sein dass Brasilien weniger eine konstitutionelle Monarchie als eine absolute Oligarchie ist*" (Seria fácil provar que o Brasil é mais uma oligarquia absoluta do que uma monarquia constitucional)[102].

O assunto é tema ainda de outros contos e crônicas machadianos, que sugerem a mesma concepção, ou seja, a de que a oligarquia se mantinha, apenas com uma fachada diversa: era ela que sustentara o Império, é ela que agora daria respaldo à República. No entanto, o que discutimos é o fato de que seria muito difícil que o clima, ou como diz o personagem da crônica, "a coisa no ar", não fosse captado, mesmo sob uma mirada conservadora, por um sujeito como Tristão, tão alinhado com a elite e com notícias e comentários que chegavam (até em alemão) aos estrangeiros como ele.

A abolição, por outro lado, causa afinada com os republicanos, é tratada com maior vagar no romance. A emancipação dos escravos tem, decerto, importância narrativa, por causa da

---

102. Machado de Assis, *op. cit.*, vol. 3, p. 489; Gledson, *op. cit.*, p. 127.

propriedade de Santa-Pia, mas o mesmo pode ser dito acerca da República: seriam esperadas referências mais substanciosas, dado o fato de Tristão ser um político em gestação. A pista narrativa aqui é a carência desse elo temático, e o caso se torna ainda mais significativo quando analisamos a igualmente não discutida situação política de Portugal. Que estava acontecendo na antiga metrópole? A resposta é: nada de relevante ocorria, um rei sucedia a outro, o domínio português na África encolhia mediante restrições impostas por outras potências europeias e o país no geral empobrecia[103].

Há, decerto, a questão do "apelo" europeu, conforme analisamos no início dessas considerações, o qual se estendia muito além da formação dos artistas, do fato de nossos intelectuais voltarem os olhos para a tradição mais sólida do Velho Mundo. A elite nacional também aspirava aos ares estrangeiros e muitas vezes fazia questão de que seus herdeiros se formassem segundo o molde do refinamento cosmopolita. Há vários exemplos na história de nossa oligarquia. Na época de Machado, havia o de Eduardo Prado, que pode ser aproximado dos heróis jamesianos decididos a "fazer a Europa". Falando fluentemente o inglês e o francês, assinante da *Revue*, dotado de ambições intelectuais e artísticas, o filho de Veridiana Prado estabeleceu-se longos anos em Paris da *belle-époque*, tornando-se amigo de Eça de Queirós. O português posteriormente pode ter-se inspirado em Eduardo para a composição do milionário Jacinto de Tormes, de *A Cidade e as Serras*[104].

Vale lembrar que Machado conheceu Eduardo Prado, com quem, se não chegou a ter intimidade, falou "três ou quatro"

---

103. Carlos I sucedeu o pai Luís I, em 1889. Durante o reinado do primeiro os tratados estabelecidos com a França reduziram os limites coloniais na Guiné, os acordados com a Alemanha impuseram perdas em Angola. O império português, diante das outras nações europeias, minguava.
104. Uma analogia pode ser feita entre o casarão de Jacinto, no Champs-Elysées, e o apartamento de Eduardo, na rue de Rivoli. A biblioteca de 30 mil volumes do segundo foi retratada no romance, como sendo do primeiro. A esse respeito ver o capítulo dedicado aos Prados em Marcovitch, 2003.

vezes antes do último encontro, que se deu seis dias antes de o herdeiro morrer em São Paulo. No panegírico que escreveu por ocasião do falecimento, o romancista traçou um breve quadro de Eduardo, no qual cita Stendhal, Byron, Montaigne, Luciano, além de Eça de Queirós, *comme il faut*. Em alguns detalhes desse retrato, podemos reconhecer certos traços (ainda que com sinal positivo) dos heróis de sua segunda fase romanesca (os destaques são meus):

> Ouvi-lhe notícias e impressões, senti-lhe o *gosto apurado* e a *crítica superior*, tudo envolvido naquele *tom ameno e simples*, que era um relevo mais a seus dotes [...] Principalmente artista e pensador, possuía o divino *horror à vulgaridade, ao lugar-comum e à declamação*. Se entrasse na vida política, que apenas atravessou com a pena, em dias de luta, levaria para ela qualidades de primeira ordem, não contando o humour, tão diverso da chalaça e tão original nele. Mas a *erudição e a história, não menos que a arte, eram agora o seu maior encanto*. Sabia bem todas as cousas que sabia. [...] A faculdade de ver claro e largo, a arte de dizer originalmente a sensação pessoal, ele as possuía como os principais que hajam andado as terras ou rasgado os mares deste mundo. *Invenção de estilo, observação aguda, erudição discreta e vasta, graça, poesia e imaginação produziram essas páginas vivas e saborosas*[105].

Mas o caso é que essas figuras, como ocorreu com Eduardo, aliás, voltam. A Europa em geral representa uma (às vezes longa) estada, ou um pouso seguro, mas não um destino final. Tristão, por falar nisso, já passara sua temporada no Velho Mundo. Dadas as novas circunstâncias, ele *poderia* ter ficado no Brasil, e o fato de não tê-lo feito, malgrado sua cidadania e os apelos da Câmara lusitana, é significativo. Como é relevante, outrossim, que a campanha republicana e os acontecimentos que propiciaram a mudança de governo não encontrem mais

---

105. Machado de Assis, *op. cit.*, vol. 2, pp. 724 e 725.

do que uma breve alusão – o que torna a República a grande ausente, em termos ostensivos, no romance.

Trata-se de um dado intrigante, um mistério, se quisermos, que procuraremos deslindar quando entrarem na balança os elementos mais propriamente estruturais do romance – inclusive em contraposição aos *Embaixadores*, cujo enredo passamos a analisar agora.

4. A Aventura de Strether

4.1. Abismos

O movimento de *Os Embaixadores* é, de várias formas, oposto ao do *Memorial*. Neste último, temos um rapaz que cedo se mudou para a Europa e que volta a seu país de origem, um país artística, política e economicamente dependente, apenas para casar-se com uma rica herdeira e regressar novamente ao Velho Mundo. Enquanto isso, o narrador, um velho que morou décadas na Europa e agora está definitivamente instalado nesta nação tributária, assiste a tudo, na torcida para que o casal permaneça aqui e não se mude, como ele. No romance de James, o representante da geração mais sazonada e de um país que havia pouco também estava política e economicamente sujeito ao Velho Mundo, mas cujas antenas artísticas continuam voltadas para lá, viaja para a Europa, a fim de trazer consigo um rico herdeiro, que parece decidido a colher indefinidamente os frutos proibidos no jardim das Hespérides. Ao cabo, o herdeiro mostra-se inclinado a voltar ao país de origem, nada obstante a vontade do emissário, que, no transcorrer da história, muda de ideia e passa a opinar contra o regresso. Nesse meio-tempo a hesitação desse delegado obriga a jovem nação a enviar reforços, na qualidade de novos – e agora irredutíveis (incorruptíveis?) embaixadores.

No *Memorial*, a perspectiva é do país tributário, que, a distância, contempla a Europa, observando a movimentação de ida e vinda dos viajantes àquelas terras. No romance de James, o ponto de vista é todo construído a partir do espaço europeu, de onde o delegado do país outrora tributário percebe o ir-e-vir de seus compatriotas, o jogo de interesses que se desenrola e sua própria participação nesses eventos. Ele decide que o melhor para o sujeito que deveria aliciar para o jovem império é ficar no Velho Continente, mas o moço tem outros planos. No *Memorial*, o narrador crê que o melhor dos cenários se daria se o rapaz se instalasse no país periférico, mas ele torna para a antiga nação-matriz.

Esses sinais, aparentemente invertidos – mas, na verdade, feito dois lados de uma mesma moeda, complementares – compreendem movimentos opostos de uma mesma ordem de coisas, aquela que abrange o relacionamento entre nações novas e velhas (ou entre as nações emancipadas da América e a antiga metrópole europeia), e entre novas e velhas gerações. Os interesses do país novo, no romance de James, são defendidos, em termos narrativos, por uma industrial que domina a tudo e a todos de maneira ainda mais assustadora, pois de longe e sem jamais dar as caras. Se nunca vemos Mrs. Newsome durante todo o romance, sua figura fantasmagórica mesmo assim domina a cena. Acima de cada pequena ação de cada personagem, acima de toda rede de afetos, desejos e interesses, paira o semblante enigmático da dama de Woollett, como uma esfinge devoradora por trás da pergunta de um milhão de dólares: "O que ela fará, se…?"

A origem de seu poder está no dinheiro, mas envolve coisa vária. Enquanto o dinheiro de Fidélia tem procedência fácil de traçar, pois oriundo do latifúndio cafeeiro permeado por disputas políticas, lavrado com trabalho escravo e sazonado pela especulação financeira, o de Mrs. Newsome exibe composição mais incerta. Sabemos que se forjou no comércio, com o avô de Chad, e cresceu na indústria, com o pai dele, mas tanto o objeto comercializado quanto o produto industrializado não são nomeados – na verdade, cobre-lhes a suspeita de imoralidade, no primeiro caso, e do ridículo, no segundo.

Ambos são discutidos numa longa conversa entre Strether e Maria Gostrey, logo no início do livro, interrompida várias vezes, pois o casal está no teatro, na terceira noite da estada do americano em Londres. Strether já acompanhara Mrs. Newsome ao teatro e mesmo à ópera, em Boston, mas se trata da primeira vez que ele entretém uma dama com um jantar (e à luz de velas) antes de conduzi-la ao espetáculo, marcando uma das diversas diferenças de hábito e de postura com as quais ele se depararia em sua jornada europeia. Se Mrs. Newsome lhe parecia, com seu vestido negro orlado de rufos, a rainha Elizabete ("foi o comentário mais 'ousado' que jamais lhe fizera"[106]), Miss Gostrey, em comparação, era como Maria Stuart. Dá-se então o diálogo em que afloram dois dos grandes segredos do romance. Questionado por Maria Gostrey sobre a fortuna do avô de Chad, Strether afirma que a procedência não é "particularmente nobre". O restante da conversa segue assim:

> "E que origem foi essa?"
> Strether tergiversou. "Bem... práticas."
> "Comerciais? Infâmias? Era um velho trapaceiro?"
> "Ah", ele disse de modo mais enfático do que vivaz, "não lhe pintarei o retrato nem narrarei seus feitos."
> "Deus, que abismos!"[107]

Antes, Strether já lhe revelara que o falecido Mr Newsome fez aumentar o capital investindo na fabricação de "pequeno objeto trivial, quase ridículo, do mais ordinário uso doméstico", um artigo falto de dignidade ou, talvez, de distinção (especialmente quando comparado com a grandeza da cena que circundava o herói), que eles "produzem, pelo jeito, melhor do são

---

106. Strether confessa que a comparação lhe parece no momento "vagamente patética", pois se tratava de comentário que nenhum outro cavalheiro de sua idade, em Woollett, teria feito (James, *op. cit.*, p. 79).
107. *Idem*, p. 88.

capazes seus concorrentes". Mesmo diante da insistência de Maria Gostrey, Strether puritanamente não revela de que objeto está falando, apenas que se trata de coisa "vulgar". (Compare-se ao "horror à vulgaridade" atribuído, páginas atrás, por Machado a Eduardo Prado.)

"Mas decerto não mais vulgar do que isso". Então, ao vê-lo tão intrigado quanto ela há pouco estivera: "O que nos cerca." Pareceu ligeiramente irritada. "Pelo que toma tudo isso?"
"Ora, em comparação? Como algo divino!"
"Este medonho teatro londrino? Impossível, se quer mesmo saber."
"Ah, bem", riu Strether, "então *não* quero saber!"[108]

Maria insiste, na linha do "um tanto ridículo" aludido por Strether. Seriam prendedores de roupa? Bicarbonato de sódio? Graxa de sapato? Mas Strether afirma que a amiga nunca adivinharia e que só poderia auferir a dimensão do ridículo quando ele lhe revelar do que se trata. Ele promete contar o segredo depois, mas não o faz. Na última cena do livro, lembrado do mistério não elucidado, propõe acabar com o suspense, mas agora é *ela* quem prefere não saber. Há decerto um toque cômico existente na decisão de não divulgar o artigo produzido em Woollett, motor não só da riqueza da família, como também de toda a região. A graça é ainda maior quando se compara o caráter ínfimo do objeto com o *"big brave bouncing business"* que ele alimenta. Segundo Strether, trata-se de uma fábrica, uma grande produção, uma imensa indústria, "um produto manufaturado que, se bem administrado, pode perfeitamente converter-se em um monopólio"[109]. O tom jocoso contrasta com a imputação de indecoro que Maria atribui à formação de todo o capital, por causa das "práticas" do avô. Ela sugere – quando Strether diz que o patriarca era diferente do pai de Chad, embora não

---

108. *Idem*, p. 87.
109. *Idem, ibidem*.

melhor – que o moço possa ter ido à Europa com o propósito de "encobrir a vergonha". Strether retruca: "Mas quando e onde se dá 'a vergonha' – onde fica qualquer vergonha – nos dias de hoje? [...] Os homens a que me refiro – eles fizeram o que todos fazem; e (além de ser águas passadas) trata-se de uma questão de avaliação"[110].

"Shame", o vocábulo usado por Maria, assim como o equivalente em português, "vergonha", é flexível bastante para abarcar tanto o suposto opróbrio suscitado pelo artigo ínfimo quanto pelos negócios obscuros do avô. Claro, como a história vai comprovar, Chad não demonstra vergonha por nada disso, muito pelo contrário. Strether, o único possível envergonhado, tenta defender os atos do patriarca alegando que a questão é relativa, pois no passado eles fizeram o que todo mundo fazia. Que abismos são estes, possivelmente vergonhosos, a que a passagem alude? Que práticas exploratórias são estas, enfim, comuns no passado, e que a sociedade moderna deixou de lado? O avô de Chad poderia ter construído o império familiar com o tráfico negreiro, digamos? É possível, embora não possamos saber ao certo. A técnica de sugerir, sem mostrar, ou melhor, sem "nomear"[111] é tão mais eficaz, de certo modo, pois, apoiando-se na imaginação do leitor, deposita a hipótese no mundo farto e infinito das possibilidades, onde o "mais" parece sempre mais atraente e mais plausível que o "menos". Qual poderia ser o ato mais ignominioso, nessas circunstâncias, dentre as possíveis práticas executadas pelo avô; qual artigo seria o mais ridículo, dentro das possibilidades, que o parque industrial de Woollett poderia produzir? Essa é a lógica.

110. *Idem*, p. 88.
111. No fim, Strether se dispõe "a revelar o nome ['to name'] do grande produto de Woollett", o que, para ele, seria um " comentário perfeito" à toda aventura; isto é, uma espécie de irônica moral da história. Mas Maria não quer mais saber dos "produtos" de Woollett, embaralhando com sua resposta infâmias antigas e mais recentes, objetos ridículos e sujeitos ridicularizados (*idem*, p. 557).

4.2. Uma História de Crianças

Curiosamente o procedimento é utilizado em uma ficção (talvez) bem diferente da comédia de costumes que ocupa o centro de nossas atenções. Trata-se da narrativa gótica *A Volta do Parafuso*. O enredo, que se amoldou à forma da novela ou conto longo, bastante apreciada por James e por ele aperfeiçoada, é largamente conhecido. Uma moça de vinte anos, "a mais jovem de várias filhas de um pároco pobre de aldeia"[112], é contratada, em seu primeiro emprego, como preceptora de Bly, uma antiga e romântica casa de campo situada na região de Essex. O solar pertence a um cavalheiro a quem a jovem só vê uma vez, em Londres, e por quem fica fortemente impressionada, quem sabe apaixonada. Sua incumbência consiste em cuidar da educação da sobrinha do patrão, a pequena Flora, de apenas oito anos, e de auxiliar nos cuidados do irmão dela, Miles, de dez anos incompletos, quando ele estivesse ali de férias. Os pais e os avós das crianças estão mortos. Embora tutor dos pequenos, o cavalheiro encarrega a preceptora de tratar de todos os assuntos concernentes aos dois órfãos, deixando claro que sobre eles não deseja ser incomodado.

Aos poucos, a preceptora vai tomando consciência de alguns eventos desconcertantes envolvendo as crianças. Esses fatos lhe são narrados após ela ver, no alto da torre do casarão, um homem estranho e assustador. Tratar-se-ia de Peter Quint, antigo criado pessoal do seu patrão. Esse rapaz, de índole supostamente perversa, residira ali no ano anterior, quando tivera um romance com a antiga preceptora, Miss Jessel. Antes de morrer em circunstâncias misteriosas, o casal teria exercido sobre as crianças uma influência obscena. A governanta se convence de que eles agora voltaram para apoderar-se de Miles e de Flora, com o fito de destruí-los, e decide proteger as

---

112. Henry James, "A Volta do Parafuso", em A. Manguel (org.), *Contos de Horror do Século XIX*, 2005, p. 136.

crianças. Mas seu esforço é vão: os garotos não só saberiam da existência dos seres demoníacos, tendo estabelecido uma espécie de comunicação com eles, como também estariam tentando ocultar tal fato de sua protetora. O processo de possessão se intensifica, de par com a vigilância conduzida pela governanta, até o trágico final.

Essa história, ou melhor, a maneira como James a conduz, há muito tempo vem despertando controvérsia – sobretudo após o ensaio de Edmund Wilson, chamado "The Ambiguity of Henry James" (publicado originalmente em *Hound and Horn*, 1934), no qual o crítico defende a tese de que os fantasmas não existem, sendo antes fruto da educação puritana e da imaginação sem freios da governanta, ela sim a verdadeira presença maléfica na casa, já que teria arrastado as crianças à loucura e à morte. Na década seguinte, Wilson reviu seus argumentos, tratando-os de forma mais abrandada em *The Triple Thinkers*, mas a polêmica estava lançada: seriam os fantasmas reais ou produto da alucinação da governanta?[113]

No relato sobre a inspiração para o conto, a qual James costuma chamar de "germe", não há nenhum vestígio de ambiguidade. O escritor a ouviu do arcebispo de Canterbury, em 1895, numa visita que fizera à residência do religioso. Escreve o autor, em seus cadernos, que se trata de

> [...] mero esboço, vago e sem detalhes [...]: a história de crianças (número e idade indefinidos) entregues aos cuidados de criados numa velha casa de campo, em função da morte, presume-se, dos pais. Os empregados, malvados e corruptos, pervertem e depravam as crianças;

---

113. Wilson, 1948. Vários críticos importantes, como Wayne Booth, Joseph Warren Beach, F.O. Matthiessen, Philip Rahv e Allen Taten, optam pela versão direta da história, na qual a governanta viu os fantasmas e procurou proteger as crianças do mal. Booth, no entanto, ao apontar para a "ambiguidade não-intencional" de narrativas como esta, acaba de certo modo abalizando nossa interpretação; a ambiguidade, mais do que a intencionalidade, é o critério que nos interessa aqui (Booth, 1979, p. 314).

estas são más, cheias de malignidade, num patamar sinistro. Os criados morrem (a história é vaga sobre as circunstâncias) e as aparições, figuras, voltam para assombrar a casa e as crianças [...] Se forem mantidas longe delas, as crianças não se perdem; mas essas presenças malignas tentam repetidas vezes apoderar-se dos pequenos [...][114]

Bastantes coisas mudaram desde esse esboço inicial, e uma das dificuldades enfrentadas por James, conforme ele explicou anos depois nos prefácios à *Edição de Nova York*, residia em como retratar essa maldade. O autor não queria fantasmas do tipo que então estavam em voga, registrados em casos de aparição; rejeitava o aspecto simplório das descrições físicas, pois elas não serviam para intensificar os resultados dramáticos condizentes com uma história eficaz. Sendo apenas sugeridos, esboçados, poderiam contribuir para um efeito bem mais convicente. Diz James:

A essência do tema era a vilania do motivo por parte das criaturas predatórias evocadas [...] Já vimos, em ficção, uma forma magnífica de malfeito ou, melhor ainda, de mau comportamento, atribuída, vimo-la prometida e anunciada como se fosse pelo bafo quente do Abismo – e então, lamentavelmente, reduzida ao âmbito de alguma brutalidade específica, uma imoralidade específica, uma infâmia específica retratada [...] Do que, em última análise, eu tinha de transmitir a sensação? De o par assombrado ser capaz, como se diz, de tudo – ou seja, de exercer, com respeito às crianças, aquela pior ação a que poderíamos conceber sujeitas pequenas vítimas tão sugestionáveis. [...] Não há, nesse caso, nenhum *absoluto* elegível do malfeito; este se mantém relativo a cinquenta outros elementos [...] muito à luz da experiência do espectador, do crítico, do leitor. Basta tornar bastante intensa a visão geral que o leitor tem do mal, calculei – e essa já é uma tarefa charmosa –, e sua própria experiência, sua própria imaginação, sua própria compaixão (pelas crianças) e horror (dos falsos amigos delas) lhe fornecerão, de forma

---

114. Matthiessen e Murdock, *op. cit*, pp. 178-179.

satisfatória, todos os pormenores. Faça-o pensar no mal, faça-o pensar por si, e você estará livre das frágeis especificidades[115].

O importante, segundo James, não é especificar os fatos, determinar as coordenadas, revelar as evidências, mas sim sugerir – contando com o auxílio da imaginação do leitor. Se o leitor ficar convencido de que os seres endemoninhados são capazes da pior ação possível – sem que saiba exatamente que ação é essa, que mal é exatamente esse que as criaturas são capazes de perpetrar – nesse caso, o artista se dá por satisfeito. A palavra-chave, claro, é a sugestão, mas também se deve entender que esta não ocorre senão por meio das ações – as quais, no caso de James, incluem as cenas e, evidentemente, os diálogos. A ação dramática transmite ao leitor a impressão, e este, pensando por si, por meio de sua imaginação, capacidade de especulação e encantamento particulares, ou seja, de sua experiência, confere a nota completa. Não há em princípio um autor dizendo ao leitor ou espectador o que significam tais criaturas, qual é o malefício em questão e que conclusões devem ser derivadas de toda a história. A ênfase, recorrendo a uma distinção apreciada por James e posta em circulação por ele, está no mostrar (*showing*), por meio de cenas, e não no contar (*telling*).

O mesmo ocorre com a origem da riqueza dos Newsomes. Sabemos tanto dela quanto conhecemos o mal produzido pelos demônios d' *A Volta do Parafuso*, ou seja, damos por certo que ambos sejam portentosos. James não diz que é indigna, nem precisaria dizê-lo; ele sugere que é, ou ao menos, em relação ao artigo manufaturado, o qual é ridículo, ridículo demais para ser expresso em palavras. Esse estado fantasmagórico da gênese combina com a presença virtual de Mrs. Newsome; ou seja, ambos pairam sobre a cena com o poder garantido pela vilania mais cabal de que são capazes pessoas civilizadas num mundo

---

115. James, 2003, pp. 238-239.

civilizado. Reparemos, inclusive, na exclamação emitida por Maria ("Deus, que abismos!) e comparemos com a expressão utilizada por James, no prefácio, "o bafo quente do Abismo". O não-nomeado, em termos de imaginação, alcança uma nota muito mais intensa do que qualquer descrição minuciosa do horror, do ridículo ou da torpeza rematados.

4.3. Les Femmes du Monde

Maria, na cena do teatro em Londres, serve em termos dramáticos para que Strether mostre ao leitor detalhes (decerto vagos, mas reveladores) sobre os negócios de Woollett, além de indicar sua própria relação com essa elite fabril. A personagem funciona, de acordo com o termo empregado por James, como uma *ficelle*. O conceito é emprestado às artes cênicas. A *ficelle* é uma personagem que, em uma cena, ajuda o autor a fazer outra expressar certa realidade sem a urgência de um narrador onisciente contando (*telling*) os fatos. Como exemplos, James cita Henrietta Stackpole, de *Retrato de uma Senhora*, e Maria Gostrey, que, por sua função narrativa, pertenceriam antes à forma, ao tratamento, que ao assunto. "Não [são casos] de agentes reais", diz ele, "podem correr ao lado da carruagem 'no limite de suas forças', podem agarrar-se a ela até perder o fôlego (como faz a pobre senhorita Stackpole de modo tão evidente), mas nenhuma, em momento algum, chega a pôr o pé sobre o degrau, nenhuma cessa por um momento de trilhar a estrada poeirenta"[116].

Mas o próprio James admite que o autor, no esforço de dissimular o uso de *ficelles*, de apagar as marcas, as costuras da técnica, obriga essas figuras, muitas vezes, a adquirir uma importância na trama; elas passam, nesse sentido, a fazer parte do assunto. É o caso de Maria Gostrey, cuja relevância na história, parece-nos, é cabal, e sobre cujo comportamento pairam algumas dúvidas.

---

116. *Idem*, p. 170.

As razões para a incerteza que paira sobre Miss Gostrey associam-se a:
- *a)* seu surgimento no romance;
- *b)* sua condição social;
- *c)* seu discurso e interesses;
- *d)* seu misterioso desaparecimento.

Strether e Maria se encontram no hotel de Chester, mas essa não é a primeira vez que se viram. As feições ambivalentes da mulher – "nem notadamente jovens nem acentuadamente belas, mas em bons termos tanto com a juventude quanto com a beleza"[117] – lhe vêm ao pensamento como se proviessem de uma visão recente. De fato, ele a vira no primeiro hotel em que se hospedara, em Liverpool, logo após o desembarque. Strether evitara o trato com os compatriotas do paquete. Além disso, afirma ter ficado feliz por não ter ainda reencontrado Waymarsh (que combinara reunir-se com ele), pois não queria que o amigo constituísse sua primeira "nota" da Europa. Assim, sem ter ninguém nem nada para levar em consideração, ele conseguira desfrutar de uma liberdade pessoal que não gozava havia anos. Esse senso de liberdade e essa vontade de usufruir sozinho suas primeiras impressões europeias, sem embargo, não livram o pobre homem de certa culpa, ou como o narrador define, não o isentam da estranheza proporcionada pela "dupla consciência", sob cuja lógica ele ao mesmo tempo deseja encontrar-se com Waymarsh e regozija-se com a duração do atraso.

É Maria, portanto, quem quebra o encanto. Sendo conterrânea de Strether, embora não dos que vieram com ele pelo paquete, ela rompe com o jejum de americanos. Entretanto, por residir havia muitos anos no Velho Mundo, ela também acaba se tornando como que a primeira ou uma das primeiras notas da Europa. Chamara-lhe a atenção o fato de Strether indagar na recepção por Waymarsh. Seria o indivíduo mencionado Mr.

---

117. James, 1960, p. 41.

Waymarsh de Milrose, Connecticut, o advogado americano?, pergunta ela. Maria diz que costumava ficar em Milrose, tempos atrás. Tinha até amigos que eram amigos dele (os Munsters) e, certa feita, fora à casa do advogado. Strether não conhece muito bem os Munsters, que são as pessoas com quem a vira em Liverpool. Da mesma forma, adiante, Waymarsh dirá não se lembrar de Miss Gostrey.

Nada disso impede, porém, que a relação entre Strether e sua conterrânea viceje. Ela lhe parece prometer "a graça de uma civilização mais intensa", capaz de introduzi-lo no "mundo". A "civilização mais intensa" da frase combina com a ideia de Strether de que ela é "tão mais civilizada....!", sendo que a primeira questão que por certo aflora é: tão mais civilizada em relação a quem?[118] Claro que significa ser mais civilizada do que qualquer pessoa que ele conheça, incluindo qualquer cidadão de Woollett ou de Milrose. A nota da civilização aproxima-se de Strether, portanto, de uma forma bastante sorrateira, sobretudo inesperada (para ele), deixando-nos desconfiados se se trata de uma coincidência ou se Miss Gostrey teria algum motivo para aproximar-se dele, ainda mais inquirindo justamente pelo amigo mais puritano (Milrose tem o desconcertante mérito de ser uma sociedade ainda mais voltada para o trabalho e para as realizações materiais do que a industriosa Woollett), mais preconceituoso e, sobretudo, bem mais rico.

Maria quer saber, quando eles se encontram novamente, se Strether informou-se sobre ela no balcão do hotel. Bastante ingênuo, ele confessa que não. Bastante ardilosa, ela diz que ela, sim, informara-se sobre ele. Maria fora indagar dele assim que se separaram. Mas seria verdade? Strether afirma não conhecer os Munsters bem o bastante, mas será que esses luminares de Milrose não o conheceriam, ainda mais sendo ele amigo de Waymarsh e prometido da cidadã mais proeminente de Woollett? Além disso, os Munsters vieram com Strether no navio,

---

118. *Idem*, p. 44.

tendo tido tempo suficiente para informar-se a seu respeito. Assim, poderiam ter passado, para Miss Gostrey, ainda em Liverpool, toda a "ficha" do americano.

O cartão de visita que Maria em seguida lhe oferece não esclarece muita coisa, sendo tão enigmático quanto ela: ali consta apenas seu nome e seu endereço em Paris. Ela parece bem ciente de seu cartãozinho, porém, conforme adivinhamos pelo episódio burlesco que decorre desse seu oferecimento. Strether embolsa o cartão da amiga e extrai o seu, mas não lhe entrega de imediato, mantendo-o preso entre o indicador e o polegar, carregando também o guarda-chuva em um braço e o sobretudo no outro. Maria, que não vira a manobra, julga que o cartão de Strether seja ainda o seu, e brinca: "Mas por quê – por mais agradável que seja imaginar o senhor agarrando-se a ele – não o põe no bolso? Ou, se é inconveniente carregá-lo, esteja certo de que muitos ficam felizes em recebê-lo de volta. A fortuna que se gasta neles!!"[119]

A caçoada implica algumas considerações. De início, podemos perceber que Maria considera Strether um sujeito um pouco mais tolo do que é, ou seja, de certa forma, ela se julga ainda mais "civilizada" do que mostrava ser – pois essa é a ideia subjacente: não é só Strether que a tem na conta de porta-voz da refinação europeia, por assim dizer; essa é a "nota" que ela, com efeito, esforça-se para passar. A impressão é ampliada quando Miss Gostrey lhe diz que gosta do nome dele, especialmente do prenome Lewis Lambert. Com isso, não só acentua o fato de ser uma mulher bem informada, por conhecer o romance de Balzac, de onde o nome deriva, como, ao descobrir esse conhecimento, insinua outras coisas também.

Luís Lambert, sabemos, é a história de um personagem desajustado, um místico swedenborguiano cujos arroubos imaginativos acabam por afastá-lo do ambiente de sua formação e, depois, da sociedade individualista de Paris. Maria apressa-se a

---

119. *Idem*, p. 47.

dizer que se trata de um romance bastante ruim (opinião compartilhada por Lewis Lambert), como que desviando a atenção para a de algum modo embaraçosa coincidência – e talvez, nesse julgamento, denote algum esforço para sugerir que tragédias desse naipe (pois o caso do herói balzaquiano é trágico) não ocorrem na vida real[120].

Mas há outro elemento implicado no gracejo de Maria: a ênfase que ela dá aqui e em vários outros momentos ao fator monetário. Decerto não é a manufatura de uns meros cartões de visita que hão de deixá-la pobre, mas o comentário alude ao fato de que ela não é dos que podem dar-se ao luxo de gastar a rodo – como talvez possa fazê-lo a elite que diz ter conhecido em Milrose. Além disso, ao tecer essa consideração, ela sem dúvida espera angariar a cumplicidade de Strether (necessária para que ele possa achar graça na piada), de certa forma aliciando-o para o grupo dos satélites da riqueza. Ele, assim como ela, não é rico. Ambos tiveram uma série de privilégios em sua formação e devem possuir bastantes trocados no banco, os quais lhes permitem viver com alguma dignidade e circular pela Europa (de vez em quando, no caso de Strether; intermitentemente, no de Maria), mas – isso é importante –, não os alija da obrigação de gravitar em torno de corpos celestes de maior magnitude ou fortuna, como Mrs. Newsome, por exemplo.

Ninguém, aliás, mais do que Strether está consciente do que é ver a própria vida completamente transformada pela vida dos mais ricos. No fim de sua aventura, ao pegar-se, tarde da noite, subindo a custo os muitos degraus que levam ao apartamento de Chad, ele se inquieta diante dos extremos a que foi levado pelo capricho dos endinheirados: "Strether parou de novo, no último lance de escada, diante da impressão um pouco esbafo-

---

120. Antes de morrer, Louis Lambert chega a perder todo o senso da realidade; o que, mais do que tudo, representa o maior dos perigos a ser enfrentado por um "homem de imaginação" (nas palavras de James) como Strether (James, 2003, p. 248; Balzac, 1980).

rida que a vida de Chad causava sobre o emissário da mãe de Chad. Ela o arrastava, essa vida, em horas incomuns, escadaria dos ricos acima; mantinha-o acordado após dias longos e calorentos; transformava, a ponto de tornar irreconhecível, essa noção simples, sutil, convenientemente uniforme que outrora havia reputado como sua própria vida"[121]. Maria, portanto, logo no início, enxerga em Strether um companheiro de sina, o que, de fato, ela declara, com todas as letras quando afirma: "Somos combalidos irmãos de armas"[122].

Mas, ainda que intua a sina de Miss Gostrey, o leitor nada sabe sobre sua real ocupação. Que ela faz? Strether ao menos tem a desculpa de editar uns folhetos obscuros. Ela é o que é, o que demonstrou ser ao amigo: a porta-voz da Europa aos americanos. "Sou um guia geral... para a 'Europa', não sabia? Espero as pessoas... Levo-as para cima e para baixo. Apanho-as e as acomodo. Faço-as circular. Sou uma espécie de 'mensageira' de luxo. De acompanhante no sentido mais amplo". Não há nada que ela não conheça, as melhores lojas, por exemplo, e todos os preços. Mas, acrescenta, conhece coisas ainda "piores": "Levo nas costas o imenso fardo de nossa consciência nacional ou, em outras palavras – pois se trata disso – de nossa própria nação"[123].

A menção é um pouco obscura, e Maria procura esclarecê-la melhor dizendo que a nação, afinal, é formada de homens e mulheres individuais, que lhe pesam sobre os ombros. Sua função, portanto, não é muito diferente daquela que Strether deveria exercer: ela representa a Europa, sim, mas também a consciência (que lhe pesa) de sua gente; ela é a ponte entre dois mundos, é a embaixadora que revela a seus conterrâneos instâncias de comércio (lojas), dinheiro (preço) e moralidades alusivas (coisas piores). Assim, tal como Strether, sua amiga carrega o fardo da dupla consciência.

---

121. James, 2010, p. 544.
122. *Idem*, p. 71.
123. *Idem*, p. 51.

Além disso, segundo Maria, ela (ao contrário de outras pessoas, conforme a cicerone faz questão de frisar) não obtém nenhuma vantagem pessoal com seus préstimos. Nem mesmo vantagens monetárias. Strether parece não acreditar na abnegação da companheira, pois, logo conclui, brincando, que ela realmente não pode oferecer seus serviços em busca de recompensa amorosa, dado que seus favores são distribuídos entre muitos "clientes". Como, ele então pergunta, pode-se recompensá-la?[124]

Maria responde que simplesmente não se pode recompensá-la. Podemos duvidar um pouco da negativa, sem dúvida, mas ela em seguida explicita um pouco mais a sua missão. Miss Gostrey se ocupa, na verdade, de mandar seus concidadãos de volta e assegurar-se de que, uma vez com o pé no solo pátrio, eles de lá não arredarão para as bandas europeias: "Encarrego-me de fazer com que venham com rapidez e regressem ainda mais rapidamente. [...] Só aparento, veja bem, entretê-los e dar-lhes minha aprovação; mas já tracei meus planos e opero no entretempo à socapa. [...] Mando-os de volta inteiramente gastos. Para que não voltem mais"[125].

Miss Gostrey é rigorosamente sincera nesse ponto. Ela recebe de bom-grado seus compatrícios; sim, ela os recepciona e os conduz para todos os lugares, mas apenas com o objetivo sub-reptício, subterrâneo, de dar-lhes uma dose excessiva, por assim dizer, da Europa, de modo que eles logo retornem exauridos – e para sempre – aos Estados Unidos. O comentário é claramente irônico, e refere-se a americanos como os Munsters,

---

124. Strether procura, no fim, distinguir-se de sua amiga ao dizer que, mesmo em face do fracasso de sua embaixatura, não poderia permanecer na Europa, pois sua única lógica consistia em não ter tirado "proveito pessoal de toda a história". Miss Gostrey, ao contrário, teria se beneficiado com as impressões europeias. Ela ficou. Strether precisa partir. Seguir os passos dela seria ferir a própria lógica e solapar o próprio compromisso ético (as expressões usadas – "to be right", "make me wrong" – referem-se tanto à exatidão de uma verdade lógica como à correção de uma verdade moral). (*Idem*, p. 561).
125. *Idem*, p. 65.

como Waymarsh, não a alguém como Strether, ela apressa-se a explicar quando ele retruca algo na linha do "folgo em saber disso". A Europa é boa demais para eles, é perversa demais; é, em suma, demasiada.

Convém notar o uso do termo "spent", significando "exauridos", mas também "gastos", ou seja, os sujeitos esgotam ali todas suas forças do mesmo modo que os "pretty dollars" são consumidos no mercado. O que há, no discurso de Maria Gostrey (ao contrário dos europeus), é uma ênfase na interpenetração entre o mundo dos afetos e o mundo do comércio – um traço da índole calvinista americana, como veremos na análise de *Eugene Pickering*. Além do mais, como sabemos, a missão de mandar patrícios de volta equivale, no fundo, àquela de que se incumbiu Strether: ele tem de assegurar a "repatriação" expedita de Chad. A observação de Maria refere-se, portanto, ironicamente, a essa tarefa, mas também mostra que há duas classes de cidadãos: a que merece a extradição rápida, assim que "gastos", e a outra, como Strether – Chad, em certa medida – que são um "caso especial". Nosso herói pressente a atribulação embutida em pertencer a essa categoria lisonjeira, inclusive porque, se ele e o herdeiro não são "extraditáveis", onde é que isso os deixa, afinal?

Pode-se dizer que, se o perigo ronda Strether, Maria Gostrey não é dos menores, embora talvez seja igualmente um dos mais solidários. Mas, voltando à ênfase que ela dá aos assuntos financeiros, podemos averiguá-la, conforme dissemos, em inúmeros momentos, mas nenhum tão rico de exemplos quanto na longa conversa que travam no teatro londrino. Antes disso, porém, Strether mostra que não ignora as idiossincrasias pecuniárias de Maria. O pretendente de Mrs. Newsome tranquiliza-se pelo fato de sua amiga não lhe ter perguntado se era pobre, pois "realmente não sabia como sua amiga reagiria diante da verdade sobre esse ponto desagradável"[126]. O que ela teria feito, caso conhecesse esse fato? Mas a realidade é que ela não parece

---

126. *Idem*, p. 71.

ignorá-lo – no mínimo, desconfia disso, pelo que indicam seus comentários anteriores.

Mas, enfim, na noite do teatro. Quando Strether inicia suas revelações sobre Mrs. Newsome, Maria logo lhe pergunta se a família tem muito dinheiro. Strether, porém, finge não ouvir a pergunta, pois continua a digressionar acerca da industrial, o que a obriga a repetir a questão. Só então ele responde: "Ah, muito. Eis a raiz de todo mal. Não falta dinheiro no negócio". Maria ouve tudo com bastante interesse e segue seu questionário: há um negócio?, há um grande parque industrial?, e, finalmente, qual é o artigo produzido? Quando Strether menciona o periódico financiado por Mrs. Newsome, insinua-se que ela deslumbrou uma visão dourada, como se tivesse ouvido "o cristalino tilintar dos dólares"[127].

A investida de Maria continua: ela relaciona a vantagem de Chad ao fato de ele dispor de muito dinheiro (e Strether mais uma vez relativiza: não se trata só disso); depois, quando falam de Mamie Pocock, ela pergunta se ela é "um grande *parti*". Strether diz que sim, ela é "nossa moça mais bonita e inteligente", porém Miss Gostrey não se dá por satisfeita: "Sei bem o que *podem* ser. E têm dinheiro?" Strether novamente contemporiza: "O dinheiro em geral *não* nos faz falta, sabe, na América, quando se trata de moças bonitas". Ao cabo, quando conversam sobre o que Strether tem a ganhar, Maria insinua que ele já foi recompensado, por antecipação – mas o americano finalmente retruca: "Ora, não falemos de pagamentos!"[128] Miss Gostrey sempre torna aos aspectos materiais do caso, enquanto Strether, embora não o negue, procura mostrar que há outros fatores a serem levados em consideração. Com quem está a razão, somente o desenrolar da história mostrará.

Então Maria Gostrey desaparece. Não nessa altura dos acontecimentos, é certo, mas um pouco mais tarde. O sumi-

---

127. *Idem*, pp. 84-91.
128. *Idem*, pp. 97-98.

ço, por assim dizer, ocorre logo depois da recepção na casa do grande Gloriani, o "célebre escultor", durante a qual Strether faz a famosa preleção ao pequeno Bilham. A amiga havia prometido, antes, estar sempre ao lado do americano, auxiliando-o no que fosse possível em sua missão. No entanto, mesmo durante a festa, ela o deixa desamparado. Muito se fala acerca do discurso de Strether, de sua insistência para que o jovem Bilham aproveite a vida, pois ele próprio, por achar-se velho, já não pode desfrutá-la. Tarde demais, Strether sente como se o trem já houvesse passado, e que a ele, sentado na estação, sem ter tido a ousadia de apanhá-lo, só resta ouvir o apito da locomotiva soar a milhas de distância.

A ênfase no *carpe diem*, sem dúvida, foi reforçada pelo autor, que em suas anotações e no prefácio à *Edição de Nova York*, mostra como essa nota inspirou todo o romance. Nela estaria a "essência" de *Os Embaixadores*:

> Viva o máximo que puder; é um erro não fazê-lo. Não importa tanto o que fizer de específico desde que tenha sua vida. Se não houver tido isso o que *haverá*? Estou velho demais – velho demais de qualquer modo pelo que vejo. O que perdemos, perdemos; não se engane. Ainda assim, temos a ilusão da liberdade; portanto, não fique, como estou hoje, sem a memória dessa ilusão. Eu fui, na ocasião propícia, estúpido ou inteligente demais e deixei-a escapar; agora, sou um exemplo de reação contra esse erro. Faça o que quiser desde que não o cometa. Pois esse *foi* um erro. Viva, viva![129]

James chama a atenção, no prefácio, para o fato de o herói usar em seu discurso diversas vezes a palavra "erro", que reflete sua "falsa posição" – o que implica a situação periclitante em que se encontra. Além disso, o autor fala de "crise" e fala de uma crise que surge numa ocasião em que ela, em princípio, não seria concebida: uma plácida reunião, que se desenrola numa bela casa e em um belo jardim, em plena primavera parisiense.

---

129. James, 2003, p. 245.

Ora, a crise já se avizinhava desde muito antes, desde a chegada de Strether à Europa; apoiava-se em inúmeros elementos de sua biografia, elementos estes que o fazem sentir como se houvesse perdido o trem da vida. No entanto, durante a recepção, aparentemente amena, vários outros pequenos incidentes ocorrem, contribuindo para a ruptura do frágil equilíbrio.

Um deles sem dúvida é a ostensiva ausência de Maria, que deixa nosso herói ao léu, a ruminar seus passos. Ele está deslumbrado, maravilhado com a cena, mas também tomado pela melancolia. Strether sente-se deslocado naquele ambiente de artistas e altas figuras da política e da nobreza europeia. Fica muita vez sozinho, no jardim, de onde pode observar a desenvoltura com que Chad circula entre aquelas pessoas. Outra novidade é a chegada de Madame e Mademoiselle de Vionnet, que até então se achavam em Cannes. Elas haviam aparecido de inopino, no dia anterior, e até o último momento, não havia certeza de que compareceriam à recepção.

Chad, que viera com elas, reúne-se a Strether no jardim. Ao voltar à sala com o amigo, depara-se com Madame de Vionnet, que estava saindo de lá, para encontrá-los. Chad deixa-os a sós. Uma das primeiras coisas que a dama lhe pergunta é se Miss Gostrey falou bem dela. Trata-se de um comentário um pouco surpreendente. Em primeiro lugar, pelo fato de o nome de Strether já estar, naquele momento, conectado com o de Maria. Em segundo, porque ele não sabia que as duas se conheciam. Conheciam-se: "Bem, agora ela lhe contará tudo". A própria Madame de Vionnet não tem oportunidade de revelar muitas outras coisas, pois em seguida ela e Strether são surpreendidos pela aparição de uma outra dama, acompanhada de dois cavalheiros.

Madame de Vionnet levanta-se (estavam sentados no banco) para cumprimentá-la. Trata-se de uma duquesa. Conversam com certa familiaridade ("*Ma toute-belle*" etc) A companheira de Chad a apresenta, mas, ele observa, não *o* apresenta. A duquesa, no entanto, não perde a chance de mirá-lo de alto a baixo: "uma nota que lhe soou falsa dentro dos padrões de

Woollett e dentro do caráter humano de Woollett". Ou seja, em suma, Strether é esnobado. Mas não só ele; os padrões e a moral da Nova Inglaterra, que o pobre homem representa, também são. Além disso, em seguida, Strether repara no homem gordinho, de chapéu extravagante e sobrecasaca, que imagina ser um dos embaixadores. Esses "brilliant strangers" (e, em especial, o "embaixador") querem a atenção irrestrita de Madame de Vionnet, que, logo em seguida, retira-se com eles, enquanto Strether volta a sentar-se no banco, sozinho[130].

É digno de nota que Strether, justamente no momento em que é rejeitado pela alta sociedade europeia, julgue que um dos "brilhantes estrangeiros" seja um embaixador; um diplomata real diante do qual sua embaixatura fajuta soa incrivelmente tola. Como são igualmente tolos alguns dos pensamentos que passaram pela mente do herói, pouco antes. Ele receara que Madame de Vionnet pudesse parecer com uma polonesa ou com uma turca. O comentário parece-nos um pouco estranho, sem dúvida; trata-se de uma das pequenas obsessões de Strether, que ele aos poucos vai deixando de lado. Para um cidadão médio de Woollett, posto que bem-informado, uma polonesa ou uma turca figurariam o máximo de exotismo que a faustosa civilização do Velho Continente poderia abarcar: no limite com a Europa, mas não exatamente parte dela. Madame de Vionnet falava um inglês peculiar (só dela), ao mesmo tempo correto e estranho, que, segundo Strether, funcionaria como uma precaução contra a possibilidade de ela passar por polaca. É evidente que a preocupação nem ocorreria àquela mulher; trata-se de uma indução, perfeitamente simplória, a que Strether chega pouco antes da chegada da duquesa.

Os poloneses e os turcos (além dos portugueses e judeus) se inserem no caldo misterioso e romântico daquele ambiente, no qual estavam mergulhados ministros, banqueiros, generais, artistas e aquela categoria ambígua das *femmes du monde*.

---

130. James, 2010, pp. 217-219.

Quando Strether se reúne com Bilham pela primeira vez, tem vontade de lhe perguntar: "Eu passei?". A verdade é que, ao ser abandonado por Madame de Vionnet, que é arrebatada pelas figuras notáveis que cuidaram de menosprezá-lo bastante antes, quando Strether se vê de novo diante de Bilham, quando o moço se junta a ele após cinco minutos, nosso pobre herói só pode sentir que malogrou miseravelmente. É nesse exato momento que ele realiza seu auto-de-fé. Daí para diante, moralmente falando, só poderia fazer de tudo para redimir-se. Ou seja, se não pode mais subir no trem, quer ter a certeza de ver embacados nele todos aqueles que têm ainda condições para isso.

Tudo parece extraordinariamente orquestrado para que ele chegue a essa conclusão. E para que se lance à tarefa (da qual ainda não se dá conta). Sobretudo o fato de ele se vir, a partir de agora, cada vez mais à mercê de Madame de Vionnet. Sobretudo o fato de que a companhia dela substitui, durante algum tempo, a de Miss Gostrey, que protesta ter de ausentar-se. Maria não conta a Strether o "tudo" que Madame de Vionnet sugere; ela lhe revela, ainda durante a festa, uma parte. Alega ter ficado muito surpresa ao descobrir que a antiga colega de escola suíça e hoje esposa do distinto, polido, impertinente e réprobo conde de Vionnet era a *femme mystérieuse* por trás da transformação de Chad. Maria diz que lava as mãos em relação a ela, o que força Strether a perguntar:

"Ela é então impossível....?"
"É ainda mais encantadora do que a lembrança que tinha dela."
"Então, onde está o problema?"
Ela teve de pesar a explicação. "Bem, sou *eu* que sou impossível. É impossível. Tudo é impossível... "[131]

Maria realmente foi obrigada a pensar antes de responder. A razão que a faz cogitar abandonar a missão só será revela-

---

131. *Idem*, p. 228.

da no final do livro, poucos dias antes da cena igualmente famosa e bastante analisada, quando Strether surpreende Chad e Madame de Vionnet em seu passeio campestre. Ela então lhe confessará que fugiu por receio do que Madame de Vionnet pudesse contar a Strether sobre ela. Poderia ser algo desabonador, afinal, que teria de enfrentar quando regressasse, mas – segundo ela mesma afirma –,"se fosse algo muito ruim", Miss Gostrey o teria "abandonado de vez"[132]. O que a velha amiga de Chad poderia ter para relatar sobre a nova amiga de Strether? Seria algo sobre seu passado, sobre seu modo de vida ou sobre seus planos atuais? O romance não conta. O leitor só sabe que Maria sabe de mais coisas do que quer revelar (essa parece ser a preocupação principal de Madame de Vionnet, que por sua vez quer saber do americano o que Miss Gostrey teria contado sobre ela). Quando Strether declara que Chad estaria interessado na filha da *femme mystérieuse* (foi Little Bilham quem lho sugeriu; foi o pequeno e aparentemente inofensivo pintor que plantou a ideia falsa do "virtuous attachment" que haveria entre o herdeiro e a condessa), Maria mais uma vez tarda a responder e, na verdade, tergiversa, pois o autor só explica que Miss Gostrey, imersa em pensamentos mais amplos, insinua que tudo teria sido mais fácil se Strether lhe tivesse confiado, de início, o nome de *ces dames*.

Se ele houvesse revelado os nomes, ela poderia ter-lhe contado tudo. Mas a realidade é que, mesmo assim, mesmo agora, nada revela. A amiga viaja para não ter de contar tudo, diz ela. Na realidade, porém, parece estranho que não soubesse de algo – ou de muita coisa – antes da festa da casa de Gloriani. Afinal, ela é o epítome do que ocorre na alta roda da sociedade parisiense. Maria mora em Paris, e o caso que Chad tem com *ces dames* não é novo. De fato, se, em poucos dias, o nome de Strether já estava ligado ao de Maria, por que o do jovem Newsome, um sujeito mais proeminente, em termos de afluên-

---

132. *Idem*, pp. 538-539.

cia, não haveria de ligar-se ao de Madame de Vionnet, uma figura igualmente de destaque (não se deve esquecer de que a condessa e o embaixador requisitam com insistência e quase insolência a sua presença)? Maria não teria ao menos ouvido falar de um jovem herdeiro americano, andando pela alta roda, acompanhado por uma senhora casada e sua filha casadoira? Ainda mais que essa senhora é sua velha amiga de escola? Embora nada se comente ostensivamente, as notícias correm nesse meio. É a própria Maria quem diz, por exemplo, que em Cannes, onde Chad se encontra, antes de voltar a Paris, "estão todas as pessoas que conhecemos – quando as conhecemos"[133].

4.4. A Entrada Espetacular

Maria poderia saber de mais coisas do que demonstra quando se encontra com Strether em Chester? É possível. Devemos lembrar que é ela quem o aborda, recorrendo à menção do amigo mais rico e bem-sucedido, amigo dos Munsters de Milrose, os quais, decerto, têm notícia dos Newsomes de Woollett. Poderia ela tê-lo abordado por uma razão específica? É mais incerto, mas igualmente plausível. Digamos que o próprio Chad a tivesse instruído. Digamos que o problema de Chad, o tempo todo, não são as damas de Paris nem a grande dama de Woollett. Seu grande problema – em termos familiares – é esse grande intruso, esse homem que planeja casar-se com sua mãe, o desajustado, romântico e pobretão Strether. A dificuldade, nesse caso, é que Chad não saberia da chegada do outro – pelo menos o americano diz que não lhe havia comunicado a vinda. Mas sua mãe poderia tê-lo feito. Conhecemos o comportamento sutil de Mrs. Newsome, que até mesmo entabula uma correspondência com Waymarsh pelas costas do pretendente, quando percebe que seu consorte e embaixador não está levando a contento a missão.

---

133. *Idem*, p. 140. Balzac, em *As Ilusões Perdidas*, já insinuava que toda Paris (nos anos de 1820) "consiste em apenas vinte salões" (Balzac, 1978, p. 106).

Há inúmeros exemplos mostrando que Strether suspeitava que o empurravam para uma armadilha. Ele diz a Waymarsh que nunca sabe o que as pessoas ali, em Paris, sabem ou deixam de saber. O mezanino de Maria, no Quartier Marboeuf, compacto e entulhado, é "indistinto como a *caverna de um pirata*". Antes, durante o café da manhã com Little Bilham, Waymarsh e Miss Barrace ele se pergunta se a ocasião não seria "a mais sedutora, a mais dourada das armadilhas". O próprio Bilham, que mete na cabeça de Strether que a relação entre Chad e Madame de Vionnett é virtuosa, está, nosso herói sabe, "agindo no espírito de Chad e servindo à causa de Chad". Seja esta qual for, embora não devamos esquecer que a imagem que Strether tinha diante de si poucos dias antes de surpreender o moço em seu idílio amoroso com Madame de Vionnet – a imagem em que estava absorvido quando lhe conta sobre a discussão com Sarah era a de jogadores abrindo caminho para as mesas em Monte Carlo. Chad sabe jogar suas cartas; é o que sugere a imagem. Ele é, em essência, um homem de negócios, como concorda até mesmo Madame de Vionnet; um homem de negócios e um jogador[134].

E o que dizer de Waymarsh, o grande amigo de Strether, que agiu o tempo todo pelas costas de seu compatriota e cuja correspondência com Mrs. Newsome acabou precipitando a vinda dos demais emissários? É certo que Strether acredita que o companheiro agiu de acordo com seus princípios mais caros, após "muitas noites maldormidas", ansioso por "salvá-lo" mesmo que à sua revelia. Isso não o exime de um grande desconforto, malgrado as melhores intenções. Waymarsh mantinha "uma relação oculta com Mrs. Newsome". Quando percebe que Strether recebeu más notícias de Woollett, ele, que ia a seu encontro, volta atrás, deixando-o a sós, espreitando-o pela porta envidraçada de um outro salão. Durante o jantar que em seguida partilham, o silêncio habitual atinge seu clímax, quase como se cada um "estivesse à espera de que o outro dissesse algo". E é justamente

134. *Idem*, pp. 131, 136, 137 e 465.

após o recebimento do telegrama, quando tudo parece ter-se precipitado de uma forma virtualmente inevitável, que Chad enfim aparece no quarto de Strether (o que até então nunca fizera, de inopino), comunicando que estava pronto para partir[135].

O moço parece apreciar os contrastes dramáticos. A segunda noite no teatro, desta vez no Théâtre Français, já em Paris, é um episódio igualmente carregado de ambiguidade. Maria havia conseguido um excelente camarote e nosso amigo raciocina, com ironia, que um dos menores méritos da amiga não residia no fato de ela receber presentes como esse: "A sensação de Strether de que ela sempre estava pagando favores adiantado só se igualava à sensação de que a recompensa também nunca tardava"[136]. Nosso amigo sabia que era ele quem estava, daquela vez, sendo pago de antemão, e nós nos perguntamos por que Miss Gostrey estaria oferecendo aquele adiantamento e quem, afinal, teria assegurado que ela tivesse condições de proporcionar o mimo. O nome do beneficiário de Maria permanece nas sombras assim como diversos outros assuntos, que, no ar mais amplo, mostram-se inacessíveis.

Ao contrário da ida ao teatro em Londres, ela não janta antes com Strether, conforme nosso herói esperava. Além disso, sugere ao amigo que ofereça um assento a Bilham. Neste introito da trama, presume-se que Chad ainda esteja em Cannes. Strether manda um telegrama ao bulevar Malesherbes, mas, até o momento de o grupo entrar no teatro, não recebe nenhuma resposta. Eles se acomodam em seus assentos, Strether, Waymarsh e Maria Gostrey, ainda na expectativa de que Little Bilham apareça na última hora. Mas aos poucos percebem que o rapaz não vem. Ou o pequeno pintor não recebeu a nota de Strether, Maria argumenta, ou Strether não recebeu a de Little Bilham, desculpando-se por algum imprevisto. Strether pergunta, brincando, se haveria alguma conspiração. No mesmo espírito,

---

135. *Idem*, pp. 315, 368 e 304.
136. *Idem*, p. 144.

a amiga diz que não é uma vidente ou profeta, mas sente que, aquela noite, o artista talvez maquinasse algo, em proveito do cidadão de Woollett.

> "É inevitável que ele me faça uma surpresa?", indagou-se Strether. "Só espero que não seja ruim."
> O senhor caiu nas mãos deles", ela respondeu, cheia de mistérios.
> "Quer dizer que ele *está*....?"
> "O senhor caiu nas mãos deles", Miss Gostrey simplesmente repetiu[137].

Maria, então, insinua que Little Bilham e Chad agem em conluio. O primeiro estaria atuando sob as instruções do segundo, mas, para alcançar seus objetivos, o segundo não disporia apenas da ajuda do primeiro. Haveria outra pessoa auxiliando-o na condução do plano. Strether naturalmente quer saber quem é, mas ela apenas promete: "É o que veremos!". Mas, assim que responde, Miss Gostrey se volta, pois um cavalheiro havia acabado de entrar no camarote. Bem no momento em que as cortinas do palco se abrem, de modo ainda mais dramático do que a *entrée* de Madame de Vionnet na festa de Gloriani, uma aparição tão espetacular que é difícil deixar de pensar que não seja ensaiada, adentra o camarote. Surge ali ninguém menos do que o objeto da preocupação de Woollett: Chadwick Newsome.

* * *

Strether fica agradavelmente surpreso com Chad, como sabemos: ele mudou muito. Tornou-se mais mundano. Também está mais desenvolto, mais experiente (exibe até elegantes fios grisalhos) – está melhor, em resumo. É o que diz a Maria logo depois da noite no teatro, depois de ter conversado com o herdeiro. Maria o adverte: "Ele não é tão bom quanto o

---

137. *Idem*, p. 148.

senhor imagina!" Na verdade, no camarote, após Strether tê-la apresentado a Chad, fica com a impressão de que ela passara a agir como "uma pessoa quase assustadoramente em guarda" ("almost *unnaturally* on her guard"). O "unnatural", nas histórias de James, quase acompanha outra palavra – "horrors" (basta lembrar de *A Volta do Parafuso*), que é o que Chad supõe que Strether pensa dele: "Well, horrors!". Além disso, de modo igualmente inusitado, Maria trata Chad, no teatro, como uma ausência talvez suspeita de formalidade: "ela não agiu em nenhum momento com a formalidade requerida em um primeiro encontro"[138].

Mas por que ela estaria tão terrivelmente alerta? Quem sabe porque lá estava, afinal, a pessoa que tanto importava ao futuro de Strether, e sobre a qual ele muito lhe falara? Ou talvez porque ela precisava ter muita cautela naquele momento, em que o plano de Chad atingia o clímax. Ou então, simplesmente porque, embora sabendo das intenções do moço, ela desconhece seu propósito de comparecer ao teatro (ele poderia ter-lhe sugerido convidar Bilham e, depois, ter ido no lugar no amigo, sem avisá-la). Em todo caso, segundo Maria, ele não é tão bom quanto se imagina. A posterior advertência de Waymarsh parece, porém, ir ainda mais ao ponto. De acordo com o amigo, ao ceder a Chad, Strether correria o risco de perder sua "alma imortal"[139].

Sabemos quem mais aludiu à possibilidade de perder a alma: o conselheiro Aires, em sua aposta com mana Rita. Trata-se de um enredo universalmente conhecido. Mas soa curioso que ambos se deparem com essa ideia quando entram em contato com forças que misteriosamente os atraem, sem que saibam muito bem por quê. Ora, o que nos interessa aqui é essa sensação de que há muito mais coisas por trás das cortinas, nas sombras, por assim dizer, mistérios, desejos, influências ou quase influências ou possíveis influências, um jogo supersutil de peças elusivas,

---

138. *Idem*, pp. 181, 177 e 152.
139. *Idem*, p. 182.

uma armadilha ou um sopro do inferno, como um fantasma espiando por cima dos ombros.

O leitor inteligente que James ideava para a compreensão adequada de suas obras, diante do quadro nuançado, também desconfia que há algo a mais ali. O quê? Horrores, quem sabe. Aprende a não confiar nas palavras dos personagens, no caso que está sendo exposto. A peça está ali, diante dos seus olhos, para ser examinada e reexaminada e, de alguma forma ainda incipiente, percebe que ela está trincada. Mas quem causou o defeito, e como e por quê? Quanto mais mergulha no *affair*, mais este se complica. Sim, Maria Gostrey tem muitas coisas a explicar; há vários pontos estranhos a seu respeito. Chad, além disso, tem tudo a ganhar se o pretenso padrasto deixar de levá-lo à América – e, o que é melhor, se mudar de opinião sobre o estado de coisas que cercam o jovem ali na Europa. Ele não deixa de ser, o tempo todo, o que Strether havia imaginado que fosse antes de aparentemente esquecer essa verdade inescapável e antes de vê-lo, assim, ressurgir nas páginas finais como fênix monstruosa a tecer loas à publicidade como nova força mercantil: um homem de negócios sagaz, atento e manipulador, feito o pai. Mas não há nada que possamos determinar com certeza, pois, tão logo estipulamos um caso, encontramos provas suficientes do campo contrário. Além do mais, isso é essencial: se ponderarmos apenas por um lado – Chad armou uma trama para fazer Strether desistir de sua demanda; a governanta é sexualmente reprimida e por isso imaginou os fantasmas que alega serem vistos pelas crianças – a história de imediato se enfraquece. A ambiguidade parece, nesse caso, dar mais força à narrativa do que qualquer conclusão inequívoca a que se possa chegar.

5. De Volta ao *Memorial*: A Causa Secreta

Voltemos os olhos um pouco, mais uma vez, para o caso brasileiro de Aires. De fato, vimos como Fidélia é acusada de uma tripla traição, assim como Strether foi traído por Waymarsh (com certeza), por Chad e Madame de Vionnet (de certo modo) e Maria Gostrey (talvez). Mas também observamos que a moça pode não ter agido com tanta frieza e cálculo como se alega e, para determinar isso, basta examinar os próprios diários do conselheiro.

Num sábado sem data, entre fevereiro e março de 1889, Aires a encontra calada "após as primeiras confissões". Ele diz que se trata de algo natural. As tais confissões compreendem o fato de ela sentir falta do noivo, que está em Petrópolis; de ter confirmado vagamente a chegada de cartas políticas ("Parece que vieram") e de ter-lhe mostrado a epístola da mãe de Tristão, escrita à própria Fidélia. Quando, então, ele lhe pergunta de Tristão, ela afirma que não tem notícia, para em seguida desconversar. Ela não quer falar do noivo, por algum motivo. O conselheiro acha que é recato, mas sabemos que não se trata disso.

Aires, nem um pouco diplomaticamente (ou então, com alguma mórbida curiosidade) menciona a recente alegria de dona Carmo com o casamento dos dois. A boa senhora não cabe em si de alegria. Breve se porá a adornar a casa dos noivos. Voltamos a repetir que, até agora (e em nenhum momento) se falou do cancelamento da volta de Tristão à Europa. Dias mais tarde o conselheiro refletirá que "Tristão pode acabar deitando ao mar a candidatura política" e a base para seu raciocínio é a propalada volubilidade do moço ("o homem aceitará algemas, se as houver bonitas, e aqui são lindas"). Mas não há nada certo e é mesmo provável que Fidélia soubesse que a viagem era inevitável. Ora, naturalmente, dói-lhe saber da alegria de Carmo, que será curta, pois, em seguida, opondo à ostensiva felicidade da amiga, comenta "as tristezas que lhe ouviu uma vez a propósito da volta do afilhado".

O comentário de Fidélia não só lembra ao conselheiro que nada está certo e que, pelo contrário, o mais seguro é o regresso de Tristão e não sua permanência no Brasil, mas também não deixa de apresentar suas escusas: na época ela dera a Carmo o conselho de ir com o afilhado. Com a recordação, insinua a ideia de que a senhora possa vir a fazer o mesmo agora[140]. Depois de casados, é este justamente o conselho que os noivos tornariam a dar-lhe. Eles querem que dona Carmo os acompanhe à Europa.

Também parece significativo que, em vez de ligar importância às cartas políticas, que "parece que vieram" e que tanto preocupam o conselheiro, ela justamente queira ler-lhe a carta da mãe de Tristão. Na verdade, podemos imaginar o que vai na missiva, que o conselheiro afirma ter sido escrita em estilo derramado e nada sóbrio. Fidélia parece estar discretamente dizendo para ele botar reparo na circunstância de que não é só a razão política que conta. Se vocês aqui têm pena dos Aguiares, e eu também entendo o caso deles, ela insinua, o fato é que Tristão deixou em Portugal pai e mãe verdadeiros, não postiços. Dona Carmo nos é pintada como uma flor de criatura, uma boa velhinha, talvez não tão velha assim, como se quer, mas, a despeito de Machado tê-la criado em homenagem à Carolina (conforme ele mesmo confessou), seria também destituída de fraquezas de caráter?

Carmo desde o início se nos apresenta como uma senhora frustrada pela falta de filhos – assim como Carolina, mas num grau quiçá mais extremo. Logo na primeira cena, nas suas bodas de prata, presenciamos um súbito acabrunhamento quando um dos convivas alude à ausência de filhos, dizendo que "Deus os negara para que eles se amassem melhor entre si". A tristeza só é remediada quando Fidélia, depois saberemos, segreda a ela que sempre estará a seu lado, como filha dela fosse. Ora, o fato é que a viúva é filha postiça recente (não podemos supor que ela fosse antes da morte do marido). O aliciamento de Fidélia repete um mecanismo de apropriação de filhos alheios que a dama do Flamengo já ensaiara antes.

Vimos como ela cobrira de mimos Tristão, quando um golpe de sorte fez com que o garoto e a mãe dele fossem morar sob seu teto. Mesmo depois de os Guimarães assentarem resi-

---

140. Machado de Assis, *op. cit.*, pp. 1186 e 1187.

dência nas Laranjeiras, o menino estava sempre no Flamengo, jantando ali, após o colégio. Aguiar nos conta que ela desvelara ainda mais que a comadre, a mãe verdadeira, enchendo-o de carinhos, satisfazendo-lhe as vontades e empanturrando-o de doces. Sugere que sentia mais angústia do que a própria genitora quando o moleque contraíra as moléstias típicas da infância. Intercedeu por ele muita vez, muita vez indo contra a vontade dos pais (como quando interveio para que ele estudasse advocacia). Não conhecemos profundamente o que ela fez, mas sabemos o que ocorreu: o rapaz acabou seguindo os Guimarães quando eles se mudaram para Portugal. Não se trata de nenhum fato digno de nota, o de um filho acompanhar os pais, embora Carmo ainda tivesse feito de tudo para que ele ficasse no Rio e, para que, caso decidisse ir, que partisse apenas após o término dos estudos.

Carmo é contida, não costuma expressar seus sentimentos, mas mostra, pelas ações, a força de seus desejos e de seus afetos. Tristão foi testemunha disso, conforme relata ao conselheiro. Refere-se ao "terceiro filho" – o "segundo", na ordem temporal – um cãozinho que tiveram, para quem a boa senhora dava sopinhas de leite e bordava capotinhos de lã. Tristão diz que não lhe contará tudo o que a madrinha fez pelo bicho, pois, ainda que lhe "sobrasse tempo", o conselheiro "não acharia crédito em seus ouvidos"[141]. O moço já nem se lembrava mais da história. Foi a madrinha quem lhe apontou o lugar onde foi enterrado o totó. Carmo de fato não exprime seus sentimentos mediante gestos extremados ou palavras enfáticas, mas não deixa de lembrar ao afilhado sua intensa dedicação maternal, dedicação esta, sugere ela, que segue até a morte – e, mesmo, quem sabe, além dela. Vimos que a afeição da senhora por Tristão é tão grande que o próprio conselheiro chega a irritar-se: quando Fidélia está de luto pela morte do pai (por que, afinal, Carmo se condoeria de Fidélia, se a viúva tem pai e mães postiços,

---

141. *Idem*, p. 1137 e 1138.

tão bons ou até melhores que o verdadeiro?), a boa senhora só pensa na chegada do doutor.

Aires talvez não devesse irritar-se tanto assim. Em *Esaú e Jacó*, ele mesmo acalenta sonhos de paternidade em relação a Pedro e Paulo. Por um momento, imagina o que sucederia se os gêmeos fossem filhos dele. Embora "vaga e colorida", a hipótese não estaria fora de propósito, pois o conselheiro de fato teve um caso com Natividade. Então, quando a mãe dos gêmeos pede-lhe que intervenha nas brigas entre os irmãos, insistindo para que os guie no bom caminho, Aires resolve entretê-los com almoços, citações gregas e conselhos moderados – quem melhor para dá-los do que um ex-diplomata, amigo da contemporização? Aires leva a sério o ofício proposto por Natividade e a ideia de ser "pai espiritual dos gêmeos, pai de desejo somente, pai que não foi, que teria sido"[142]. O direito de o conselheiro e Carmo serem pais postiços baseia-se em parte na pretensão de que são melhores do que os verdadeiros. Aires acredita que seu espírito conciliador, caso fosse genitor dos gêmeos, teria sido legado a eles, aplainando-lhes as diferenças. A boa Carmo, bem, sua defesa é o simples fato de ser boa, ainda mais que a mãe de sangue de Tristão. Abnegada, compenetrada, obsequiosa, solícita, ela se derrama em gentilezas, agrados e serviços ao afilhado – e a Fidélia também. Por que ela não seria melhor do que a comadre Luísa?

Há outro antecedente deste caráter aparentemente altruísta – a zelosa dona Fernanda, de *Quincas Borba*. É Augusto Meyer, no ensaio "Quincas Borba em variantes", quem sugere a semelhança[143]. Ambas, além de Flora, teriam escapado "às garras finas da sua ironia [de Machado], resguardadas numa espécie de nicho". A gaúcha Fernanda seria uma personagem "cheia de encanto, uma das poucas mulheres equilibradas que

---

142. *Idem*, p. 1002.
143. O ensaio veio originalmente publicado em *A Chave e a Máscara*, de 1964 (Meyer, 1983, p. 352).

temperam de saúde e graça a amargura um tanto opressiva dos romances". Com efeito, a casamenteira gaúcha é uma figura buliçosa e alegre, bem mais cheia de vida do que o sorumbático marido, mas é possível que sua inesgotável vontade de fazer o bem não se encontre inteiramente desprovida de solércia[144].

Ela rouba de Sofia o papel de conselheira sentimental e cicerone dos costumes cariocas que a mulher de Palha vinha exercendo em benefício da jovem interiorana Maria Benedita, o que sem dúvida desperta os ciúmes da amiga. Em seguida, casa a jovem protegida com o primo Carlos Maia (Sofia pensou em casá-la com Rubião; quanto a Carlos Maia, bem, sabemos que ele flertara com Sofia, que não desencorajou por completo o cortejo); apieda-se de Rubião, quando ele enlouquece, insistindo inclusive para que o casal Palha faça algo em prol do mineiro, e, por fim, sente compaixão por Quincas Borba. Nessa compaixão pelos pequenos animais também se aproxima da diligência de dona Carmo:

> Quando D. Fernanda cessou de acariciá-lo e levantou o corpo, ele [Quincas Borba] ficou a olhar para ela, e ela para ele, tão fixos e tão pro-

---

144. No ensaio "O Enigma do Olhar", Alfredo Bosi parece concordar com a opinião de Meyer no que se refere ao caráter íntegro de Dona Carmo e Dona Fernanda, acrescentando à lista de "expressões raras que iluminam pela força do contraste um ângulo do real possível" Estela, de *Iaiá Garcia,* e Helena, do romance epônimo. Nessas personagens configurar-se-ia um ideal de nobreza, de desapego, de pundonor e de piedade. Embora revele raízes históricas, esse traçado apontaria mais os casos exemplares, destoantes da norma do darwinismo social pelos quais se pautariam os demais caracteres. Se, por um lado, concordamos que esses personagens formam uma espécie de grupo à parte, indicando uma pauta a partir da qual o modelo humano possa ser delineado como que de cima para baixo e, sobretudo, adotamos a hipótese aqui implícita que nem tudo que está em Machado deve ser lido a contrapelo (Dona Fernanda é de fato, como parece sugerir o romance, o contraponto "melhor" de Sofia), não acreditamos, por outro, que, pelo menos no que diz respeito ao retrato dessa senhora gaúcha e da esposa de Aguiar, estes quadros não apresentem tonalidades bem mais contrastadas do que propõe o ensaio ("E, em contexto de máxima atenuação dos contrastes, Dona Carmo e Aguiar trazem no coração um afeto puro e delicado e uma sinceridade sem pregas...") (Bosi, 2007, pp. 62-72).

fundos, que pareciam penetrar no íntimo um ao outro. A simpatia universal, que era a alma desta senhora, esquecia toda a consideração humana diante daquela miséria obscura e prosaica, e estendia ao animal uma parte de si mesma, que o envolvia, que o fascinava, que o atava aos pés dela[145].

Há algo da dominação pelo amor, de um cativeiro pela compaixão, que soa talvez legítimo quando apresentado como elo que liga o animal ao homem, mas parece excessivo e perverso quando ata um ser humano ao outro. Além disso, a robusta, jovial e expansiva gaúcha não parece, como Carmo, destituída da capacidade de tramar. Sua fama de casamenteira talvez seja a maior prova disso. A sua intervenção para unir Benedita a Carlos Maia foi tão bem-sucedida que resta a suspeita de que ela procurara remendar uma situação eticamente periclitante. Em primeiro lugar, casou o primo solteirão e galanteador, cuja atitude julgava "livre" demais. Em segundo, impediu (inocentemente? calculadamente?) que o flerte entre ele e Sofia frutificasse num escândalo. Por último, frustrou a intenção da amiga de juntar a jovem ao, se não ainda amalucado, por certo extravagante e pouco confiável Rubião. Sua tacada foi certeira, para o desgosto de Sofia.

Para o aborrecimento da mulher de Palha, também lhe roubou a afeição de Maria Benedita. A bem da verdade, Sofia fazia as vezes de mentora da donzela com um tantinho de má vontade. A ideia de casá-la com Rubião atesta o fato. Como ela própria o havia rechaçado (atitude que diverge de sua reação aos avanços de Carlos Maia), por que não o lançar aos braços da jovem caipira, que tanto berreiro abriu por ter de ficar na capital? Outrossim, conseguiria, com isso, tirar o herdeiro de Quincas Borba de seu encalço. Dona Fernanda manobrou à sua revelia, e logrou consumar para a moça um arranjo muito melhor do que o projetado por Sofia. Não à toa, Benedita escreve em plena lua-de-mel longas cartas a Fernanda, enquanto priva Sofia de suas confissões e de seus agradecimentos efusivos.

145. Machado de Assis, *op. cit.*, pp. 801 e 802.

Nanã prova, por conseguinte, ser capaz de urdir com cautela – nem que seja para alcançar melhores frutos. A concepção de que os fins justificam os meios não parece combinar com um espírito tão benemérito quanto o dela, mas o fato é que há um quê de maquiavelismo nessa boa senhora, que podemos entrever na passagem que lhe ressalta a simpatia e o gênio galhofeiro: "ela pedia como quem manda, não tinha acanhamento nem admitia a recusa". Na sua cruzada pelo bem, não hesitava em empregar todas as prerrogativas de senhora de boa casta, acostumada ao mando e que não tolerava ser contrariada. Logo no início, põe na cabeça que vai casar o primo e o acusa de ter "raça de judeu", decerto porque o moço queira porfiar, procurando obter um casamento melhor (do que com a dama que lhe propunha a prima, uma moça de Pelotas).

O temperamento de Carmo é bem menos exuberante, mas nele também se entreveem a vontade férrea e a ideia de que o bem, se atingido, pode minorar quaisquer males que forem deitados pelo caminho. A senhora não cogita a conveniência da estada de Tristão para os pais dele nem as prerrogativas de Fidélia de satisfazer a vontade do marido, desde que ambos permaneçam ao lado dela e de Aguiar, no Brasil.

Atentemos para uma das epígrafes que Machado apôs ao romance e que sugeriu a Gledson a traição de Fidélia. As barcas e a viagem para ver o amado sem dúvida aludem às circunstâncias que cercam a viúva e Tristão, implicando inclusive algo de ilícito no relacionamento, mas o curioso é que a única pessoa, em toda a história, a utilizar a imagem de embarcações cruzando os mares em busca do ente querido é Luísa Guimarães. Carmo acha graça na brincadeira da comadre: "Mandou-me dizer que eu lhe quero roubar o filho, e ameaçou-me de o vir buscar com uma esquadra"[146].

---

146. *Idem*, p. 1189. Vale notar que o desembargador já havia brincado com a hipótese de roubo de afeto, no dia 16 de maio: "Neles [Aguiar e Carmo], tudo tem sido lento e radicado. São capazes de me roubarem a sobrinha, e ela de se deixar roubar por eles" (*idem*, p. 1119).

A carta acompanha o consentimento protocolar dos pais, por telegrama, e o derramamento sentimental com que Luísa brinda Fidélia. Ela sem dúvida não parece sentir-se nada feliz com a possibilidade de o filho ficar no Brasil, ainda mais quando o futuro dele (ao menos, político) parecia tão acertado em Portugal. Carmo, pelo contrário, fazia das tripas coração para que os pombinhos aqui permanecessem, adornando-lhes o ninho em Petrópolis, com zelo e urgência ímpares – os quais destoam, inclusive, de todas suas desculpas acerca do peso dos anos, da impossibilidade de viajar para outros locais[147]. Enquanto isso, o estilo telegráfico que marca o assentimento dos Guimarães reflete o posterior e curto "Deus abençoe", do cabo vindo de Lisboa por ocasião do matrimônio. Não parece nada efusivo.

Quanto aos que pensam que Carmo é incapaz de maquinar, o *Memorial* dá exemplos do contrário. Logo depois que Tristão confidencia ao conselheiro que iria casar-se, este último vai ter com a mulher do Aguiar. A senhora nada lhe revela, pois não sabe que o afilhado já abriu o segredo; no entanto, confessa que escreveu à comadre, a quem não escreve há muito. "A felicidade é palreira"[148], brinca o conselheiro; ou seja, Carmo quis omitir-lhe o fato, mas, dando com a língua nos dentes acerca da inesperada carta a Luísa, acaba traindo-se. Aires ainda supõe que, na missiva, a boa senhora estaria reforçando as palavras de Tristão com respeito ao casamento, falando bem de Fidélia etc. As duas cartas seguem juntas, no mesmo paquete. Dona Carmo sabe como urdir um plano.

A causa é louvável (qual não é, afinal, para a pessoa que a defende?), como é o aparentemente ligeiro episódio da marinha. Sabemos que o conselheiro diz a Carmo como seria interessante um quadro do "filho pintado pela filha", que viria encaixado na marinha que ele acha que a moça deve compor,

---

147. Petrópolis é o único lugar para onde ela vai, além de, como vimos, sua cidade--natal de Nova Friburgo – e, neste caso, também, por causa de Tristão.
148. *Idem*, p. 1180.

no Flamengo. A senhora gosta da ideia, e diz que a transmitirá à moça. Depois de relutar um pouco, a viúva enfim resolve pintar o quadro na casa dos Aguiares. Aires vai ao encontro deles. Olha a pintura; lá está só a paisagem, nenhuma figura humana. Ardilosamente ele sugere: por que não botar na tela uma pessoa, como dona Carmo, por exemplo? Fidélia explica que não sabe pintar figuras; tal não fosse, tirava o retrato da mãe postiça. E a senhora confirma: "Eu pedi-lhe que pintasse Tristão neste quadro, e ela respondeu-me a mesma coisa".

Aires aceita a razão – e a impostura. Carmo tece seus finos enredos para juntar os filhos postiços, não só aceitando a ideia de Aires (que talvez ainda não desconfie de nada e que tenha feito a sugestão de forma absolutamente ingênua), mas trocando a autoria: foi ela, Carmo, quem fez a sugestão. Talvez achasse melhor que a proposta partisse dela em vez do conselheiro, pois poderia parecer menos conspiratório. A verdade é que, quando Aires insiste na tecla, insinuando por outro caminho que a moça devia pintar figuras, a senhora é obrigada a responder logo, pois corria o perigo de ser pega numa tramoia. Interessante notar que o capítulo é aberto com dona Carmo sentada, "com seu riso bom e *maternal*". Ou seja, o cabeçalho nos ensina que, por causa de seu frustrado instinto materno, dona Carmo é capaz de manobras ardilosas para tentar conseguir seus objetivos. Até mesmo ocultando a verdade, tergiversando e mentindo. No mesmo capítulo, o conselheiro diz, referindo-se ao silêncio de Fidélia: "A causa secreta de um ato escapa muita vez a olhos agudos"[149]. O comentário cairia como uma luva a Carmo também.

* * *

Com isso, não queremos dizer que Carmo aja com vilania. Nem ela nem Maria Gostrey. No romance de James, a grande

---

149. *Idem*, pp. 1166 e 1167.

antagonista pode ser considerada, num plano mais geral, Mrs. Newsome, e, numa esfera particular, sua filha Sarah Pocock. É Sarah que assume definitivamente o discurso da grande industrial e rechaça as alegações e pretensões do pobre Strether, no diálogo mais contundente e sem meios tons de todo o romance. No livro de Machado, o papel de antagonista parece ser o do barão de Santa-Pia. São a industrial americana e o latifundiário brasileiro quem defendem seus interesses de forma mais aberta, e sustentam o ponto de vista mais desagradável contra o que parece ser bom e justo, nessas histórias.

No entanto, como ocorre, não há uma régua ética precisa, pois não há uma verdade concreta e inabalável onde apoiá-la. Por causa do modelo narrativo usado por esses romancistas, o julgamento final como que se evade quanto mais se o busca. Se procurarmos fundo nas "causas secretas" que movem as ações dos personagens, veremos que a maioria deles parece ter segredos inconfessáveis, motivações diferentes das que alega ao público; parece agir de forma contrária à que prega, fazer coisas à chucha calada.

Por outro lado, se recolhermos ainda mais elementos sobre esses mesmos atos – elementos que estão ali, na mesma página em que apanhamos os primeiros – vemos que pode haver outras motivações por trás das motivações ocultas; sobretudo, descobrimos que há contra-argumentos convincentes em objeção ao estabelecimento de um caso fechado contra esses personagens.

Por isso, em última análise, talvez nunca se possa chegar à conclusão definitiva de que as ações de Fidélia, quando tudo vem pesado na balança, possam constituir uma traição. Tomar essa atitude unilateral seria agir como Cesária; é deliciosamente profícuo, mas seria moralmente louvável? No fundo, tanto James quanto Machado lançam sobre o colo do leitor a decisão ética acerca das conclusões a serem extraídas do romance. Pois se trata de um julgamento ético. De que personagem vou tomar partido? Quem diz a verdade e quem mente? Como não podemos, na maioria dos casos, alcançar a certeza, chegamos, por meio de um balanço relativo do quadro, a uma verdade mais provável – aquela em que possamos perceber o mais amplo jogo de interesses capaz de ser jogado em uma arena onde se digladiam os diferentes atores, regateando, sofrendo, suando, ganhando e perdendo, usando as poucas ou muitas armas que estão a seu alcance. Além disso, vale perceber que é numa outra instância, mais relativa, incerta ou cifrada, digamos, onde se encontram também as armas da ironia e da sátira, do humor e da farpa, que esses elementos que viemos tratando dentro das regras da verossimilhança melhor se acomodam – melhor se acomodam dentro de um esquema de duplo significado, o objetivo e o alegórico, e não só em Machado, mas também em James, como veremos mais para frente.

Dizer que Fidélia traiu, com todas as letras, é o mesmo que julgar que Capitu traiu – é cair no jogo do marido ciumento; é escutar apenas uma parte da versão. Na verdade, pouco importa saber se Capitu traiu ou não – tal conclusão é impossível em si –; convém notar, ao contrário, que ao mesmo tempo há um cenário mais largo, de proveitos muito mais nuançados, no qual Capitu *pode* ou não ter traído, e, se não traiu, a traição do acusador é tanto mais terrível.

Ontologicamente, o que é terrível (o horror) é a possibilidade, é a dúvida. Conforme se angustia a preceptora, em *A Volta do Parafuso*: "Não era em direção da claridade que eu parecia deslizar, mas sim de uma escuridão ainda maior [...] pois se ele *era* inocente que diabos seria eu?"[150] Uma leitura atenta não nos autoriza dizer se houve ou não traição, ou se os demônios de *A Volta* existiram ou não. Uma leitura atenta nos autoriza a dizer que ambas as hipóteses são possíveis, e que abraçar as duas, o verso e o reverso, a tese e a antítese, o sim e o não e o talvez, é a melhor estratégia tanto no terreno da ficção quanto no palco fantasmagórico da sociedade moderna. O empenho antiaristotélico de Machado de Assis quanto de James está em

---

150. James, em Manguel, *op. cit.*, p. 235.

manter na maior tensão possível esse equilíbrio imponderável, essa incerteza que não pode ser solucionada dentro de uma narrativa que oferece tamanho realismo e tamanha ambivalência. Não resta dúvida de que é terrível imaginar (pois, com a aridez dos índices externos, o leitor é forçado a imaginar – e a imaginação do leitor, sabia James, sempre sugere horrores maiores do que qualquer coisa que se possa descrever[151]) duas crianças em conluio com as forças inomináveis do Abismo. Mas é muito mais cruel intuir que os pequerruchos, com suas artimanhas infantis, apavoraram a sensível preceptora e fizeram abater sobre si mesmos a tragédia da incompreensão.

A tragédia da incompreensão é também a que implica o destino de Daisy Miller, por exemplo. Na novela de James, ela é a jovem americana, filha de um rico empresário de Schenectady, e está em férias na Europa, com a mãe e o irmão. Os modos livres da moça, somados à sua falta de refinamento, sua falta de respeito para as convenções, além da amizade que travou com um *cavaliere avvocato* abaixo do nível exigido por seus conterrâneos ("Giovanelli sabe que não tem um título para oferecer. Se ao menos ele fosse um conde ou um *marchese*!"), escandalizam o pequeno círculo americano na Europa. Um dos membros dessa sociedade é Winterbourne, que a conhece na Suíça e a segue até Roma. O jovem não consegue determinar se Daisy é a mais inocente das criaturas ou a mais depravada, e, na dúvida (ou ainda, achando o pior), decide abandoná-la. No fim, ele percebe que sua posição intransigente, sua incompreensão acerca do outro, conduziu-o ao erro, que resultou fatal para Daisy. Na cena do Coliseu, onde Daisy simbolicamente contrai a febre romana, ou seja, portanto, a cena do seu sacrifício (um

---

151. James tinha um nome para isso; o mal apropriado para os tempos modernos (diferente da mitopoética dantesca ou miltoniana) está entranhado naquilo que ele chamou de "imaginação do desastre". (Trilling, 1950, p. 79; Robert Weisbuch, "James and the Idea of Evil", em Freedman, 1998, pp. 102-119. Veja p. 256).

sacrifício consciente, pois, na época em que a novela se passa, o ambiente palustre do antigo circo de horrores era considerado insalubre), ela saúda Winterbourne: "Veja: ele olha para nós como um dos velhos leões ou tigres podem ter olhado para os mártires cristãos"[152].

Winterbourne é a fera, assim como a preceptora incorpora o mal, em grande parte por sua incapacidade de compreender os sinais ambíguos da realidade contemporânea – seu erro redunda na tragédia da incompreensão para os pequenos Flora e Miles, e para Daisy Miller. Mas nem *Os Embaixadores* nem o *Memorial* configuram-se trágicos; na realidade, estão mais rigorosamente, segundo os moldes clássicos, para a comédia – apesar das notas sombrias contidas em ambas as narrativas[153].

Para seguirmos adiante em nossa argumentação, para analisarmos como James e Machado usaram procedimentos narrativos próprios para dar outra volta no parafuso da estética realista em voga na época, desobedecendo-lhe em certa medida e incorporando técnicas que viriam a servir de matriz a novas gerações de escritores, devemos fazer antes duas paradas. Uma delas se dá no exame de sua produção de início de carreira. Acreditamos que esse senso de indeterminação, que a dúvida que se aloja sob a superfície dos fatos, que o investimento nos caracteres, que a internalização da ação e da paisagem – presentes tanto nas histórias de James quanto nas de Machado – e que se acentuam nos romances posteriores de ambos, de fato se manifestam com alguma acuidade desde as primeiras histórias. Para isso, para ilustrar o caso jamesiano, observaremos especialmente a novela *Eugene Pickering*, em que se constata o caráter equívoco de outra viúva, Madame Blumenthal. Para Machado, escolhemos seu primeiro romance, *Ressurreição*, mas falaremos de outros, sobretudo *A Mão e a Luva*.

---

152. James, 1999, pp. 285 e 291.
153. Ou da tragicomédia, como sugere o suspiro que Miss Gostrey solta "all comically, all tragically", no fim do romance (James, 1960, p. 365).

A segunda etapa deste olhar em retrospectiva está na análise da estética e da ideologia preconizada pela *Revista dos Dous Mundos*, que deleitava tanto o americano quanto o brasileiro. O modo oblíquo com que James conduz suas narrativas, acarretando um necessário grau de ambiguidade, sem dúvida é uma reação ao modo mais direto e unívoco de contar histórias, estabelecido pela escola realista, da qual tanto James quanto Machado fazem parte, mas de forma recalcitrante. Muitos críticos, inclusive, catalogam James como um pós-realista, que é um epíteto interessante, mas problemático talvez. Já salientamos, no início, que a revista oferecia uma oposição aos procedimentos realistas, e, após o exame das ficções iniciais, pretendemos ocupar-nos, mais a fundo, da imbricação entre a mensagem retrógrada da *Revue* e o método narrativo defendido e posto em prática tanto por James quanto por Machado, desde o princípio. Esses procedimentos, posto que porventura conservadores dentro do contexto histórico, permitiram que ambos rompessem com as limitações da escola em voga, e apontaram soluções técnicas bem mais modernas.

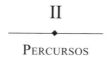

PERCURSOS

1. OLHOS CARREGADOS DE CRIMES: ARDIL E AMBIGUIDADE NA OBRA INICIAL DE JAMES E DE MACHADO

> *Com o rosto social mais uma vez encenado, o outro, o estritamente particular, recua, como acontece todas as manhãs, e é esquecido imediatamente por sua dona.*
>
> ZULMIRA RIBEIRO TAVARES,
> *Joias de Família.*

> *Non, je ne serais point complice des ses crimes* [...].
>
> JEAN RACINE, *Andromaque.*

1.1

Além de as primeiras histórias de James e de Machado conterem sementes dos procedimentos vindouros – e o uso do ponto de vista como fator de indeterminação da narrativa é apenas um deles –, é possível encontrar nessa obra pregressa, até pela proximidade temática e coincidência de situações ficcionais, algumas pistas sobre o funcionamento e a interpretação dos romances posteriores, em especial dos que aqui demos destaque. Como *Os Embaixadores*, por exemplo, um dos assuntos ostensivos da novela *Eugene Pickering* é o tema internacional. O texto foi publicado originalmente em *The Atlantic Monthly* entre outubro e novembro de 1874, sendo lançado em livro no ano seguinte, na coletânea *A Passionate Pilgrim and Other Tales*, e, em 1879, em edição inglesa. Em 1876, saiu na *Revue des Deux Mondes*, com o título de *Le Premier Amour d'Eugène Pickering: Une Femme Philosophe*. A revista já tinha publicado *O Último dos Valérios*, em 1875, e seguiu, em 1876, com *A Madona do Futuro* e *Um Peregrino Apaixonado*[1].

A história é contada de forma indireta, por um narrador em princípio isento, mas que vai, pouco a pouco, interessando-se pelo caso e interferindo na ação. O personagem encontra-se no Kursaal, em Homburg, numa época em que, segundo ele salienta, a "jogatina" não fora ainda proibida. É justo nesse ambiente mundano que ele topa com o herói do conto, que se aboleta numa cadeira, enquanto apoia os pés sobre outra. A atitude despreocupada, ligeiramente egoísta, faz com que o narrador o defina, logo no início, como um homem que pertence à "raça que tem a reputação de melhor saber como se pôr à vontade, tanto em seu país quanto no exterior"[2]. Claro que se refere à raça americana, mas acrescenta uma particularidade importante: tanto a adesão quanto a postura parecem dar-se mais por descuido do que por descaso. Ou seja, embora ele não possa negar sua origem de raça privilegiada, a altivez fleumática – entrevista em seu modo de sentar-se, o qual inadvertidamente trai essa sua vantagem intrínseca – vinha modificada por outras circunstâncias, que depois se esclarecerão. O narrador imagina-o como "ramo verde de um tronco rígido e muito antigo", no que não se engana, mas a verdade é que já o conhece, embora só venha lembrar-se disso depois. Assim, podemos desconfiar que

1. Veja nota 30 da p. 29.
2. James, 2005, p. 156.

mesmo estas considerações iniciais a respeito do personagem já alcancem o leitor através da lente deformadora da reminiscência, porventura atuando de forma inconsciente, e não de uma observação imparcial.

Eugene Pickering – pois este é o nome do americano – fora criado como numa estufa. Seu pai permitiu que frequentasse a escola somente até certa idade e, mesmo assim, sob a vigilância de uma enfermeira de grossas sobrancelhas que o vinha buscar antes da saída dos outros alunos. Depois, Mr. Pickering isola-o em sua propriedade, entregando sua instrução a um tutor. No princípio o narrador ainda lhe faz companhia (é quando se aguça a amizade infantil, encetada no colégio); com anuência dos pais, ele toma aula com Eugene. Ao narrador se concede maior liberdade, ao passo que seu colega vive sob constante vigilância, quer seja do pai, quer seja dos empregados. Depois de algum tempo, o narrador o abandona, e Eugene muda-se com o pai para o interior, onde o cerco se fecha. Mesmo muitos anos depois, Mr. Pickering, já moribundo, não parece disposto a baixar a guarda. O patriarca, descrito pelo narrador como "sumo sacerdote das convenções sociais", passa a acompanhar de binóculo os curtos passeios do filho pelo jardim.

A educação rígida afastou Eugene dos assuntos mundanos, da experiência, da vida. Ele é comparado a uma planta de jardim, a uma flor premiada num concurso, nutrida no solo do conservadorismo ianque. Há algo pueril que se mantém no adulto. O narrador diz que o reconhece, pois o amigo conserva os traços infantis. Ele também recorda que, na escola, os colegas o apelidaram de Julieta, pois o remédio que Eugene tinha de tomar todos os dias lembrava os companheiros da "poção soporífera" ingerida pela heroína de Shakespeare. Há, decerto, um subtexto homoerótico aí, uma ênfase nos traços femininos de Pickering, reforçada pelo fato de ele ter puxado à mãe e pelos epítetos que se atribuem ao personagem: ele é sensível, "um pouco delicado", esquisito, estranho ("sei que fui criado de maneira estranha [...] e que o resultado é algo grotesco", ele admite[3]). Mas o que nos interessa, nesta metáfora inicial, é a relação com o adormecimento, o embotamento dos sentidos a que o herói se submete. Após a cena no Kursaal, o narrador o procura, para que possam conversar. Ele o encontra no bosque, deitado sobre a relva, os cabelos revoltos, como que adormecido. Eugene Pickering é um personagem que precisa ser despertado.

Tanto o narrador quanto o próprio herói concordam que ele é um "erudito", um sujeito muito lido. Assim, a experiência que começa a adquirir quando, após a morte do pai, decide viajar pela Europa, corresponderia a um preenchimento das "formas vacantes" concebidas a partir do fermento de sua imaginação livresca. Pickering nada sabe da vida; sua existência até então fora vegetativa, passada como num sonho, do qual ele é despertado pelo elixir da experiência. O narrador o encontra nesse estágio inicial de deslumbramento. Após o episódio da cadeira, ele o surpreende, na mesma noite, de pé ao lado de uma dama sentada à mesa de jogo. Esta senhora não se concentra apenas nas apostas; olha em torno, reparando especialmente no rapaz, cujo cuidado busca granjear. O narrador pergunta-se se ela não seria "uma daquelas cuja vocação especial fosse atrair a atenção de um cavalheiro"[4]. É, portanto, sob essa luz desfavorável, bastante indireta e eivada de interrogações e indefinição, que Anastácia Blumenthal é apresentada ao leitor.

Inicia-se aí também um flerte entre ela e Eugene. Conquanto o narrador, neste momento, já houvesse adivinhado a identidade do antigo amigo, ainda não sabe quem é a mulher. A luz que faz cair sobre ela, a despeito dos belos olhos e feições formosas da dama, ou talvez por causa deles, continua sendo desvantajosa. Quando a senhora recolhe a aposta que supostamente ganhara graças à intervenção de Pickering, sua mão enluvada e coberta de joias é descrita como "garra adornada de

3. *Idem*, p. 166.
4. *Idem*, p. 158.

gemas azuis". Mas há um contraponto positivo: ela também se assemelha a uma musa dos poetas, dos filósofos; seria, quem sabe, uma "sacerdotisa da estética". Todas as inferências, sugere-nos o narrador, derivam de imagens preconcebidas, emprestadas sobretudo à literatura.

É Eugene quem lhe revela a identidade da dama. Sobrepõe-se neste ponto outro olhar indireto, desta vez a do homem apaixonado. Sim, Madame Blumenthal é amiga dos intelectuais, sendo ela própria uma espécie de artista. O modelo seria George Sand. Ela escreve dramas e panfletos de feitio romântico, pretensamente revolucionários e um tanto escandalosos, por ferirem instituições burguesas como o casamento. Uma dessas obras, um drama histórico chamado *Cleópatra*, é emprestado a Eugene. Ele conta que Madame Blumenthal não o convidou a entrar, na primeira noite, pois era tarde. Ela havia frisado, porém, que não observava cerimônias. Sua reputação de excêntrica, diz ela, fora conquistada à sua revelia, sem que se desse conta. Mas, agora, com a fama adquirida, resolveu que deveria também aproveitá-la. Nesta altura, o narrador comenta, irônico:

– Em outras palavras, ela é uma dama sem nenhuma reputação a perder.
Pickering pareceu intrigado; abriu um pequeno sorriso.
– Não é o que dizem das mulheres de má fama?
– De algumas... das que são decifradas.
– Bem – ele disse, ainda sorrindo –, ainda não decifrei Madame Blumenthal[5].

A mensagem é clara. Como as mulheres de má fama, ela não tem uma reputação a zelar. Já fez a cama, conforme se diz, e agora se deita nela. Mas não se pode incluí-la no grupo das senhoras de fama ruim, pois, ao contrário destas, a jogadora do Kursaal ainda não fora decifrada; e a história se desenrola na

5. *Idem*, p. 177.

tentativa de resolver esse enigma. O herói confessa que nada sabe do que passa na mente da senhora, uma viúva, mas ela o fascina. Seus olhos, compara, são como faróis de neblina a guiá-lo através da bruma das palavras que ele derrama sobre ela. É ele, enfim, quem se revela a ela, e não o contrário. Toda a situação funciona para o personagem como "uma expansão, um despertar, uma chegada à maioridade moral"[6]. Duas das imagens associadas ao herói – a do homem que não cresceu, que conserva o temperamento infantil, e a do, digamos, belo adormecido – são aqui recuperadas e transformadas. O herói por fim acorda e, repentinamente adulto, descobre-se senhor de seus atos. Madame Blumenthal conseguira libertá-lo, em parte pelo menos, do fardo paterno.

O terceiro olhar indireto lançado sobre a dama é, curiosamente, tanto o menos confiável dos três, quanto o que nos fornece dados mais objetivos sobre sua vida. A história é contada ao narrador pelo austríaco Niedermeyer, ex-diplomata descrito como "observador arguto e excelente fonte de fofocas". O manhoso indivíduo conta que a alemã descende de uma família prussiana tradicional e aristocrática, mas depauperada. Casou-se com um judeu "crudelíssimo, duas vezes mais velho", supostamente rico, mas que lhe legou pouco dinheiro. A atitude e os variados escritos de Madame Blumenthal – onde discorre sobre tudo, "da conversão de Lola Montez à filosofia hegeliana" – fizeram com que parte da sociedade lhe voltasse as costas. Ama-a um major, que, porém, não aprova suas aspirações políticas e artísticas. Ele exige que Anastácia renuncie à carreira literária e à vida mundana. Ela vinha escrevendo um drama chamado *Clorinda*, que termina com a morte da heroína nos braços do amante. O major classifica-o de lixo moral. Em represália, ela atira o texto recém-concluído ao fogo. Atônito, o major salva as páginas chamuscadas, mas é tarde. Madame Blumenthal fecha as portas ao amante. Para Niedermeyer tudo não passa de

6. *Idem*, p. 186.

uma artimanha da mulher, pois, pouco depois, publica-se outro romance de sua autoria, *Sophronia*, que nada mais seria do que *Clorinda* resgatada das chamas. Nos lugares onde o fogo consumira uma passagem, ela fizera inserir asteriscos.

O narrador encontra Niedemeyer na ópera, onde ele também fala à dama pela primeira vez. Desta maneira, ela é inserida no drama, de corpo e viva voz, por assim dizer, somente no último terço da narrativa – tudo o que veio antes foram relatos indiretos, mais ou menos interessados, mais ou menos precisos, mais ou menos comprometidos, sobre a figura esquiva que se deve decifrar.

Mas a aparição da alemã não confere, necessariamente, maior esclarecimento à trama. Ela revela ser o tipo de personalidade excêntrica que o leitor esperava encontrar. Romântica, diz ter uma paixão pela liberdade, que associa aos Estados Unidos, chamados por ela de Nova Arcádia[7]. Revolucionária, afirma que seu ideal de felicidade é "morrer numa grande barricada". Coquete, mostra o desapego, a verve e a independência esperados de uma autêntica *femme du monde*. A impressão que temos é que veste a máscara que os outros lhe impuseram. Não é uma mulher, mas um enigma, um retrato confeccionado de pedaços de figuras libertárias como ela, George Sand, Rahel Varnhagen, Bettina von Arnin[8], sem esquecer as sedutoras Lola Montez e Cleópatra, que estão frescas no imaginário do narrador e de Niedermeyer. O austríaco ironiza – "como essas mu-

---

7. A concepção do Novo Mundo como terra prometida não era novidade. Na primeira metade do século XIX, o utopista galês Robert Owen previa que a grande mudança social começaria "de modo mais vantajoso no Novo Mundo" (*apud* Witham, 2007, p. 103).
8. Cujo epistolário, o desta última, foi visto como exemplo de hipocrisia, fraude, embuste e artificialidade. De fato, a amante de Goethe não poupava esforços no sentido de engalanar os fatos. Era sincera quando anunciava seu apreço pela mentira. A ponto de Augusto Meyer cunhar, em "Bettina ou poesia e mentira", a fórmula excelente: "Era a sinceridade temperamental na mentira, e chegamos a admitir certo encanto de virtuosismo na sua mitomania. Bettina mente com alma, com tanto calor, que parece ingênua" (Meyer, 1986, p. 123).

lheres duram!" – lançando uma farpa contra a dama cujas feições já se mostram algo embotadas, e sub-repticiamente outra à duradoura categoria de senhoras à qual ela pertenceria.

Anastácia solicita a visita do narrador: quer saber mais sobre seu amigo. E ele lhe conta tudo sobre Eugene, inclusive o que o americano lhe revelara na conversa que tiveram no bosque de Homburg: aguarda-o um casamento arranjado. No passado, Mr. Pickering ajudou financeiramente outro patriarca ianque, Mr. Vernon, que, agradecido por ter-se livrado da bancarrota, prometeu conceder a mão da filha ao filho de seu salvador. Isabel Vernon, criada nos mesmos moldes severos de Eugene, residia em Esmirna, na Turquia, para onde o pai se mudara por causa do comércio com o Oriente. Segundo o acordo firmado, o casamento deveria ocorrer quando a moça completasse dezoito anos, ou seja, dentro de uns poucos meses. É um enredo romântico. O epíteto de príncipe que também se atribui ao rapaz condiz perfeitamente com o projeto do consórcio combinado. "E a pobre moça de Esmirna, esperando o jovem príncipe ocidental, como uma heroína numa lenda do Oriente!", exclama Madame Blumenthal[9].

Há aí alguns pontos a serem ponderados. Em primeiro lugar, há de se notar que o entrecho romântico associa-se à Nova Arcádia, à raça dos homens que sabem como se colocar à vontade, enquanto o mundanismo, a intriga realista, parece com frequência associada à Europa decadente. Claro que Anastácia não é exatamente uma heroína realista, mas o cálculo, as artimanhas refinadas, o mundo a que ela se relaciona, de jogatinas e de nobres depauperados em busca de fortunas para manter o *status quo*, correspondem mais a um tipo de realismo que James viria a desenvolver em seus romances subsequentes.

Já o romantismo associado aos heróis americanos da fase inicial da produção do escritor, como Eugene Pickering, Roderick Hudson ou Christopher Newman, nunca se perderá por

9. James, 2005, p. 201.

completo. Daisy Miller, Isabel Archer e até mesmo Lambert Strether são caracteres, em certa medida, românticos. Seu olhar cândido e franco, sua ingenuidade, seu deslumbramento diante do palco da experiência suscitado pelo Velho Mundo vislumbram-se na maneira como a primeira rompe com as regras do decoro social, como a segunda faz questão de dispor do próprio destino, como o terceiro produz seu sermão emocionado dirigido a Little Bilham, instando-o a viver. Assim como Pickering, que, caso viesse a abraçar a "causa" europeia, acabaria frustrando o desejo póstumo do pai, Daisy Miller afrontou o puritanismo da sisuda sociedade americana na Europa e a opção de Strether por ser brando com Chad produziu desagrado e comoção em Woollett.

O segundo ponto é que a vida americana pode assemelhar-se, na mente de Madame Blumenthal, a uma Nova Arcádia, mas a província na verdade não era movida por pastores, mas pelo dinheiro. Não fica claro o ramo de negócios de Mr. Pickering, mas a arrogância, o dogmatismo e o puritanismo banhados na abundância monetária encontram-se patentes em seu comportamento e atitudes. O acordo feito com Mr. Vernon mescla as esferas sentimental, pedagógica e financeira. Há um arranjo nupcial feito, em última instância, sobre um empréstimo. Mr. Vernon não fica devendo apenas gratidão, ou o retorno do pecúlio, mas o fruto de sua carne. Ele dá mais do que uma libra de carne; ele oferece a própria filha, que passa a ser criada, para que venha a merecer o filho de seu benfeitor, dentro das mesmas normas rígidas de educação experimentadas por Eugene. Ela é a garantia e a prova viva de um negócio bem-sucedido.

O destino dos filhos é selado como numa transação financeira, e o fato de ter sido assim selado, de modo tão franco e inconteste, o fato de o trato sentimental estar tão incondicionalmente contagiado pelo trato monetário, constitui um lado nada desprezível do "entrecho romântico e antiquado" que constitui o fado do jovem Pickering. A superposição entre o mundo dos afetos e do comércio não é privilégio apenas dos grandes capitalistas que estão fundando o império: vimos que até mesmo a simpática Miss Gostrey cultiva essa característica pragmática, quando, entre séria e jocosa, interrompe inúmeras vezes o relato de Strether acerca das vidas de Woollett para inquirir sobre o aspecto financeiro da questão. Ambas as esferas – a humana e a monetária – não podem ser vistas como universos estanques.

Associamos Eugene a Strether pelo deslumbramento de ambos diante do panorama da vida proporcionado pelo cenário do Velho Continente, mas é claro que a comparação mais imediata seria com Chad Newsome. Ambos são herdeiros de fortunas americanas que devem assumir compromissos em função dos negócios familiares e, durante estada na Europa, hesitam se devem render-se ao padrão provinciano, mais moral e empresarialmente seguro, ou perder-se nas luzes do espetáculo europeu. Vimos que Eugene compara os olhos da musa alemã a faróis de neblina. Ele naturalmente anseia por um guia para escapar ao nevoeiro produzido pela educação rígida, que lhe obstruiu as palavras e a visão, mas aquela luz, como o canto das sereias, pode ser enganosa e fatal. Enquanto se comparam Eugene e Chad, o narrador se aproxima de Strether. Ambos procuram fazer honrar um compromisso familiar – no caso do narrador, sua tarefa consiste, simplesmente, em casar o jovem com a prometida. É com essa intenção que ele revela o trato nupcial à Madame Blumenthal, que, até então, de nada sabia. Ele, que pretende com isso aliciá-la à causa do matrimônio, pede que ela compreenda a situação e se afaste, deixando livre o caminho a Esmirna.

A reação de Anastácia também merece comentário. A dama estava no *boudoir* lendo sua *Revue des Deux Mondes*. Em cima do piano, havia um vaso com rosas brancas, que, segundo o narrador, "pareciam exalar o aroma puro da devoção de Pickering". Após receber a notícia, excitada e afogueada, Madame Blumenthal caminha à roda do quarto, soltando exclamações de espanto; para diante do piano, irrompe numa risada e debruça-se sobre o buquê. O narrador quer que ela o ajude a fazer cumprir a promessa de matrimônio assumida pelo jovem. Ela então pega de uma rosa, ajeita-a no vestido e responde: "Deixe isso comigo, deixe isso comigo! A causa me interessa, interessa muitíssimo". Enquanto expressa a dúbia concordância, ainda bate à testa com a mão adornada de gemas azuis[10].

A cena é repleta de subtextos e sinais contraditórios. A notícia claramente pegou a senhora de surpresa, e a comoveu. A questão é saber se vai socorrer o narrador ou usar a informação em proveito próprio. A resposta final não desanuvia a ambiguidade, e as joias azuis ainda por cima lembram a "garra" da cena inicial, na mesa de jogos, com que ela amealhou o resultado das apostas. Pela preleção de Niedermeyer, intuímos que ela não desprezaria uma fortuna como a de Pickering, sobre a qual quiçá se lançasse com a mesma avidez com que deslizou a mão rapinante sobre o pano verde. Sabemos, porém, que o testemunho do austríaco não é confiável. Mais tarde ele revelaria, sem querer, a origem das rosas brancas. Foi o major, o mesmo do episódio de *Clorinda*, que as enviou. Ele não esqueceu Anastácia, ele a quer de volta. A hipótese de Niedermeyer de que o incidente do livro jogado ao fogo não passou de uma encenação para fazer o militar apaixonar-se pela dama parece ter-se concretizado. As rosas brancas que o narrador toma como índice do amor do ingênuo Pickering representam, com efeito, as complicações de um teatro armado por um oficial da artilharia prussiana e por uma viúva regateadora. Se o narrador se enganara ali, por que não podia se enganar também sobre a intenção de Madame Blumenthal?

Os lances posteriores continuam jogando com a ambiguidade engenhada. Antes de o narrador ter chance de contar a Eugene a atitude que tomou pretensamente em seu favor, o moço anuncia que tudo revelara a Madame Blumenthal (que, sabemos, já sabia de tudo), pedindo-a em casamento. A mulher havia pedido uns dias para pensar. Seria parte do plano ou ela

---

10. *Idem*, pp. 201-202.

teria traído a confiança do narrador? Em seguida, ela parte para Wiesbaden, sendo acompanhada pelo herói. Enquanto isso, o narrador encontra-se com Niedermeyer, que conta sobre o major e as rosas, desdenha do amor de Pickering (que seria como a aurora, ao passo que a alemã não apreciaria a luz do dia), e conta que a ida de Anastácia a Wiesbaden fora planejada tão somente para fazer o major segui-la. A expectativa é quebrada com um telegrama de Eugene: Madame Blumenthal havia aceitado o seu pedido! As previsões do austríaco parecem não ter fundamento.

Então, Pickering desaparece. O narrador não consegue ter notícias de seu paradeiro nem no hotel de Homburg nem em Wiesbaden. Descobre-o num quarto de hotel em Colônia ("que parecia ter acinzentado com o *ennui* de dez gerações de viajantes"[11]), onde o encontra amarfanhado, abatido, envelhecido. O narrador comenta, e o moço reforça a noção depois, de que havia enfim provado a "taça da vida" – a qual, intui-se, tem gosto parcialmente amargo. Ele revela o que sucedera. Dois dias depois de ter aceitado seu pedido, ela decide romper com ele. A explicação de que queria simplesmente ver até aonde ele iria, de que pretendia fazê-lo comprometer-se, de que tudo não passava de uma "aventura intelectual", não é lá muito satisfatória, mas é tudo o que ela apresenta como justificativa – além do fato de que ele e ela poderiam obter núpcias mais proveitosas com outros parceiros. Anastácia o recebe ríspida, impassível. Pickering diz que sua máscara havia caído e que o rosto que então lhe apresentou era "horrível".

* * *

A metáfora da máscara não é nova na história da literatura, mas, quando aplicada ao advento do realismo, revela resultados interessantes. Augusto Meyer chama Brás Cubas de "persona-

---

11. *Idem*, p. 207.

gem-máscara", afirmando que Machado "cultivou como poucos a arte da dubiedade e a falsa transparência da máscara". A máscara esconde o rosto verdadeiro, o Outro, o da máscara nua, "vertiginoso e malicioso, ora sim e ora não, sorrindo com os olhos e fisgando num relance cousas finas e agudas, ágeis e discretas"[12]. Como veremos adiante, a *Revue des Deux Mondes* ou combate a escola realista ou defende um tipo de realismo mitigado, híbrido, em que os pontos positivos da estética se combinam com a arte supostamente pura. De todo modo, um dos comentários é que a descrição completa do quadro ou de um personagem, com abundância de detalhes e as informações fornecidas como num inventário, é tão tediosa quanto má arte. O que vale, muito mais do que a pintura do aspecto externo, das minudências concretas, é a sugestão, é o que se deixa subentendido, mantido de propósito no escuro. O que interessa, em suma, não é a máscara que os caracteres apresentam ao mundo (no sentido do invólucro físico e também tudo o que deles se pode distinguir à vista desarmada), mas o que vai por baixo dela (a alma, o íntimo), que pode ser tanto o rosto de um anjo quanto o de um demônio.

Aplicada a James, a ideia modifica-se um pouco. Embora a ênfase se mantenha no aspecto íntimo, a inferência mais óbvia não é tanto o anjo ou o demônio que se pode achar sob a superfície, mas a conclusão inelutável de que nunca sabemos ao certo o que figura por baixo da máscara. Nem tanto ao céu nem tanto ao inferno, a criatura oculta pode situar-se num vasto espaço intermediário, em que várias composições, do bem e do mal e do meio-termo, são possíveis. Pelas medidas mais estritas da investigação empírica, o que há de mais íntimo jamais poderia ser descoberto.

Assim como nunca se sabe, não se pode saber, dadas as regras de um jogo que se exerce dentro de uma perspectiva realista, se os fantasmas de *A Volta do Parafuso* existem ou são

---

12. Meyer, em *Teresa: Revista de Literatura Brasileira*, 2004-2005, pp. 417 e 409.

frutos da imaginação da preceptora, se Daisy Miller agiu com descaro ou com extrema pudicícia em sua busca por liberdade ou se, no caso de Machado, Capitu traiu ou não Bentinho[13]; assim como se desconhece, em última instância, a resposta para essas indagações, também não se pode decidir facilmente pela absolvição ou pela condenação de Madame Blumenthal. Ela é coquete, inteligente, manipuladora e opõe-se à rigidez da elite europeia, mas, como, no fundo, agiu em relação a Pickering? Tê-lo arrastado a Wiesbaden, aceitado o pedido, para depois, cruelmente rejeitá-lo: seria essa manobra parte de um plano para que ele a esquecesse e partisse para Esmirna, conformando-se a seu destino de herdeiro? A sua incorporação da rosa branca, como se ela fosse uma medalha ou estandarte da vida passada à qual eticamente deveria voltar, abrindo mão do jovem herdeiro, parece corroborar essa hipótese.

Ou, quem sabe, a alemã pretendia de fato casar-se com ele, a despeito das súplicas do narrador, e algum evento relacionado a seu caso antigo com o major obrigou-a a mudar de ideia? Indicativa dessa possibilidade é a insinuação de Niedemeyer de que a imolação pelo fogo do romance supostamente escandaloso seria um artifício para cativar o major. O fato de parte do drama desenrolar-se longe dos olhos do narrador, de a história apresentar-se por meio de telegramas e depoimentos indiretos, muitas vezes comprometidos ou não confiáveis, certamente não ajuda no esclarecimento da situação.

Quase trinta anos antes de *Os Embaixadores*, portanto, James investia num tipo de narrativa em que a descrição da realidade era ideal e necessariamente incompleta. Há várias razões para isso, e uma das não menos importantes reside na estratégia

---

13. Diz Candido: "... dentro do universo machadiano, não importa muito que a convicção de Bento seja falsa ou verdadeira, porque a consequência é exatamente a mesma nos dois casos: imaginária ou real, ela destrói a sua casa e a sua vida. E concluímos que neste romance, como noutras situações de sua obra, *o real pode ser o que parece real*" (Candido, 1995, pp. 30 e 31, grifo nosso).

escolhida para a narrativa. Não estamos ainda no terreno de *Os Embaixadores*, em que uma personagem de vulto como Mrs. Newsome rigorosamente não vem uma única vez à cena do começo ao fim da trama, mas é certo que, em *Eugene Pickering*, a "mulher filósofa" de que fala o subtítulo da tradução francesa, também pouco se mostra. Por outro lado, ela é responsavel, como Madame de Vionnet será, no romance posterior, pela conversão do jovem herdeiro. É por meio do contato com essa dama equívoca que ele entorna todo o conteúdo da taça da vida. Veremos, adiante, como essa tomada de consciência, esse refinamento trazido pela convivência com o jogo das máscaras e a experiência com o ardil, combina com o propósito de Chad Newsome de regressar à sua terra-natal munido da chave para revolucionar os negócios. Eugene também volta, com uma parada em Esmirna, mas, sobre seu primeiro amor, pouco ficamos sabendo ao certo.

De fato, em pessoa, atuando por meio de diálogos dramáticos, Madame Blumenthal só aparece duas vezes, na novela: na cena do teatro e, depois, em sua residência. Mesmo nesses casos, sua participação reveste-se de ambiguidades, quer seja por causa do ambiente que a rodeia – o teatro empresta-lhe um toque ainda mais artificioso – quer seja pelos índices de indeterminação salpicados aqui e ali – as rosas brancas podem ser sinal tanto de sua condenação quanto de sua absolvição ética. Todo o resto se projeta por meio de pontos de vista indiretos. O principal, claro, é do narrador, que preside toda a narrativa e emite no princípio sobre ela um foco pouco favorável, baseado em preconceitos. Outro tipo de prejulgamento, mais propício mas igualmente fora do esquadro, vem do segundo ponto de vista, sempre rebatido pelo primeiro, que é o de Eugene. A terceira perspectiva é do maldoso Niedermeyer. Assim, a figura da alemã (bem como suas ações) se apresenta ao leitor por intermédio desses olhares sucessivos. Descontando as duas passagens em que ela de fato surge em cena, eles se encadeiam da seguinte forma: olhar do narrador, olhar de Eugene, olhar de Niedemeyer, (cenas do teatro e do *boudoir*), olhar de Eugene, olhar de Niedemeyer, olhar de Eugene, olhar do narrador.

Trata-se de uma técnica diferente da usada em *Os Embaixadores*, onde, segundo Percy Lubbock, temos um assunto pictórico (a evolução de uma consciência) dramaticamente expresso por meio de um narrador onisciente, mas cujos resultados se assemelham. A concatenação de pontos de vista, em *Eugene Pickering*, emite uma luz cambiante sobre as situações, enquanto permite que extensas zonas de sombra estendam-se sobre a história; essa luz, em especial, deve ser igualmente julgada, pois, em função de seu ângulo favorável ou desfavorável em excesso, pode redundar num quadro distorcido. Como observaremos no caso de *Os Embaixadores*, o leitor é por isso convocado a participar e tirar as próprias conclusões a partir dos índices fornecidos e do(s) ponto(s) de vista, que tanto revela(m) quanto oculta(m). Na instância de *Eugene Pickering*, a articulação dos pontos de vista marca a necessária indeterminação da personagem de Madame Blumenthal (cuja perspectiva nunca é mostrada), uma figura tão inapreensível, ainda que de fundamental importância para a trama. A nobre alemã é como que uma predecessora de Madame de Vionnet, que também tinha em seus aposentos números da *Revue*; e também é um enigma a ser decifrado. De corruptora de Chad a agente de sua educação sentimental, de aliada dos compromissos de Woollett a amante do jovem herdeiro, sua face passa por inúmeras e ligeiras alterações e refrações. O olhar de Strether é, em certa medida, ingênuo, e ele equivocou-se em extenso grau em seu julgamento da dama, mas quais seriam, de fato, as intenções da condessa? Quais são seus autênticos sentimentos? O que há por trás de seus atos, de sua "máscara", digamos? Como em *Eugene Pickering* – e apesar da alusão do narrador ao fato de que Madame Blumenthal, ao contrário de certas mulheres, não fora decifrada, insinuando que ela talvez possa ser – *Os Embaixadores* é um monumento a essas irresoluções pragmáticas. Nem a dama francesa deste último exemplo, nem a alemã, do primeiro, podem ser desvendadas.

E, no caso de Anastácia, a máscara pode ser dupla. A máscara que Pickering julgou ter caído talvez esconda outra, aquela da mulher cruel que manipula os homens em benefício do seu *divertissement* intelectual. Se essa nova máscara se lhe ajusta bem ou não cabe ao leitor decidir, bem como a face que se oculta sob ela. A narrativa apenas sugere algumas possibilidades, sem impor nenhuma conclusão definitiva.

1.2

Assim como essa novela de James, *Ressurreição*, primeira ficção longa de Machado de Assis, lançada em 1872, pouco mais de dois anos após seu primeiro livro de histórias curtas, os *Contos Fluminenses*, guarda, em germe, muitos dos motivos e temas que animarão a obra vindoura do autor, além de alguns outros tantos procedimentos técnicos que, mais bem articulados futuramente, tornar-se-iam sua marca registrada. Escrita em linguagem elegante, mas dura, *Ressurreição* apresenta menor refinamento estilístico do que *Eugene Pickering*: lança mão de metáforas especiosas e apresenta lances de enredo tipicamente romanescos, como cartas anônimas.

A nos valermos da apreciação de um crítico da época, o entrecho melodramático pode ter-se inspirado em romance de um fiel colaborador da *Revue*, Victor Cherbuliez[14]. Este resenhista, que não se revela e adota o pseudônimo G. Planche (nome de um dos mais afamados críticos da *Revue*, Gustave Planche), afirma que *Ressurreição* tem muito mais do que um ponto em comum com *Paule Méré*, publicado em 1864. Brito Broca, que

---

14. Vimos (p. 30), por exemplo, que uma ficção e uma série de críticas do autor sobre o Salão de 1876 figuram no ano em que os primeiros contos de James vieram a lume no periódico.

foi inteirado da antiga resenha por Astrojildo Pereira, leu o romance de Cherbuliez e, baseado sobretudo em várias e marcantes coincidências de enredo e de caracteres, não teve dúvida de que "houve realmente influência".

Nos dois romances, o leitor assiste ao "mesmo drama de um jovem romanesco, fantasita, que atormentado pelo ciúme, acaba perdendo a mulher que ama"[15]. A dificuldade para as núpcias está na falta de confiança do noivo na amada. Na obra de Machado, Félix é um médico tornado diletante por recebimento de uma herança. Uma série de acontecimentos infelizes, afeições "malogradas e traídas" nas quais tinha depositado sua fé, tornou-o um misantropo desconfiado. O tempo levou-lhe a confiança; falta-lhe condição para a paz interior. Ele não crê "na sinceridade dos outros" e compara seu ciúme a uma serpente. Mas o narrador enxerga além, e afirma que "a desconfiança dos sentimentos e das pessoas não provinha só das decepções que encontrara; tinha raízes na mobilidade do espírito e na debilidade do coração. A energia dele era ato de vontade, não tinha qualidade nativa: ele era mais que tudo fraco e volúvel"[16].

Podemos encontrar no quadro um modelo para a construção do nosso "Otelo brasileiro", denominação cunhada por Helen Caldwell para designar Bentinho, de *Dom Casmurro*[17]. Tanto num caso como no outro, a falta de confiança pode apoiar-se em ocorrências pregressas, mas o fator preponderante para seu surgimento é constitucional. Por natureza fraco, pusilânime, Félix está habituado a crer nos menores indícios de traição mesmo quando estes não encontram base na realidade; daí, preferir

---

15. Broca identifica convergências interessantes, como a semelhança de muitos diálogos, a questão da carta anônima (no romance de Cherbuliez, esta é apreendida na boca de um cão), a coincidência do nome Félix (em *Paul e Méré*, Félix é o melhor amigo e confidente do protagonista), entre outras (Broca, 1983, pp. 216-219).
16. Machado de Assis, *op. cit.*, p. 156.
17. Caldwell, 2002.

acusar Lívia, repetidas vezes, por faltas não cometidas, a crer na lealdade da moça e apostar na felicidade conjugal.

O caso de Bentinho é bem mais intrincado, pois não dispomos de um narrador que nos afiance que suas suspeitas têm raízes no caráter soturno e melindrável do personagem. Na verdade, é o próprio fato de o narrador ser esse suposto Otelo que embaralha as cartas, tornando a narrativa muito mais nuançada e complexa. Mas, se cremos na culpa de Bentinho, temos de apostar também que, como Félix, ele era um ser por natureza corroído pela dúvida. Em todos caso, o "germe" está ali[18].

Assim, a despeito da possível insuficiência na descrição psicológica de Félix, chama a atenção o fato de que ao narrador importa mais esse componente íntimo do personagem do que qualquer vicissitude de enredo. As raízes da desconfiança do herói estão em sua natureza, "na mobilidade do espírito e na debilidade do coração", e em um trauma do passado, "marcado por histórias de afeições malogradas e traídas". Da mesma forma, as sementes do constante melindre de Bentinho com o mundo podem ser buscadas em sua formação. É claro que percebemos como fator mais ostensivo no esquema deste romance tardio e ponderado o arcabouço da classe a que pertence Bentinho, mas devemos igualmente convir que mesmo esses traços de pertencimento se acham entranhados no ser; ou seja, o próprio personagem já não os distingue como uma ideologia incutida desde os verdes anos. Como veremos na análise da *Revue des Deux Mondes* e sua influência em Machado e em James, o foco reside nas motivações

---

18. Foi Caldwell quem usou a ideia de germe para traçar o paralelo entre *Ressurreição* (que representaria, ainda, "os esforços de um aprendiz") e *Dom Casmurro*. Diz a autora: "Mas os personagens deste primeiro romance de Machado, apesar de um pouco rígidos – ou talvez exatamente por isso – são bem delineados. Não resta dúvida da vileza de Iago, nem do fiel amor de Desdêmona, nem da falha de seu Otelo. Félix, abençoado com dinheiro, boa educação, gosto refinado e amor leal de uma boa e bela mulher, é impedido de desfrutar esse amor por sua 'desconfiança', que engendra as dúvidas do ciúme [...] tudo o que podemos fazer é imaginar como se daria a estória se Félix a narrasse, assim como Santiago faz com a sua" (Caldwell, *op. cit.*, pp. 41-54).

internas. Ao citar justamente o *Otelo* de Shakespeare em sua crítica a *O Primo Basílio*, Machado argumenta que o lenço de Desdêmona (um lance de enredo) conta menos no drama do que os sentimentos, caráter e paixões dos personagens – são estes últimos os elementos que devem mover a ação[19].

Dos procedimentos narrativos que Machado depois desenvolveria amiúde nos romances escritos em primeira pessoa saltam à vista os constantes acenos ao leitor. A certa altura, o narrador adverte o "impaciente leitor" de que a possibilidade de o sensível Menezes, amigo de Félix, enamorar-se da herdeira Raquel encontra barreira no fato de o moço amar Lívia, "coisa que nem ele, nem o autor deste livro, temos culpa"[20]. Neste pequeno comentário irônico, também detectamos vestígio de outra característica quase inexistente neste primeiro romance, mas bem mais presente nos tardios: o humor. A história é tratada com a sisudez que cabe a um "esboço de uma situação e o contraste de dois caracteres", conforme Machado explica na advertência à primeira edição. Mas o humor existe, em dose decerto muitíssimo menor, e parte de sua porção minguada é pingada a conta-gotas na descrição de alguns personagens secundários, como o irmão de Lívia, descrito sem meios-tons como "parasita", ou em alguns comentários à socapa quando o narrador descreve fatos do enredo, como a alusão à "inesperada herança" recebida por Félix: "Só a Providência possui o segredo de não aborrecer com esses lances tão estafados no teatro"[21].

A expressão irônica ou jocosa implica um necessário distanciamento em relação ao material, distanciamento que também está no juízo severo e na disposição algo fria com que o "esboço" se apresenta; sem cair, por exemplo, nos porões do melodrama que há no *Paule Méré*, com a fuga da heroína, a busca desesperada do herói, a intervenção do amigo para livrá-

---

19. Machado de Assis, *op. cit.*, vol. 3, p. 910.
20. *Idem*, vol. 1, p. 159.
21. *Idem*, p. 117.

-los da aflição. Machado escapou ao "frenesi romântico" do final, o que, para Broca, tanto "prenuncia aqueles desenlaces dolorosos sem desvarios nem descabelamentos" típicos de sua ficção posterior, como mostra como *Ressurreição* se distingue do romance de Cherbuliez por trazer a "marca própria do grande romancista que já então se plasmava". No fundo, havia, entre os dois livros, já uma notável diferença de "técnica"[22].

No confronto com o *Memorial*, porém, o que mais nos interessa é um motivo de outra sorte, que está, ainda assim, alardeado logo no título do primeiro romance. A ressurreição se refere, com todas as letras, ao coração de Félix. "É certo que me ressuscitaste", afirma o médico à amada. "Fizeste brotar entre as ruínas uma flor solitária." Félix é o já não tão jovem herdeiro, Lívia é a moça viúva cuja riqueza, num certo momento, é descrita como capaz de despertar a cobiça de pretendentes sem escrúpulos. Temos, portanto, uma inversão da ordem, em relação ao *Memorial*. Ali, embora Tristão seja visto pela gente Aguiar como redivivo quando volta a procurá-los depois de longos anos, é o coração enlutado da viúva que na realidade precisa ser ressuscitado. Ela é comparada a uma defunta pela venenosa dona Cesária e, em certa altura, ainda brinca com essa sua condição de finada (são "coisas de defunta", diz ao tio quando ele se espanta ao vê-la tocar o piano às sete da manhã).

Lívia, ao contrário, não precisa de nenhum incentivo. Ela amou deveras o marido, apesar ele não ter correspondido ao sentimento franco e talvez excessivo: com o tempo respondeu com fastio à necessidade amorosa da heroína. A decepção faz com que o leitor não estranhe que ela, possivelmente pouco antes da morte do esposo, ao ter tido uma rápida conversação com Félix, tenha guardado dele uma excelente impressão[23]. A dúvida se instala,

---

22. Broca, *op.cit.*, pp. 218-219.
23. Ela havia sido apresentada a Félix dois anos antes, por ocasião do dia de Nossa Senhora da Glória, ao passo que o marido havia morrido "perto de" dois anos.

pois a informação é fornecida por Viana, o interesseiro irmão da moça. É bem possível que ele matreiramente tenha desejado forçar a nota. Mas o fato é, topando com o médico por intermédio de Viana em sarau do coronel Morais, Lívia não esconde que dele se lembra ("Demais só se esquecem as pessoas vulgares"), depois afirmando que ele "merece ser estimado".

Não sabemos se Lívia nutria algum sentimento de estima por Félix antes da recepção, apesar das palavras de Viana, personagem não confiável, nem se ela dele se enamora assim que o reencontra, conforme o médico sugere ("Diz-me, entretanto, que desde o sarau do coronel já começara a sentir este amor que é a sua vida"), mas logo depois, no teatro, vemos que ela está aflita. Já a haviam alertado contra o coração empedernido de Félix. Portanto, embora as cenas de idílio da peça a façam suspirar, ela procura manter-se alheia ao moço, que senta a seu lado. Lívia tem receio de apaixonar-se – hipótese sugerida pela intriga romântica do drama a que assiste – e não ser mais uma vez correspondida pelo objeto de sua devoção. Sua natureza abnegada, conforme sabemos, causou-lhe dissabores no passado, e ela agora teme que possa estar prestes a entregar-se a um homem igualmente incapaz de amar.

Mesmo assim, a viúva cancela uma planejada viagem à Europa com o irmão. Parece não acreditar totalmente nos comentários que lhe fizeram acerca do médico. Ao contrário, prefere confiar no amado e na capacidade do amor. No fundo, ela seria a antítese de Fidélia. Enquanto esta última estaria comprometida com o passado, em razão da aliança à memória do defunto, Lívia é toda aposta no futuro. Decerto ela mantém álbuns, como o que Félix encontra, mas guarda sobretudo mágoas e pesares dos tempos idos, e quer reconciliar-se com a felicidade não só no presente, mas dos dias vindouros.

Ela desiste da viagem momentânea, para, quem sabe, obter a consolidação do seu desejo. Diferentemente de Fidélia, demais, Lívia tem um filho. Em vez considerá-lo simples elo com o passado, ela o vê como razão adicional para dobrar a afeição.

Não há por que não partilhar seu afeto entre o filho e o novo amado ("a pouco reduz a minha felicidade: o senhor e aquela criança"). A posição favorável à inevitabilidade e importância do porvir, que Lívia representa, fica bastante clara no final do romance, quando perdoa Félix com a seguinte frase: "Apagou-se o passado e nenhum ressentimento me ficou. O que não se apaga é o futuro"[24].

Há outras coisas, porém, ressuscitadas no romance, além do coração de Félix, e a mais evidente delas é Raquel, filha do coronel Morais. Vítima de uma moléstia que os médicos acreditam ser fatal, a moça estava desacreditada quando Félix a visita e a anima a viver. É o amor que a jovem nutre pelo médico que lhe dá forças para vencer a morte. Há um curioso mecanismo de transferência aqui. O meigo Menezes apaixona-se pela viúva (sem saber do contrato sigiloso entre ela e o médico), enquanto a donzela cai de amores pelo médico. Ao saber do sentimento do amigo, Félix não tenta dissuadi-lo. Pelo contrário, prefere manter o noivado incógnito para observar a reação de Lívia ao cortejo de Menezes. Vê-se que Félix é capaz de um ato de bondade e outro de vilania, ambos curiosamente direcionados a arruinar o matrimônio – em cujo êxito, afinal, ele não deposita fé.

Mas foi uma ação inconsciente, no primeiro caso. Félix não sabe da afeição que Raquel nutre por ele. Em seguida, porém, é ela quem, sem saber, deixa escapar uma dedução possivelmente equivocada acerca do comportamento entrevisto entre Menezes e Lívia. Ela julga que os dois se amam, interpretando erroneamente a compaixão da amiga[25]. Passam-se os anos e Raquel e Menezes é que se casam. Não deixa de ser um estranho acaso, portanto, que Félix seja o responsável pela sobrevivência de Raquel, enquanto Lívia, ao negar o amor a Menezes, mantendo-se fiel a Félix, mesmo depois de decidir não mais casar-se com

---

24. Machado de Assis, *op. cit.*, vol. 1, p. 193.
25. Haveria uma sombra de má fé, aqui, mesmo que inconsiderada, já que, contando isso a Félix, afastá-lo-ia da viúva?

ele, é quem deixa o rapaz livre para unir-se à filha do fazendeiro. Ou seja, embora por vias tortas, o resultado é o mesmo do *Memorial*: a filha da oligarquia rural finda esposando o rapaz promissor, garantindo a continuidade do *status quo*. Nesse sentido, Fidélia é um misto de Lívia, pelo sinal mais evidente da viuvez, e de Raquel, ressuscitada por obra do amor.

Resta ainda, contudo, a questão da traição. Sabemos que Fidélia é acusada de expor-se a mais de um nível de traição, sendo que um dos primários é o que se refere à memória do marido morto. Se era tão abnegada ao esposo, se lhe devotava tamanho amor e desvelo, se, por causa dele, chegou a romper com o pai e, com seu falecimento, passou a portar luto quase pesado, por que, então, ceder agora aos apelos de Tristão? Aires e a irmã chegam a apostar que a viúva não casa de novo. Casar-se seria, num raciocínio extremado, trair a memória do amor, trair, enfim, o passado. Sabemos que o pensamento é duvidoso, malgrado o nome do personagem, mas ocorre que a questão já se esboçava em *Ressurreição*.

Tal como com Fidélia, o luto de Lívia dura dois anos. A diferença é que não se põe em jogo a aliança desta última com o futuro. De certa forma, podemos fazer nossas as palavras de Helen Caldwell, quando ela diz que talvez seja justamente pelo fato de os personagens do primeiro romance serem retratados com menos nuanças é que percebemos com maior clareza a motivação que os anima. Os motivos de Fidélia não são claros, em princípio. Tal como ocorre no caso de Bentinho, porém, o entendimento do protótipo ajuda a compreender os intuitos por trás das ações do personagem da obra madura. Se a aproximarmos de Lívia, o móvel de seu elo com o futuro parece tornar-se irresistível; Fidélia com efeito não poderia furtar-se ao matrimônio. E a aposta de Aires é de fato mefistofélica: como Fausto, ele só podia perder[26].

---

26. Não custa notar como Fidélia está relacionada a Félix pelo nome. Assim como a viúva está impedida de continuar fiel ao passado pela força irresistível

A carta anônima e os eventos circundantes ajudam-nos a esmiuçar melhor o problema. Até o episódio da missiva, o ciúme e a dúvida de Félix deveram-se ao temperamento da moça: seria sincera a afeição da viúva (ou, como ele preferia no início, tratava-se apenas de uma "mistura de vaidade, capricho e pendor sensual")? Estaria ela enganando-o com Menezes? Mas a missiva remete-o ao passado. Lívia teria traído o primeiro marido e, por essa razão, ele acabou morrendo (de desgosto?, a carta não esclarece).

A atitude de Félix é intempestiva e absurda. Ele acredita piamente na epístola, mesmo sendo ela anônima, mesmo quando o autor talvez tivesse motivo para fazer mal a ele ou à viúva. O médico rompe o compromisso cruelmente e refugia-se na Tijuca. A carta compara-o a Cristo. Lívia seria sua cruz e ele breve contaria com um Cireneu, a ajudá-lo a carregá-la. É a segunda vez que o médico é aproximado de Jesus. A primeira se deu de forma mais implícita; por ter resgatado da morte a donzela condenada, Félix é considerado pelos pais de Raquel "o salvador da filha".

O autor não deixa dúvida de que se trata de uma maldade. A carta fora escrita pelo "iago" Luís Batista, pretendente aos afetos da viúva e que, pouco antes, aparecera-lhe em casa. O pretexto para a visita inesperada seria uma gravura que estaria em posse do colega e que uma amante do primeiro desejaria muito. Trata-se de um retrato de Davi espiando Betsabé no banho. Batista soube escolher bem seu motivo, cheio de re-

---

do futuro, Félix é incapaz de ser feliz porque a dúvida corrói qualquer possibilidade de bonança. Os dois nomes têm, portanto, uma conotação irônica. Félix, nesse sentido, também se liga a Aires, o homem preso ao passado. Na realidade, Fausto, de quem o ex-diplomata se aproxima pela aposta, ironicamente também quer dizer feliz. Aires, por sua vez, associa-se não só ao herói de Goethe, mas ainda a Jesus, ambos tentados pelo demônio – e, assim, novamente, a Félix e suas pretensões à divindade. [Jesus foi submetido à tentação após ter jejuado quarenta dias e quarenta noites no deserto. Satanás lhe mostrou todos os reinos do mundo, em seu esplendor: "Tudo isso te darei, se prostrado me adorares"; em Mateus, 4:9.]

ferências libertinas e funestas. Enamorado da israelita, que é casada, o rei Davi manda o marido dela, o hitita Urias, a uma batalha fatal. Com a morte do esposo, o rei fica livre para casar-se com a amada. Além disso, Batista, também casado, faz sua invectiva mesquinha contra a instituição matrimonial: "o casamento é bom; tem seus inconvenientes... O essencial é que seja livre. Eu assim o entendo e pratico; sou um pecador miserável"[27].

O recado é claro e espelha a carta. É fatal ser casado com uma mulher como Betsabé, cuja beleza desperta a paixão do rei. O acusador sugere que o adultério de Lívia resultou na morte do primeiro esposo, assim como o da israelita causou o decesso do hitita. Se, por outro lado, Félix quisesse condescender (Batista sabia que o colega era incapaz disso), poderia agir como ele e ter amantes. O raciocínio é torto, pois, sabemos, a esposa de Batista é quem sofre com as traições do marido, não o contrário. Mas o libertino reforça a culpa feminina ao implicar que foi sua amante caprichosa quem requestou o quadro. De resto – e isso é essencial –, se mantivesse o coração infenso à ressurreição, o Félix-Cristo salvaria assim tanto a cruz, que, numa leitura sacrílega, adquire conotação fálica, quanto a própria pele, evitando ser abatido, como Urias[28].

Félix não vê sutilezas. Apenas supõe que Lívia traiu e, como traiu, seria capaz de trair novamente. Não teria traído o marido morto, como se pode acusar Fidélia; o médico é levado a crer que ela teria traído o esposo quando este ainda estava vivo, causando-lhe indiretamente a morte. Num nível alegórico, porém, poderíamos confrontar as duas viúvas: o novo casamento deve resultar numa morte, simbólica, do primeiro esposo. A implicação soaria perfeita, se não lembrássemos que o acusa-

---

27. Machado de Assis, *op. cit.*, vol. I, p. 181.
28. É curioso observar que a adúltera Betsabé pertence à estirpe dos ascendentes de Jesus, segundo as genealogias do Novo Testamento (Mateus, 1:6 e Lucas, 3:31).

dor é o próprio homem que cobiça a mulher e almeja a morte do rival. Se remetermos o caso bastante claro aos meios-tons da obra derradeira, como fez Caldwell, percebemos, com um estremecimento, que, se há um acusador no *Memorial* – alguém capaz de sugerir, e mais do que sugerir, apostar contra a propalada fidelidade da viúva –, este alguém seria Aires.

Como o doutor Luís Batista – pois não devemos esquecer que, de certa forma, Aires é rival de Tristão –, o conselheiro pode, num nível também alegórico, arvorar-se ao papel de Davi, e pretender mandar para a morte o candidato natural à afeição da amada. Como o rei de Israel, ele enamora-se de sua Betsabé ao fixá-la distraída com suas ocupações. A bela da Bíblia banhava-se; Fidélia deitava flores no túmulo. Por certo, a diferença entre o aspecto sensual da primeira história e o caráter fúnebre da segunda dá a medida da diferença entre Davi e Aires. O rei e o conselheiro são tão diferentes quanto Zeus e Hades. Mesmo assim, congraçam-se no espetáculo de seus caprichos e na crueldade de seus desejos. Coincidência ou não, Tristão, como Urias, é estrangeiro.

* * *

A motivação dos personagens e o quadro retratado são muito mais cambiantes na obra madura, mas há, como vimos, mesmo nas primeiras composições, uma tentativa de tratar de forma cuidada assuntos de teor complexo. Quando saiu em livro o folhetim seguinte do escritor, *A Mão e a Luva*, em 1874, mesmo ano de *Eugene Pickering*, portanto, Machado confessa em uma advertência seu temor de que muitos personagens, por força da urgência imbutida na publicação diária, não se desenvolveram plenamente. Sua principal preocupação, diz ele, era com o desenho dos caracteres, sobretudo o de Guiomar, servindo-se da ação apenas como "tela" em que lançou "os contornos dos perfis". No romance, o narrador repete a ideia, ao dizer que naquela história "o autor se ocupa de desenhar um ou dous caracteres, e de expor alguns sentimentos humanos"[29]. Trata-se de uma atitude semelhante à de James, como comentaremos adiante, que vê (à Turgueniev) seus personagens como *disponibles*, desenhando-os em primeiro lugar, para depois imaginar como reagem diante das circunstâncias do acaso.

Neste segundo romance de Machado chamam a atenção o cinismo e a arte da maquinação que movem os dois personagens principais, Guiomar e Luís Alves. Eles agem com ardil conforme ao do narrador de *Eugene Pickering* e mesmo ao de Madame Blumenthal. Não se trata propriamente de um romance de amor, mas de pretensões ajustadas; o contraste entre o cálculo frio e os sentimentos, o estudo da paixão refreada pela estratégia do êxito social, como sugere o título da obra e deixa claro a frase final: "e as duas ambições trocaram o ósculo fraternal. Ajustavam-se ambas, como se aquela luva tivesse sido feita para aquela mão"[30].

A condição de Guiomar e a de Luís Alves naturalmente são bem distintas. Ele é um homem livre, ao passo que ela é uma agregada, vivendo de favor da casa da madrinha baronesa, que a estima, mas pretende casá-la com o sobrinho Jorge. Guiomar considera Jorge um sujeito alvar, enquanto percebe no coração de Luís Alves a mesma cobiça pelo sucesso que a instiga. Para a heroína, o moço nascera para vencer, estando prestes a "entrar em cheio na estrada que leva os fortes à glória"[31]. Mas ela não pode agir com desenvoltura, sendo obrigada à arte da diplomacia e do manso engendro.

Sua maior antagonista, nessa disputa surda entre ambições subalternas, é a dama de companhia da baronesa, a inglesa Mrs. Oswald. Como a jovem brasileira, ela submete-se a uma condição subordinada. Na verdade, sua sujeição é maior do que a da moça, pois se trata de uma serviçal, ainda que de gabarito. Ela

---

29. Machado de Assis, *op. cit.*, vol. 1, pp. 198 e 228.
30. *Idem*, p. 270.
31. *Idem*, p. 254.

deve demonstrar gratidão e patentear a amizade "que a ligava à família da baronesa"[32]. Se Guiomar deve agir com cautela, Mrs. Oswald tem de portar-se com o dobro de astúcia. O objetivo de ambas é conquistar o afeto e os favores da baronesa; Guiomar para que, assim, possa desposar Luís Alves; Mrs. Oswald, pela simples pretensão de buscar maior ascendência sobre a casa e a família. Para isso, ela conspira para efetivar a intenção da baronesa de casar a afilhada com o sobrinho.

Interessante notar que é uma inglesa a primeira personagem ostensivamente manipuladora e ardilosa dos romances machadianos. Teria Machado imaginado que na direção da terra de "Sir Walter Scott", autor que a dama de companhia lia em volume grosso da edição Constable, de Edimburgo, abundavam os tipos manhosos?[33] Mrs. Oswald trata Guiomar com ironia – "Dormiu bem a minha rainha da Inglaterra?" Ao contrário de Pickering, que é de fato um príncipe do capital americano e cujo epíteto combina com os mimos concedidos a um legítimo herdeiro, Guiomar não tem nem nobreza nem primogenitura. Mrs. Oswald faz questão de lembrá-la, por inversão irônica, de sua natureza dependente, não mais do que a inglesa nesse sentido, e que deveria, por isso, obedecer aos desejos da baronesa, nem que seja o de submeter-se a um casamento de conveniência, pois afinal, o amor "nasce muita vez do costume".

Vimos que, após muita relutância, Eugene Pickering obedece aos ditames paternos, que continuam a regê-lo além--túmulo, e vai ao encontro da prometida de Esmirna. Mas Guiomar resiste ao arranjo fácil. Decerto ela considera Jorge indigno por vinculá-lo à "tribo dos incapazes", mas a insubordinação, mesmo por razões de conveniência, parece extraordinária em uma personagem submetida a uma dupla condição

---

32. *Idem*, p. 247.
33. Broca acredita que Mrs. Oswald é uma reminiscência de Mrs. Simpson, personagem de *Paule Méré* (Broca, *op. cit.*, p. 217).

subalterna na sociedade capitalista patriarcal: como agregada e como mulher.

No entanto, Mrs. Oswald, para quem tais insubordinações soam absurdas (como soaram ao narrador de *Eugene Pickering*), usa todo seu talento de diplomata doméstica para restituir a ordem à casa[34]. Suas ações não são só movidas por desejo de granjear o reconhecimento da baronesa, como explica o narrador, mas também constituem fruto de sua "natural sagacidade", um impulso de seu gênio para lidar com situações delicadas e difíceis. Machado parece reforçar aqui, neste trecho de caráter vagamente determinista, a ideia de que a manobra diplomática, o cálculo frio, relaciona-se naturalmente à índole estrangeira, nascida, no caso, no fértil solo da experiência inglesa. Há um leve traço da dicotomia jamesiana aí, entre a constituição ingênua e romântica dos representantes do Novo Mundo em oposição ao ar dissimulado e as artimanhas ardilosas dos habitantes do Velho.

Mas Guiomar também se guia pelo ardil, ainda que sua atitude não advenha de uma condição "natural", como a de Mrs. Oswald, mas de uma questão de sobrevivência num mundo em que ela é apenas uma subalterna. Como vimos, Chalhoub argumenta que, desde cedo (ao que tudo indica, pelo menos desde este seu romance), Machado dramatiza os movimentos das classes subordinadas para se acomodar, subir na vida ou mesmo mostrar oposição dentro da lógica oligárquica. Segundo o narrador, Guiomar logo aprendeu que "as aparências de um sacrifício valem mais, muita vez, do que o próprio sacrifício"[35]. Sua sorte dependia de sua capacidade de

---

34. "Se houvesse uma diplomacia doméstica, Mrs. Oswald poderia contar com um lugar de embaixatriz" (Machado de Assis, *op. cit.*, vol. 1, p. 247).
35. Quando a madrinha lhe pergunta com quem ela deseja casar-se, ela escolhe Jorge. A baronesa percebe, porém, que a moça não estava sendo sincera e a recompensa pelo suposto "sacrifício" que ela estaria prestes a fazer, permitindo que se case com Luís Alves. O narrador diz haver, na atitude de Guiomar, "um pouco de meio indireto, de tática, de afetação, estou quase a dizer de hipocrisia" (*idem*, p. 265).

dissimular, de mostrar àqueles a quem seu futuro se sujeitava aquilo que eles queriam ver. Mas não lhes dava a coisa real e sim o simulacro dela, o que implica uma boa quantidade de fingimento, tergiversação, tática, afetação e hipocrisia. Para pessoa forjada nessa arte como Mrs. Oswald, cujas roupas pareciam ter sido talhadas pela tesoura da Câmara dos Comuns e cujo cabelo, entre louro e branco, ostentava a "rigidez de um silogismo", era fácil perceber o regateio da rival. Por isso, em sua argumentação, ela fará ver à baronesa que os olhos da afilhada não são inocentes: "Eu cuido que devem estar carregados de crimes, e que há mortos..."[36].

O comentário sugere a ideia das máscaras, veiculada na *Revue des Deux Mondes*, a concepção de que é necessário procurar aquilo que vai além da fachada, do aspecto externo; é no íntimo que se desenrola o que verdadeiramente interessa. No caso da brasileira, a dissimulação é uma tática importante no jogo da sobrevivência doméstica – mais ainda do que para a inglesa, cujas cartas já parecem vir marcadas por sua condição servil. Ambas ainda guardam um traço de semelhança com as artimanhas refinadas da mundana Madame Blumenthal. Além disso, elas emitem um sinal do corte muito mais amplo e prenhe de nuanças das personagens futuras e mais complexas de Machado, como Capitu, de *Dom Casmurro*, ou Sofia, de *Quincas Borba*.

Mesmo ali, em 1874, havia a ousadia de compor uma heroína pragmática, que usava a discrição e o fingimento como armas para atingir seus objetivos, como faz, em certa medida, a amada de Eugene Pickering. James também refinaria sua arte com os retratos de Kate Croy, de *As Asas da Pomba*, Charlotte Stant, de *A Taça de Ouro*, ou Madame de Vionnet, de *Os Embaixadores*. Na composição de cada uma dessas heroínas, de Machado e de James – estejam elas na Europa decadente, num país periférico ou no império nas-

---

36. *Idem*, p. 262.

cente dos Estados Unidos, e independentemente de suas razões, em que se imiscui muito das conjunturas que as fazem mover-se em cada um desses espaços –, vislumbra-se a não pequena arte dos autores na pintura de retratos tão cheios de colorido quanto de sombra, tão repletos de engenho quanto de profundez.

Para cada um desses ficcionistas, houve um momento em que o quadro não era perfeitamente rematado, por mais que lhes fosse capital visar à perfeição de sua arte. É possível até que a ficção de James, nesse primórdio de trajetória, fosse mais bem acabada do que a de Machado, também em sua fase de aprendiz. A dúvida, o olhar desconfiado, a necessária indeterminação e o apelo à colaboração do leitor inteligente verificam-se com maior clareza em *Eugene Pickering* do que em *Ressurreição* ou *A Mão e a Luva*. Mas é forçoso notar que cada um vinha tratando de uma temática que já lhe parecia cara – as armadilhas do cosmopolitismo, em James; o constraste dos caracteres, em Machado; o tema do disfarce e da dissimulação, em ambos –, aperfeiçoando ao mesmo tempo suas técnicas, enquanto se definia, nos dois lados do Atlântico, a estética realista, que um e outro incorporaram, a seu modo. Embora ambos sejam vistos hoje como realistas, nenhum concordava com a estética, em sua globalidade pelo menos. Machado chegou a dizer que o espírito da escola não coadunava com os princípios da arte.

Da mesma forma, em Paris, nas páginas de uma publicação de prestígio, que corria o mundo, esse mesmo espírito, esses mesmos aspectos eram debatidos, escarnecidos, condenados e por fim aceitos – mas em termos. É para análise de como o realismo foi visto pela *Revue des Deux Mondes*, desde a sua cabal refutação até a rendição parcial dos antirrealistas, que em seguida passaremos. Com ela, pretendemos compreender um pouco mais o tipo de ideário estético e político que animava o espírito de Machado e de James, que inclusive os ajudou a criarem suas obras-primas posteriores.

2. *Revue* em Revista

> *Y, puesto que yo no pienso imitar a Roldán, o Orlando, o Rotolando (que todos estos tres nombres tenía), parte por parte, en todas las locuras que hizo, dijo y pensó, haré el bosquejo como mejor pudiere en las que me pareciere ser más esenciales.*
>
> MIGUEL DE CERVANTES SAAVEDRA,
> *El Ingenioso Hidalgo Don Quijote de la Macha.*
>
> *These fragments I have shored against my ruins.*
>
> T. S. ELIOT, "The Waste Land".

Após uns dias de chuva, Sofia entediava-se em sua nova residência no Flamengo. Corre o ano de 1870, e a queda de Napoleão III encerra a guerra franco-prussiana. Com isso, a crise de Rubião, que se identifica com o ex-imperador francês, agravava-se ("Como explicar essa repetição do obscuro, esse conhecimento do inextricável, quando os pensamentos e as palavras pareciam ter ido com os ventos de outros dias?"). Nessa altura já adiantada do romance *Quincas Borba*, Machado faz uma extensa referência à *Revista dos Dous Mundos*. Para repousar, Sofia corre os olhos pelas páginas do último exemplar do periódico. Não se trata exatamente de informar-se sobre os mais recentes acontecimentos políticos, de apreciar alguma resenha sobre a mais nova exposição do *Salon* ou de ler mais uma crítica a um romance realista da moda; não se trata nem de acompanhar um folhetim de sucesso, embora Sofia viesse, de uns tempos para cá, acompanhado-os com frequência. O fato de a esposa de Palha ter feito o marido assinar a revista está muito mais relacionado com a necessidade de ela obedecer às exigências da elite supostamente bem-informada. Impunha-se-lhe um verniz de cultura. *A Revue des Deux Mondes* era muito apreciada na Corte, que a julgava indispensável às damas da fina flor, como Sofia recentemente descobrira:

> Um dia, no melhor dos trabalhos da comissão das Alagoas, perguntara-lhe uma das elegantes do tempo, casada com um senador:
> — Está lendo o romance de Feuillet, na *Revista dos Dous Mundos*?
> — Estou, acudiu Sofia; é muito interessante.
> Não estava lendo, nem conhecia a *Revista*; mas, no dia seguinte, pediu ao marido que a assinasse; leu o romance, leu os que saíram depois, e falava de todos os que lera ou ia lendo.

Essa é, possivelmente, a mais longa alusão à *Revue* que Machado faz em seus escritos, embora haja outras[37]. Também

---

37. Machado de Assis, *op. cit.*, p. 778. Há, em suas crônicas, pelo menos duas referências à revista. Na "História de 15 Dias", de 1877, ele diz:

    > Vou dar agora uma novidade, a mais de um leitor.
    > Sabes tu, político ou literato, poeta ou gamenho, sabes que há aí perto, na cidade de Valença, uma biblioteca municipal, a qual possui uma coleção da *Revue des Deux Mondes*, a qual coleção está toda anotada pela mão de Guizot, a cuja biblioteca pertenceu?
    > Talvez não saibas: fica sabendo.

    A outra menção vai nas crônicas das *Notas Semanais*, de 1878:

    > Pois eu falo de artistas, direi que, se o leitor tem aí, sobre a mesa, a *Revue des Deux Mondes*, folheia as páginas dos anúncios no fim, e leia o que se refere à *Primeira Missa no Brasil*, quadro no nosso Vítor Meireles, cuja cópia se vende em Paris.

    Machado em seguida reclama de uma lacuna no anúncio, que de fato menciona a beleza do quadro ("é o mais belo que até hoje tem aparecido" e ainda diz que a cena é "uma das mais grandiosas do mundo), mas esquece de dar o nome do autor. França Júnior, informa o escritor, achou a mesma lacuna no *Fígaro*, e termina ironicamente: "Tão certo é que até o merecimento precisa um pouco de rufo e outro pouco de cartazes".

    Encontra-se outra referência numa novela denominada *O Programa*, publicada originalmente entre dezembro de 1882 e 1883, em *A Estação*. No final dos anos 1850, Romualdo reúne uns amigos e funda um periódico lite-

sabemos que James costuma inserir no *boudoir* de suas heroínas, como o de Madame Blumenthal, um exemplar da revista. Tanto o brasileiro quanto o americano foram leitores assíduos da publicação. Vimos que alguns contos de James e até mesmo um ensaio sobre ele chegaram a sair ali; o escritor comemorou ironicamente a presença de seus primeiros contos na revista, mas não pôde partilhar o êxito com seus colegas realistas, em meados da década de 1870. Estes últimos não tinham a menor apreciação pela *Revue*; não esqueciam a longa campanha que o periódico fizera contra a escola, tanto no campo da ficção, quanto da pintura e do drama.

É certo que, naquela altura, a campanha já vinha arrefecida. Alguns ícones do realismo, como Taine, ou recém-convertidos, como Sainte-Beuve, já haviam começado ou voltado a contribuir com a publicação. Taine, já em 1857, havia ali defendido os princípios da escola em um artigo sobre Thackeray, que ele considerava inferior a Balzac. Taine elogiou a "indiferença moral" do francês, um traço atribuído aos realistas, enquanto o inglês muitas vezes, segundo o crítico, comprazia-se com excessivas observações sobre a boa conduta. Por fim, *Les Sensations de Josquin*, um folhetim de Champfleury, considerado o porta-voz da estética realista, fora publicado na revista entre 1855 e 1857[38].

O feito foi satirizado num esquete cômico de Charles Monselet, denominado *Le Siège de la Revue des Deux Mondes*. No número burlesco, os realistas tentavam inúmeras artimanhas para convencer o diretor da revista, François Buloz, a publicar um de seus escritos, mas todas as tentativas vinham sendo re-

---

rário, o *Mosaico*, em que dá a lume seus textos em prosa. Sua ideia era fazer algo semelhante à *Revista dos Dous Mundos*, que ele vira na casa de um advogado de quem era amanuense. Como Sofia, antes da conversa com suas amigas bem informadas, nunca lera a revista, "mas ouvira dizer que era uma das mais importantes da Europa, e entendeu fazer cousa igual na América" (Machado de Assis, *op. cit.*, vol. 3, pp. 364 e 409 e vol. 2, p. 912).

38. Oehler, 2004, p. 130-134; Du Val, *op. cit.*, p. 138.

chaçadas pelo secretário, Victor de Mars. Champfleury então prepara um sonífero para dar a Buloz, que ele próprio acaba inadvertidamente tomando, graças ao olhar atento e à sagaz intervenção de Mars. O escritor é em seguida encarcerado na "Torre do Norte", de onde é resgatado pelos realistas. Mars e os críticos da revista, entre os quais Charles de Mazade e Émile Montégut, são forçados a render-se. Derrotado, Buloz acaba publicando as *Sensations de Josquin*. Os realistas comemoram e as cortinas descem[39].

Na verdade, porém, tanto os realistas como a *Revue* tinham a ganhar. Para muitos dos adeptos da escola, a publicação do folhetim de Champfleury, num periódico tão prestigioso quanto conservador como a *Revue*, de fato representava um triunfo: a revista enfim parecia estar cedendo à inevitável marcha do tempo. Para Buloz, a reviravolta também tinha um sabor de vitória. Há algum tempo ele vinha cortejando os artistas e críticos da nova escola para que colaborassem com a publicação. Em 1849, na esteira de um processo judicial aberto contra ele pelo diretor da *Revue*, Charles-Augustin Sainte-Beuve deixara de colaborar com o periódico. Em 1863, o crítico literário reconcilia-se com Buloz. A revista exercia influência na sociedade parisiense, como comprova o esquete de Monselet, mas os realistas também constituíam um fato artístico consumado; suas obras faziam sucesso, provocavam comentários, tinham considerável ascendência.

Do ponto de vista político, o cenário também mudava. A revista, que havia relutantemente apoiado o Império como alternativa menos pior aos supostos excessos da Segunda República, irritava-se com a censura que vinha impondo a administração de Napoleão III. Assim, a partir de 1855, o periódico se transformava num órgão de oposição ao governo. Nada mais natural, portanto, do que dar espaço aos realistas, as primeiras e tradicionais vítimas da censura e ferrenhos opositores tanto

---

39. Du Val, *op. cit.*, p. 131.

da prática censória quanto do Império (ao contrário da revista, que, pelo menos no início, apoiara ambos).

Além disso, Buloz cuidara para que se mantivesse a costumeira vigilância artística e moral. A história de *Les Sensations de Josquin*, que dificilmente pode ser considerada uma obra realista *tout court*, parece ter sido expurgada de seus trechos mais fortes[40]. A mesma preocupação se deu com Baudelaire. Ao publicar alguns dos poemas de *Les Fleurs du Mal* em abril de 1855, a revista sentiu-se obrigada a apor uma nota:

> Ao publicarmos os versos que se lerão, acreditamos mostrar mais uma vez como o espírito que nos anima é favorável aos experimentos, às tentativas dentro dos mais diversos sentidos. O que aqui parece merecer interesse é a expressão viva e curiosa, mesmo com a violência de certas fraquezas, de certas dores morais, as quais, sem que as encampemos ou as discutamos, é de mister trazer a público como um dos sinais de nossos tempos. Demais, parece-nos que se trata do caso no qual a divulgação não é simplesmente um encorajamento, no qual ela pode exercer a influência de um conselho útil, e convocar o verdadeiro talento a se libertar, a se robustecer, na expansão de seus caminhos, na ampliação de seu horizonte.

Dos poemas de *Les Fleurs du Mal* que viriam a ser arrolados num processo posterior sofrido por Baudelaire não havia nenhum daqueles publicados na revista. Ou seja, com sua nota e seleção o periódico cuidou de proteger-se contra o impacto que a divulgação da obra poderia suscitar[41].

Com ou sem proteção, porém, as coisas evidentemente nem sempre foram assim. Flaubert, Zola, os irmãos Goncourt, entre outros antigos e recentes autores vergastados pela *Revue* – pois a oposição ao realismo não cessara, apenas abrandara-

---

40. *Idem*, p. 131.
41. *Idem*, p. 134, ou na site da Biblioteca Nacional Francesa, em http://gallica.bnf.fr/ark:/12148/bpt6k869356.image.langFR. (Veja também pp. 27 e 28).

-se –, ainda se lembravam da campanha liderada pelo periódico conservador. Sobre o juízo da revista, é preciso entender que as críticas nem sempre foram dirigidas contra a escola; iniciaram-se bem antes do seu surgimento, quando os resenhistas desaprovavam procedimentos considerados "realistas" (digamos que se ocupassem demasiado da descrição dos aspectos físicos, ínfimos, da realidade, menosprezando a beleza e os ideais morais mais elevados) em autores que não podiam pertencer a essa estética, pois ela ainda não havia sido instituída.

Mesmo depois da década decisiva de 1850, em cujo princípio, a respeito da presença no *Salon* do quadro *Enterro em Ornans*, de Coubert, Champfleury declarou que os críticos seriam, a partir de então, obrigado a alinhar-se ou a favor ou contra o realismo, muitos colaboradores da *Revista dos Dous Mundos* continuaram a tomar a parte pelo todo, o acessório pelo principal[42]. Censuravam obras de autores irmanados com o apostolado realista – escritores cuja correspondência com a escola de Zola parece, em retrospecto, um tanto remota. Chamavam de realistas até mesmo artistas que apenas emprestavam da estética alguns de seus procedimentos. Autores como Balzac, Lamartine, Flaubert, Champfleury, George Eliot, Alexandre Dumas, tanto filho quanto pai, Victor Hugo: todos eram indis-

---

42. Ao referir-se à exposição, na edição de 1º de janeiro de 1851 da *Revue*, Louis de Geofroy foi mais ao ponto: "M. Coubert disse a si mesmo: de que vale o esforço de buscar figuras belas que não passam de acidentes da natureza e reproduzi-las segundo um arranjo que não encontramos amiúde na vida? A arte, sendo feita para todos, deve representar o que todo mundo vê; a única qualidade que devemos exigir dela é uma perfeita exatidão." Mas as figuras pintadas nessa tela, diz o crítico, "não nos inspiram o menor interesse. Para nós, que não estamos em Ornans, precisamos de algo mais que nos cative. O que falta despertar no espectador é o sentimento natural que acompanha tais cenas." Este, porém, não é o efeito despertado pelas "caricaturas grotescas" que povoam a tela. E termina o parágrafo concluindo que "esse enterro não nos comove, e isso prova efetivamente que *a verdade nem sempre é verdadeira*." [http://gallica.bnf.fr/ark:/12148/bpt6k86918m.image.langFR; grifo meu.]

tintamente taxados de realistas, por mais estranho que a reunião possa parecer aos olhos do leitor atual.

Assim, ao examinarmos o significado do realismo para a *Revue* (ou do "naturalismo" ou "materialismo", pois os termos, muitas vezes se confundiam, e chegaram a ser tratados como sinônimos ou como itens de uma mesma e única tendência artística), é muito mais profícuo comentarmos de modo amplo o conjunto de características e procedimentos por ela tido como realista, do que nos atermos apenas às críticas que acertavam no alvo, isto é, que eram dirigidas a autores e obras de fato pertencentes à escola. Demais, se é de convir que dentro da revista houvesse colaboradores com gostos e opiniões diferentes, também se deve admitir que esses desconcertos não eram tão drásticos assim, se igualmente examinados em profundidade. Pois, como um todo, também é certo que a revista obedecia a uma diretriz geral, um comando ideológico geral, digamos, representado pela figura e pela tutela de Buloz, que de modo aproximado correspondia ao teor ideológico particular discernido na maioria dos artigos publicados – é esse movimento mais amplo, ainda que crivado de exemplos específicos, que passaremos a descrever sucintamente.

* * *

Em 1º de agosto de 1829, o primeiro número da publicação veio a público, já com a capa pastel, cor de salmão, que Strether tanto apreciava. Fundada por Prosper Mauroy e Ségur-Dupeyron, respectivamente um publicista e um burocrata ligado ao Ministério do Interior, chamava-se então *Revue des Deux Mondes, Recueil de la Politique, de l'Administration et des Moeurs*, e tinha enfoque predominantemente político.

Em seu prospecto de lançamento fazia referência ao "século todo positivo", com o ajuste da organização social, como momento ideal para a divulgação da nova revista; preconizava uma "administração prática" na França, na qual o olhar para outros povos pudesse sugerir vantagens para o "progresso de nossas luzes"; e, principalmente, trazia talvez a primeira defesa de uma ideia incipiente de globalização quando alegava que "aquilo que nos preocupa pode estar preocupando, ao mesmo tempo, um outro ponto do globo", propondo-se a "ver os mesmos princípios diversamente compreendidos e aplicados na França e na Inglaterra, no Brasil e na Alemanha, às margens do Delaware e sobre a costa do mar do Sul"[43].

Em seguida, funde-se com o *Journal des Voyages*, uma revista de viagens que continha artigos sobre a história e os costumes de povos estrangeiros, e passa a chamar-se *Revue des Deux Mondes, Journal des Voyages*. Apenas em abril do ano seguinte sai a primeira seção dedicada à literatura; não há críticas ainda, apenas poemas e trechos de memórias. Em 1831, já com François Buloz como editor-chefe, a revista se torna quinzenal, com a eliminação do subtítulo *Journal des Voyages*. Confere-se um enfoque maior à literatura e às artes, e publicam-se as primeiras resenhas sobre o *Salon*. Na carta ao leitor, além de destacar a presença dos colaboradores Auguste de Sainte-Hilaire e Sainte-Beuve, e de um punhado de monarquistas e católicos como Alfred de Vigny, promete que a *Revue* será "o órgão mais ativo do progresso e do aperfeiçoamento"[44].

Sua gênese, portanto, continha o ímpeto dado à classe média durante a Monarquia de Julho, quando, de acordo com Hauser, a classe burguesia estava "na plena posse de seu poder" e tinha "absoluta consciência disso"[45]. O dinheiro é agora, diferentemente de outros tempos, quando o nascimento e a genealogia conduziam as relações, instrumento efetivo de ascensão social, dominando tanto a vida pública quanto a privada. A aristocracia, como até então se configurava, sai de cena e não só o rei se torna burguês, como a corte se converte em uma empresa de feitio capitalista, no espírito da especulação financeira do "*Enrichissez-*

---

43. Camargo, 2007, pp. 37-39.
44. *Idem*, p. 42.
45. Hauser, 2003, p. 740.

-*vous*!". Se entendermos, junto com Hauser, que é esse processo que fornece à centúria seus alicerces e sua feição e que o século XIX, neste sentido, nasce por volta de 1830, não nos parece portanto equivocado afirmar que a *Revue*, surgida em 1829, seja um veículo típico dos oitocentos. Brota decerto do ânimo burguês e capitalista, ainda que devamos levar em consideração que esse arranjo viria a sofrer vários deslocamentos ideológicos, tanto no campo político quanto na arena artística.

Politicamente, nesses primeiros anos, a publicação demonstra pendor liberal e progressista. Combate os gabinetes de Luís Felipe, a quem acusa de sufocar o espírito da Revolução de Julho de 1830. Também se opõe à censura e à repressão exercidas pela monarquia constitucional. No entanto, de 1837 a 1840, percebe-se uma guinada conservadora, explicada em parte pelas aspirações de François Buloz, já então dono e diretor do quinzenário (em 1833, amparado financeiramente, ele comprara o periódico), que desejava tornar-se *comissaire royal* da *Comédie Française*, cargo no qual é empossado em 1838. Pensadores liberais, democráticos e socialistas como Lamennais, Proudhon e Louis Blanc, bem como Lamartine, passam a ser indistintamente atacados. Buloz recusa nesse período a publicar os textos de George Sand, porque a autora "pendia mais e mais para o radicalismo"[46]. O caráter reacionário da *Revue* e de alguns de seus colaboradores se acentua à medida que o governo de Luís Felipe vai chegando ao fim e se aproxima a Revolução de 1848, esta última vista como catastrófica. Em 1849, Eugène Forcade escreve: "O primeiro ano da República se finda, o ano em que a anarquia desfilou por nossas ruas... Com essa era, em que o caráter lamentável e sinistro cresce na memória e na indignação do país, com essa era cessa a missão da primeira Assembleia Nacional"[47].

---

46. Segundo conta Charles de Mazade no panegírico que fez ao editor, falecido em 1874 (Mello, *op. cit.*, p. 5).
47. Du Val, *op. cit.*, p. 46.

Em sua nova condição de formadora da opinião pública, a *Revue* chega a ponto de clamar pelas medidas de repressão que marcaram os últimos anos da Monarquia de Julho, de reivindicar a censura da imprensa e de pedir uma lei que proibisse o funcionamento de certos clubes políticos. No mesmo espírito, o presidente Luís Bonaparte é saudado como defensor da ordem e aplaudido por seus esforços para resguardar a França da ameaça dos socialistas. A revista, com efeito, não tem uma predileção especial pelo político, mas o considera o mal menor. No início, logo após o golpe de estado e a proclamação de Napoleão III, mesmo o autoritarismo exercido pelo Império é nuançado, pois garantiria a ordem, como atesta a crônica de Charles de Mazade, de 1852: "Passamos das ações tumultuosas à calma profunda [...] Com um pouco de boa vontade, não é difícil [...] acostumarmo-nos a não ter de interrogar a esfinge revolucionária, manhã após manhã, para saber o que ela deseja fazer de nós, de nossa fortuna, da paz de nossos lares"[48]. No entanto, conforme o Segundo Império vai perdendo o vigor sem que Luís Bonaparte desista de entronizar-se no poder – e isso à revelia do que a classe média acreditava constituir os interesses maiores da nação, ou seja, o seu enriquecimento –, a *Revue* volta a pôr mais a descoberto algumas de suas bandeiras liberais.

Não espanta, portanto, ou seja, é coerente com o espírito da publicação, a campanha adotada durante longos anos contra o realismo. Muitos dos chamados realistas tinham simpatias ou pelo socialismo ou pelo comunismo ou pela democracia[49] ou pela República, quando não eram seus legítimos representantes. Sua preferência por retratar, digamos, os costumes e a vida das classes populares ou do *demi-monde* era encarada com desconfiança não apenas artística, mas também política, pois a

---

48. *Idem*, p. 48.
49. Na vida intelectual da democracia, de acordo com Charles de Mazade, não poderia vicejar o "instinto do belo, a paixão pelo verdadeiro, o respeito pelas coisas sagradas" (*idem*, p. 50).

escolha podia implicar uma identificação socialista. Considerados representantes de uma literatura quer seja popular, quer seja social e filantrópica, Dickens, George Eliot e Eugène Sue foram duramente criticados. As obras deste último chegaram a ser chamadas de "propaganda socialista", romances "do comunismo e da demagogia" (na seção *Revue littéraire*) e "uma verdadeira invasão dos bárbaros no reino da arte" (esta última invectiva escrita por P. Limayrac, no início dos anos de 1850)[50].

Mas a mera afiliação política não é suficiente para explicar a posição antirrealista da revista. Antes da guinada conservadora, a *Revue*, na voz de seus principais articulistas, já preconizava a defesa do "ideal" na arte. O *Livro do Centenário*, publicado em 1929, explicita melhor esse empenho:

> A *Revue* prende-se unicamente às obras, exigindo apenas talento dos escritores. Se ela rejeita as regras e tradições ultrapassadas do classicismo imperial, não é para colocar em seu lugar outro dogmatismo igualmente tirânico, igualmente destinado a ossificar. Ela não publica manifestos. O que defende, saúda, não é o aparecimento de uma nova arte poética que substituirá a *Art poétique* de Boileau; mas sim o surgimento de forças criadoras capazes de enriquecer o tesouro da literatura francesa.

Mas quais são essas forças criadoras? Se o *Livro do Centenário* não está a falar da estética realista, também não trata da "ortodoxia" nem dos "exageros românticos"[51]. A questão tem outro aspecto e principia bem antes, no terreno das artes plásticas, para distinguir procedimentos de artistas como Rembrandt e Rubens, afeitos à *vérité humaine*, em oposição à *idéalité poétique* dos neoclássicos[52]. Em 1835, Planche censurava a

---

50. *Idem*, pp. 51-52.
51. Camargo, *op. cit.*, p. 43.
52. De modo geral o debate sobre os méritos e defeitos da "verdade literal e [...] minuciosa exatidão" da pintura holandesa em oposição às "grandes ideias gerais" da escola neoclássica principia ainda no fim do século XVIII (Watt, 1996, pp. 12 e 18, e Ousby, 1988, p. 777).

bourgeoisie délibérée de Rembrandt, em cuja pintura faltaria o *idéal poétique* associado aos mestres italianos e franceses. No mesmo ano Frédéric Mercey, depois de lamentar o "naturalismo" de Rembrandt e Rubens, ataca a escola de pintores holandeses e flamengos como um todo. Ele lembra que Luís XIV, ao ser mimoseado com um quadro de um artista holandês, exigiu que lhe tirassem aquela "monstruosidade" da frente dos olhos. Mercey aprova o desdém régio pelo que chama de "tendências vulgares da arte flamenga", e comenta que somente "um povo formado por burgueses e comerciantes enricados pode encontrar beleza nas representações exatas de uma natureza trivial e grosseira que deviam antes chocar o gosto delicado"[53].

Pode parecer estranho que uma revista vitupere contra a falta de refinamento de uma classe com a qual em tese deveria ajustar-se. Mas essa aliança se dá de fato pela via do liberalismo econômico, que estimula a riqueza material, não propriamente no campo da ordem democrata ou das ideias artísticas. Nesse quesito, os críticos de arte parecem responder ao conservadorismo político da burguesia com as armas do conservadorismo estético. Para os colaboradores da *Revue*, os *nouveaux riches* apenas queriam o espelho onde pudessem mirar-se. Careceriam de cultivo, refinamento e familiaridade com o belo; não haviam se aprimorado na tradição artística que remonta aos mestres italianos dos séculos XV e XVI, como Rafael, Da Vinci e Ticiano, passando pelos pintores franceses dos setecentos como Poussin; de modo análogo nada sabiam nem de Molière nem de Racine. O quadro direto e sem rebuço, a cena simples, o divertimento imediato eram mais próximos do que podiam compreender e apreciar sem culpa. Convém refletir no aspecto pedagógico da questão: os burgueses da *Revue* queriam educar

---

53. Como dissemos, essas opiniões mudam com o tempo e de critico a crítico. Anos depois, F. Landoy, em um artigo chamado "Les Arts en Belgique", chamaria Rembrandt de idealista ("Rembrandt idealiza e interpreta livremente a natureza"), em oposição ao pintor belga van Schendel (Du Val, *op. cit.*, pp. 63-64).

a burguesia (pelo menos, a alta burguesia) nos moldes do idealismo do século anterior.

Nesse sentido, em 1837, Gustave Planche, ao acusar Alexandre Dumas *père* de crença na "imitação ou, melhor, a reprodução da natureza" como "finalidade suprema da poesia", já lamentava a popularidade do "realismo de hoje". E dois anos antes, ele dizia: "se podemos dizer que a realidade não só é como deve ser o ponto de partida do escultor, do pintor e do poeta [...] não é verdade, como amiúde repetimos, que a realidade contenha toda a beleza; tampouco é verdade que um grande número de coisas reais, literalmente observadas e reproduzidas consigam, ao serem adicionadas, produzir a beleza". A descrição material deveria ser o ponto de partida e não de chegada da obra, tanto segundo Planche como o poeta Auguste Barbier, que afirmou que o artista não deve ser "um espelho implacável e inanimado, mas um espelho inteligente e cheio de vida, que burila e repara segundo o ideal celeste os reflexos mais característicos, corrigindo-os com fidelidade"[54].

Gustave Planche, aliás, talvez tenha sido a primeira pessoa a fazer referência a uma suposta "escola realista", num artigo de 1837, em que analisa, justamente, a poesia de Barbier para a série "Poetas e romancistas modernos na França". Para o crítico, o retrato de Londres, inserido no longo poema *Lazare*, soa superficial, pois a tristeza da metrópole, a que a peça alude, não estaria nos "tijolos das residências", mas em seus habitantes, vítimas da indústria. Assim, o poeta falha em não atribuir a melancolia londrina ao fenômeno do "apagamento do ser humano", que é "ocupado pela coisa", ou melhor, é reduzido "ao estado de coisa".

Na composição intitulada "Bedlam", sobre um bem conhecido hospício de triste fama, o Hospital of St. Mary of Bethlehem, Barbier teria se saído melhor. Nessa seção, em vez de ater-se à superfície, o poeta pintou "a ideia suscitada pela loucura em vez da loucura em si". "Para a *escola realista*", diz Planche,

---

54. A afirmação de Barbier é de 1837 (Du Val, *op. cit.*, pp. 15-18).

o quadro da instituição "teria dado margem a um exagero sem-fim", que Barbier evitou ao minimizar os "esgares, gritos e movimentos trágicos e burlescos de que Bedlam é testemunha diária". Ao contrário, mergulhando "seu olhar nas profundezas da loucura", mostrou a "origem" desse "enigma terrível" – coisa que "a *escola realista* não teria entrevisto"[55].

A questão, portanto, não está em usar os elementos da realidade, mas em 1. empregá-los como se esta fosse a finalidade única da obra de arte; 2. ocupar-se apenas de suas consequências e não investigar as causas e 3. descrever os dados superficiais da realidade sem que se dê a transformação necessária para que se atinjam os ideais de beleza. A imitação literal dos detalhes físicos, muitas vezes chamada de materialismo, é, para esses críticos, mera reprodução, e não invenção, não criação artística. Essa regra valia tanto para os artistas da pena quanto os do pincel ou do cinzel. Imitar, para a *Revue*, não equivalia a criar.

Outra falha estaria na ausência de discriminação. Os chamados realistas ocupar-se-iam de uma descrição "minuciosa" (adjetivo inúmeras vezes empregado), em que tudo se entabula sem que haja a interferência de uma escolha judiciosa. Charles de Mazade, em 1853, explica que a arte "não consiste exclusivamente em observar, mas em escolher, em combinar e em fazer de uma ficção a imagem ideal da realidade"[56]. Naquele ano, já se podia falar mais propriamente de uma escola realista, que, para os colaboradores do periódico, instituiu-se de forma mais ou menos definitiva a partir do final da década de 1840,

---

55. Apesar de Planche reportar-se a uma escola realista, é preciso entender, porém, que no contexto não se referia a um movimento instituído, mas a características mais gerais de imitação literal que ele enxergava, por exemplo, em Dumas ("Defender o realismo na arte é desconhecer a própria causa da admiração conquistada pelas belas obras"), a seu modo seguindo H. Fortoul, que, em 1834, na mesma *Revue*, acusou Victor Hugo de exercer influência danosa sobre outros romancistas com seu "realismo exagerado" (*idem*, pp. 15 e 16, com grifos meus, e http://gallica.bnf.fr/ark:/12148/bpt6k868604.image.langFR.f55).
56. *Idem*, p. 21.

com os quadros de Gustave Coubert e os textos de Champfleury. Não admira que o divisor de águas tenha sido a Revolução de 1848 – temida por aqueles que, como os orleanistas e os representantes da *Revue*, desconfiavam da democracia, tanto no campo político quanto no artístico[57].

No entender de Mazade, a seleção e a combinação seriam outras instâncias que determinariam a diferença entre uma imitação crua e a criação ideal. A beleza, segundo este e outros críticos, estaria ligada mais à emoção e ao intelecto do que aos sentidos. Os resenhistas, portanto, não são contra a observação da realidade, mas contra a descrição "materialista" *per se*, contra a ênfase na pintura dos aspectos materiais em detrimento das qualidades intelectuais e espirituais do quadro. Nesse sentido é que criticam Balzac, que consideram precursor dos realistas. Segundo Eugène Poitou (1856), o autor de *Le Père Goriot* "inaugurou o caminho do realismo, pois a peculiaridade do realismo é precisamente negligenciar o pensamento, o sentimento, a alma das coisas, para ater-se apenas à forma, à aparência, ao envelope material"[58].

Para os críticos da *Revue*, Flaubert seria um epígono de Balzac em sua predileção pela exposição direta e exaustiva dos aspectos exteriores da realidade, mas teria dado um passo, ou dois, além do mestre. O "*écrivain* de Rouen" é criticado, como muitos outros, por sua impessoalidade, sua "frieza". Ao romancista não interessariam as questões morais do quadro retratado, nem os padecimentos e as alegrias de seus caracteres. Ele almejaria, sim-

---

57. Para L. Rosenthal, em *Du Romantisme au Realisme* (1914), o termo "realismo" começou a ser empregado, de maneira mais acertada, a partir de 1844, a propósito das pinturas dos irmãos Leleux, Adolphe e Armande. Rosenthal cita uma frase sobre o *Salon* escrita por Théophile Gautier, para a *Presse*, em março de 1844. No entanto, vimos que, dez anos antes, a terminologia já vinha sendo utilizada pelos sequazes da *Revue* (*Idem*, p. 62). Outra consequência da Revolução de 1848 foi a estratégia implantada por Buloz, que, em face da instabilidade interna na França, passou a investir mais no mercado internacional. A manobra deu certo. As décadas de 1850 e de 1860 foram das mais lucrativas para a revista (Camargo, *op. cit.*, pp. 47-50).
58. Du Val, *op. cit.*, p. 28.

plesmente, retratar o caso, sem que, sobre ele, emitisse qualquer opinião ou expressasse qualquer compaixão.

Haveria, nessa atitude, igualmente uma falha de ordem moral. Para René Taillandier (1863), por exemplo, a imoralidade de *Madame Bovary* não reside numa cena específica, mas no método, na "arte egoísta" do autor, que descreve tudo, o bem e o mal, "com uma impassibilidade de gelo; ele mantém-se sistematicamente fora de sua obra [...] O principal temor desses grandes artistas é conservar algo de humano. Eis a imoralidade"[59]. Quatro anos antes, Montégut também criticara a distância mantida pelo autor em relação às questões morais: "Ele copia os fenômenos da vida e parece não ter nenhuma opinião pessoal sobre a vida"[60].

A impessoalidade de Flaubert acabou associada ao culto da forma, tanto no sentido mais comum, de deter-se no invólucro das coisas, como no mais específico, do culto da "arte pela arte". Se ao escritor nada interessaria senão a descrição impessoal da realidade – nada lhe valeria; nem o pensamento, nem o sentimento, nem qualquer coisa que pudesse vibrar dentro do homem, nenhuma fagulha moral, enfim – então, por essa lógica, a aparência e a forma eram o que lhe restava como objetivo de trabalho. Esse raciocínio correspondia não só a um escritor como Théophile Gautier, a quem se atribuía certo esteticismo verbal, ou a Flaubert, obsedado pela tarefa de representar o real

---

59. *Idem*, p. 94.
60. *Idem*, p. 122. É curioso como Balzac aborda a dicotomia por outra via. Em *As Ilusões Perdidas*, não se fala de realismo (a história, inclusive, trancorre nos anos 1820), mas do "romance moderno", que se basearia na imagem, no diálogo, na descrição e no drama, em oposição ao "grande estilo compacto", de feitio clássico, do século XVIII, de Sterne, de Voltaire e de Diderot; ou seja, o "classicismo imperial" de que fala a *Revue*. O primeiro substituiria o sentimento pelos acontecimentos, e aboliria as ideias, das quais teriam se valido, em suas composições, os liberais napoleônicos. A perspectiva de Balzac é irônica, pois o arrazoado é defendido pelo finório jornalista Lousteau para mostrar ao herói Luciano como ele poderia vergastar uma peça moderna, transformando "as belezas em defeitos", inclusive começando por um elogio ao autor que seria criticado. Sem ser frontalmente dirigido a ela, a passagem serve, todavia, como resposta indireta aos ataques da revista (Balzac, 1978, pp. 197-198).

da maneira mais perfeitamente fiel possível, mas ainda, curiosamente, a todos os realistas. O culto da forma era associado à descrição minuciosa dos detalhes físicos; o realismo seria, então, resume Charles de Mazade, em 1851, "nada mais do que a velha teoria da arte pela arte complicada por um gosto inquietante pelo espetáculo vulgar da vida"[61].

Talvez soe esquisito que a tese da *art pour l'art*, surgida entre os românticos, esteja aqui associada ao método realista. Em que pese o comentário de Hauser de que a questão representa o "mais complexo problema em todo o campo da estética"[62], algumas considerações devem ser feitas. Se de fato a *art pour l'art* surgiu no círculo boêmio romântico de autores como Théophile Gautier e Gerard de Nerval como uma reação radical e uma fuga à ordem burguesa, visando à emancipação da arte em face do lugar comum e da realidade mesquinha em que a classe média mergulhava, tal concepção mudou de aspecto no correr dos anos, chegando a tornar-se sinônimo de técnica vazia, estetizante, alheada tanto da realidade quanto das questões políticas e sociais da sua época – um alheamento evidentemente nada apolítico e que se aproxima de uma atitude de acomodamento burguês. Houve, assim, um giro completo entre o uso da *art pour l'art* como instrumento na luta pela liberdade da arte e o seu emprego num jogo sem sentido de acomodação estética.

Não nos parece que Mazade esteja referindo-se a esta última acepção da doutrina, que na verdade viria a vingar pouco depois, em certos círculos parnasianos (a primeira coletânea do *Le Parnasse Contemporain* é de 1866). A expressão "velha" teoria, empregada pelo crítico, permite-nos dizer que se trata, portanto, dos primórdios combativos da arte pela arte, do "último cenáculo romântico" da rua Doyenée[63]. Flaubert, a quem a imputação é diri-

---

61. *Idem*, p. 30.
62. Hauser, *op. cit.*, p. 747.
63. Hauser, *op. cit.*,, p. 692. Na época em que Mazade escreveu seu vitupério fazia sucesso a obra de Henry Murger, *Scènes de la Vie de Bohème*, em que o

gida, não só abomina a ordem tacanha da vida burguesa que retrata em *Madame Bovary* e *A Educação Sentimental*, como também, ao praticar uma ficção ancorada em um método rígido e extremo apuro técnico, estaria buscando uma emancipação artística à maneira dos antigos românticos da *l'art pour l'art*. O distanciamento e a impassibilidade de sua "arte egoísta" sugeririam um virar de costas às grandes paixões humanas, aos dilemas morais (para ele, é a exatidão do livro, a representação correta do objeto, a palavra justa que permitem ao leitor derivar a apropriada moralidade[64]) que os primazes do idealismo preconizavam – e, por conseguinte, encontrariam eco no menosprezo antibuguês de Nerval e de Gautier. A nos valermos das observações de James sobre suas visitas a Flaubert, o colega romancista era de fato admirador do autor de *Émaux et Camées*, que reputava superior a Musset (por ser melancolicamente "mais francês") e cujos poemas fez questão de ler, de maneira lenta e compassada, ao americano[65].

> autor descreve vários dos hábitos e ideias dos artistas boêmios, com seu discurso de menosprezo ao dinheiro e à burguesia (a que pertencem e cuja proteção ironicamente buscam no fim) e de exaltação exclusiva da obra de arte. Strether, em *Os Embaixadores*, associa o universo descrito por Mürger ao princípio da estada de Chad em Paris, quando o moço estivera no Quartier Latin. "De repente, tornou-se-lhe evidente que no princípio acalentara, por uns poucos dias, uma visão quase invejosa acerca da romântica situação daquele rapaz. Em casa dispunha do melancólico Murger, o Murger de Francine, de Musette e de Rodolphe, em companhia de um dos doze – em seu íntimo talvez dois ou três – volumes amarrotados e desencapados que havia na prateleira; e quando Chad escrevera, cinco anos antes, depois de uma estada que já se prolongara por seis meses, expressando sua decisão de apostar na parcimônia e na verdade a imaginação de Strether o acompanhara docemente nessa migração, que conduziria o rapaz, conforme atestavam as confusas informações em Woollett, ao outro lado das pontes, para a montagne Sainte-Geneviève." O folhetim de Murger tornou-se peça em 1849 e foi publicado como livro em 1851. A história inspirou as óperas *La Bohème*, de Giacomo Puccini (1896) e *La Bohème*, de Ruggero Leoncavallo (1897). (James, 2010, pp. 111-112).

64. Veja, neste sentido, a correspondência do autor com George Sand no material coligido por Samuel Titan Jr. e Milton Hatoum para a edição brasileira dos *Três Contos* (Flaubert, 2004, p. 130).
65. Edel, *op. cit.*, p. 187. "J'aime à vous voir en vos cadres ovales / Portraits jaunis des belles du vieux temps": eis dois dos versos declamados por Flaubert, no relato de James.

Outro aspecto condenado aos realistas é sua predileção por retratar o baixo extrato social, o que aparentemente é contraditório com a outra censura que também lhes fazem, de não selecionarem seu material; na verdade, muitos o selecionam, mas na direção contrária ao bom gosto preconizado pela *Revue*. Trata-se, nada obstante, de uma mesma lógica. Se todos os aspectos da realidade devem ser retratados, até mesmo os que antes eram vistos como não artísticos, então os realistas se voltam para esse lado negligenciado, já que ele seria tão passível de imitação como qualquer outro.

O *bas-fond*, o *demi-monde*, o universo da pequena burguesia e dos operários, dos pobres e dos camponeses, das prostitutas e dos criminosos: nada deve ficar longe das lentes dos artistas. É claro que a *Revue* condena essa escolha particular. A descrição da miséria e da pobreza, seja no campo, seja nas cidades, dos assuntos tidos como triviais e vulgares, era considerada incompatível com o ideal de beleza. Essa busca pelo traço grosso, o "desejo curioso de estudar os malefícios e os vícios" (P. Rollet, 1851), feria as aspirações mais nobres e elevadas dos críticos da publicação.

Pouco a pouco, entretanto, conforme sugerimos, o realismo passou a ser visto de um modo mais brando por esses resenhistas. Mesmo os colaboradores que antes deblateravam contra a escola agora já podiam vislumbrar alguns de seus pontos positivos. É certo que, mesmo antes, muitas críticas já vinham atenuadas pela fórmula posteriormente empregada por Saint-René Taillandier: "não é o pintor que deve culpar, mas o sistema"[66]. Ou seja, o escritor podia ter talento, mas suas habilidades teriam sido cooptadas pela doutrina maléfica do realismo.

Nem tudo preconizado pela escola, então, era desprezível e, com o tempo, muitos críticos começaram a defender uma vertente mais branda do realismo, uma espécie de mistura da nova com a velha concepção. Os críticos de teatro, como Émile

---

66. Du Val, *op. cit.*, p. 31.

Montégut, foram uns dos primeiros a preconizar uma aliança entre o ideal e o real. Ao examinar uma peça de Émile Augier, *Beau Marriage*, de 1859, ele diz: "M. Augier é talvez o único autor em cuja obra a natureza alcança um equilíbrio razoável com a arte". No ano seguinte, o crítico congratula o dramaturgo pela associação bem-sucedida entre idealismo e realismo. Ele contempla o futuro do drama num "certo *ecletismo*, uma certa tentativa de conciliação e de fusão dos diversos sistemas que reinaram exclusivamente, cada qual em seu turno"[67].

Mesmo Gustave Planche, um dos mais ferrenhos opositores do realismo, disse, em 1857, ter ouvido "de quem conhece bem o autor" de *Les Scènes de la Vie de Bohème* que na narrativa "a memória exerce um papel mais importante do que a imaginação, que quase nada é inventado [...] *a recordação fielmente transcrita, a recordação viva e colorida funciona bem melhor que a invenção mal-apanhada*". Em 1863, E. Chesnau, um dos mais novos colaboradores, declara que o realismo na pintura seria uma característica essencial e natural da arte francesa, em oposição à escola dos mestres italianos, que, ao contrário, teria exercido na França um efeito daninho. Chesnau também defende os benefícios de uma escola eclética, em que a "vitalidade do realismo francês só se revela mediante a combinação com o ideal [...] Devemos invocar essa aliança em nome das tendências imorredouras do gênio francês"[68].

* * *

Na mesma época em que Montégut e Chesnau passaram a preconizar o futuro de uma escola eclética, Henry James e Machado de Assis começavam a escrever suas resenhas jornalísticas. James estreou em 1864 nas páginas da *North American Review*, cujo editor, Charles Eliot Norton, tornar-se-ia seu ami-

---

67. *Idem*, p. 126 (grifo meu).
68. *Idem*, pp. 141-144 (grifo meu).

go[69]. Machado encetou sua contribuição para a imprensa um pouco mais cedo, no fim da década de 1850. Seu texto, com título ambicioso, "O passado, o presente e o futuro da literatura", saiu em *A Marmota*, em abril de 1858; "Ideias sobre o Teatro", entre setembro e dezembro de 1859, em *O Espelho*; enquanto sua crítica sobre o drama de José de Alencar, *Mãe*, veio à luz na *Revista Dramática* de 29 de março de 1860[70]. O romancista, após alguma atividade nos anos 1870, mais ou menos encerrou sua atividade como crítico na década seguinte, com exceção de um e outro prefácio ou panegírico, como o que escreveu por ocasião da morte de Eduardo Prado. James, como sabemos, manteve a ocupação durante toda a carreira.

Se o leitor se detiver na primeira resenha deste último, crítica a uma coletânea de estudos do inglês Nassau W. Senior, intitulada *Essays on Fiction*, com o fito de cotejá-la com a discussão dos sectários da *Revue*, sem dúvida ficará decepcionado. Após rapidamente descartar a obra de Nassau como extemporânea, rasa e desnecessária, James passa a examinar os autores enfocados pelo crítico, já falecido na época. De fato, além de um breve parágrafo sobre Thackeray e outro ainda mais curto sobre Harriet Beecher Stowe, quase toda resenha é dedicada a Walter Scott. Em princípio, pode parecer promissor, pois se trata de um autor romântico, mais porventura afeito aos ditames da revista parisiense, mas James não perde tempo com destacar os méritos da escola nem de contrapô-la aos escritores contemporâneos, os quais ele de modo geral aliás elogia ao dizer que "nossa engenhosidade moderna produz prodígios com que o grande Bruxo nem sonharia"[71].

O Bruxo, claro, é Scott, que James considera "o primeiro contador de histórias da Inglaterra". Depois, matiza a afirmação

---

69. James mantém longa correspondência com a irmã de Norton, Grace (James, 1984, vol. 1, p. 1417).
70. No ano de 1866 foi especialmente farta a contribuição para a *Revista* (cf. Machado de Assis, *op. cit.*, vol. 3).
71. James, 1984, p. 1197.

dizendo que há uma ou duas exceções, mas estas não são nem Fielding nem Richardson, nem Smollett. Na opinião de James, esses escritores são moralistas ou pregadores; no seio de sua produção oculta-se "uma *raison d'être* didática". *Tom Jones*, a despeito de toda sua movimentação, por exemplo, seria "como um vasto episódio num sermão conduzido por um pároco fantasticamente pândego"[72]. Ou seja, James em princípio parece não se importar com a questão moral, com os fundamentos éticos, sobre a qual os colaboradores da *Revue* depositam tanto peso. Seu ponto de vista parece até contrapor-se a algumas das resenhas da publicação, que rejeitam a "impessoalidade" de Flaubert e demandam um investimento autoral maior em prol quer da história, quer dos caracteres, quer do ensinamento moral.

A atitude de James lembra muito mais a de Hippolyte Taine, que também na *Revue*, nos anos de corte mais moderado, louvou Balzac em detrimento a Thackeray; este último comparado a um "pregador". A metáfora eclesiástica igualmente empregada por James seria mera coincidência? Embora o americano saliente a importância da invenção e da imaginação na obra de Scott, o que do autor de *Waverley* lhe interessa são apenas seus dotes como contador de história, sua capacidade de ser isento e "simplesmente divertir o leitor". Além disso, James louva a capacidade de Scott de criar personagens verossímeis: "Nenhum retrato desde Shakespeare havia sido tão verdadeiro"[73].

Em comparação, nos artigos de Machado, escritos nas décadas de 1860 e 1870, encontram-se semelhanças muito mais flagrantes com o espírito da *Revue*. Seu ensaio de 1879, "A Nova Geração", lamenta as ciências modernas, "que despovoaram o céu dos rapazes", proporcionando-lhes um otimismo, um entusiasmo, um sentimento geral que se inclina à "apoteose". Machado vergasta o realismo (lembra que Baudelaire rejeita o cognome realista, *cette grossière épithète*), dizendo tratar-se

---

72. *Idem*, p. 1202.
73. *Idem, ibidem*.

da "negação mesma do espírito da arte". Também censura o positivismo e o socialismo, sem abraçar contudo o romantismo "transformado numa fórmula vã" e o idealismo metafísico, que equivaleria aos "sonhos de um histérico"[74].

Mas as resenhas que mais se amoldam à natureza da revista são as duas que tratam de *O Primo Basílio*, de Eça de Queirós, publicadas em 16 e 30 de abril de 1878, em *O Cruzeiro*. Tomadas em conjunto, não destoariam das páginas da *Revue*, caso ali figurassem. De início, numa tática comum aos críticos da publicação parisiense, Machado não esquece de louvar o talento do escritor examinado. Embora ele diga que se trate de "repelir a doutrina, não o talento"[75], o problema reside sobretudo no fato de o português ser um "fiel e aspérrimo discípulo"[76] do realismo; afirmação que parece igualmente adequada às críticas da revista que não censuram a escola, mas seus supostos excessos. Eça não é apenas um seguidor, mas um prosélito *aspérrimo*; ou, como Machado explicitaria em seguida, o romancista não quer ser um "realista mitigado, mas intenso e completo". Em *O Crime do Padre Amaro*, por exemplo, "o escuso e o torpe eram tratados com exação de inventário". Criticando a mesma ideia de inventariação, Saint-René Taillandier havia dito, sobre *Salambô*, em 1863, "é um relatório oficial, um trabalho de estatística"[77].

Em "A Nova Geração", Machado não fala de estatística, mas lembrou-se de Taine, que havia afirmado que "se a exata cópia das coisas fosse o fim da arte, o melhor romance ou o melhor drama seria a reprodução taquigráfica de um processo judicial"[78]. Émile Montégut fez um comentário conforme ao fa-

---

74. Machado de Assis, *op. cit.*, vol. 3, pp. 809-813.
75. *Idem*, p. 836. Se Taillandier dissera que "o culpado não é o pintor, mas o sistema", Sainte-Beuve depois aproveitaria para afirmar que "o talento pode embrenhar-se num mau sistema".
76. *Idem, op. cit.*, p. 903.
77. Du Val, *op. cit.*, p. 31.
78. Machado de Assis, *op. cit.*, p. 813.

lar de Alexandre Dumas filho em 1858: "Ele possui um instrumento óptico e um instrumento acústico que dirige ao mundo parisiense; e ele vê, ouve e escreve. Em uma palavra, Dumas é aquilo que chamamos hoje de um realista"[79]. A descrição minuciosa, exaustiva, sobretudo dos detalhes menos agradáveis, associada aos modernos meios mecânicos sugeridos por Montégut, é combatida tanto pela *Revue* quanto por Machado, que reclama da fidelidade do autor "que não esquece nada, e não oculta nada".

A crítica de Machado ao procedimento da cópia, da reprodução pura e simples, parece ser algo que lhe estava bem assentado, pois, treze anos antes, numa resenha ao livro de Joaquim Manuel de Macedo, *Culto ao Dever*, o autor já observava que "se a missão do romancista fosse copiar os fatos tais quais eles se dão na vida, a arte era uma coisa inútil; a memória substituiria a imaginação". Falava da declaração do "Sr. Dr. Macedo" de que este romance se baseava em um "fato real" e, que por isso, o autor talvez pudesse alegar a impossibilidade de mudar os acontecimentos tais como eles teriam ocorrido, a fim de produzir "um grande quadro e preparar um drama vivo". No entanto, diz Machado, "a simples narrração de um fato não constiui um romance, fará quando muito uma *gazetilha*; é a mão do poeta que levanta os acontecimentos da vida e os transfigura com a varinha mágica da arte." Pois à crítica interessa menos o caráter dos indivíduos X e Y da realidade do que o caráter "das personagens pintadas pelo poeta", não tanto os sentimentos das pessoas, mas a "habilidade do escritor". O autor, portanto, poderia, sim, sem alterar os fatos, fazer obra de artista, "criar em vez de repetir"[80].

Após a publicação da primeira crítica a *O Primo Basílio*, um leitor lhe escreve dizendo que todas as verdades se dizem, ao que o escritor responde que "se todas as verdades se dizem,

---

79. Du Val, *op. cit.*, p. 120.
80. Machado de Assis, *op. cit.*, pp. 843-845 (o grifo é do autor).

por que excluir algumas?" – comentário que lembra a fórmula que Planche cunhou ao analisar o *Salon* de 1857: "querer mostrar tudo é não mostrar nada com proveito". Para os idealistas da revista, a discriminação nunca deve ser deixada de lado, sob o risco de pôr a perder toda a obra. Segundo Prosper Mérimée (1857), por exemplo, "saber escolher o que, na natureza, deve ser imitado é seguramente a grande questão da arte"[81].

Além disso, como preconizavam os críticos da *Revue*, a apuração dos detalhes físicos deve ser apenas um passo, e um passo inicial da obra artística. Em "O Instinto de Nacionalidade" (1873), Machado aprova o recurso da descrição, mas aponta que ele tem efeito tão somente mediano ("como dizem os mestres"), se o autor não dispuser de outras qualidades. Para o escritor carioca, reside na "análise das paixões e dos caracteres" a parte mais difícil e "superior" do trabalho do artista, que dele exige "dotes não vulgares de observação"[82]. A mesma falha é vista por Louandre em Balzac (1842), que, em vez de "observar os homens ou de analisar os sentimentos", "pinta os hábitos, as casas, os pátios..."[83]

Assim, a observação *per se* não é criticada, mas apenas aquela voltada exclusivamente para a sensação física, externa, não para as dores e paixões internas. Charles de Mazade dizia algo semelhante na *Revue*, acerca de *Madame Bovary*, em 1857: "O autor tem certo dom de observação vigoroso e acerbo; mas ele toma os objetos como que pelo exterior, sem lhes penetrar as profundezas da vida moral"[84]. Para Machado, esse tipo de descrição exclusiva dos aspectos externos incorreria na substituição do "principal pelo acessório, a ação transplantada

---

81. Du Val, *op. cit.*, p. 32.
82. Machado de Assis, *op. cit.*, p. 805. O romance seria, para Machado "o estudo das paixões humanas" aliado aos "toques delicados e originais da poesia"; só assim se faz com que uma "obra de imaginação" chegue "inalteável e pura, aos olhos severos da posteridade" (*idem*, p. 847).
83. Du Val, *op.cit.*, p. 85.
84. *Idem*, p. 93.

dos caracteres e dos sentimentos para o incidente, para o fortuito", o que configuraria "contrário às leis da arte"[85].

A observação apenas da materialidade superficial e a ênfase nos acidentes equivaleriam à criação de caracteres apáticos, como seria o caso de Luísa, de *O Primo Basílio*. Machado investe contra a personagem de Eça, porque julga que ela é desprovida de fibra moral. Tratar-se-ia de mero títere, não uma pessoa; feito apenas de "nervos e músculos" e nada mais. A afirmação ecoa a de Taillandier (1863), acerca de, mais uma vez, *Madame Bovary*, que não constituiria "psicologia, mas fisiologia"[86]. A reclamação de Machado reside no fato de que Luísa agiria apenas forçada pelas circunstâncias; se não houvesse circunstâncias, não haveria nada, internamente pelo menos, capaz de movê-la. A índole da personagem seria demasiado amorfa para contribuir com qualquer desenvolvimento senão quando provocada por fatos absolutamente alheios à sua vontade (vontade que, a julgarmos pelo parecer do Bruxo do Cosme Velho, aliás, quase inexistiria). Se não fosse o azar de as cartas comprometedoras terem caído nas mãos de Juliana, a mulher de Jorge teria voltado, doce e apática, após o adultério desprovido de sentido, aos braços do marido. O extravio das epístolas é um truque do enredo, como o lenço de Desdêmona, mas, na peça de Shakespeare, entrariam no cômputo as paixões, a "situação moral dos personagens", elementos que têm importância efetiva no drama de Otelo. Já a história de Luísa, de Jorge e de Basílio, segundo Machado, sem as cartas nem a atuação de Juliana, terminaria ali.

A ênfase na construção dos personagens combina com as teorias desenvolvidas posteriormente por James, as quais se encontram em germe no seu comentário inicial de que os personagens de Walter Scott são semelhantes à vida. Com efeito, o americano vai além, encampando a teoria de Turgueniev sobre a criação literária. Para o realista russo, a produção da obra

---

85. Machado de Assis, *op. cit.*, vol. 3, p. 910.
86. Du Val, *op.cit.*, p. 94.

ficcional derivaria dos personagens, que ele via como *disponibles*. Turgueniev os imaginava por completo, concebia todos os aspectos de seu caráter, e só então começava a refletir sobre a história: qual seria a situação mais interessante em que essa figura podia estar envolvida, como ele ou ela reagiria diante de determinado conjunto de circunstâncias projetado pelo acaso, como sua perspectiva podia iluminar certo quadro de vida e, principalmente, como cada novo desenvolvimento os revelaria aos olhos do leitor.

O russo partia então para "imaginar, inventar e selecionar, para juntar as situações mais úteis e favoráveis à natureza dessas criaturas, as complicações que elas mais provavelmente produziriam e sentiriam". Segundo James, se o autor de *Rudin* chegasse a isso, chegaria à sua história: "Se as observo o bastante, vejo-as unir-se, vejo-as situadas, vejo-as ocupadas neste ou naquele ato, e com essa ou aquela dificuldade"[87]. James diz ter dado com o enredo de *Retrato de uma Senhora* de modo análogo ao do colega russo, tendo primeiramente concebido a figura de Isabel Archer para depois depositá-la no quadro cênico mais adequado e, então, deduzir o desenvolvimento possível.

Em princípio, o método pode parecer semelhante ao procedimento naturalista, que requeria que se observasse um indivíduo ou, principalmente, um grupo deles, exposto às influências do meio e das circunstâncias. A diferença, claro, reside no fato de que a criação não parte dos fatos, digamos, externos às personagens, ou mesmo da influência que eles exerceriam sobre essas criaturas, mas das próprias personagens, daquilo que lhes é intrínseco, seus pensamentos, paixões, dores, sonhos etc. As situações existem para revelá-las e para serem reveladas por elas, não para movê-las nem para dar movimentação ao enredo. Ao contrário das cartas de *O Primo Basílio*, que determinam o desenvolvimento da trama, o lenço de Desdêmona, assim como a fortuna inesperada de Isabel Archer ou o flagrante campestre de Lambert

---

87. James, 2003, pp. 157-158.

Strether, posto que igualmente contingentes, são secundários: a história seguiria seu curso (naturalmente por outras veredas) com ou sem eles. No caso da aventura pastoral de Strether, veremos no capítulo seguinte como as circunstâncias, ainda que supostamente fortuidas, engenham-se de modo bem diferente.

Há outras opiniões dos críticos da *Revue* que aparentemente se casam com as do autor de *Os Embaixadores*. Gustave Planche, por exemplo, desabona os artistas do século XIX, que se esforçariam por reproduzir com o pincel ou com o cinzel "o modelo real e completo, em vez de exprimir a impressão recebida, o único objetivo a que a arte deve propor-se"[88]. James valoriza essas primeiras impressões, esses "sopros de vida" (segundo Turgueniev), essas sombras de sombra, os fugazes vislumbres ou os "mais ínfimos fragmentos" de vida recuperados "em sua melhor forma". No prefácio a "Os Papéis de Aspern", ele menciona uma regra da ficção, que faria com que "o mínimo de uma sugestão válida sirva a um homem de imaginação mais que o máximo". O ficcionista não agiria como o historiador, que demanda sempre mais documentos do que é capaz de obter: novos grãos, no reino da narrativa, ameaçam estragar a "preciosa pitada"[89]. A mente do artista se assemelharia a uma delgada teia suspensa, a apanhar qualquer partícula de poeira. Mas é a partir dessa sugestão capturada que o artista constrói toda sua fábula.

Alguns anos depois, o mesmo Planche tornaria à carga ao dizer que o que interessa, numa obra artística, é a realidade modificada pela imaginação do poeta; o que prende o espírito não é o que se vê no quadro descrito, mas o que está oculto: "O que admiramos sobretudo nos homens não é o caráter que nos apresentam, mas o que nos deixam adivinhar". A história não deve descrever tudo, todo o bem e todo o mal, por assim dizer, mas deixar ao público a prerrogativa de distinguir o anjo ou o demô-

---

88. Du Val, *op. cit.*, p. 66. O comentário é de 1855.
89. James, 2003, pp. 222-232.

nio "oculto sob a máscara humana"[90]. Outros colaboradores da revista repetem a regra de que a *ilusão* da realidade, a *impressão* da beleza, deve ser a verdadeira meta de uma obra de arte[91]. Ou seja, o mínimo, a sugestão, o não-dito, o oculto, a interpretação artística da realidade são meios muito mais eficazes para proporcionar um quadro da vida do que a mera cópia da realidade. São julgamentos caros a James, que fala da importância de "adivinhar o não-visto do visto" e que declara que "o *ar* da realidade", não a realidade completa, é "a suprema virtude do romance"[92].

Além disso, a sugestão, por não fornecer a nota completa, exigiria um tipo de leitor mais afeito a buscar as sutilezas, a decifrar o todo a partir do mínimo (o "grão de realidade") – isto é, o leitor inteligente de que falou James tantas vezes em seus prefácios da Edição de Nova York; uma personagem para o autor tão elusiva quanto muitas forjadas por sua lavra. Pois, como observa ele no prefácio a *Retrato de uma Senhora*, a "mera sorte inesperada" de poder contar com a "reflexão e discriminação do leitor" representa justamente o "Paraíso" na arte, ou seja, o lugar "onde o apelo direto para a inteligência possa ser legalizado". James reitera em outros prefácios tanto a necessidade de solicitar essa atenção refinada a seu público, quanto a quase extrema impossibilidade que constitui a tarefa, como no comentário a *The American*, em que afirma que "noventa e nove por cento dos leitores não veem serventia" nas apreciações íntimas da crítica atenta, ou no de *Os Embaixadores*, onde reclama da "medonha escassez de leitores que sequer reconhecerão ou jamais sentirão falta da beleza efetiva"[93].

Embora James nunca tivesse menosprezado a receptividade quer da crítica quer do público em geral (como um autêntico

---

90. Du Val, *op. cit.*, p. 122. O comentário é de 1859.
91. Remetemos, por exemplo, às afirmações de Victor Cousin sobre a obra dramática (*idem*, p. 104).
92. James, 1995, pp. 30-31.
93. *Idem*, 2003, p. 86 (introdução), 143, 169 e 258.

realista ele queria, quando mais não fosse por razões pecuniárias, uma receptividade que também se traduzisse em vendagens expressivas), de certa maneira almejava, como os simbolistas no final do século XIX, criar nos leitores o desejo de algo novo, um novo tipo de apreciação mais refinada, de participação mais ativa, capaz de responder ao procedimento mais nuançado de suas narrativas tardias. Ou seja, como observa Valéry com relação aos poetas simbolistas, "longe de escrever para satisfazer um desejo ou uma necessidade preexistentes", ele escreveria "com a esperança de criar esse desejo e essa necessidade". A proposta da conquista daquele único leitor de "qualidade superior" mencionado por Valéry refletiria, assim, a lembrança daquele um por cento que se esconde em meio aos demais noventa e nove que não enxergam a magia associada ao exame íntimo da matéria artística, de que fala James no prefácio a *The American*. Com efeito, se a exigência de uma "espécie de colaboração ativa dos espíritos" constituía, segundo Valéry, "traço essencial de nosso Simbolismo", essa "novidade"[94] também era bastante familiar a James, justamente por ser uma urgência ligada à ideia geral de uma estética que mais sugere que afirma, mais pontua do que preenche, mais associa do que explica, mais mostra do que descreve.

Por outro lado, James parece não ter especial predileção por censurar detalhes "sórdidos" ou "vulgares" retratados pelos realistas. Quando fala de Flaubert, prefere ressaltar a devoção de escritor de Rouen à questão da forma, da beleza verbal – como Machado, a propósito, quando enfatiza que à crítica interessa a "habilidade" do escritor, em detrimento dos fatos da vida expostos em seu romance. "A seleção (pelo bem do quadro retratado) era a moral suprema de Flaubert", diz[95]. A maioria de seus ataques contra a vulgaridade concentra-se em Émile Zola, para quem o real significaria "exclusivamente o impuro" (1876)

94. Valéry, 1991, p. 66.
95. James, 1984, vol. 2, p. 296.

e cujo *L'Assomoir* era "fenomenalmente desagradável" (embora não pudesse, no todo, ser julgado "enfadonho"). Mesmo aí, entretanto, grande parte das farpas refere-se antes ao tratamento da história: *Une Page d'Amour* seria "fraco e comum", *Nana* careceria de "sabor humano" etc.

Nana e *L'Assomoir* são livros que se ocupam dos elementos impuros da realidade, mas a James não interessa, em princípio, se essa predileção redunda em pretensa indecência ou imoralidade. Sua crítica reside na concepção de que ressaltar apenas o aspecto desagradável do real significa traçar um quadro incompleto, do mesmo modo como retratar apenas o agradável redunda numa necessária redução. O fato de *Nana* conter uma grande quantidade de detalhes sórdidos não implica dizer que abrange igualmente uma grande quantidade de natureza, segundo James:

> A realidade é o objetivo dos esforços de M. Zola, e é porque concordamos com ele que ela deve ser reverenciada em altíssimo grau que protestamos contra o descrédito a que ele a submete. Numa época em que o gosto literário transformou-se, a um ponto lamentável, no vulgar e no insípido, é de suprema importância que não se comprometa o realismo [...] O real não tem maior afinidade com um recipiente impuro do que com um puro, e o sistema de M. Zola, se levado ao extremo, revela tão pouco gosto e tato quanto o que fora conferido pelo mais floreado maneirismo de uma era menos analítica [...] Não se compreende por quê, [...] se o naturalismo é, como defende M. Zola, um método de observação, ele deva ser aplicado sem delicadeza ou tato[96].

---

96. Veja a crítica do escritor a Zola em James, 1984, vol. 2, pp. 857 a 870. George Sand parece criticar o amigo Flaubert na mesma moeda, ao afirmar que os realistas estariam ferindo seu próprio ideal de verdade, ao apresentar apenas um caráter unilateral, parcial, sem nuanças, do mundo. "Quero ver o homem tal como ele é", diz ela. "Ele não é bom ou mau: é bom *e* mau. Mas há algo ainda, a nuança, a nuança que é para mim o objetivo da arte [...] A verdadeira realidade é uma mistura de beleza e feiura, de palidez e luminosidade" (*apud* Todorov, 2009, pp. 86 e 87).

Os ataques de Machado ao vulgar e ao impuro são, nesse sentido, mais diretos do que os de James e mais aparentados aos que foram disparados pela *Revue*, em sua fase mais aguerrida contra o realismo. O brasileiro se incomoda com a realidade resvalada no lodo, com o "traço grosso", a reprodução "fotográfica e servil das coisas mínimas e ignóbeis", com a "obscenidade sistemática", com o "espetáculo dos ardores, exigências e perversões físicas" que ele percebe em páginas como as de Eça de Queirós. Embora defenda a "arte pura" de *O Monge de Cister* e *O Guarani*, quando instado a justificar-se (na segunda resenha), propõe um raciocínio que lembra o de James, mas em negativo. Este último reclama da redução da realidade – a natureza é muito maior do que a pretendida por M. Zola –, enquanto Machado argumenta que mesmo os naturalistas não são capazes de mostrar tudo; eles não esgotam todos os aspectos da realidade: "Há atos íntimos e ínfimos, vícios ocultos, secreções sociais que não podem ser preteridas nessa exposição de todas as coisas. Se são naturais para que escondê-los?"[97]

Como os sequazes da *Revue*, Machado não condena o realismo por completo, mas o realismo completo; ele quer ver seus excessos corrigidos, pois há "alguma coisa no realismo que pode ser colhido em proveito da imaginação e da arte". O crítico não preconiza a volta do romantismo "decadente", mas curiosamente elogia as obras de Herculano, de Garrett e de José de Alencar como exemplares de arte pura. A posição de Machado parece defender, para a "geração vindoura", uma mescla entre essa "arte pura", uma combinação que, entretanto, aproveite o que a nova escola "contiver de aproveitável" – além de insistir, num parêntese, que há coisas aproveitáveis, "quando se não despenha no excessivo, no tedioso, no obsceno, e até no ridículo"[98].

A posição de James é um pouco mais nuançada. O romancista também censura alguns excessos, como vimos, sobretudo os

---

97. Machado de Assis, *op. cit.*, vol. 3, pp. 903-913.
98. *Idem*, pp. 908 e 912.

que se manifestam por meio da descrição exclusiva dos aspectos torpes do quadro da vida. Mas, se o americano defende uma seleção, consoante os mandamentos da *Revue*, ao contrário desta, ele afirma que a discriminação dever ser ao mesmo tempo apropriada e abrangente: "A arte é essencialmente seleção, mas uma seleção cuja característica principal é ser típica, ser inclusiva". Ou seja, o quadro de James parece comportar uma porção muito maior de vida do que o preconizado pela publicação de Buloz. Se, como os críticos do quinzenário parisiense, James demanda um ar de realidade, um senso de realidade, ele em seguida diz ser difícil chegar a "uma receita de como dar existência a esse senso. A humanidade é imensa, e a realidade tem uma miríade de formas; o máximo que se pode afirmar é que algumas flores da ficção têm o odor dela, outras não; já dizer em princípio como o buquê deve ser composto, é outra questão"[99].

Há outros pontos de crítica que aproximam James de Machado. Com relação ao partido que a *Revue* começa a adotar a partir do fim da década de 1850 por um realismo "mitigado", de uma forma artística que se beneficie daquilo que a escola tem de melhor, tanto um escritor quanto outro, talvez menos James do que Machado, mas ambos em boa medida, encampam a tese. Aos dois também incomoda o aspecto "enfadonho" da estética realista – sobretudo a James, que sempre ressalta que a "única obrigação" do romance é ser "interessante"[100]. Pode parecer que a ambos importe a questão moral, mas isso não quer dizer que sejam moralistas nem adeptos do proselitismo. Reparamos, acima, que Machado aproxima obscenidade de insepidez, ou seja, ele junta um elemento moral a um valor estético. Isso quer dizer que, se, como os membros da revista, os dois escritores acreditam que as questões morais são o que há de "interessante" na ficção, é porque esta se sustenta pelo que há dentro do homem, não pelo que existe fora dele. Em especial, o fato de um perso-

---

99. James, 2003, pp. 29, 31 e 38.
100. *Idem*, p. 26.

nagem representar igualmente uma pessoa moral possibilita que o romance não só cative o leitor, mas que também adquira um benefício de forma: a ação se desenrola de modo mais efetivo se a aventura partir dos caracteres e não da força das peripécias, que os transportariam para cá e para lá, como se estes fossem títeres: "Para que Luísa me atraia e me prenda é preciso que as tribulações que a afligem venham dela mesma; seja uma rebelde ou uma arrependida; tenha remorsos ou imprecações; mas, por Deus!, dê-me a sua pessoa moral", insiste Machado[101].

A exaustividade na descrição dos aspectos físicos é combatida tanto por James quanto por Machado, talvez por motivos diversos, mas, no fundo, ambos parecem concordar que essa descrição minuciosa dificulta a leitura do romance, torna-o aborrecido, até mesmo no caso de *L'Assomoir*, que o americano prefere a *Nana*. A vida não é só o que os naturalistas querem que ela seja, defende James; a vida é muito mais do que os naturalistas têm condições para descrever ou mesmo elegem incluir em seu quadro, apregoa Machado.

Com efeito, ambos mostram-se insatisfeitos com os resultados obtidos pela escola. Há uma vontade de ultrapassá-la, de corrigir-lhe os exageros em prol de uma arte que obedeça a uma forma mais correta e eficiente, mais humana, digamos assim, no sentido de expor ao homem o que lhe parece ir na alma. Para Machado e para James – como para Flaubert, segundo James –, interessa a questão da perfeição formal, do respeito às leis poéticas, da procura do *mot juste*[102] – não como fim em si, mas para conseguir expressar aquele sutil e evasivo odor da realidade. Os dois concordam com os críticos da *Revue* que talvez haja a necessidade de certo ecletismo (a defesa da arte pura aperfeiçoada pelas características "aproveitáveis" do realismo) e que não há urgência de mostrar tudo, pois, com efeito, o que não é

---

101. Machado de Assis, *op. cit.*, pp. 906 e 907.
102. "Nem descuido nem artifício: arte", advertiu Machado em "A Nova Geração" (*idem*, pp. 828).

mostrado, o que é apenas sugerido, o que está oculto e não-dito, é o que há de mais interessante.

O que importa não é pintar o anjo ou o demônio, mas proporcionar ao leitor a oportunidade de adivinhar num átimo, debaixo da capa ou máscara, que tipo de pessoa é determinado personagem; e nessa descoberta ou ocultação concentra-se o desenvolvimento da história. Como disse Augusto Meyer, é por trás da máscara que o Outro demoníaco, bicando a casca frágil das aparências, pode, se revelado, sugerir "num relance cousas finas e agudas, ágeis e indiscretas"[103]. Num relance: a sugestão é mais eficaz do que o espetáculo, o interno do que o externo, os caracteres do que os incidentes, o drama do que o inventário, a imaginação do que a descrição.

Tristão de Ataíde, em um artigo sobre a crítica de Machado, publicado originalmente em 1939, chama de "clássica" a arte preconizada nos ensaios do autor do *Memorial*, em uma posição que lembra a ideia de "serenidade olímpica", "o estilo apolíneo" afim aos "antigos gregos", defendida por Samuel Putnam (veja pp. 21-23). Machado buscaria, nesse sentido, um ideal médio, que revogasse excessos de todos os tipos. Devem-se restringir a hipérbole, eloquência ou verbosidade, a busca da sensação crua, o traço grosso, o incidente vulgar ou torpe, a descrição em demasia[104]. De fato, tomado dentro desse conceito de *aurea mediocritas*, James pode igualmente ser visto como "um clássico, um delicado, um casto, um aplicado"[105]. Se, no início, ainda se deixava influenciar por procedimentos realistas, sobretudo à moda de Balzac, detendo-se em longas descrições de cenário e na compo-

---

103. Meyer, *op. cit.*, p. 409.
104. Deve-se imaginar que Machado permaneceu fiel a esse ideário muitos anos depois de ter encerrado sua carreira crítica. No seu panegírico a Eduardo Prado, ele, por exemplo, vê com simpatia o "tom ameno" e o "horror à vulgaridade, ao lugar comum e à declamação" que teriam marcado o estilo do paulista. O texto, como se sabe, foi recolhido ao volume *Relíquias de Casa Velha*, de 1906. (Veja p. 85.)
105. T. Ataíde, "Machado de Assis, o Crítico", em Machado de Assis, *op. cit.*, vol. 3, p. 781.

sição física dos personagens, como revelam seus contos publicados na *Revue*, aos poucos suas obras perdem essa marca de colorido externo. Assim como Machado, James viria a dedicar pouca atenção à descrição física. Ambos concedem ao quadro externo, por exemplo, umas poucas referências e pinceladas, apenas para fixar aquilo que interessa ao drama dos caracteres.

Vimos, no início destas lucubrações, como, após a crise artística decorrente da insurreição de Paris em 1848, deu-se, nas palavras de Schwarz, "o primado do procedimento sobre as opiniões". Em linha argumentativa conforme, Peter Bürger parte das ideias estéticas de Hegel para defender que a primazia formal acompanha a ascensão da sociedade burguesa – no limite, a "luta pela pureza da forma" preconizada por uma concepção idealista da arte sufocaria justamente aquilo com que a arte deve lidar, ou seja, a matéria, quebrando a harmonia, a almejada identidade entre forma e substância.

No que se refere à *Revue*, em particular, e a Machado e James, de modo mais amplo, algumas considerações devem ser feitas. O periódico defende sim uma perspectiva idealista da arte, afeita ao advento da classe burguesa. Sim, é certo que encampava o ideal como meta suprema de uma obra de arte, mas é preciso notar que, pelo menos, no início, censurava a concepção da "arte pela arte", que associava ao conjunto de características da nova escola realista. Ideal, para eles, combinava com retratar o íntimo, o interior dos caracteres, a alma. Os "materialistas", como diversas vezes os realistas eram chamados, ocupavam-se do aspecto externo ao drama, esmeravam-se nos detalhes (vamos esquecer, em princípio, que podiam ser considerados "sórdidos" também), esmiuçavam a paisagem e o revestimento externo dos personagens. Para os paladinos da *Revue*, se não se podia enxergar a alma, a pintura jazia como que oca, mera cópia tecnicamente perfeita, mas sem vida. Assim, muita vez consideravam certo tipo de realismo como "realismo da arte pela arte".

É preciso entender o que, em verdade, a *Revue* defendia como parâmetros da arte ideal, que não se confundem, conforme apontamos, com defesa da arte pela arte, que os críticos da publicação de fato aproximavam do realismo. Se pusermos num polo as características do ideal e, noutro, as do realismo, segundo a revista francesa e, em certa medida, de acordo com a ficção preconizada por James e Machado, teremos:

ARTE DO REALISMO	ARTE DO IDEAL
• imitação literal como ponto de chegada	• imitação literal como ponto de partida
• imitar (finalidade única)	• criar
• compromisso com a exposição escrupulosa dos fatos (esforço mimético)	• compromisso com causar impressão ou gerar emoção no leitor ou espectador (esforço pragmático)
• ênfase nos sentidos	• ênfase na emoção e no intelecto
• descrição exaustiva (o estatístico, o inventário)	• escolher e combinar
• destaque para a representação dos detalhes físicos, externos, materiais (o incidente e o fortuito)	• análise das paixões, dos caracteres, dos sentimentos (as profundezas da vida moral)
• traço grosso (descrição dos vícios, da realidade da baixa extração)	• refinamento estético
• impuro (obsceno, vulgar ou insípido, tedioso)	• puro (interessante)
• descrever tudo (excesso)	• deixar o leitor adivinhar, entrever o que há sob a máscara
• espetáculo	• sugestão (ar)
• arte pela arte	• vida transfigurada pela arte
• impessoalidade	• decisão ou julgamento éticos

Decerto que, nesse quadro geral, as posições de James e de Machado não coincidem exatamente com a série da direita, mas parecem pender, com ligeiros reajustes de item a item, para esse lado. Muitas dessas diretrizes parecem ser compartilhadas tanto pelo brasileiro quanto pelo americano; são ideias que corriam havia muito tempo e continuaram a correr durante muitos anos nas páginas da *Revista dos Dous Mundos*, que liam não apenas senhoras preocupadas em não fazer feio nos eventos sociais, como também pessoas de escol. Como disse Machado na "História de 15 Dias", de 1877 (inspirada na seção do periódico chamada *Chronique de la Quinzaine*?), a revista interessava a "político ou literato, poeta ou gamenho". Afinal, até a cidade de Valença, situada no Vale do Paraíba fluminense, e que, na época, enchia a burra com o dinheiro do café, feito outras da província do Rio de Janeiro, como Vassoura, Nova Friburgo e Cantagalo, possuía em sua biblioteca não uma mera coleção da *Revue*, mas uma coleção inteira anotada pelo político conservador e historiador francês François Guizot, que fez parte do governo de Luís Felipe e colaborou com o periódico parisiense. A nota, afinal, atesta tanto o prestígio da *Revue* quanto, principalmente, o de uma cidade como Valença, por dispor de tão célebres exemplares[106].

Ideologicamente, a *Revue* durante muito tempo pode ser considerada pré-burguesa. A predileção que os *nouveaux riches* tinham pelas pinturas de Coubert ou pelos folhetins de Champfleury evidenciaria apenas sua falta de refinamento estético, a ausência de familiaridade com os clássicos, como Rafael ou Racine – vimos, inclusive, que era essa a explicação dos críticos para o sucesso das obras realistas, ou seja, a nova burguesia se identificava com maior facilidade com aquelas reproduções fiéis da realidade. Nesse sentido, trata-se de um ponto de vista regressivo. O seu ideal é um ideal pré-burguês. Desconfiamos que seja o mesmo tipo de conceito que Mrs. Newsome tinha em

---

106. Veja nota da p. 162.

mente quando investiu seus "dólares cintilantes" no periódico de capa verde que Strether dirigia. Miss Gostrey, para quem a atividade talvez não passasse de mero capricho e desperdício financeiro, pergunta-lhe se se trata do maior passatempo da industrial.

"A *Review*?" Parecia perguntar-se de que modo poderia descrever melhor a gazeta. Mas fez apenas um esboço. "É seu tributo ao ideal."
"Sei. Vocês se interessam por coisas formidáveis."
"Interessamo-nos pelo lado impopular... ou seja, até onde nos atrevemos"[107].

Assim como a *Revue*, o "tributo ao ideal" da *Review* concebida por Mrs. Newsome não se importava de ser impopular, no sentido de desagradar a classe média enriquecida (não se trata aqui, obviamente, do "povo"), ávida por novidades e por manifestações artísticas em que pudesse ver-se retratada do modo mais fiel possível. Há uma boa dose de ironia nesse diálogo entre Miss Gostrey e Strether. O herói vê com ceticismo a defesa do ideal, enquanto Miss Gostrey está mais interessada na grande bolsa mecênica de Mrs. Newsome. Mas há algo no fundo – na defesa dos clássicos, da arte que não seja reprodução mecânica da realidade, na desconfiança em relação à burguesia – que James e Machado poderiam ter assinado em baixo, embora, no todo, eles se alinhassem em primeiro lugar ao "primado do procedimento", à defesa à Flaubert da ficção como uma forma de arte.

Já vimos bastantes vezes o americano defender um tipo de impessoalidade afim ao do autor de *Madame Bovary*, que ele admirava imensamente, mas o fato é que mesmo Machado pode, por via indireta, ser considerado um discípulo do mestre de Rouen. Na visão de Earl Fitz, o brasileiro emprega em sua ficção "narradores/protagonistas cientes de si, mas falhados,

---

107. James, 2010, p. 91.

em grande parte por meio do emprego de autor e leitores subentendidos", alcançando um tipo de objetividade autoral que é "ao mesmo tempo semelhante à Flaubert e um afastamento em relação a ele"[108].

Machado e James nutriram-se no caldo ideológico e estético da *Revue*, mas, como sugere Fitz em relação ao primeiro, acabaram também se afastando dela. Do contrário teriam minguado "aos olhos severos da posteridade" como vários poetas, escritores e artistas estimados pelo periódico. Flaubert (após Balzac e Turgueniev) foi o mestre de James – e quem sabe o quanto poderia ter influenciado Machado –, mas ambos, o brasileiro e o americano, também souberam ir além da técnica impessoal empregada pelo francês. Os dois se viram entre o ideário da *Revue* e o programa da nova escola realista. Não ficaram alheios a nenhum dos corolários; é possível que tenham bebido mais num do que noutro, mas, a seu modo, recalcitrantemente, desenvolveram, na obra madura, estratégias narrativas que, por seu investimento no escamoteio e na dúvida, nas ilações ocultas, nas sugestões, no lusco-fusco de relações que se enredam a um tempo na luz e na sombra, são vistas por muitos como eminentemente modernas.

Grande parte dessa modernidade, como ainda observaremos, reside no modo como rearranjaram a decantada questão hegeliana entre forma e substância, como, ao ocupar-se com o apuro da primeira, lograram entregar à segunda um palco inédito no campo da prosa de ficção. E, por trazer desta última a marca da desconfiança e da melancolia crepuscular dos novos tempos, sugerindo que, sob a capa da normalidade jaziam abismos imponderáveis, fizeram com que essa marca fosse embutida na forma, convocando o leitor para a decifração daquilo que, na arena da expressão, já não vinha tão claro nem tão seguro.

Assim, antes de passarmos – para um exame mais profundo de certos procedimentos técnicos e narrativos – ao exame

---

108. Fitz, *op. cit.*, p. 100.

de cenas de *Os Embaixadores* e do *Memorial*, gostaríamos de propor uma breve reflexão sobre como, de acordo com o que vimos até aqui, a ficção de James e de Machado se distancia da descrição realista e sobre como, ainda que neste distanciamento distinguamos muito do corolário defendido pela *Revue*, ele vai outrossim em uma direção bem diversa dos caminhos abonados pela prestigiada publicação.

3. Entre o Quadro e o Sepulcro: Strether, Aires e o Cerco ao Real

> *In another moment Alice was through the glass, and had jumped lightly down into the Looking-glass room. The very first thing she did was to look whether there was a fire in the fireplace, and she was quite pleased to find that there was a real one, and blazing away as brightly as the one she had left behind.*
>
> Lewis Carroll,
> *Through the Looking-Glass.*

> *O matagal não é o bosque sagrado.*
>
> Theodor Adorno,
> *Minima Moralia.*

Para entendermos melhor a modalidade de realismo engenhada nas obras maduras de Henry James e, assim, percebermos como ela se diferencia da praticada por Balzac ou Flaubert, por exemplo, e sobretudo das páginas da ficção inicial do autor (em que se percebe uma tônica mais próxima aos realistas europeus), precisamos deter-nos alguns instantes num episódio bastante estudado de *Os Embaixadores*, ou seja, o da jornada de Strether pelo campo, ao cabo da qual também acaba descobrindo o embuste armado por Chad e Madame de Vionnet.

Menos do que examinarmos o "flagrante" em si, bem como suas consequências, interessa-nos agora entender como James introduz o quadro da natureza nesta cena, a realidade observada – uma estratégia a partir da qual até mesmo o momento climático da cena parece derivar. Alguns dias após uma conversa com Miss Gostrey, Strether toma o trem para uma estação do interior, "selecionada quase a esmo". Embora o acaso pareça desempenhar, portanto, um papel de destaque no evento, somos obrigados a admitir logo de início, se estivermos bem atentos, que a lógica da cena não se dá pelo sabor da sorte, mas é regulada por outro elemento igualmente vasto, malgrado suas implicações menos fortuitas: a memória[109].

Pois a verdade é que o quadro do "ruralismo francês" em que Strether mergulha é, em primeira instância, um quadro de fato, uma pintura que ele antes só havia observado "pelo vidro oblongo de uma tela". Trata-se de um "pequeno Lambinet" que o herói viu em uma galeria de Boston e, mais do que ver, ensaiou comprar e, mesmo diante da impossibilidade da aquisição, ou quem sabe justamente por causa disso, nunca mais o esqueceu. "Durante uma hora", Strether revirou todos os meios de que dispunha para adquiri-lo. Afinal, como o informaram, o quadro estava sendo negociado pelo valor mais baixo jamais oferecido por um Lambinet – "um preço mediante o qual nunca se sentiu mais pobre por ter de reconhecer, mesmo assim, que estava fora de suas possibilidades". Fora sua única "aventura" de compra de um objeto de arte, o único momento em que talvez tenha sentido que sua vida quase se igualava àquelas a que estava subjugada, isto é, a dos ricos cuja escadaria, conforme pondera ele no fim do romance, a custo era obrigado a galgar. Fora de fato uma aventura modesta, como eram de fato modestos os seus recursos, em comparação; não obstante, aquele Lambinet constituiu o qua-

---

109. Todas as citações feitas neste capítulo à cena referida estão em James, 2010, pp. 493 a 511, a terceira e a quarta partes do décimo primeiro livro do romance.

dro "que *teria* comprado – a criação particular que o fez, por um minuto, vencer sua natureza frugal".

A memória, diz o narrador, era doce, mas não poderia vir senão embalada pela consciência da posição que ele exerce nesta história – posição que o faz sofrer tantos equívocos e atribulações na busca ao herdeiro hesitante – sua condição de subordinação, de emissário e representante daquilo que, em essência, ele não é. Strether não só se mostra muito ciente dessa sua condição, como também costuma reduzir as relações interpessoais a essa pequena convenção, conforme comenta Maria Gostrey no diálogo que antecede o passeio campestre do herói: "O modo como o senhor fala das pessoas, como se fossem regidas por uma lei de submissão!"[110]

Seu estado de emissário de forças econômicas e sociais que o ultrapassam e o dominam (dominando-o por serem maiores que ele?) dão às suas reminiscências, por conseguinte, um tom entre suave e melancólico. Strether nunca o esperou rever, este seu Lambinet, nunca teve esperança de que a "roda do tempo" o trouxesse de volta – tal como o admirara no "espaço marrom-avermelhado, iluminado pela claraboia, do santuário íntimo da Tremont Street". Mas topar com o quadro de novo era uma coisa; sendo outra bem diferente ver tudo aquilo restituído a seus elementos originais, ou seja, à natureza. Era isso, portanto, o que estava ocorrendo. O espaço do quadro rememorado voltava ao cenário original que Strether tinha enfim a oportunidade de observar. Só que, nessa "restituição", as demais circunstâncias de outrora forçosamente retornam também, misturadas de enfiada, como que forçando uma camada de pentimento à paisagem natural: "o dia empoeirado em Boston, os fundos do armazém Fitchburg, o sacrário marrom-avermelhado, a bela imagem em

---

110. No original: "The way you reduce people to subjection!". A tradução francesa busca um sentido ao mesmo tempo mais livre e significativo, mas ainda possível: "Cette façon que vous avez, de réduire les gens en esclavage!" (*idem*, p. 478; James, 1999, p. 804).

verde, o preço escandaloso, os choupos, os salgueiros, os juncos, o rio, o céu ensolarado e raiado de prata, o horizonte do bosque umbroso". Como expectador, Strether reformulou a obra observada e, agora, diante do universo rural que supostamente a havia inspirado, rearranja-o segundo antigas vicissitudes.

Assim, toda a cena que agora se descortina diante dos olhos do herói vem dirigida por aquele episódio do passado, um episódio que se amplia a ponto de abarcar toda sua existência. A natureza não tem como ser apenas a natureza; isso já não é possível, talvez nunca foi; novos significados se agregaram, e ele não consegue vê-la senão através das lentes da lembrança, do espaço da memória onde se alojam tanto a consciência de suas circunstâncias pessoais quanto a influência de outros olhares. Pois o campo de Strether é um campo regido pela "fantasia", pela "ficção" elaborada pelos escritores que ele leu, pelos artistas que admirou. Assim como Victor Hugo move a cognição de Strether pelas ruas de Paris, assim como o Murger das *Cenas da Vida Boêmia* condicionou suas primeiras expectativas acerca de Chad, o Lambinet conduz seu olhar durante toda a cena no campo.

Todos e cada um dos elementos apresentados são romanescos, pictóricos, livrescos, convencionais. Os "choupos e os salgueiros, os juncos e o rio – um rio cujo nome não sabia, nem pretendia saber"; o céu "todo prateado e turquesa e verniz"; a aldeia à esquerda "toda branca e a igreja à direita, cinzenta". Tudo era real porque tudo era fantasia. Ali ele estava em meio à natureza, enquanto seu compromisso continuava a limitar-se "a antiquadas idiossincrasias bostonianas". A moldura dourada continua a cercar o mundo natural para ele; e o campo, o panorama rural, "era o que ele queria: era a Tremont Street, era a França, era o seu Lambinet".

Vale ressaltar que Émile Lambinet (1813-1877) foi um dos autores elogiados por Louis de Geofroy (seu quadro *Mare à Cernay* teria uma "bela limpidez") na mesma resenha de 1º de janeiro de 1851 em que o crítico deplora *O Enterro em Ornans*, de Coubert. Como vimos, Geofroy censura Coubert por não encantar o leitor com seu retrato supostamente frio e objetivo do sepultamento rural. O pintor pretendia que sua tela atuasse como que um quadro histórico dos costumes daquela gente, mas, para o resenhista da *Revue*, o distanciamento necessário para um estudo tão imparcial resultou em mera apatia, impedindo que o espectador sentisse a emoção apropriada ao tema fúnebre.

Para Strether, de fato, Lambinet (e deixando aqui um pouco de lado seu caráter de aquisição frustrada), como outros artistas dotados de um viés menos realista, calam mais fundo no coração, soprando como que uma névoa fina sobre seu espírito imaginativo. A arte de uma era mais antiga, ao mesmo tempo clássica e romântica, de uma perspectiva ao mesmo tempo cândida e idealista[111], com tudo o que ela possa ter de subjetivo e de artificioso, de belo e de fascinante, apresenta-lhe um quadro da realidade que ele não tem mais como ver de forma inteiramente objetiva.

Mas a imaginação de Strether não se pauta apenas por artistas de identidade romântica ou idealista – Maupassant é trazido à cena quando se descrevem os aldeões que ele imagina encontrar. Convém destacar o trecho:

> Havia um trem de volta a Paris às nove e vinte, e Strether já se via provando, ao término da jornada, algum tipo magnífico de fritura acompanhada por um vinho autêntico, realçados por uma rústica toalha de mesa branca e por um belo piso polido; depois disso, podia, se quisesse, caminhar indolente ao crepúsculo até a estação, ou então optar pela *carriole* local e conversar com o cocheiro, um cocheiro de fala expansiva que naturalmente só podia estar usando um gorro de tricô e uma túnica rija e asseada – um cocheiro que, em suma, sentado na boleia, lhe contaria o que pensavam os franceses e que o faria lembrar-se, como

---

111. "Para nosso amigo, aquela ainda era, em grande medida, uma terra de fantasia – o pano de fundo da ficção, a ambientação da arte, o berçário das letras; praticamente tão distante quanto a Grécia, mas quase tão consagrada. Aos olhos de Strether as histórias românticas pareciam tecer-se a partir de elementos igualmente suaves [...]".

na realidade todo o episódio incidentalmente faria, de Maupassant. À medida que a cena desenrolava em sua frente, Strether ouvia brotar de seus lábios sons de expressiva intenção, que, pela primeira vez em solo francês, não lhe despertavam nenhum temor.

À exceção do comboio noturno de regresso a Paris, que o levaria à capital na hora prevista (uma inferência, portanto), toda a cena se passa na imaginação de Strether. Em sua mente, quando o episódio assim se reproduzisse – pois para ele só assim poderia reproduzir-se –, seria como se saltasse de uma página do escritor francês, pois era a página do escritor francês que ele já estava vivendo. Mas, à medida que o herói se punha a cismar, a cena para ele também se tornava mais real, e Strether podia ouvir, não, Strether deveras "ouviu" (pois o narrador emprega o tempo no passado do indicativo e não num modo condicional) a interlocução sem o temor que sentia quando falava com Chad, com Madame de Vionnet, com Waymarsh, e até com Maria. Maupassant trouxe-lhe as figuras em cuja companhia ele se *sentiu* confiante. O seu futuro (projetado) já era o seu passado (imaginado).

Embora Strether se perca novamente em seu Lambinet e embora ele adormeça, os sentidos entorpecidos, a menção a Maupassant, o Maupassant realista das cenas da vida campesina, mostra que a imaginação do personagem não se pauta por conceitos de uma única ordem (como as leituras românticas de Emma Bovary), mas de várias, todas capazes de determinar-lhe a realidade por meio do grão sugestivo. A ideia é que Strether está no quadro da ficção, na tela da representação (alheia, assim, a escolas ou disputas acadêmicas) e aí permanece durante "todo o resto do dia vagabundo". A moldura se afasta para ele, ampliando o escopo do mundo retratado, de modo que ele não a ultrapassa sequer uma vez. Não a ultrapassa quando avista a aldeia "que se lhe apresentou como algo torto, feito de branco e azul"; quando degusta uma *bock* suave, quando para aquela aldeia enfim se dirige e no albergue Cheval Blanc pede uma *côtelette de veau à l'oseille* – e, mesmo distante de tudo e de todos, nunca se sentiu mais envolvido com os demais e situado "bem no centro de seu drama".

Os detalhes realistas realmente abundam agora, da rústica estalajadeira ao nome do prato pedido, mas o fato é que eles foram introduzidos em consonância com a menção a Maupassant; ou seja, mesmo os dados realistas aqui elencados parecem provir da imaginação de Strether, que se pauta por suas leituras – e não é à toa que, justamente no auge da enumeração, depois das alusões literárias e pictóricas, enfim se estabeleça uma metáfora com o drama. As pessoas tornam-se personagens dramáticas e o mundo, um palco. E que palco melhor, mais distante da realidade de Woollett – mais distante até que o salão de Madame de Vionnet, com "os fantasmas do Império" – que o pequeno pátio do Cheval Blanc, situado na aldeia que lhe chamou a atenção, quando a viu do alto, pelos tons de branco e azul, e por seu padrão tortuoso (*a thing of whiteness, blueness and crookedness;* "crookedness", termo duas vezes usado no capítulo, podendo implicar tanto algo visualmente torto quanto implicitamente desonesto; ou seja, uma trapaça).

Strether sente uma espécie de inevitabilidade, enquanto tratava com a estalajadeira – essa figura também como que sacada de Maupassant –, de providenciar um "clímax", outra palavra com repercussões dramáticas. As condições ali representavam então, finalmente, *the thing* – a coisa em si, o cerne da questão. É neste ponto climático que ele intui que todas as observações até então feitas se ajustam e que "não houve um único sopro da fresca brisa noturna que não constituísse de algum modo uma sílaba do texto".

"Era estranho (*queer*), sem dúvida", imagina Strether e, para nós, soa ainda mais interessante o fato de que, em meio a esse mergulho tão intenso na natureza, mas numa natureza tão projetada, tão fabricada e feita de uma miríade de rearranjos internos, tanto artísticos quanto sociais, que essa natureza enfim constituísse uma "sílaba" de um texto que ali estava sendo escrito. A menção lembra, inclusive, o depoimento de caráter bem mais fantástico da preceptora de *A Volta do Parafuso*, que, para atestar a nitidez da primeira aparição de Peter Quint, diz: "eu o vi como vejo as letras que formo nesta página". É preciso que entendamos bem a inversão que ocorre no caso de Strether, uma inversão que parece inverter a hipótese examinada por Adorno e Horkheimer, de quando a palavra, por causa da separação entre ciência e poesia, perde sua conexão com a natureza: "Enquanto signo, a linguagem deve resignar-se ao cálculo; para conhecer a natureza, deve renunciar à pretensão de ser semelhante a ela. Enquanto imagem, deve resignar-se à cópia; para ser totalmente natureza, deve renunciar à pretensão de conhecê-la"[112].

Ora, na passagem de James a palavra não se preocupa com a impossibilidade de conhecer a natureza, pois é a própria natureza que se torna verbo, se torna texto. Gera-se uma nova igualdade neste contexto, mas por uma via invertida, estéril e estetizante talvez, mas ainda assim assumindo foros de uma nova genealogia (ou, nas circunstâncias, escatologia?): brisa-sopro, palavra-verbo. Cópia da cópia, espelho do espelho, a natureza vira um simulacro que fornece objetos semelhantes ao da ficção: belos, falsos, a um só tempo desconhecidos e familiares.

O texto era de Strether, por certo, mas o texto era também de um autor debruçado sobre seus ombros. Cremos que em nenhum momento no romance, mesmo aqueles nos quais o autor se apresenta por meio da primeira pessoa do plural ou mesmo do singular, mesmo quando se refere a Strether como "nosso amigo", mesmo quando faz algum tipo de comentário irônico acerca da situação, em nenhuma dessas instâncias sentimos tão de perto os "toques que ultrapassam qualquer sensação" a que se refere Lubbock, indicando que "alguém está olhando por cima de seus ombros – vendo coisas do mesmo ângulo, mas vendo mais"[113].

---

112. Adorno e Horkheimer, 1985, p. 31; James, 2005, p. 152.
113. Lubbock, 1976, pp. 258 e 261. Em seu artigo sobre o primeiro parágrafo de *Os Embaixadores*, Ian Watt também aponta para a natureza multidimensional da narrativa, em que entra em jogo não apenas o olhar do personagem, mas

Aqui talvez seja o momento em que a "retórica da dissimulação" de que fala Booth (necessária para que a ilusão da realidade tenha maior eficiência, mesmo sob o perigo de falsificar a vida)[114] atinge seu grau máximo – a não ser que argumentemos, é claro, que ela também alcança seu grau mínimo, no sentido em que percebemos na alusão, nesse trecho como que esgarçado do tecido narrativo, toda uma série de consequências que excedem o quadro objetivo retratado; no sentido de que não só intuímos com muita clareza o olhar do autor implícito ou inferido, como ainda nos deparamos com a ideia do próprio texto que infere esse autor[115]. Sem prejuízo à dissimulação, porém, James não expõe a farsa narrativa, o compromisso com a ilusão; a farsa, para ele, será outra, como veremos. Assim como a moldura retrocede até o limite para que Strether caminhe pelo campo sem sair do "santuário íntimo" de suas lembranças da rua Tremont, também James chega ao limite da esgarçadura de sua produção textual, onde podemos entrever o arcabouço retórico, as molas e as engrenagens por baixo da máquina, apenas para ligar o sopro da brisa noturna (um dado da natureza) à sílaba do texto (o dado retórico).

E o que esse texto diz, quando decifrado, é o que qualquer texto diz, ou seja, que as coisas são como são e, se alguém é escolhido "para percorrer a cena", esta pessoa deve "prestar contas com aquilo que alcançara compreender". Percorrer a cena ou percorrer o texto (*move about*, no original); como leitores do

> também de um autor implicado e a visão do leitor: "Um motivo para a prosa ficcional de James exigir tanto de nossa atenção é por certo o fato de haver sempre pelo menos três tipos de desdobramentos – todos subjetivos; a consciência dos personagens sobre os eventos, a visão do narrador sobre eles e, a reboque, nossa própria percepção sobre essas duas instâncias". O ensaio de Watt está incluído em James, 2010, pp. 565-593.

114. Booth, *op. cit.*, pp. 42-44.
115. Booth diz que quando o autor escreve, não "cria simplesmente um 'homem genérico' ideal ou impessoal, mas uma versão implícita 'de si mesmo', diferente do autor implícito que encontramos na obra de outros homens [...] O 'autor implicado' escolhe, conscientemente ou não, o que lemos; nós o conjeturamos como uma versão criada, literária e ideal, do homem real; ele é a soma de suas próprias escolhas" (*idem*, pp. 70-75).

grande texto do mundo que no fundo só pode corresponder ao grande texto da arte, temos de assumir responsabilidade sobre o que compreendemos ou iluminamos (*light on*, no original). E o que Strether iluminou foram os mecanismos da farsa, que é e não é a farsa do texto, mas será sobretudo o da comédia que ele então estava vivendo. Não foi o acaso (ou seja, o grande deus da natureza científica) que acionou os dados, mas foram os próprios dados que fabricaram o acaso, possibilitando o clímax.

Não é à toa, também, que a estalajadeira com que Strether preparou o seu clímax, agora lhe sugira o "*agrément* do rio". A palavra, citada em francês, é empregada em português e também em inglês, no sentido de uma aprovação oficial concedida a um diplomata, sendo portanto bastante apropriada quando citada a propósito de um emissário dos interesses da Nova Inglaterra. Em inglês, quando usada no plural, também alude a ornamentos musicais ou circunstâncias ou qualidades agradáveis. De fato estas duas últimas acepções estão mais próximas da ideia original, do agrado ou deleite proporcionado por alguma coisa. No radical está o vocábulo *gré*, traduzido por grado, vontade ou querer; grado e *gré* derivando do latim *gratus*: agradável, digno de gratidão ou reconhecimento.

No fundo, o que se oferece a Strether é essa visão mais agradável do rio – uma visão onde colherá os frutos dourados do clímax a que se acomodara. Trata-se de algo que lhe é concedido, mas também que lhe é deleitoso, que se submete a seu grado ou vontade. E já se disse pouco antes como ele se sente bem à vontade agora, com a devida ajuda de Maupaussant. É uma impressão, portanto, não destituída de implicações afetivas; ela se acolhe no íntimo do personagem, liga-se à sua disposição interior, como a sílaba à brisa, como o Lambinet à paisagem.

Assim, quando Strether descobre que o jovem senhor e a jovem senhora descendo o rio são ninguém menos do que Chad e Madame de Vionnet, que os dois planejaram uma escapada idílica à sua revelia e, que, ao serem surpreendidos (e antes de saberem que haviam sido reconhecidos), em alguns instantes pensaram em esnobá-lo e, ainda mais, sem alternativas senão admitirem que foram apanhados, seguem agindo como se nada houvesse acontecido, como se aquele fosse apenas um passeio comum, como se não estivessem envolvidos romanticamente e que a ligação, conforme a frase do pequeno Bilham, fosse apenas "virtuosa" – assim, depois de tudo isso, com a moral da história sendo que tudo só podia ser parte de tudo mais, não podemos deixar de admitir que esta sua descoberta pertencia antes à sua sensibilidade estética[116], e que a sensibilidade estética se ligava à sua condição pública e pessoal e que, por fim, esta sua condição estava no fundo relacionada com a aquisição malograda do pequeno Lambinet.

O Lambinet que Strether não pôde ter equivale à consciência que ele só adquire mediante a debacle de seus ideais. Edel admira-se da ingenuidade do personagem, tão alheio àquilo que todos sabiam[117]; porém, mais evidente ainda é o fato de sua falta de atenção, equiparada à sua falta de recursos, não advir da ausência de sensibilidade, muito menos de imaginação ou do embotamento dos sentidos, mas do excesso dessas particularidades, da mistura disso com sua disposição íntima e seu lugar social; da totalidade de seu ser, em suma. Era tão estranho (*queer*) quanto algo extraído da ficção ou da farsa, cogita Strether, que o campo eleito por Chad e Madame de Vionnet fosse também o campo escolhido por ele, mas a verdade é que só podia ser mesmo um dado ficcional, pois o embuste promo-

---

116. Ideia reforçada pela descrição do jovem, "o herói sem casaca daquele idílio". Sobre a relação do nosso conhecimento com a sensibilidade estética, diz Nietzsche em *O Nascimento da Tragédia* que os seres humanos somos "imagens e projeções artísticas, e que nossa suprema dignidade temo-la no nosso significado de obras de arte – pois só como fenômeno estético podem a existência e o mundo justificar-se eternamente –, enquanto, sem dúvida, a nossa consciência a respeito dessa nossa significação mal se distingue da consciência que têm, quanto à batalha representada, os guerreiros pintados numa tela" (Nietzsche, 2007, p. 44).
117. Edel, 1980, p. 9; e, na verdade, Strether imagina Miss Gostrey perguntando-lhe: "Que diabos – é o que eu quero saber agora – o senhor supunha?".

vido pelo casal era agora tão real quanto o quadro que só existe enquanto ausência, quanto a aventura de seu fracasso.

Na superfície, contudo, nada disso vem à tona; na superfície só se alude à *"invraisemblance* geral da ocasião" (mais uma referência dramática). A inverossimilhança é, curiosamente, tanto o que de mais absurdo e farsesco há em tudo aquilo quanto o que pode haver de mais autêntico naquela realidade improvável. Como diz Aristóteles, "se um primeiro fato é falso, mas, existindo ele, um segundo tem de existir ou produzir-se necessariamente, cabe acrescentar este, porque, sabendo-o real, nossa mente, iludida, deduz que o primeiro também o é"[118].

A inverossimilhança verossímil da farsa só pode ser revelada mediante uma perspectiva profunda, que não existe mais, pois esbarra na superficialidade da tela ou das relações submetidas à nova escravatura da era moderna pós-colonial. A estranheza se instala, bem como o fracasso de toda longa cadeia de delegados (fracasso para os delegados, naturalmente), e a duplicidade, a repetição – cujo grande símbolo é o espelho, mas que decerto tem um paralelo na reprodução mecânica da era industrial – estabelece-se com toda sua carga fantasmagórica. São os fantasmas do Império do salão de Madame de Vionnet (e depois veremos como a própria dama duplica-se no parquete polido), mas é também o próprio Strether, que no início vimos a carregar o fardo da "dupla consciência" e que agora também se desdobra com a surpresa de ter contemplado o que ele não podia senão ter contemplado – a surpresa alojada no quadro que ele criou.

"O pequeno fenômeno foi súbito e rápido, tão rápido que por um breve instante a percepção de Strether sobre o incidente distinguiu-se do agudo sobressalto que acabou sentindo". O leitor é posto assim diante de dois Strether: o da percepção ou dos sentidos (*sense*) e o do sobressalto ou comoção (*start*). O sentido do herói se separa do assombro porque este assombro

---

118. Aristóteles, Horácio, Longino, 1988, pp. 47-48.

evidencia justamente aquilo que o sentido, em primeira instância, não percebeu. Há como que duas instâncias, portanto, de compreensão: uma perfeitamente alheada e outra que, sobressaltada, intui a verdade sobre os fantasmas que rondam as premissas e as paisagens; não são de maneira nenhuma figuras retóricas, mas instâncias bastante concretas, projeções muito reais do seu estado falseado. Como os guerreiros de Nietzsche, uma parte do herói está presa à batalha retratada na tela, mas a outra, diante da inverossimilhança da situação, do falso do falso, é súbito arremessada através do espelho, descobrindo o real – o real tão semelhante ao outro, mas "impossível" como havia advertido Miss Gostrey; o real da insubstancialidade crônica derivada de sua ligação com Mrs. Newsome, o maior dos fantasmas de todos o romance, ostensivamente *in absentia*; o real, enfim, de sua consciência ludibriada, do engano a que se sujeitou em nome da vida dos ricos. Daí o choque.

E tudo isso ocorrendo na arena, sim, da mente, mas não propriamente da cognição; da contemplação, da sensação e do pressentimento, mas não do pensamento. Quando imagina Maria perguntando-lhe o que estivera supondo, Strether percebe que estivera o tempo "tentando não supor coisa nenhuma". Ele procurou manter o pensamento em suspenso; um trabalho inútil. Porque, bem no fim do episódio, se pega supondo "inumeráveis maravilhas" (*innumerable and wonderful things*). Ou seja, quando a personagem finalmente procura deduzir algo é para privilegiar a imaginação, a curiosidade, o estado de assombro ou de surpresa que se alia à ideia de "*wonderful* things". A sua suposição equivale, portanto, à visão que se descortina não diante dele, mas em sua mente, das coisas admiráveis que podem ter ocorrido, que estejam ocorrendo e que porventura ainda possam ocorrer. O seu estado de deslocamento estupeficante da realidade (bem como sua aventura que o leva até ali: a sua descoberta da verdade!) guarda um quê do deslumbramento onírico de *Alice in Wonderland*; curiosamente Strether também se entrega em certo momento a um sono na relva.

E o que sobra da realidade retratada, do quadro da natureza retratada dessa única escapada bucólica da personagem em todo o romance?[119] Como este se mostra com efeito distante dos quadros pintados por Balzac, das descrições de Flaubert, mesmo aquelas que, veremos, tingem-se com o sangue da Revolução de 1848! Pode-se descobrir nos dois autores uma paisagem objetiva, autônoma, capaz de ser separada da consciência das personagens. Mesmo depois da primeira frase, mais retórica, por exemplo, com que Flaubert inicia a exposição dos Comícios, em *Madame Bovary*, o leitor como que contempla sem intermediação a fachada ornada de hera da prefeitura, a bombarda destinada a anunciar a chegada do governador e dos agricultores premiados, o colarinho mais alto do que o habitual do uniforme de Binet:

> Os famosos Comícios chegaram realmente! Já na manhã da solenidade todos os habitantes, em suas portas, entretinham-se com os preparativos; haviam enguirlandado com hera o frontão da prefeitura, no prado fora levantada uma tenda para o festim e, no meio da praça, diante da igreja, uma espécie de bombarda devia assinalar a chegada do Sr. Governador e o nome dos agricultores premiados. A guarda nacional de Buchy (ela não existia em Yonville) viera juntar-se ao corpo de bombeiros cujo capitão era Binet. Usava ele, naquele dia, um colarinho ainda mais alto do que o costume; e, apertado em sua túnica, tinha o busto tão duro e imóvel que toda a parte vital de seu corpo parecia ter descido às pernas, que se levantavam em cadência com passos marcados, em um só movimento[120].

Mesmo comparado com a descrição campestre das primeiras narrativas de James, o quadro dos *Embaixadores* é diferen-

---

119. Seria um "risco" semelhante ao que incorre o monólogo interior, na crítica que Sartre faz a essa técnica: "A realidade mostrada sem intermediário ao leitor não é mais a própria coisa, seja árvore ou cinzeiro, mas a consciência que vê a coisa; o 'real' não é mais que uma representação, mas a representação se torna uma realidade absoluta, pois nos é oferecida como dado imediato" (Sartre, 2006, p. 123).
120. Flaubert, 2009, pp. 124-125.

te. Por certo o americano já mostrava apreciação pelas referências literárias: o narrador de "Um Peregrino Apaixonado", por exemplo, diz que se sente "como um dos andarilhos de Smollett" ao caminhar até Worcester ou que a cidade aonde chega provavelmente foi cenário para onde "as heroínas de Miss Austen, em carruagens e cabriolés", devem ter ido adquirir "boás de pluma de cisne e luvinhas de renda". Mesmo assim, a torre da catedral que em seguida avistamos nos parece bastante real, transfigurada pela luz da tarde. Antes, na sua caminhada, tudo é descrito de maneira bem objetiva: o céu inglês com suas nuvens que passam e se acumulam (em contraste com o azul ininterrupto do firmamento norte-americano), sendo capaz de produzir tempestades repentinas; as pastagens e as encostas íngremes do campo que levam até a vila rural

> que nos aliciava de seu sítio, no meio da campina. Bem próximo, admito, a estrada de ferro irrompe feroz de seu túnel de colinas; contudo, naquela charmosa aldeola estão incubadas uma quietude e uma privacidade de antanho, que parecem proibir-nos, tal como se fosse uma violação de confiança, de revelar-lhes o nome remoto. Pegamos uma trilha estreita e verdejante, obscurecida pela altura das sebes; ela levou-nos a uma soberba sede de fazenda, hoje tolhida por sendas e estradas multiplicadas, que restringiram suas antigas prerrogativas senhoriais[121].

E por aí segue. Apesar dos comentários literário-afetivos do narrador, tanto antes quanto depois, não resta dúvida de que aquele campo existe como uma entidade desligada de suas considerações. A nós nos parece que, se tivesse havido a possibilidade de passarmos ali um pouco antes, ou um pouco depois da caminhada do narrador com o pobre Searle, encontraríamos aquela paisagem exatamente da forma como foi descrita, ainda tranquilamente rural, embora aqui e ali já se mostrasse transformada,

---

121. James, 2005, pp. 83-85.

como se em meio a uma tensão sutil, pelas marcas crescentes do progresso – as estradas multiplicadas, o trem de ferro etc.

Mas, que dizer do campo de Strether – a despeito de James ter tido o cuidado de povoá-lo com choupos, uma igrejinha de teto inclinado, camponeses com inusitada experiência mundana, uma estalajadeira de tamancos e (para quem alega que as personagens do autor nunca se rebaixam a ponto de entregar-se a uma atividade tão trivial quanto saborear um bom repasto) uma cerveja e até mesmo uma *côtelette de veau à l'oseille*? São dados bastante objetivos, mas que não constituem uma realidade à parte de Strether, à parte, curiosamente, não de sua visão, mas de sua cegueira. Mais do que à sua memória, mais ainda do que às suas sensações (como seria de esperar num realismo de corte "impressionista"), a paisagem se liga a seus desejos, seus impulsos íntimos necessariamente implicados. Entre o quadro não comprado e o *agrément* do rio vai esta moldura absurdamente elástica que o autor arma para mostrar um espaço que é a um só tempo concedido à sua personagem e extraído de sua disposição interior. Nos dois casos ligados à ordem particular deste indivíduo no mundo; a primeira como um direito que se dá a um sujeito dominado por circunstâncias especiais; a segunda, como as circunstâncias especiais que dominam esse sujeito. Nos dois casos, portanto, uma prisão e uma ilusão. No fundo, trata-se de uma natureza supostamente dominada que espelha o estado de dominação do sujeito que julga exercer um domínio sobre ela e depois percebe que nem mesmo esse frágil controle logrou obter. Porque o que o pobre Strether descobre é que sequer consegue dominar as próprias ilusões.

A partir da dicotomia jamesiana do *showing* × *telling*[122], podemos perguntar-nos o que de fato está sendo mostrado. E o que está sendo narrado? À primeira vista temos uma espécie de *telling*, de relato, pois o autor parece contar o que se passa com o herói; trata-se de um grande panorama bucólico. A

---

122. Ver p. 94.

cena, o flagrante, a reação dos personagens, tudo isso viria em seguida. Ainda de acordo com os termos de James, o quadro campestre e o passeio de Strether seriam uma "preparação de cena" para a "cena" que breve se daria. No entanto, não nos parece que estejamos aqui diante de um *telling* puro. A preparação da cena já constitui uma cena, na medida em que a moldura que a envolve já está colocada desde o início – e a moldura é a mente da personagem. O autor sem dúvida mostra uma paisagem conforme ela se reflete na mente do herói e, na medida em que nos exibe esse quadro refletido como que nos diz através desses reflexos uma série de coisas, e uma das não menos evidentes é que entre o que se mostra e o que o leitor vê há um mundo de inferências ocultas, não-ditos, impulsos reprimidos, constrangimentos políticos e econômicos. Algo não muito distante, nesse sentido, do quadro cediço de muitos romances de Machado que, pelo menos em determinado momento, se não se declarou claramente favorável ao *showing*, decerto criticou publicamente o *telling*.

Foi na mesma resenha a *O Culto do Dever*, romance de Macedo, a que nos reportamos no capítulo anterior. Machado reclama que o leitor não sente o amor de Angelina por Teófilo, o motivo seria que a descrição pálida "não aparece senão na boca do narrador"[123]. Se o leitor não sente é porque o sentimento não lhe foi transmitido e, se não foi transmitido, é porque só conhecemos a história pelo que nos *conta* o narrador, o *telling*. Subjaz à crítica a ideia de que há uma espécie de preguiça neste relato atropelado, neste dizer sem mostrar, sem convencer, que não logra falar ao coração do leitor. Diferente da narrativa de *Iracema*; e, para prová-lo, Machado aponta justamente uma cena entre a "selvagem cearense", adornada de flores de maniva, e Martim. Na cena e no diálogo, "vê-se a beleza deste movimento, diante de uma filha da floresta." *Vê-se* porque a cena *mostra*. Machado elogia os meios "simples, naturais, e belos"

---

123. Machado de Assis, *op. cit.*, vol. 3, p. 845.

com que Alencar estabelece o quadro. São poucas as personagens, outrossim, que compõem "este *drama* da solidão", mas os sentimentos que as movem, a ação que se desenvolve entre elas é cheia de vida, de interesse, e de verdade"[124].

Drama, sentimentos que movem as personagens, o movimento que o leitor "vê" (porque é mostrado): Machado parece fazer aqui uma defesa tão contundente quanto a de James sobre as vantagens do método dramático. Na realidade, se formos analisar o *Memorial*, e mesmo a maior parte dos romances de maturidade, e ainda os anteriores, notaremos uma grande quantidade de cenas, muitas vezes em sequência, com o mínimo de descrição. Apesar das intromissões do narrador em primeira pessoa (quando ele existe), é econômico ao retratar o mundo exterior. "Desci hoje de Petrópolis. Sábado ao sair a barca da Prainha, dei com o desembargador Campos a bordo..." Machado não se preocupa em falar da cidade serrana, ou da barca na baía de Guanabara: a cena inicia-se de chofre. Ou, adiante: "Vi hoje o Tristão descendo a Rua do Ouvidor com o Aguiar; adivinhei-o pelo retrato. Trazia no vestuário alguma cousa que, apesar de não diferir da moda, cá e lá, lhe põe certo jeito particular e próprio." Não só Machado não vê nenhuma necessidade de pintar a Rua do Ouvidor, tão conhecida de parte de seu público-leitor, como, o que é mais peculiar, não nos dá nenhuma imagem precisa sobre o que Tristão trajava: era coisa da moda, se bem que diferente, pessoal. E isso basta[125].

Outras vezes Machado descreve as pessoas da cena, como na missa ao barão de Santa Pia; mas as pinceladas são parcimoniosas, sucintas, presas à ação. O leitor guarda, quase como pequenos tesouros que aqui e ali se espalham, as instâncias descritivas mais alongadas nos romances maduros de Machado, como a subida de Natividade e Perpétua ao morro do Castelo, no início de *Esaú e Jacó*, ou a pintura das carruagens no cais

---

124. *Idem*, p. 851 (grifo nosso).
125. Machado de Assis, *op. cit*, vol. 1, pp. 1106 e 1133.

Pharoux, no mesmo livro; ou ainda a descrição da penúria em que se encontram Rubião e Quincas Borba quando D. Fernanda e Sofia os visitam, no fim de *Quincas Borba*.

Sem dúvida há bastante *telling*; o narrador nos conta muita coisa; lembra-se de algo e narra; em meio a um bocado de digressões e também um bocado de referências doutas que tanto desagradaram o Augusto Meyer. Em James as intromissões retóricas são bem mais discretas, embora haja, e não com tão pouca frequência quanto às vezes se imagina: "já que falamos daquilo que ele, após o regresso, havia de recordar e interpretar, seria conveniente de imediato dizer que a verdadeira experiência dessas poucas horas revestiu-se, sob o influxo daquela visão tardia – pois apenas se deitou quando já estava amanhecendo – do aspecto que melhor convém a nosso propósito", "Cumpre-nos acrescentar, porém, sem mais delongas", "acabamos de ver que ele falara a Miss Gostrey". Aliás, *Os Embaixadores* trazem justamente, logo no primeiro parágrafo, uma referência a um "eu" autoral: "O princípio operador que *acabei* de mencionar" (*The principle* I have *just mentioned as operating*)[126].

Em Machado, a descrição do mundo que rodeia as personagens ou o narrador são muitíssimo mais enxutas, sobretudo no *Memorial*, a ponto de o leitor encontrar dificuldade para achar uma "preparação" de cena que vá além de umas poucas linhas ou mesmo de umas poucas palavras. Uma das maiores está no início do romance, quando o conselheiro espreita Fidélia pela primeira vez.

> Fomos ao cemitério. Rita, apesar de alegria do motivo, não pôde reter algumas velhas lágrimas de saudade pelo marido que lá está no jazigo, com meu pai e minha mãe. Ela ainda agora o ama, como no dia em que o perdeu, lá se vão tantos anos. No caixão do defunto mandou guardar um molho de seus cabelos, então pretos, enquanto os mais deles ficaram a embranquecer cá fora.

---

126. James, 2010, pp. 507, 537, 542 e 39.

Não é feio o nosso jazigo; podia ser um pouco mais simples, – a inscrição e uma cruz, – mas o que está é bem feito. Achei-o novo demais, isso sim. Rita fá-lo lavar todos os meses, e isto impede que envelheça. Ora, eu creio que um velho túmulo dá melhor impressão do ofício, se tem as negruras do tempo, que tudo consome. O contrário parece sempre de véspera.

Rita orou diante dele alguns minutos, enquanto eu circulava os olhos pelas sepulturas próximas. Em quase todas havia a mesma antiga súplica da nossa: "Orai por ele! Orai por ela!" Rita me disse depois, em caminho, que é seu costume atender ao pedido das outras, rezando uma prece por todos os que ali estão. Talvez seja a única. A mana é boa criatura, não menos que alegre.

A impressão que me dava o total do cemitério é a que me deram sempre os outros; tudo ali estava parado. Os gestos das figuras, anjos e outras, eram diversos, mas imóveis. Só alguns pássaros davam sinal de vida, buscando-se entre si e pousando nas ramagens, pipilando ou gorjeando. Os arbustos viviam calados, na verdura e nas flores[127].

Em seguida, Aires faz um comentário à irmã acerca da senhora que vira (enquanto circulava os olhos) ao pé de uma sepultura; era Fidélia; e um diálogo se trava entre irmã e irmão. Ao que tudo indica, portanto, estamos diante de uma descrição tradicional, em que o mundo pintado pelo narrador distingue-se perfeitamente dele: temos o campo-santo; o jazigo da família, mantido limpo à revelia da vontade de Aires; as outras sepulturas e a estatuária cemiterial, os pássaros gorjeando etc. Aos detalhes do cenário, como estas aves e as flores, soma-se a lembrança do feixe de cabelos da irmã, deitados ainda pretos ao sepulcro, em oposição à cabeça ora branca da personagem – uma particularidade fúnebre-afetiva de alcance quase naturalista.

É interessante, a propósito, esse pormenor, por diversos motivos – e um deles está no fato de que a observação de Aires permite que entrevejamos algo que não está na superfície dos objetos descritos, mas oculto – simultaneamente preservado e

127. Machado de Assis, *op. cit.*, vol. 3, pp. 1097 e 1098.

apodrecido, junto com o resto da matéria corrupta, sob a terra. Os fios sepultados de cabelo ficam, dessa forma, paralisados no instante eterno da memória, o do "então pretos", enquanto os da irmã continuam a transformar-se e sofrer a ação mais imperativa do fluxo cronológico; ação que faz o túmulo envelhecer e escurecer e obriga Rita a mandar limpá-lo constantemente. A natureza que escurece a sepultura e encanece os cabelos também transforma (podemos imaginar) a substância que se guarda fora da vista; no entanto, esta última parece mais infensa (pois submetida ao mecanismo da memória) à transformação. Na verdade, cristaliza-se na mesma extensão sempiterna dos mortos a reclamar a lembrança e a oração dos vivos.

Assim constrói-se uma relação de troca e contaminação constante entre vivos e mortos, entre a realidade à vista e longe da vista, uma relação segundo a qual estes últimos chamam pelos primeiros para conservá-los num tempo aistórico, reificado. Ou antes, na acepção desenvolvida por Robert Penn Warren acerca do espírito da época da Depressão americana, sentido e formulado por Faulkner, esta relação sucede num patamar de "história-como-contemplação", em vez da "história-como-existência"; da "história-como-ritual" em vez da "história-como-ação"[128]. Com isso, esta realidade visível também sofre com a ação do substrato invisível, e igualmente paralisa-se. O quadro descrito é, por conseguinte, quase todo fixo e silencioso, com seus arbustos mudos e figuras estáticas. A exceção são as aves, a lembrar que ali, na camada do visível, há a vida, a aproximação dos seres, a sugestão de que o tempo não parou, mas aparentemente avança e se abre à mudança.

---

128. Os termos são *history-as-contemplated* (em vez de *history-as-lived*) e *history--as-ritual* (em vez de *history-as-action*). Ainda assim, segundo Penn Warren, o desejo de mudança que haveria em alguns, de quererem voltar para essa condição de "imutabilidade", já representa, em si, um tipo de mudança. Em Aires, vemos menos um desejo do que uma nostalgia, uma certeza melancólica de que o regresso não é mais possível (Penn Warren, 1966, p. 5).

Num estudo recente, Fredric Jameson faz uma série de considerações sobre o tempo do *récit*, que ele acaba associando ao *telling* – o contar ou, naturalmente, "recitar". De início o relaciona (como Sartre) ao tempo pretérito, como algo terminado, para depois associá-lo (com Benjamin) à morte, ao irrevocável, àquilo que não pode ser mudado (em oposição à repetição ou retificação da existência ordinária, do cotidiano, por exemplo). Ele enfim associa a ideia de irrevogabilidade à escolha do ato que "marca para sempre e do qual não se pode voltar, o ato que se arrasta como uma bola presa a uma corrente" – que pode ser aproximado à categoria de destino ou sina. Em oposição ao destino estaria o "presente existencial" ou "eterno", cujo correspondente é o item do par jamesiano-lubbockiano: o *showing*, o mostrar, a instância da cena. Jameson também associa este presente da consciência ao tempo da impessoalidade, que não examinaremos aqui, embora suas relações com o realismo sejam tão flagrantes quanto complexas[129].

A nós interessa a correlação que podemos traçar, a partir do quadro machadiano, entre o presente existencial que se abre ao movimento e às mudanças e o pretérito dos mortos, que se liga ao destino, àquilo a que não se pode regressar. Neste sentido, cremos que nossa posição se aproxima da que Sartre tomou em seu estudo de *O Som e a Fúria*. Para os heróis do romance de Faulkner, o tempo apareceria "decapitado", "destituído de seu futuro"; isto é, um tempo sem a possibilidade do futuro, que o filósofo associa aos feitos e à liberdade. O tempo decapitado

---

[129]. "Quero reafirmar que o presente da consciência é de certa forma impessoal, a consciência é em si impessoal; enquanto é objeto da consciência ou do *self*, constitui o local da identidade pessoal no sentido ordinário. Este *self*, entretanto, é em si apenas um objeto para a consciência impessoal do presente; e de certa forma todas as identificações pessoais do passado-presente--futuro são em outro sentido distintas do presente impessoal, simples objetos, não importa o quanto inseparáveis sejam dele." Jameson leu este trabalho no XI Congresso Internacional da Abralic (Associação Brasileira de Literatura Comparada) em julho de 2008. Um livro com as conferências deste encontro está no prelo, pela Hucitec. (Veja também a Bibliografia.)

nesta comparação liga-se a Aires e, em parte, a Strether, que no fim também se alia mais ostensivamente a ele. Na derradeira visita que faz a Chad ele se sentiu velho na presença do moço, que o trata como a um ancião, de certo modo recuperando uma impressão anterior e, assim, selando seu compromisso com Madame de Vionnet quando fora visitá-la em seu apartamento (veja o capítulo seguinte). Ele sabia que viria a lembrar-se da sensação que ali tivera, em seu último encontro com aquela senhora, "como se aquilo fosse algo muito, muito velho, a coisa mais velha que jamais tocou". É esse foco no pretérito que também faz com que, na cena campestre, seu futuro (o que ele veria em seguida) seja algo que ele já experimentava como seu passado (o que vira na galeria de Boston)[130].

Por outro lado, mais do que um presente voltado para o futuro, os pássaros da cena do cemitério do *Memorial* se mostram conservados neste "presente sem tempo" em que estão sempre a procurar-se, a pipilar, a voejar e pousar. Mesmo a ideia do acasalamento e reprodução, contida no "buscando-se entre si" precisa ser vista na perspectiva daquilo que, no presente eterno, existe apenas como potencialidade ou realidade alheia. E, no nível da frase, devemos ainda lembrar que as aves estão ali equiparadas aos arbustos, que também "viviam", apesar de quedos e calados.

Percebemos, então, que esse quadro não só "prepara" a cena, como a anuncia e comenta-a, fornecendo outrossim uma introdução aos pares dialéticos mortos × vivos, pretérito × presente existencial, manutenção × renovação, ritual × ação, que marcam todo o romance. Pois o que temos ali? O aparecimento da personagem que deveria constituir o elo com o mundo dos mortos, com o destino que lhe deveria marcar a existência e, no entanto, viria a assinar o contrato com os vivos, independentemente de quem sejam; de mais a mais, esta personagem é aqui apresentada, em essência, pelo olhar de outras pessoas, comprometidas com a primeira das duas instâncias.

---

130. Sartre, 1966, pp. 87 a 93. James, 2010, pp. 545 e 520.

A realidade descrita pelo conselheiro é a do que foi e, mais do que foi, manifesta-se dentro do espaço da recordação: não pode ser alterado; paralisou-se em seu caráter imutável, sujeito apenas à saudade e à lágrima, um mundo que precisa de uma boa alma para que, orado, seja assim preservado como história já contada, um tempo sem chance de vida. Trata-se de um mundo tão estranho que nem mesmo as mudanças políticas, como a instauração da República, parecem afetá-lo. Se a República representa a manutenção da oligarquia e o conselheiro é delegado desta mesma oligarquia, não deixa de constituir uma mudança, posto que modesta, de troca de tabuletas e debêntures de ficção, que ele mesmo assim não sente como sua. Como não se sente envolvido pela abolição, por mais que aplauda o fim da escravatura (por razões bem menos sociais do que de brio patriótico), pois o seu mundo é o do Império, da oligarquia escravocrata, da elite colonial.

O romance se passa justamente entre 1888 e 1889, de alguma e significativa mudança no plano político e social brasileiro, e, ainda que a mostre apenas em parte, ela não parece abalar sobremaneira o pequeno grupo, o pequeno retrato descrito, pois essa é a gente que selou o compromisso com a paralisia e o sepulcro. Aires faz questão de mostrar o belo exemplo da mana para, quando for contar o mau exemplo de Fidélia, sua suposta traição possa parecer ainda mais cruel. Fidélia e Tristão são esses pássaros, indiferentes aos mortos, buscando-se sobre os despojos de gente a quem nada devem. Cantam e movimentam-se com o despudor alegre, com a fria negligência, com a quase insolência de seres que parecem estar lá para mostrar que todo esse ritual, todas as preces, súplicas e lágrimas são tão inúteis quanto desprovidas de sentido. Ainda assim, e contra a acusação implícita de Aires, o movimento do geral do romance mostra que, se há uma distinção entre o grupo de Aires e a escolha de Fidélia, esta ação é tão sepulcral quanto a das aves do cemitério. No fundo, não se faz por avanço, mas por oposição; e a obra de Fidélia não leva o casal ao engajamento, mas à fuga; a Portugal, não ao Brasil.

De certa forma, os motivos do romance inteiro, muito sutil e plasticamente se organizam a partir desse ligeiro quadro de contrastes irreconciliáveis – um quadro que só o conselheiro poderia pintar, sob esse ponto de vista. Portanto, assim como a moldura do quadro natural que envolve a aventura campestre de Strether, o mundo esboçado pelo conselheiro não é, de fato, alheio a ele; é ele mesmo, é a sua vida, é o processo que está prestes a narrar, o seu julgamento sobre as coisas, e o desenlace que, para ele, vinha tão irrevogável quanto a consciência que chega tão tardiamente ao americano iludido. Ademais, devemos reparar que o quadro descrito por Aires corresponde à ideia geral que a personagem fazia de uma realidade como aquela; aquele cemitério era como os outros (que havia visto ou conhecido). Sua impressão é pré-moldada, assim como a impressão do campo francês, para Strether, derivou de experiências anteriores.

A diferença reside, com efeito, na forma como o quadro é construído, da perspectiva de uma consciência iludida à ilusão promovida por uma consciência necessariamente perspéctica. E nesses autores inferidos: o de James, mais evidente a despeito de certa medida de encobrimento, mais claro justamente pela luz que é obrigado a lançar aqui e ali em meio à cegueira de seu personagem; e o de Machado, mais indistinto por misturar-se na perspectiva do narrador; nítido apenas quando se percebe o movimento narrativo como um todo[131].

É de mister neste ponto notarmos que, não obstante a defesa inicial de Machado do "realismo mitigado" e sua admiração

---

131. O que, aliás, corresponde à ideia de Booth, de que perceberíamos este "segundo *self*" autoral num nível significativo bem mais amplo. "Nosso entendimento do autor implícito não inclui apenas significados extraíveis, mas também o conteúdo moral e emocional de cada pedaço de ação e de sofrimento de todos os personagens. Inclui, em suma, a apreensão intuitiva de uma totalidade artística acabada; o valor principal com o qual este autor implícito *está* comprometido, independentemente de que partido seu criador toma na vida real, é aquele expresso pela *forma total*" (Booth, *op. cit.*, pp. 73 e 74; grifo meu).

(bem como a de James) pela *Revue*; não obstante, sobretudo, o quanto estes dois escritores procurem distanciar-se do realismo como escola literária, numa recusa que de aparência tem muito do que se propagava nas páginas do periódico, o que cada um deles sem embargo fazia era bem distinto desse realismo de meio-termo, dessa defesa do bom gosto, desse comedimento burguês, dessa moderação de excessos defendida pela revista. Não havia neles nada disso, de fato. Nenhum dos dois procurou na prática promover um equilíbrio de forças em defesa de uma arte ideal.

Havia em ambos, cada qual a seu modo, algo que podemos detectar na forma com que mostram o mundo em suas obras pela perspectiva de determinados sujeitos, estes sim, mergulhados em historicidade e enfeixados por sua experiência específica e lugar social. Assim a visão do mundo objetivo é comandada por este olhar, expondo-se às suas leis, a alguma medida de manipulação ou distorção, e sempre a um necessário estreitamento ou obnubilação, que insinua que o controle das sensações, da percepção ou dos afetos não corresponde ao que a vida pode oferecer de realidade, mas à realidade tal como um ser humano pode perceber num determinado lugar, num determinado tempo – uma porção mais próxima do que entendemos na prática como o real, embora este também venha, como ocorre na prática, marcado pela ambiguidade.

Neste movimento ambivalente também se pode conciliar o pretérito da recordação e o presente da consciência. Este último, decerto, também se liga ao devir cronológico das coisas que o sujeito procura apreender, com alguma falha e dificuldade, pois, enquanto o primeiro lhe oferece uma (ilusão de?) significação, o segundo lhe acena com um sentido à custa da própria significação à qual procurava aferrar-se. Se o significado de algo marcado pelo destino parece evidente (digamos, o compromisso com os mortos), ele perde a clareza ou abre-se a diversas possibilidades de sentido quando se recolhe a um tempo, quer seja atemporal, quer seja voltado para um devir em estado de potência. Não estamos falando de um tipo de realismo psicológico, pois o contraponto da arte praticada por nossos dois romancistas se estabelece, com maior correção, com a objetividade preconizada por um realismo mais preso à escola (que censurava o subjetivismo do romantismo ou o idealismo anterior). Estamos, sim, falando de um *realismo subjetivo*, que não se opõe também, necessariamente, a um ideal sempre inalcançável de objetividade ou *impassibilité* autoral, mas sim à ideia de que o mundo descrito no romance poderia ser visto como algo objetivo, absolutamente desvinculado do sujeito que o transforma[132]. Num realismo de tipo subjetivo, consequentemente, não só a vida vincula-se à porção de vida íntima retratada, como, por causa disso, a presença dos dois tempos é sempre possível, ainda que numa síntese problemática, equívoca.

No *Memorial* o caso se revela na afirmação à Eclesiastes de Aires sobre o "tempo que tudo consome". O comentário está claramente vinculado à personagem, que se liga ao passado. Além disso, refere-se às negruras do tempo, ao ofício que o tempo tem de envelhecer as coisas, de corrompê-las, de levá-las à campa e mantê-las lá. No entanto, o "ofício" do tempo é também algo que ele está sempre a realizar, como o pássaro a gorjear. O tempo "sempre" consome; como, por outro lado, também sempre provoca a geração. O tempo, caso pudéssemos pensar nele como sujeito ou consciência, estaria eternamente preso a esses atos de consumir e de gerar. E esse tempo-sujeito é o tempo de Aires, um presente de seu pensamento vislumbrado *através das* páginas de seu diário. Um "perpétuo 'hoje'", como o descrito por Agostinho,

---

132. As associações entre subjetivo e objetivo são naturalmente intricadas, e o leitor só precisa passar os olhos pelo verbete "Subjetivo [*Subjective*]", das *Palavras-chave* de Raymond Williams (Williams, 2007, pp. 386 a 391), para dar-se conta do fato. Para nós, contudo, basta aqui a simples reação, ainda que nela se pese a influência da filosofia clássica e da escolástica (associando sujeito à mente ou ao sujeito pensante), contida na ideia de subjetivo contra a pressuposição da ciência positivista de que haveria uma maneira absolutamente imparcial ou neutra de aproximar-se do objeto da cognição.

além de todos os tempos[133]. E isso só é possível porque, no romance, o equilíbrio se dá por meio da consciência pensante de Aires.

É claro que há uma diferença, já apontada, entre o presente da consciência representado nos *Embaixadores* e o do *Memorial*. No primeiro, James de fato representa este funcionamento atualizado da mente, enquanto, no segundo livro, por mimetizar a condição de diário, haveria algum espaço para manipulação – ou seja, haveria um tempo interpondo-se entre o ato e a escrita, mesmo que mínimo. Contudo, o que estamos examinando não é o tempo do que ocorreu, mas o tempo da consciência de Aires reagindo ao sucedido; a sua consciência *conforme* ela se desenrola nos diários. A manipulação de Aires entraria no cômputo da mesma forma que a confusão ou aturdimento de Strether. Para esta consciência, inclusive, a morte (como tudo mais) só pode existir como uma abstração. No entanto, detendo-nos no *Memorial*, pois o exemplo ali é mais forte, a morte faz, sim, parte do significado geral como coisa que se aloja não só sob a campa – os cabelos negros de Rita em memória preservados –, mas também sobre ela: no negrume da corrupção que é o efeito visível da morte sobre as coisas vivas. A variação cromática que se estabelece entre a morte aliada ao traço da imutabilidade (a cor preta dos cabelos) e a morte como efeito da transformação temporal sobre o que está visível (que pode ser preto sobre o túmulo, mas branco nos cabelos), reveste-se no relato de Aires de uma tensão que o aproxima de uma singular comédia de erros[134].

---

133. Diz Agostinho à grande consciência que ele chama de Deus: "Os vossos anos são um só dia, e o vosso dia não se repete de modo que possa chamar-se cotidiano, mas é um perpétuo 'hoje', porque este vosso 'hoje' não se afasta do 'amanhã', nem sucede ao 'ontem'. O vosso 'hoje' é a eternidade. [...] Criastes todos os tempos e existis antes de todos os tempos. Não é concebível um tempo em que possa dizer-se que não havia tempo" (Santo Agostinho, 1973, p. 243). Devemos aqui, claro está, desvestir a frase de qualquer intenção religiosa ou mesmo mística; isto é, pensar nela como uma espécie de fenomenologia do espírito *avant la lettre*.

134. Seguindo o raciocínio de Jameson, a instância pretérita relaciona-se com o regime do *récit*, ou do destino, enquanto a outra lhe é exterior. No entanto, esta

Curiosamente, com isso, neste momento de máxima contradição, o realismo também pode efetivar-se mediante sua máxima afirmação, porque se revela mais próximo da experiência cotidiana em que cada leitor poderia enxergar-se. E não só porque, como dizia Sartre, a pintura imparcial da sociedade e da condição humana é um "sonho impossível", mas por causa da capacidade do romance de capturar algo que corresponderia à ambiguidade moral da vida[135]. Ao mostrar

>segunda instância não corresponderia ao presente eterno da consciência, mas à forma como esta consciência percebe o devir, e também o passado-presente--futuro, nas coisas que a cercam (por isso, voltando ao nosso raciocínio, a consciência no fundo não tem como compreender a morte; ela está ontologicamente situada noutro plano). Surge aí o mecanismo da percepção ou das sensações por meio do afeto, e Jameson mostra como o afeto entraria na cena, literalmente a cena dramática tal como James a imaginou, a partir do realismo do século XIX, impedindo-a de cair na impessoalidade do presente eterno (Jameson, *op. cit.*, no prelo). É possível, porém, que o mecanismo das sensações (embora não exatamente da recordação), associado ao ciclo do tempo, exista desde muito antes, como no episódio do reconhecimento de Odisseu pela serva Euricleia no célebre canto XIX da *Odisseia*, estudado por Auerbach. Euricleia reconhece o amo, como sabemos, pela cicatriz deixada pelo colmilho de um javali quando Odisseu ainda era um rapazote. Este reconhecimento produzido através da sensação (o tato) traz à tona, de contínuo, na mesma oração, o início de uma longa interpolação em que se dá a conhecer ao leitor ou ouvinte os eventos do passado. Não apenas os do acidente com o javali (Odisseu estava no Parnaso em visita ao avô Autólico, e feriu-se durante uma caçada), mas também de um passado ainda mais distante, que remonta à gênese do herói (foi Autólico que o nomeou, pois, tendo chegado "com ódio a muitos homens e mulheres da terra fecunda", chamou o neto Odisseu; um jogo de palavras que consta do original.) Portanto, do instante do reconhecimento, possibilitado pela sensação tátil, súbito se passa ao pretérito da origem de Odisseu no ódio ancestral e também da caçada ao javali, na qual ele se fere mas também mata a fera, distinguindo-se dos outros rapazes; e dessa fonte pretérita igualmente sugerem-se os eventos que estavam por vir, incluindo a carnificina promovida por ele e o filho Telêmaco dos pretendentes e das servas; além do suplício de Melântio, o cabreiro, conduzido com "fúria no coração". Ou seja, por meio da herança cruenta, graças à qual, porém, um povo então sobrevivia caçando e guerreando, Odisseu viria restituir o equilíbrio e a ordem à sua gente, vingando-se com sangue a desonra que lhe impuseram os invasores de seu lar (Homero, 1982, pp. 222-235, 260 e 267; Auerbach, 2001, p. 1-20).

135. Sartre, 2006, p. 21.

que Lionel Trilling louva, em vez de criticar, a ambivalência final de *Lolita*, Booth afirma que, se nossa vida "é moralmente ambígua" e se o livro reforça esta característica, então nos deixa ainda "mais desconcertados do que antes – e, por conseguinte, sua própria falta de clareza constitui uma virtude"[136]. Ou seja, uma boa parcela do público (os que não acreditam na versão "oficial" do retrato isento do mundo) não se importaria com certa medida de equivocidade, com as lacunas e as pontas soltas, o final aberto, pois assim lhe parece que é a própria vida; a vida tal como a percebe a partir de um determinado contexto.

Ora, nesse sentido, a ponte com o leitor fornece como que o último fator da equação que os aproxima da sensibilidade moderna. Cada qual posicionou os seus instrumentos de reflexão a seu modo – por meio de um narrador não confiável ou com grande medida de intromissão autoral, no caso de Machado; ou através de histórias contadas em primeira ou terceira pessoas, "por um refletor profundamente confuso, basicamente iludido e até mesmo obstinado e pernicioso", como se dá em James[137]. Aires é o típico narrador manipulador, ao passo que Strether, se não chega a ser corrupto como Lyon, de "The Liar", não deixa de, em sua auto-ilusão, apresentar o olhar toldado pelos mais diversos equívocos. Cada autor também lança mão de determinado procedimento retórico; vimos que ambos o empregam de um jeito ou de outro; nem Aires nem Strether existem sem Machado e James implícitos. No entanto, com qualquer uma destas estratégias, exige-se a participação ativa do leitor inteligente (como pedia o americano com algum ceticismo); somente o leitor pode reconstituir o sentido que, como na vida, funda-se na intrincada relação forjada entre uma determinada consciência e o mundo que a cerca.

---

136. Booth, *op. cit.*, p. 372.
137. *Idem*, p. 340.

Booth argumenta que muitas vezes a ambiguidade derivada da forma engendrada pode gerar disputas insolúveis como a questão da ambivalência de *A Volta do Parafuso*, dentro da qual a preceptora pode ser tanto a heroína tentando desesperadamente salvar as crianças sob sua tutela quanto o algoz que as leva à loucura e à morte – e, no terreno brasileiro, podemos pensar no caso clássico de Capitu. Mas o fato é que – e isso é ainda mais interessante – a questão não surgiu na época de James e de Machado. E, se nenhum dos dois deixou nenhum documento mostrando que pretendiam causar perplexidade[138], também não deixa de ser verdade que é para suas obras que nos voltamos quando queremos detectar, em seu movimento geral, as marcas da ambiguidade.

Os leitores de sua época, com efeito, não perceberam; o estilo tardio do americano afastou grande parte de seu público, ao passo que o do brasileiro arrancou elogios da crítica nacional. Mas poucos representantes dessa primeira plateia observaram algo além desse nível superficial, porque a ficção de Machado e de James estava fadada, muito mais, a repercutir com um público que já houvesse burilado sua experiência por meio de leituras de Proust, de James Joyce, de Virginia Woolf, de Kafka; para não mencionar Bergson ou Freud. Só esse público poderia desconfiar do que se diz, examinar o que não se diz e ler a narrativa a contrapelo. O mecanismo da memória no estabelecimento do tempo, a dúvida e a alegoria, a hipertrofia do estilo e o apagamento do sujeito como identidade pessoal; depois disso, estávamos prontos para ler Machado e James; com os olhos que eles já nos haviam projetado desde então.

Para entender por miúdo a natureza metodológica de cada autor vamos agora fazer uma análise detida de algumas cenas de *Os Embaixadores* e do *Memorial*. Do método, passaremos em seguida à história. E nosso percurso estará terminado.

---

138. A não ser que imaginemos que as *amusettes* insolúveis como *A Volta...* sirvam a esse propósito.

4. *Os Embaixadores*: Análise de Cena

> *Ô gouffre! l'âme plonge et rapporte le doute.*
> *Nous entendons sur nous les heures, goutte à goutte,*
> *Tomber comme l'eau sur les plombs;*
> *L'homme est brumeux, le monde est noir, le ciel est sombre;*
> *Les formes de la nuit vont et viennent dans l'ombre;*
> *Et nous, pâles, nous contemplons.*
>
> VICTOR HUGO, "Au bord de l'infini".

> *Viel grimmere, schlimmere Bestien enthält*
> *Paris, die leuchtende Hauptstadt der Welt,*
> *Das singender, springende, schöne Paris,*
> *Die Hölle der Engel, der Teufel Paradies*
>
> HEINRICH HEINE, "Babylonische Sorgen"[139].

O episódio que passamos agora a examinar, o primeiro do décimo-segundo e último livro de *Os Embaixadores*, está encravado entre outros dois[140]. Estes dois enquadram-se dentro de um padrão de cena mais genuinamente dramático, em que os olhos do leitor "voltam-se para a história e a observam"[141]: há neles um "palco" armado de antemão ou aos poucos, no decorrer da ação, e há dois ou mais personagens interagindo nesse cenário, de forma autônoma, como se o autor ficasse de fora, sem que haja a necessidade de um "maestro selecionando, interpretando, compondo"[142]; tudo o que há para ser dito se mostra presentemente ali, por intermédio daquela ação, aos olhos do leitor, como no teatro.

---

139. Uma tradução deste poema por Saint-René Taillandier, publicado junto com a coletânea intitulada *Le Livre de Lazare*, saiu em 1854 na *Revue des Deux Mondes*.
140. Todas as citações desta cena estão em James, 2010, pp. 515-523. Neste capítulo, só faremos a remissão a páginas de *Os Embaixadores* quando os trechos se encontrarem fora desse intervalo.
141. Lubbock, *op. cit.*, p. 110. (Veja também James, 2003, pp. 27-31.)
142. *Idem*, p. 142.

Nessa altura da narrativa quase tudo já ocorreu ao pobre Lambert Strether: ele deslumbrou-se com a Europa, encantou-se com Madame de Vionnet, percebeu que ela possivelmente transformou o jovem Chad num homem bem mais interessante do preconizado pelos padrões de Woollett e descobriu que ele próprio talvez tenha desperdiçado seus anos numa existência sensaborona e puritana. Por não devolver Chad aos negócios pujantes de seu país natal provocou a vinda de outra delegação de Massachusetts, encabeçada por Sarah Pocock, filha de Mrs. Newsome. Sarah averiguou tudo e não gostou do que encontrou em Paris. Segundo uns, gostou do que viu (em Chad), mas preferiria que o irmão exibisse em Woollett os implementos recém-adquiridos do refinamento europeu. Segundo outros, ela na verdade receia ter gostado do que viu. Afinal:

> Sarah agia em nome de interesses maiores e mais claros do que seu pobre e frágil equilíbrio pessoal, seu pobre equilibriozinho parisiense. [...] O que mais uma vez se teria tornado evidente, caso houvesse cogitado, era que, como Mrs. Newsome em essência representava uma pressão moral, a presença deste elemento quase equivalia à presença dela, em pessoa[143].

Strether tenta argumentar com Sarah que nada fora feito de modo tão calculado como ela imagina, que seu malogro em conduzir Chad para casa relaciona-se com o fato de que "tudo se deu como uma espécie de parte indistinguível de todo o resto", mas a nova embaixadora de Mrs. Newsome não o perdoa: "Que mais sua atitude representa senão uma afronta para mulheres como *nós*? Refiro-me ao fato de presumir que possa haver uma dúvida – como se entre nós e alguma outra pessoa – sobre a quem ele [Chad] deve obrigação?"[144]

Após esta discussão dura, ocorrida no *salon de lecture* do hotel do herói, ele sai à procura de Chad, sobretudo porque,

---

143. James, 2010, p. 452.
144. *Idem*, pp. 453-454.

logo no início de sua preleção, Sarah deixou claro que o irmão deu-lhe a palavra de que partiria se Strether consentisse nisso. Ou seja, Chad, pelo menos segundo Sarah, pôs toda a responsabilidade sobre os ombros do conterrâneo. Este, portanto, parte diretamente ao bulevar Malesherbes, mas não encontra o objeto de sua busca. Volta ao hotel e, quando novamente aparece no apartamento do rapaz, é informado por Baptiste ("criado dos mais sutis") que ele voltara, apenas para vestir-se rapidamente e sair de novo. Strether se põe, assim, a esperá-lo, "uma hora cheia de estranhas sugestões, persuasões, reconhecimentos".

Quando o Chad enfim chega, com um sorriso satisfeito no rosto, o herói tem a impressão de que o rapaz dispõe de um inigualável *savoir-vivre*. E ele, Strehter, não quer impedi-lo de viver essa vida nem pleiteia livrar-se do ônus de ser responsável pela permanência do moço na Europa. Este, porém, diz, mais uma vez que está pronto para voltar, estava pronto, na verdade, seis semanas antes – se o amigo achar que se trata da opção acertada. O filho de Mrs. Newsome, entretanto, também diz que não pode deixar Strether "pagar" pela decisão. O pagamento tem sentido monetário. O jovem sugere que o outro, na idade dele, não poderia prescindir do que a mãe poderia "fazer pelo senhor e ser para o senhor". Estranhamente, Strether tem a impressão de que, enquanto diz isso, Chad sente-se bastante confortável. Pouco depois, é o noivo de Mrs. Newsome quem lembra ao moço:

> "Mas eu, de meu lado, também devo alertá-lo para o fato de que *você* também abrirá mão do dinheiro; e que (devo supor) não é possivelmente apenas uma bela quantia."
>
> "Certo; mas eu disponho de certos recursos", Chad volveu após um instante. "Quanto ao senhor, meu caro..."
>
> "... não se pode dizer", Strether interrompeu-o, "que eu disponha de 'recursos': certos ou incertos? Verdade. Mesmo assim, não morrerei de fome"[145].

145. *Idem*, pp. 471-472.

Sem dúvida ele não morreria de fome ao abrir mão daquele seu "futuro assegurado", mas há outro assunto premente a discutir: a da "rara intimidade da associação" entre Chad e Madame de Vionnet.

"*Você* não tem interesse por uma outra pessoa?"
Chad fixou-o longamente sob a luz da janela. "A diferença é que eu não quero."
Strether não entendeu. "*Não quer?*"
"Eu tento... ou seja, foi o que *procurei* fazer. Fiz o melhor que pude. A notícia não deve surpreendê-lo", o moço continuou com destreza. "Foi o senhor quem me pôs nesse caminho. Já estava decidido", ele emendou, "mas o senhor reforçou minha decisão. Seis semanas atrás achei que tinha chegado a uma conclusão."
Strether foi direto ao ponto. "Mas não chegou!"
"Não sei... é o que *quero* saber", Chad afirmou. "E se houvesse suficientemente acalentado, por mim mesmo, o desejo de voltar, creio que poderia ter descoberto."
"Quem sabe...", Strether ponderou. "Mas tudo o que conseguiu foi desejar ter desejado! E mesmo assim", prosseguiu, "até o momento em que seus amigos chegaram. Ainda quer manter-se impassível?" Mas como Chad, com um som um pouco plangente, um pouco cômico, no todo vago e equívoco, enterrou o rosto por uns segundos entre as mãos, esfregando-o de uma forma curiosa que cheirava a evasão, ele pressionou: "*Quer?*"
Chad por um momento manteve a postura, mas no fim ergueu os olhos e então redarguiu, abruptamente. "Jim *é* duro de roer!", declarou[146].

Chad tergiversa, como várias vezes durante o colóquio, não respondendo diretamente à pergunta de Strether. Nesse ponto, nosso herói não o está acusando de ter um caso com Madame de Vionnet, a ideia simplesmente não lhe ocorreu; ele apenas acha que a influência que a francesa exerce sobre o jovem é tão forte que não seria fácil escapar; ou, pelo menos, é isso que exi-

---

146. *Idem*, pp. 474-475.

ge saber: ele ainda "quer querer" voltar para casa? A resposta de Chad é evasiva. Mas, ainda que ele não possa ou não queira responder de imediato à pergunta de Strether, o rapaz não foge inteiramente do assunto.

O pequeno e gordo Jim Pocock, mais do que sua mulher Sarah, mais do que Mrs. Newsome, constitui a nota de Woollett. Ele representa o capitalismo satisfeito, franco, sem meias palavras, destituído de consciência, uma ordem predatória promovida pela jovem nação, diante da qual Madame de Vionnet ergue-se como se defendesse os intereresses da antiga. Jim não está ali representando ninguém, nem mesmo Mrs. Newsome. Jim representa a si próprio. Jim, no máximo, como dissemos, representa o capital, o negócio, o destino ineludível com o qual o jovem herdeiro teria, mais cedo ou mais tarde, de lidar.

Recordemos o curto trajeto que Strether faz com o homem de negócios de Woollett no carro de praça até o hotel, assim que a nova delegação chega a Paris. James esmera-se no traço satírico. Jim é pintado como que desprovido de marcas distintivas, exceto seu gosto por roupas cinza-claro, chapéus brancos, "charutos muito grandes e histórias muito curtas". Folgazão, não esconde que está se esbaldando com aquela escapada parisiense, pela qual Strether, afinal, ele faz questão de frisar, é responsável. Sua franqueza faz com tenhamos um retrato muito mais claro sobre as intenções de Woollett do que aquele que Sarah ou Mrs. Newsome permitiriam entrever. Ele confessa que, da América, as coisas estão feias. E adverte que, embora não esteja mostrando suas "garras", Sarah ainda as exibiria, pois não é do feitio dela nem da mãe andar "de lá para cá, agitando a jaula". É Jim o primeiro a mencionar a função de Chad. Se ele retornar a Woollett, administrará o setor de propaganda. A ironia com que James descreve o homem de negócios, a qual transparece quer seja pela descrição quer seja pelo discurso do personagem, repleto de metáforas fáceis, não elimina, porém, o caráter terrível que ele encarna: "Foi de fato no fiacre com Jim que as impressões se adensaram, provocando em Strether uma estranhíssima sensação de distância separando-o das pessoas com quem convivera durante anos". Jim, raciocina nosso herói, pode-lhe trasmitir a "verdadeira mensagem" de Woollett, o que contrasta com uma ponderação anterior: se o mundo em que estava vivendo ali, na Europa, não seria falso, uma impostura, "um mundo criado apenas para satisfazê-lo"[147].

Alguns dias depois da conversa com Chad e depois de ter tido sua última e decisiva palavra final com Sarah (ele pediu-lhe uma prorrogação do prazo para o regresso de Chad, que ela negou), antes de ela, junto com o marido, a cunhada, Waymarsh e Little Bilham, embarcar para a Suíça – onde ficaria cerca de um mês antes de voltar aos Estados Unidos –, Strether tem enfim sua mostra do mundo real. Estranhamente, porém, essa dose de realidade principia de modo bastante romanesco, como algo "queer as fiction, as farce", no passeio ao campo que estudamos no capítulo precedente.

E então Strether aceita colaborar com a impostura imposta pelo casal. Por um senso de decoro, todos implicitamente decidem levar a comédia adiante – a comédia de que nada havia acontecido. Mas, para nosso herói, a revelação é clara: o *virtuous attachment* inventado por Little Bilham para definir a relação entre Chad e Madame de Vionnet nunca existira, na verdade. Strether defendeu os dois, tomou partido de Marie contra os melhores interesses de Woollett, contra os próprios melhores interesses, mas, no fundo, eles lhe esconderam o fato bastante óbvio de que estavam tendo um caso. A "profunda, profunda certeza da intimidade revelada" se exibia enfim, a descoberto. Ao longo da vigília por que passou após regressar ao hotel, torna repetidas vezes ao mesmo ponto: "a intimidade, nesse contexto, *parecia* com isso – e com que mais se poderia querer que parecesse?"[148]

Esta é, portanto, a cena que precede a nossa; ela contém todos os elementos do drama: o cenário, os personagens, a ação.

---

147. *Idem*, pp. 348-357.
148. *Idem*, p. 331.

Além dos eventos externos, observados por Strether, podemos entrever o movimento interno de seu espírito à medida que eles ocorrem: a surpresa, a hesitação, a revelação, a farsa da qual o herói, naquela feita, é obrigado a tomar parte. A primeira cena do livro doze, ao contrário, enfoca quase tão somente os pensamentos do personagem, sua reação aos fatos precedentes e sua expectativa com respeito aos que viriam; ou seja, ela baseia-se inteiramente, ou quase, na experiência da consciência de Strether. Também se passa em um dia, mas quase nada sucede, em termos de ação, em contraste[149]. A cena prepara a subsequente, o do último diálogo dramático entre o herói e Madame de Vionnet. Pois o americano esperava uma nota ou uma visita de Chad, mas quem lhe escreve, logo cedo, é Marie, pedindo que lhe fizesse uma visita à noite, em seu apartamento. O trecho que passaremos a analisar agora não deixa de ser, portanto, uma longa cena de espera.

O primeiro parágrafo começa com uma interessante concatenação temporal:

Strether couldn't have said he had during the previous hours definitely expected it; yet when, later on, that morning – though no later indeed than for his coming forth at ten o'clock – he saw the concierge produce, on his approach, a *petit bleu* delivered since his letters had been sent up, he recognized the appearance as the first symptom of a sequel. [Na tradução: Strether não poderia ter dito que houvesse, nas horas que se passaram, definitivamente esperado por isso; porém, mais tarde, naquela manhã – ainda que de fato não depois das dez, o horário em que descera do quarto – ao ver que o porteiro exibiu, com a sua chegada,

---

149. Esta cena, como as outras do livro, no entender de Percy Lubbock, seria também "dramática", pelo menos quanto ao tratamento. Como em *Madame Bovary*, o assunto de *Os Embaixadores*, "pictórico" em essência, é "inteiramente convertido ao método do drama". Trata-se, no caso jamesiano, de um tipo de romance em que "a mente é dramatizada". Teríamos o tempo todo, então, um tema pictórico (a reflexão da mente de um homem) expresso pelo método dramático de condução da história (Lubbock, *op.cit.*, pp. 152 e 185).

um *petit bleu* entregue após o envio da correspondência, nosso amigo reconheceu na imagem o primeiro sintoma de uma série.]

Há uma oposição na frase, entre um ponto mais distante no tempo e outro, mais próximo, que equivaleria ao presente de Strether. Assim, o trecho se inicia nesse passado prévio ("Strether couldn't have said he had during the previous hours definitely expected it"), passa ao "presente" ("yet, when, later on, that morning [...] he saw the concierge produce, on his approach, a *petit bleu* delivered"), volta ao passado mais remoto ("since his letters had been sent up") e, mais uma vez deslocando-se ao momento da ação, quando Strether "recognized the appearance", indica um possível desenvolvimento futuro: "as the first symptom of a sequel". A ação sugere alguma ansiedade contida sob aquela calma aparente; assim, o que ele havia cogitado, o que de fato ocorreu e o que viria a suceder – tudo combina na mesma sentença como um moto-contínuo.

Além disso, o parágrafo começa com uma negativa: Strether não podia afirmar que esperava a chegada do *petit bleu*, do telegrama, muito embora quando este, por volta das dez horas, lhe tivesse sido entregue, nosso amigo o tenha reconhecido como "primeiro sintoma de uma série". A oposição, assim, se desdobra em duas: ele *não* esperava, *porém*.... Assim como o telegrama marca o início de uma série de eventos, a adversativa inaugura uma série de outras conjunções assemelhadas ou de expressões que dão a ideia de antagonismo, e que conferem o ritmo do parágrafo: "yet", "however", "worth while or not", "rather... than", "but". Quase toda sentença surge rebatida, reformada ou reajustada por outra, como que plasmando o conflito interno do personagem.

Na superfície, todavia, reina a serenidade. As cartas de Strether lhe haviam sido entregues. Ele, com efeito, não havia pensado seriamente naquela probabilidade, ou seja, na chance de Chad escrever-lhe ou de escrever-lhe assim tão cedo. O fato, porém, é que esperava um sinal de Chad, tanto que rasga o envelope ali mesmo, "na brisa agradável da *porte-cochère*", sem atentar para o remetente. A brisa representa um refrigério em meio à canícula, mas o leitor atento não deve ter esquecido que foi justamente ali, junto ao acesso das carruagens, que logo após a terrível entrevista em que Sarah o acusara de humilhar as damas de Woollett, a vitória dessa senhora a aguardava, e Strether a viu desaparecer sem que a pudesse detê-la. Trata-se de uma conversa que, mais tarde saberemos, conferiria ao *salon de lecture* um "abatimento", reforçando a escassez de seus "matizes de prazer". Por trás das aparências agradáveis da cena, portanto, sempre parece haver um elemento traiçoeiro, à espreita.

Para sua surpresa, o *petit bleu* não é do jovem americano, mas de Madame de Vionnet. Os sinais de expectativa, então, proliferam. Ele vai à agência do correio mais próxima, "uma determinação que quase traía seu receio pelo risco de um atraso". O narrador supõe que, enquanto se dirige para o local, Strether talvez cogitasse que, se não se pusesse imediatamente a caminho, talvez não fosse nunca mais. Amassava na mão o telegrama de Madame de Vionnet, que colocara no bolso, "num gesto mais carinhoso do que áspero". No correio, "sob pressão do local", escreve uma resposta breve à breve comunicação da senhora: ele concordava em encontrá-la, naquela noite, às nove e meia, em sua residência. O herói desconsidera o *post-scriptum*, que indicava que ela, outrossim, via urgência no encontro: se Strether quisesse, podia marcar outro horário ou outro lugar, que ela de bom grado aquiesceria.

A réplica de nosso amigo fora escrita como se fosse "a coisa mais natural do mundo", mas o certo é que nada poderia implicar dificuldades maiores. Tanto que, assim que redige a resposta, hesita se deve depositá-la na caixa de correspondência. Talvez ele não devesse ver mais ninguém (em inglês, a frase é mais enfática, com duplo emprego de "at all": ("he mightn't see any one at all any more at all"), podia deixar as coisas como estavam, pois era duvidoso que pudesse melhorá-las, e voltar para casa – onde é que lhe restasse uma. Essa possibilidade de concluir ali sua aventura europeia ocorreu-lhe de forma tão aguda que, se enfim ele depositou a missiva, não foi por outra razão salvo, mais uma vez, "a pressão do lugar".

Conclui-se desse modo a sucessão de argumentos e contra-argumentos que forma o parágrafo: chega o telegrama, surpreendendo Strether, mas nem tanto; ele abre a correspondência, que não fora escrita pelo jovem herdeiro, mas por sua amante; o herói apressa-se a ir ao correio, com medo de perder a coragem caso demore a responder; escreve o comunicado inspirado pelo clima do local, mas, prestes a enviá-lo, pergunta-se se não deveria retornar de imediato a Woollett. Súbito, então, sente novamente a "pressão do lugar". Trata-se da segunda vez de fato que, no mesmo parágrafo, aparece a expressão; fora "under pressure of the place" que ele compusera a resposta e agora é "the pressure of the place" que o obriga a mandá-la. O autor sugere que Strether não age segundo seus anseios, age até certo ponto em contraposição a eles, como que coagido por uma força maior. Esse é o resultado do movimento quase dramático, quase em sintonia com o capítulo anterior, gerado por dúvidas, fantasias e apreensões, que só são resolvidas, ou, pelo menos, deixadas de lado, por causa de uma circunstância externa – circunstância cujo funcionamento e cuja influência se explicam melhor no parágrafo seguinte.

O qual começa, aliás, por meio de uma negação. Não era outra a pressão do que a que se apresentava na forma "comum e constante, familiar a nosso amigo sob a rubrica dos *Postes et Télégraphes* – o não-sei-quê no ar desses estabelecimentos; a vibração da vasta e estranha vida da cidade". James continua com a curiosa enumeração dos fatos que compõem a agitação urbana: "a influência dos tipos humanos, os atores tramando suas mensagens; a presteza das pequenas mulheres de Paris conjurando, pretextando Deus sabe lá o quê, cravando as medonhas canetas públicas, pontudas como agulhas, nas medonhas mesas públicas, salpicadas de areia". Esses implementos modernos representam, para a imaginação de Strether, "algo mais agudo em termos de costumes, mais sinistro em termos éticos, mais feroz em termos da vida nacional". E, após ter depositado o telegrama, ele diverte-se pensando que, ao fazê-lo, acabou alinhando-se às fileiras "do feroz, do sinistro e do agudo".

Percebe-se, neste único exemplo, como James interliga a descrição das referências materiais externas ao indivíduo à exposição das incertezas e apreensões do próprio personagem, de sorte que, no final, uma e outra surgem quase como uma coisa só. Foi o olhar do herói que nos revelou aquela realidade e foi aquela realidade que determinou a ação do herói. A melodia da cidade, conectada aos modernos instrumentos de comunicação, essa ampla rede de correspondências, entrelaçando desejos, ordens, convites, destinos, sela, no caso examinado, a sorte de Strether.

A ideia de entrelaçamento, formando uma vasta rede subterrânea e inconsútil, é reforçada pelo ordenamento de gerúndios – "concocting their messages [...] arranging, pretexting [...] driving" – bem como pela escolha vocabular. Para nosso amigo, trata-se de uma canção diabólica. Ele havia feito uma aliança com a velha ordem, uma disposição cediça personificada por Madame de Vionnet, enquanto as maquinações e atribulações citadinas, que sugerem uma espécie, senão de massificação, ao menos de massa, de comunicação em massa *avant la lettre*, combinam mais com o robusto capital de Woollett, com o comércio internacional que ele possibilita, com a troca livre e incessante de informações e produtos – uma azáfama que Chad viria a dirigir, sob o cargo de chefe da publicidade.

Se tudo isso remete ao setor público, Strether procura o privado, o particular. Quase nada é feito que não seja feito entre quatro paredes, para ele. Ele prefere os aposentos, *boudoirs*, salas de jantar, *salons de lecture* de uma cidade em ebulição, a Paris que é "centro da nova aristocracia financeira, capital do burguês"[150]. Ironicamente, quando o pobre americano enfim de-

---

150. Oehler, 2004, p. 130.

cide fugir para o campo, nem que seja num anseio de escapada romanesca, ele se vê enfim obrigado a enxergar aquilo que todo o tempo estava muito claro, se ao menos não evitasse olhar. Strether, de certo modo é, como veremos adiante com nosso Aires, um observador que sofre de um padecimento óptico.

Dissemos que a rede "feroz, sinistra e aguda" da qual Strether acabou inadvertidamente participando é subterrânea, não só porque se engendra à revelia do indivíduo, mas ainda por causa dos longos cabos transmarinos e transatlânticos do telégrafo, tido como "o progresso mais significativo das comunicações na primeira fase da Revolução Industrial"[151]. Mas há também a imagem secundária que se pode conceber, imaginando que ela se forma como que no ar, à semelhança das moléculas submetidas aos campos elétricos de Maxwell, como um ruído surdo, um zumbido, que paira acima da multidão, atravessando-a, influenciando-a contudo como uma supraconsciência. "Essa vibração da vasta e estranha vida da cidade", que corresponde a uma "típica fábula parisiense", barulhenta e perigosa, voltaria a atacá-lo, pela mesma via sonora, horas depois.

A pressão do lugar obriga-o a misturar-se ao público. Não se fala aqui de pessoas, mas de tipos, de executantes ou atores (*performers*), como que se tratasse de uma pantomima ou peça popular. Feito *performers*, os sujeitos atêm-se a seu papel, submetem-se a uma função como parte de um mecanismo gerador, títeres ou engrenagens numa máquina de influências mútuas. Strether já fazia parte passiva desse enredamento, quando recebera o *petit bleu* pela manhã, mas é somente entrando na agência do correio e, por influência do prédio e das funções, escrevendo seu recado e, mais uma vez premido

---

151. A afirmação é do historiador Edward Burns, que também nos informa que a primeira linha telegráfica dotada de eficiência suficiente para ser empregada para fins comerciais estabeleceu-se entre as cidades de Baltimore e Washington, em 1844. Em 1851, lançou-se um cabo pelo Canal da Mancha e, em 1866, inaugurou-se o primeiro cabo transatlântico, por iniciativa do capitalista americano Cyrus Field (Burns, 1959, p. 673).

pelas circunstâncias externas, inserindo a resposta na caixa postal, é somente assim, assumindo parte ativa nos negócios da burguesia, que ele, em suma, pôde sentir-se incluído nessa fábula urbana.

Composto em franco contraponto com a cena bucólica anterior, o quadro apresenta imagens estranhas. Mesmo levando em conta a resistência do personagem em aderir à marcha dos sucessos modernos – Strether, como Aires, nesse sentido, é um modelo de regressismo –, apesar de sua disposição moral que, em princípio, o levaria a opor-se às novas regras de conduta pública, ao entrelaçamento, à maquinação, fica a dúvida do que poderiam significar a caneta pontiaguda, a mesa manchada e até as mulherzinhas ardilosas. Trata-se decerto de uma imagem com um quê depreciativo, um quê de sátira, mas há algo mais, que as imagens dos parágrafos seguintes podem aclarar. Nessa altura, porém, tendo "cumprido sua missão", é que Strether pode finalmente iniciar "seu dia de espera".

A culpa puritana aflige o herói. Ele concordara em ir ao apartamento de Madame de Vionnet, pois queria apreciá-la nas melhores condições. Admira o lugar onde ela vive e o cenário que a enquadra, "amplo, alto e distinto". Cada ocasião passada naqueles cômodos lhe apresenta um "um prazer de um matiz diferente". Mas o que o prazer e os matizes têm a ver com o incômodo infligido pela situação constrangedora? Talvez, ele cogita, fosse mais oportuno recebê-la na fria hospitalidade de seu *salon de lecture*, para sempre contaminado pelo abatimento deixado por Sarah, ou num dos bancos de pedra das Tulherias ou numa cadeira de aluguel, nos fundos dos Champs Élysées. De todo modo, em qualquer uma dessas opções, haveria uma inconveniência, um embaraço, que seria mais adequado à concepção de que "alguém estava pagando por algo em algum lugar e de algum modo". Ao contrário, vê-la ali, na sua casa da rue de Bellechasse, em sua melhor forma, tão conveniente para ela quanto para ele, tinha o menor elo possível com a ideia de disciplina ou punição.

A descrição dessa antiga residência, cujo acesso se dá por meio de um pátio antigo, encontra-se num capítulo bem anterior, quando Strether faz sua primeira visita a Madame de Vionnet. A rue de Bellechasse é dessas vias da margem esquerda de Paris que remontam ao século XVII. Naquela época, havia ali um convento das devotas do Santo Sepulcro de Jerusalém, conhecidas como religiosas de Bellechasse, transferidas da região da Lorena (por isso, eram também chamadas de "filhas da Lorena"). Com o passar dos tempos, tornou-se lugar disputado para a educação de princesas e condessas. Os prédios circundantes datam do Império, ou mesmo antes, e serviram de residência a grandes fortunas e figuras de destaque da política e das artes. Um dos antigos moradores da rua foi Bernardin de Saint-Pierre (1737-1814), cujo *Paul et Virginie* (1787) converteu-se em sinônimo de literatura romântica, virtuosa ou escapista, tendo sido leitura associada a heroínas de Lamartine, Balzac, Flaubert e Machado de Assis[152].

---

152. As heroínas são, respectivamente, Graziella (de *Graziella*, 1849); Véronique (*Le Médicin de Campagne*, 1833), Emma Bovary (de *Madame Bovary*, 1856) e Helena (de *Helena*, 1876). A alusão do romance de Flaubert, por exemplo, está no primeiro parágrafo do capítulo VI: "Ela [Emma] lera *Paul et Virginie* e sonhara com a casinha de bambu, com o negro Domingo, o cão Fiel, mas, sobretudo, com a amizade doce de algum bom irmãozinho que vai procurar frutos vermelhos nas grandes árvores mais altas que campanários ou que corre descalço na areia trazendo um ninho de pássaros." Nem Flaubert nem James devem ter ficado surdos ao que Chateaubriand escreveu sobre este romance pastoral, escrito às vésperas da Revolução Francesa, em sua famosa obra *Le Génie du Christianisme* (1802): "É certo que o encanto de *Paul et Virginie* consiste em uma certa moral melancólica que brilha na obra, a qual podemos comparar a esse brilho uniforme que a lua verte sobre uma solidão adornada de flores". Machado de Assis também usa o romance de Saint-Pierre como sinônimo de leitura romântica e edificante. Na comédia *O Protocolo*, de 1862, Venâncio lia o livro em seu gabinete antes de sair no encalço de sua "fada do amor". Dois anos depois, no conto "O Anjo das Donzelas", o livro simboliza as páginas de lição, que uma moça deve ler, em contraste com a "gota de veneno", os livros "defesos", corruptores. Em *Helena*, a protagonista confessa ao irmão que lhe furtara um volume da biblioteca. Estácio pergunta se não se trata de *Paulo e Virgínia*, mas a moça confessa que é *Manon Lescaut*. Mais uma vez o romance serve para indicar a oposição a um tipo de leitura que,

Madame de Vionnet aloja-se, por conseguinte, nesse suntuoso caldo histórico – em que os sinais da opulência e das glórias passadas apontam tão alto quanto os indícios de expiação, dos quais a protagonista do romance de Saint-Pierre representa porventura um eco subterrâneo[153]. Mas não é bem a um bovarismo explícito, por meio de uma alusão a *Paulo e Virgínia*, que James se refere, na ocasião da primeira visita de Strether. A via à Velha Ordem é histórica e decorativo-ornamental. Strether sabe que a construção pertencia a um período mais remoto, da velha Paris; mas a época pós-revolucionária, que ele associa ao mundo "de Chateaubriand, de Madame de Staël ou mesmo do jovem Lamartine", deixara sua marca nas cadeiras consulares e cabeças de esfinge, e nas harpas, urnas e miríades de pequenos objetos, ornamentos e relíquias. A descrição que James faz do salão reveste-se de signos imperiais, e se revela ainda mais significativa quando comparada a outras residências do romance[154].

Strether estabelece um confronto entre os itens dispostos na casa de Marie com o "pequeno museu de barganhas" de Miss Gostrey, por exemplo. Enquanto o lar da segunda está abarrotado de belos objetos, recentemente adquiridos, o salão da primeira se encontra sob o "fascínio da transmissão". São "velhas acumulações", que hão de ter diminuído com o passar dos anos. Strether imagina que houve urgência de abrir mão de uma ou outra peça, embora seguramente não das melhores. É Miss Gostrey quem talvez estivesse à cata dessas quinquilharias arrematadas (em leilões, quem sabe, como o caso dos livros e quadros de mana Rita?), desses objetos adorados por nosso herói – ela representa o espírito empreendedor e ativo do Novo Mundo, obrigado a amealhar (ou rapinar?) esses itens, pois não

---

como a obra do abade Prévost, não serviria "para moças solteiras" (Machado de Assis, 2006, p. 74; 2002, p. 66 e 1952, p. 58; Flaubert, *op. cit*, p. 44; Chateaubriand, 1936, p. 79).

153. Como se sabe, Virgínia prefere morrer a perder o decoro, o que, sem dúvida, corresponde à "moral melancólica" de Chateaubriand, citada na nota anterior.

154. James, 2010, pp. 243-245.

foi brindado pelo "fascínio da transmissão". E esse ar, além do mais, esse encantamento, não pode ser adquirido – ele emana da residência de Madame de Vionnet como uma fantasmagoria, um fulgor inatingível e inalcançável, mas sempre desejado: correspondia ao "estilo nobre e despretensioso dos dias de antanho, e à velha Paris da qual ele estava em perpétua procura". Enquanto isso, o apartamento de Miss Gostrey é comparado, em outro momento, a um covil de pirata[155].

Mas não é só com o lar estrangeiro de sua amiga americana que a residência da francesa é confrontada. Strether também distingue ali, como já apontamos, a *Revue des Deux Mondes*, disposta em uma mesa, do outro lado do aposento. O enviado de Woollett deduz que a revista tão familiar só pode ser um "toque" de Chad. O periódico é um item que se acha em destaque nos salões da Nova Inglaterra, onde exibir a *Revue* implica alguma ostentação. Podemos até imaginar que a revista é o modelo seguido pela idealista *Review*, editada por Strether, sob a subvenção da industrial. No *salon* de Madame de Vionnet, contudo, a publicação tão apreciada por americanos conservadores como Strether e Chad não passa de um ornamento extra.

Forma-se, assim, um contraste tripartido da moral mercantil de Mrs. Newsome, para quem a *Revue* tem um teor de ostentação e desperdício comercial; com a moral interessada dos compatriotas como Strether, Chad ou Miss Gostrey, para quem a revista é porta de entrada para uma cultura que precisa ser absorvida, pois não lhes é transmitida por herança; e, por fim, com a antiga moral representada por Madame de Vionnet, referência original não só das aspirações dos editores e colaboradores do periódico, como dos desejos do Novo Mundo, do Novo Mundo "interessado", é claro. Sim, Madame de Vionnet é a "influência" de Chad, e Strether pergunta-se, naquela primeira ocasião: "O que diria Mrs. Newsome do fato de que a 'influência' interessada do filho mantinha sua espátula entre as

---

155. *Idem, ibidem*.

páginas daquela revista?"[156] Ao lado da clara alusão sexual, a espátula ou corta-papel (*paper-knife*) indica que a revista não é mero objeto decorativo, mas transmite um estranho eco premonitório às canetas pontiagudas das mulherzinhas dos Correios (***the dreadful needle-pointed public pen at the dreadful sand-strewn public table***; repare-se que a rede aliterativa de fricativas, apicais, explosivas, bem como a alternância de surdas e sonoras, mimetiza o ruído próprio do telégrafo).

Ambos os instrumentos parecem, em sua fálica mobilidade, lavrar seu tento. As aguilhoadas das canetas ferindo o papel e a mesa forçam – até, como sugerimos, pelo som – o intercâmbio de mensagens, arranjos, negócios e afetos de uma multidão anônima, feroz e implacável. A espátula de Madame de Vionnet, provavelmente elegante, jaz no meio da revista como se desbravasse os segredos de uma sociedade. Marie talvez queira saber, como diante de um espelho retorcido, o que pensa deles a nova aristocracia, apreciando a matéria que esta elite burguesa tanto aprecia ler. O que há entre um mundo e outro parece ser, portanto, um jogo de olhares, uma vigilância elegante, uma atenção. Isso quando não há a inconsciência devoradora de Jim ou o desprezo orgulhoso de Mrs. Newsome e Sarah Pocock.

Em contraste com os salões de Madame Vionnet encontram-se, como vimos, os locais públicos representados pelas Tulherias e pela Champs Élysées. É curioso que Strether, quando menciona justamente esses lugares, os quais, naquela época, já exibiam as marcas hedônicas da burguesia orgulhosa, cogite a possibilidade de expiação e castigo, que lhe venha à mente a ideia de que alguém deve cumprir a pena de algum modo em algum lugar. Esse pensamento torna-se mais enfático, no texto, por causa de uns pequenos detalhes, como os pétreos bancos do jardim das Tulherias, que não se mostra belo nem imponente, mas empoeirado. O quadro sugere uma entrada pela porta dos fundos da história, por uma passagem obscura, soterrada

---

156. *Idem*, p. 153.

pela opulência satisfeita da nova Paris: não a face ostensiva da Champs Élysées, mas um local reservado, situado atrás.

* * *

Sede dos soberanos do Império, o próprio palácio das Tulherias fora incendiado durante a Comuna de 1871. A punição à velha ordem identificada com o edifício repercute, além disso, um castigo mais terrível, de que aquele cenário também foi testemunha: no subterrâneo do jardim das Tulherias, em 1848, milhares de insurrectos das jornadas de junho foram fuzilados durante três noites seguidas. Em *O Velho Mundo Desce aos Infernos* e *Terrenos Vulcânicos*, o crítico alemão Dolf Oehler mostra como locais como esse (assim como o Arco do Triunfo, a praça do Caroussel etc.) marcaram, para Baudelaire, a cisão entre a velha Paris, suja e empoeirada, mas onde ainda era possível conjugar a ideia de fraternidade, e a nova, com as amplas avenidas abertas pelo barão Haussman, a vistosa Paris do turismo burguês, da diversão, que recalcou a memória dos eventos fratricidas e traumáticos de 1848[157].

Esse cenário de massacres sangrentos, onde a coisa pública foi tão flagrantemente vilipendiada, ainda guarda pelo menos uma referência mitológica oculta no nome da hoje elegante avenida que dali emerge: os Campos Elísios não deixam de ser, sabemos, uma região subterrânea, o *infernus* dos bem-aventurados. O que nos sugere, portanto, esse quadro? Os jardins das Tulherias e a avenida dos Champs Élysées insinuam um meio possível de expiação dos crimes do passado, a que tanto a burguesia quanto a aristocracia caduca devem prestar contas, de um lado. Do outro, estão os aposentos de Madame de Vionnet, ornados com os bricabraques dourados das glórias imperiais, que Strether crê estarem o mais distante possível de uma "forma de disciplina".

---

157. Veja sobretudo "Um Socialista Hermético" e "Mitologia Parisiense", em

E há ainda o não mencionado (aqui) local de folguedos do amante da francesa, já que o jovem Chad habita o bulevar Malesherbes, que não por acaso representa uma das artérias amplas abertas pela operação de "embelezamento estratégico" de Haussman, sob os auspícios de Napoleão III; a via era um dos "arrogantes bulevares que contribuíram para a fama e o bem-estar do Segundo Império" e que coroaram a profilaxia antirrevolucionária que vinha sendo posta em prática desde a sangrenta repressão de junho de 1848[158].

Significativamente, se o espaço público tinge-se com as cores funestas (de algo "mais agudo em termos de costumes, mais sinistro em termos éticos, mais feroz em termos da vida nacional") de antigas hecatombes, e se os *salons* de Madame Vionnet respiram glórias passadas, o elegante apartamento de Chad associa-se à nova e pujante Paris, a cidade do progresso, do capital e das comunicações avançadas – a metrópole onde a agitação e o matraqueado do edifício dos telégrafos, com suas executoras agora empunhando medonhas canetas-baionetas sobre as mesas públicas[159], mal conseguem abafar os fantasmas cruentos de sua má consciência.

O clamor pela penitência não se satisfaz nem mesmo nas longas horas que se estendem entre o depósito do telegrama e o encontro marcado, um período que transcorre tranquilamente, ao menos (mais uma vez) na superfície. Nada ao herói pareceu mais fácil do que gozar aquelas horas (ao contrário da espera

---

Oehler, 2004, pp. 99-126. A fonte imediata do professor Oehler é naturalmente Walter Benjamin. Veja Benjamin, 1994, sobretudo pp. 67-101. E também em seu *Das Passagen-Werk*: Benjamin, 2002, pp. 3-26, 120-149.

158. Oehler, 2004, p. 110.
159. A ideia de expiação estabelece um possível elo da "mesa pública" com um altar, no sentido de mesa de sacrifício – sugestivo dos massacres de 1848, portanto. O sacrifício sacrílego, que permitiu brotar do sangue das vítimas a feroz Paris burguesa, leva a uma expiação não só inconsciente, como inconsequente, implicado na passagem. A superfície arenosa das mesas liga-se, por sua vez, ao cenário poeirento das Tulherias e, ambos, ao pó em que as alvas asas do cisne fugitivo de Baudelaire se banhavam. ["Baignat nerveusement

no apartamento de Chad). Strether vestiu-se de forma nada apurada (como se vestiria caso decidisse ir ter com Maria, a quem também não visitou), flanou, descansou, fumou, sentou-se à sombra, bebeu refrescos e deliciou-se com gelados. O caso é que, novamente, o quadro sereno esconde tensões e, no dia claro de verão, os trovões retumbam distantes, sem que se precipite uma tempestade ou uma gota sequer de chuva. Como afirmou Strether a Sarah, tudo parece interligado, e, ali, de certo modo, os trovões conectam-se a Chad e aos Pococks, pois, ao ouvir os estrondos, ele volta ao hotel com o pressentimento de que podia encontrar um sinal do jovem. Depois, imagina o que o casal americano, aparecendo de inopino, pensaria se o visse naquele estado, quase como um vagabundo, ou seja, a pior das concepções para o imaginário da industriosa e puritana Woolett. Os Pococks "teriam tido um bom motivo para ficarem escandalizados", rumina ele. Mas os Pococks não irrompem na cena, Chad não passa no hotel e Strether continua mantendo Miss Gostrey a distância; de modo que, à noite, "sua irresponsabilidade, sua impunidade, sua fartura" haviam se tornado imensas.

O que James descreve aqui, de maneira muito eficiente, é a tensão de uma situação que não se desfaz, a necessidade de um castigo que não se inflige, o prelúdio de uma tempestade que não deságua[160], tudo correndo sob uma capa de serenidade e aparente normalidade. Os sinais estão por toda parte, mas em locais bem comuns como a *porte cochère* ou o correio, e estão na consciência de Strether, que se espanta que, diante de tamanha

ses ailes dans la poudre" – Le Cygne, transcrito por Oelher, 2004.] A pureza se conspurca no pó, o qual depois se empaparia com o sangue dos operários imolados em nome da nova ordem espúria.
160. "Foi uma tempestade": assim Victor Hugo descreve o ataque à barricada da rue de la Chanvrerie, a qual teria sido um esboço daquelas da insurreição de 1848. De fato, ao pintar esta última, diz que a barricada Saint-Antoine era "o tumulto dos trovões" (Hugo, 2002, vol. II, pp. 532 e 587). Oehler mostra que, dentro da semântica da época, a água, o relâmpago, a tempestade, o trovão e a maré "pertencem ainda ao campo metafórico da revolução" (Oehler, 2004, p. 120).

pressão, ele se amolde à corrente e siga como se nada mais houvesse. Trata-se de um anticlímax, depois da grande revelação do capítulo anterior, mas de um anticlímax prenhe de suspense, que se arma desde o nível mais simples da frase, cheia de conjunções adversativas veiculadas num ir-e-vir temporal, que anuncia a eclosão impendente de um grande cataclismo.

Nenhum cataclismo de caráter ostentoso, claro, ocorre em qualquer das páginas de James, mas a sugestão de algo muito próximo disso, na esfera social, desenrola-se nos dois parágrafos seguintes. Ainda sob a influência do ar luxuriante emanado pela Paris do olvido, que se mantém inquebrantável, ele vai ter com a amiga de Chad, conforme combinaram, entre nove e dez horas da noite. Como a noite estava quente, a luz fora reduzida ao mínimo. Um par de candelabros, dispostos sobre o consolo da lareira, bruxuleavam, como os círios dum altar. E, por causa do calor, as janelas, por onde se ouvia o rumorejar da fonte do pátio, estavam abertas. Todas essas imagens, bastante plácidas, são rematadas, porém, por outro tipo de ruído, que se escuta como que atravessando o gorgolejo das águas, vindo de uma grande distância. Além do pátio, além do *corps de logis* da frente do edifício, ouve-se, de novo, "como se excitada e excitante, a elusiva voz de Paris".

Escrevemos "de novo" porque é evidente que já a ouvimos pela manhã, emanada do *Postes et Télégraphes*, "a vibração da vasta e estranha vida da cidade". Na verdade, foi ouvida bem antes, no dia da primeira visita de Strether à Madame de Vionnet, quando, além do chapinhar da fonte, ele escutara o "estrepitar dos *sabots* de alguma cocheira do outro lado do pátio". A imagem e o ruído seco das cavalariças lembram ainda outra passagem descrita por James, mas não em sua ficção. No prefácio a *The American*, romance que começou a escrever em Paris e cujo palco também se erguera na capital francesa, ele recorda:

> Minhas janelas davam para a Rue de Luxembourg –, e aquele clique sutil do pequeno fiacre no asfalto impecável, com seu estridente matraqueado entre as casas altas, promove hoje para a esmaecida página

uma espécie de entrelaçamento sonoro. Esse som se transforma num estardalhaço marcial no momento em que a tropa de couraceiros avança pela rua estreita, a cada manhã, para enfileirar-se defronte à minha casa, no portal simples do quartel que ocupa parte do vasto domínio situado nos fundos de um dos *Ministères*, diante da Place Vendôme; uma área marcada, num trecho considerável de rua, por uma dessas paredes de jardim bastante coloridas e burocraticamente emplacadas, formando numerosos registros vagos e recorrentes da vastidão orgânica da cidade. Basta reler dez linhas para me lembrar de meu vão esforço diário para não perder tempo à janela vendo a cavalaria, cuja música dura dos cascos me agradava de forma tão direta e emocionante[161].

As janelas, tanto na ficção como nas lembranças de James, exercem essa função de convite para a vida urbana que se estende, ruidosa e palpitante, do lado externo. A janela representa, assim, o limiar entre a ficção e a vida, entre a esfera privada e a pública, e esta última costuma funcionar como fonte de tentação. No caso do prefácio, a Paris que James descrevia então era a cidade que ainda vivia dos ecos da guerra franco-prussiana e da Comuna, uma urbe ainda tomada pelo ritmo marcial e pelas reminiscências da revolução, com suas barricadas e fuzilamentos arbitrários de milhares de pessoas. O chacoalhar dos carros de praça logo se confunde com a parada militar – algo que já não havia, pelo menos de modo manifesto, na Paris *fin--de-siècle* de *Os Embaixadores*. Mas é justamente nessa capital da *belle époque*, distante tanto das barricadas de 1871 quanto das trincheiras da Primeira Guerra, que a voz urbana se tinge de sangue. Enfim, as águas represadas, contidas na ideia anterior dos trovões que ecoam sem a contrapartida da tempestade aguardada, rompem o dique com uma inaudita energia verbal:

Strether sempre fora sensível a súbitos arroubos imaginativos relacionados a assuntos como esses – estranhos sobressaltos de sen-

---

161. James, 2003, p. 139.

tido histórico, suposições e presságios que não forneciam nenhuma garantia salvo a de sua intensidade. Assim foi que, na véspera das grandes datas registradas, os dias e as noites da revolução, os sons reverberaram, os presságios, as premissas eclodiram. Era o cheiro da revolução, o cheiro do clamor público – ou talvez, simplesmente, o cheiro do sangue.

E desta feita enfim se instaura a condenação aos que achavam capazes de seguir impunes, eclode a revolução que não se detém nos episódios históricos, mas prossegue por meio das golfadas de imaginação, das suposições e presságios. No entrelaçamento sonoro da vida parisiense, a fuzilaria responde à claque das mensagens do telégrafo e o estampido dos canhões acompanha os trovões que ribombam no ar. Como no poema "Le Cygne", de Baudelaire, a tormenta que se anuncia e não eclode – o que faz com que o riacho se reduza a um parco fio d'água pouco reminiscente da grandeza passada ("pauvre et triste miroir où jadis resplendit"[162]), onde a ave não consegue banhar-se – transforma-se, no fim, não numa tempestade em si, mas numa tempestade verbal, prenhe de imagens revolucionárias.

Para Strether, parecia "indescritivelmente estranho", parecia "sutil" que essas conexões continuassem a atravessar a cena. Mas elas continuavam. A própria anfitriã estava vestida para "épocas tempestuosas", trajada do branco mais vaporoso, de feitio antiquado e, para acentuar o caráter irônico do quadro, o vestido vinha rematado por um fichu de gaze ou crepe negro, cingindo-lhe o colo. Na nobre analogia que se forma na mente de Strether, tratava-se da veste que Madame Roland deve ter usado "a caminho do cadafalso"[163]. E, para

---

162. *Apud* Oehler, 2004.
163. James pode ter sido influenciado por Lamartine, que, em *L'histoire des Girondins*, de 1847, diz: "O historiador, tomado pelo movimento dos eventos descritos, deve deter-se, feito passageiro estacionado para contemplar, diante da presença desta figura séria e comovente: seus traços sublimes e vestido branco na carroça dos condenados, que conduz milhares de vítimas à morte"

reforçar a alegoria histórica, o cheiro do sangue, o cheiro da fúria pública, está ligado, por um entrelaçamento de impressões olfativas, ao momento inicial em que, sem ainda saber da existência da Madame de Vionnet, Strether declara que haveria "algo – uma coisa muito boa – a ser farejado" no apartamento de Chad. "Quer dizer um aroma? De quê?", pergunta-lhe Waymarsh, e Lambert responde: "Um aroma delicioso. Mas nada sei"[164].

Como no início do capítulo, o passado mais remoto se une inconsútil ao presente, na teia de desejos engenhada pela mente de Strether. Em função disso, Madame de Vionnet e ele próprio, seu grande aliado, estavam a ponto de ser devorados pelos dentes aguçados da história. Não seriam, é claro, decapitados como a bela republicana, guilhotinada durante o Terror de 1793, mas talvez fossem pisoteados pelo tropel de mulherzinhas movendo a medonha e aguçada caneta pública sobre o patíbulo em que se evisceram os sequazes da ordem caduca. São os tempos modernos, são os implementos modernos, agudos, sinistros e ferozes, em termos sociais, que os irão degolar – sob o olhar, por falar nisso, de seus próprios pares.

A imagem de evisceração e de voyerismo sádico já se encerrava nas palavras da palreira Miss Barrace, que, noutra ocasião, definiu Strether como o "herói do drama", em torno do qual estavam reunidos para ver o que ele iria fazer. Lambert lhe havia sugerido que "é bastante estranho e bastante engraçado sentir que, aqui, neste exato momento, todos os convidados sabem e observam e aguardam". Ao que ela responde: "Sim... pois se não é deveras engraçado? [...] É assim que nós *somos* em Paris [...] Não quero pôr a faca em seu pescoço, mas é a

(Alphonse de Lamartine, *History of the Girondists*, book VIII, chapter 1, Project Gutenberg *ebook*, 2006).

164. A acepção de "smell" (aroma) é retomada pouco depois por Waymarsh, que insiste para que o amigo pare de "nose around", isto é, de "farejar", ou ainda, de "sondar" ou "bisbilhotar" (James, 2010, p. 125).

isso naturalmente que se referia quando disse que é o alvo de nossa atenção"[165].

A "faca"/'knife" da frase de Miss Barrace liga-se ao "corta-papel"/"paper-knife", e ambas às guilhotinas revolucionárias e contra-revolucionárias, enquanto o "on top of you" do original sugere implicitamente a imagem de pisoteio, de atropelo, a que aludimos acima, e a concatenação de gerúndios remete ao movimento das mulherezinhas de Paris "arranging, pretexting [...], driving [...]". Além do mais, a ideia de que a alta sociedade que havia no país poderia postar-se ao largo, muito divertida, à maneira de espectadores (diferentemente do público, ou da massa, descrito antes como *performers*), para acompanhar o drama de Strether, lembra muito a leviandade descrita por Hegel acerca da sociedade em transição: "A frivolidade e o tédio que tomam conta do que ainda subsiste". E que vai aos poucos desmoronando. Retomaremos a frase, de *A Fenomenologia do Espírito*, adiante.

Não por coincidência, a ocasião em que Miss Barrace é apresentada a Strether e a Waymarsh por Little Bilham, essa ocasião passa ao nosso herói a impressão de ser "a mais sedutora [*baited*], a mais dourada [*gilded*] das armadilhas". E explica que o "sedutor" relaciona-se ao fato de o repasto revelar-se sutil ao paladar (eles foram convidados para um *déjeuner* na residência do bulevar Malesherbes) e que "dourado" diz respeito à necessidade de haver "objetos dourados em derredor quando Miss Barrace [...] os observava através de um lornhão dotado de um cabo extremamente longo de tartaruga"[166]. A passagem recorda de forma notável um excerto de Dolf Oehler, que, ao

---

165. No original, a última parte da fala de Miss Barrace é a seguinte "...I don't want to turn the knife in your vitals, but that's naturally what you just now meant by our being on top of you" (*idem*, p. 436 e James, 1960, p. 280).
166. O sentido mais comum de "gilded" é "dourado", embora também possa significar algo cuja aparência fastuosa encobre seu pouco valor; ou seja, algo ilusório (como a acepção figurada de "dourado", aliás, em português), enganoso, de brilho falso. Mais interessante ainda é o significado arcaico do verbo "to gild", que é tingir de vermelho, como que com sangue (*James*, 2010 pp. 131-132).

descrever a Paris pós-Haussmann, capital do progresso e da *fée Industrie*, cidade que ganhara a reputação de ser "o hotel do mundo" (a definição é do revolucionário russo Alexander Herzen), compara-a à Paris pós-1848, quando se inventou o turismo da catástrofe: "Para as senhoras e os senhores que contemplavam, através do lornhão, os estragos provocados pelos canhões da república nos bairros operários, o que eles viam era um espetáculo". O tédio que a atividade sugeria, outro nome para a sanha burguesa da diversão que solapara antigas e mais inclusivas formas de diversão, e que lembra ainda o desenho de Hegel para a sociedade enfarada, em transição, seria o preço que Paris pagara para tornar-se a "capital do engodo"[167].

Sim, Strether é o herói daquele drama; é ele quem se digladia entre as forças do Novo Mundo, que representa, e do Velho, as quais, iludido, acaba abraçando. Ele não tem, como se diz, nenhuma chance. Sabe que sua queda é, no máximo, uma bela queda, deliciosa e com ornatos dourados, pois se aliara ao exército errado, na hora errada, tão somente para alcançar um instante de revelação de como seria, no passado, ter um pouco daquilo que na sua época não havia mais.

É quase incompreensível imaginar por que Strether, afinal, arrisca perder tanto (ele nem ao menos arrisca; dá de mão beijada), por tão pouco. Ora, a questão é que, se James tinha a noção do choque entre um mundo refinado, mas em ruínas, e um novo mundo, mas inculto, a verdade é que não depositava fé na ordem que despontava no horizonte – ao contrário de Hegel, quando escreveu *A Fenomenologia*. Dissemos que, na mente de Strether, passado e presente se fundem num só tempo, mas ambos, como se sugeriu também, anunciam uma nova série de eventos. James, cuja "imaginação do desastre" só podia prever o pior[168], passa a descrever as noites da revolução, os sons da

---

167. Oehler, 1999, pp. 103-104.
168. "Mas eu tenho a imaginação do desastre – e vejo a vida como algo feroz e sinistro", James escreve ao jovem A.C. Benson, em 1886. Trilling afirma que

artilharia, os sinais da grita pública, a sugestão de cabeças rolando. Antes, já havia imaginado Maria Gostrey como Maria Stuart, outra decapitada, enquanto Mrs. Newsome, como não podia deixar de ser, é a rainha Isabel[169].

Vale reparar que Machado também lança mão da figura de Madame Roland, a cujos salões afluíam os girondinos, justo em seu romance mais político: *Esaú e Jacó*. A cena, decerto, tem outra feição, mais satírica. Batista havia escrito um manifesto liberal, que se opunha à dissolução do Congresso por Deodoro. Grandiloquente, faz citações latinas, alinhava duas ou três apóstrofes e cita a "bela Roland caminhando para a guilhotina: 'Ó liberdade, quantos crimes em teu nome!'", inserindo frases

> foi essa imaginação do desastre que o separou de seus contemporâneos e "ao mesmo tempo nô-lo recomenda atualmente". O crítico, que analisa *The Princess Casamassima*, diz que o pressuposto do romance reside no fato de que a "Europa atingiu o máximo de amadurecimento e está caminhando para a decomposição". E completa: "O que James percebeu, ele percebeu verdadeiramente, mas não se tratava do que os leitores de sua época estavam habilitados a perceber. O fato de estarmos agora capacitados a compartilhar de sua visão exigiu o transcurso de seis décadas e os acontecimentos que as conduziram até um clímax. Henry James, na década de 1880, compreendeu o que aprendemos dolorosamente através de nossos tristes glossários de guerras e campos de concentração, depois de contemplarmos o estado e a natureza humana abertos à nossa horrorizada inspeção" (Trilling, 1950, pp. 79-80). Para um aprofundamento das relações entre essa "imaginação do desastre" e a concepção jamesiana do mal, ver o livro de J.A. Ward, *The Imagination of Disaster: Evil in the Fiction of Henry James* (Ward, 1961) e o artigo de Robert Weisbuch, "Henry James and the Idea of Evil" (Freedman (org.), 1998).
>
> 169. A analogia é rica. Enquanto a rainha Isabel foi responsável pela primeira grande expansão colonial da Inglaterra (fundou-se, em seu governo, a Companhia das Índias Orientais), a dama da Nova Inglaterra está envolvida num novo movimento expansionista, desta vez proveniente do lado de cá do Atlântico. Interessante, noutro caminho, é como a "decapitação" de Madame de Vionnet é sugerida pela figura de Miss Barrace, que lembra a Strether "um retrato do século passado de uma cabeça inteligente, sem pó-de-arroz". A ideia ecoa também os ornamentos da residência de Marie, cuja cabeça de esfinge simboliza não apenas a glória napoleônica, mas as degolas anteriores. Curiosamente, como vimos, a imagem do monstro grego também pode ligar-se à revolução, como no comentário de Charles de Mazade, imprecando contra a "esfinge revolucionária" a ameaçar a paz e a fortuna dos indivíduos e seus lares. [veja pp. 88 e 170]

de efeito, do mesmo naipe, como "o dia da opressão é a véspera da liberdade"[170]. Mas, a conselho da esposa, que achou o manifesto forte demais, deixou-o de lado. Mau alvitre o de dona Cláudia. Vinte dias depois, marechal Dedoro passou o governo a Floriano Peixoto e o Congresso foi restabelecido. Resultado: Batista perdeu a comissão política e amargou a volta ao Rio de Janeiro.

Quando aportam no cais Pharoux, Batista e a família encontram a capital do país completamente transformada. Três carruagens da gente Santos vai buscá-los, um landau e dois cupês. A ostentação explica-se pelo espetáculo do encilhamento, que mudou por algum tempo a feição da cidade. Vale citar alguns trechos do fenômeno, descrito no capítulo "Um El-dorado":

> A capital oferecia ainda aos recém-chegados um espetáculo magnífico. Vivia-se dos restos daquele deslumbramento e agitação, epopeia de ouro da cidade e do mundo, porque a impressão total é que o mundo inteiro era assim mesmo. Certo, não lhe esqueceste o nome, encilhamento, a grande quadra das empresas e companhias de toda espécie. Quem não viu aquilo não viu nada. Cascatas de ideias, de invenções, de concessões rolavam todos os dias, sonoras e vistosas para se fazerem contos de réis, centenas de contos, milhares, milhares de milhares, milhares de milhares de milhares de contos de réis. Todos os papéis, aliás ações, saíam frescos e eternos do prelo. Eram estradas de ferro, bancos, fábricas, minas, estaleiros, navegação, exportação, importação, ensaques, empréstimos, todas as uniões, todas as regiões, tudo o que esses nomes comportam e mais o que esqueceram. Tudo andava nas ruas e praças, com estatutos, organizadores e listas. Letras grandes enchiam as folhas públicas, os títulos sucediam-se, sem que se repetissem, raro morria, e só morria o que era frouxo, mas a princípio nada era frouxo. Cada ação trazia a vida intensa e liberal, alguma vez imortal, que se multiplicava daquela outra vida com que a alma acolhe as religiões novas. Nasciam as ações a preço alto, mais numerosas do que as antigas crias da escravidão, e com dividendos infinitos. [...]

---

170. Machado de Assis, *op. cit.*, p. 1040.

O que parece ser verdade é que as nossas carruagens brotavam do chão. Às tardes, quando uma centena delas se ia enfileirar no Largo de S. Francisco de Paula, à espera das pessoas, era um gosto subir a rua do Ouvidor, parar e contemplá-las. As parelhas arrancavam os olhos à gente; todas pareciam descer das rapsódias de Homero, posto fossem corcéis de paz. [...][171]

Há muito que ser discutido sobre esse trecho bastante famoso de Machado, mas o que nos interessa agora (e deixando de lado as diferenças de modo – dramático e satírico – que se percebem nos textos do americano e do brasileiro), é ver como se entrelaçam esse ideal romântico de revolução e o conceito de progresso. No romance de James, Madame de Vionnet, diretamente, e Strether, indiretamente, associam-se à bela Roland, vestida no branco virginal, como se seu ideal estoico, sua presença inspiradora, não pudesse ser conspurcado pelas vicissitudes políticas. Mais do que isso, sabemos, as cabeças não rolam naqueles tempos, mas são preservadas para o deleite da elite decadente, dos capitalistas endinheirados e do público ávido pelo consórcio das notícias e dos afetos. O grande símbolo da modernidade é o edifício do *Postes et Télegraphes*, com seu alarido público.

A musa da revolução, na obra de Machado, já vem desvirginada pelo oportunista e algo tolo Batista, mas também é citada pelo ideário liberal que continua representando. Mais ainda: o liberalismo de vetusta época aparece metamorfoseado agora pelo festim do dinheiro financeiro, pela dança dos papéis e das ações, pelo dinheiro que, ilusório[172], ainda assim, financiou a infraestrutura do transporte, a indústria, o sistema monetário.

---

171. *Idem*, pp. 1041 e 1042.
172. Tal como o ouro de tolo deslumbrado pelo lornhão de Miss Barrace, esse El--dorado também produz gemas enganosas; belas, porém sem nenhum valor. O engodo ou a desvalorização deve-se à reprodução, óptica no primeiro caso, mecânica no segundo.

Essa nova elite, defensora como a outra da propriedade e do livre comércio, como a outra (ou se trata da mesma?), aliás, pode ser quase tão cruel no trato humano. E sugere-se: só não são tão cruéis, pois seus antigos dividendos – as crias da escravidão – já não são tão lucrativos como os atuais, proporcionados pela força fabril e pela ciranda financeira.

Mais curioso é que, embora componham um exército da paz, esses símbolos do progresso – que, em Machado, são as carruagens –, também podem lembrar, de certo modo, os veículos de guerra de Homero, com suas parelhas que, de tão vistosas, arrancariam os olhos à gente. E devemos lembrar que James, que elegeu a rede inconsútil e subterrânea do telégrafo para exprimir sua imagem de modernidade, também utiliza, de forma menos ostensiva, a impressão auditiva do tropel nas cocheiras. Aparentemente, transporte e comunicação, como meios de deslocamento no espaço, quer de pessoas quer de informações, combinam harmoniosamente na nova era.

Em qualquer uma das circunstâncias é a impostura, o logro, que impera – como também apontou Oehler, no caso parisiense. O encilhamento é um eldorado, uma quimera perversa; a especulação acirrada, se não quebraria o país, ao menos ajudaria a botar a cabeça de muita gente no patíbulo da bancarrota. Entrementes, numa nota agora bem mais íntima, Strether precisava lidar com a "eminente 'mentira'" (e com a parcela de comédia envolvida) que lhe pregou o casal de amantes. Na verdade, a francesa foi obrigada a conjugar a farsa quase inteiramente sozinha, no dia anterior. Chad deixou que ela mentisse por ele, sendo do seu feitio (é a segunda vez que se repete a ideia) deixar que as pessoas agissem como lhes aprouvesse "quando intuía que a medida de algum modo faria a sorte pender para o seu lado; e a sorte de algum modo sempre pendia para o seu lado".

No entanto, aquela "fraude cometida havia tão pouco tempo contra sua [de Strether] presumida credulidade", aquela mentira, ele tinha de admitir, constituía "um inevitável tributo ao bom gosto, do tipo que ele mesmo não gostaria que deixassem de prestar-lhe". No fundo, sentia que podia confiar na dama; ou seja, podia confiar-lhe "a reparação do engano". Assim como não foi ter com Chad para livrar-se do ônus da responsabilidade de permitir que a Europa continuasse a exercer seu domínio encantado sobre ele, Strether também não se dirigiu ao apartamento de Madame de Vionnet para obrigá-la a admitir a mentira. Ele não queria isso mais do que queria que desfizesse a comédia armada.

Entre a comédia e a farsa, Strether podia detectar uma diferença entre a forma como Madame de Vionnet se apresentara na tarde anterior, toda superficial e artificiosa, e sua presença naquela noite, na qual o herói podia perceber uma nota de profundidade. E mais: não havia violência na mudança, mas harmonia e bom senso. Mais do que qualquer uma das duas índoles em que ele a vislumbrou, o que o encantava em especial era sua capacidade de "transpor os intervalos". Não, ela também sabia que não o tinham ludibriado com a farsa da última tarde. Em cinco minutos de conversa, Madame de Vionnet dera isso por certo.

Antes de entrarem no assunto que lhes interessava, e cujo desenvolvimento se daria apenas no capítulo seguinte, Marie e Lambert perscrutaram-se mutuamente. E, durante todo esse tempo preliminar, como Strether definiria em seguida, nosso amigo sente que, com relação a ela, "sempre havia algo por trás das aparências, e muito mais por trás disso"[173].

* * *

Mas há algo que deixamos de mostrar nessa cena, um detalhe de cenário que, incluído quase à socapa, pode realmente passar despercebido, se não fossem uma referência a Strether no começo e uma observação interessante, no fim. Por causa do

---

173. James, 2010, p. 526.

calor do verão, que, sem dúvida, também remete ao infernal junho de 1848, além das janelas e da luz baixa, os tapetes da sala foram retirados e, no chão polido de parquete, vê-se o reflexo de Marie. O trecho começa assim:

> Na realidade, o pobre Strether não atinava que tipo de analogia lhe seria mais apropriado conforme a encantadora senhora, acolhendo-o e fazendo-o sentir-se (como só ela sabia fazer) bem-vindo de uma forma ao mesmo tempo grave e familiar, deslocava-se pelo aposento magnífico com sua imagem quase repetida no piso polido, que havia sido completamente despojado para o verão. [...]

A analogia que falta à consciência de Strether relaciona-se com o cotejo que ele fizera momentos antes, comparando Madame de Vionnet a Madame Roland. Se ela se associa à progressista, decapitada em nome da liberdade, ele se ligaria a quem? A sensação de duplicação é acentuada, assim, pelo reflexo da dama no parquete polido. Toda a cena é sentida como se num quadro duplo, o atual e o do mais de cem anos atrás, prenhe de revoluções e glórias liberais. Um quadro igualmente sugerido pelo próprio edifício e a rua onde se desenrola a cena; isso, sem mencionar os objetos reminiscentes do passado triunfante. A duplicidade do espelhamento[174], o leitor deve lembrar, também é implicada pelo par de candelabros dispostos sobre o consolo da lareira, ora apagada, mas que, na ocasião da primeira visita de Strether, emanava um brilho agonizante de cinzas prateadas.

---

174. Walter Benjamin refere-se a Paris como a cidade dos espelhos; o que se mostra não apenas nos espelhos dos cafés e nos recantos envidraçados dos bistrôs, mas no próprio asfalto espelhado das ruas. Antes que o homem aviste as mulheres ali, ele comenta, "elas já experimentaram dez espelhos". A referência, que reforça o hedonismo e o caráter espetaculoso da *Ville Lumière*, não deixa de implicar tanto o naturalismo de Zola (os espelhos turvos dos bistrôs) quanto o artifício, a dissimulação, que, no pós-1848, a cidade começou a estimular em seus espaços públicos (Benjamin, 2000, p. 197).

A luz esmaecida desse quadro, os cristais e o ouro, todas essas coisas, enfim, "eram a princípio de uma delicadeza como que fantasmagórica". Não é difícil associar a fantasmagoria a tantas referências mortas e como que redivivas, mas o fato é que, dentro da ficção de James, a imagem espectral, ligada ao conceito do duplo, implica também outras associações. Como se sabe, o drama da dupla consciência – do ser humano ou artista que tem de se haver consigo próprio, como representante e resultado de circunstâncias nacionais específicas, mas cujos olhos e aspirações se colocam noutra direção, estrangeira à sua – figura nas obras de James desde o início.

Trata-se de um sentimento nada incomum à *intelligentsia* burguesa daquela época, como atestam as palavras do pintor americano Elihu Vedder: "Se houvesse dois de mim exatamente iguais, eu com toda certeza mandaria um deles para casa enquanto esperaria [em Roma] para ver como ele se saía"[175]. Conforme observamos anteriormente, Schwarz não só notou a problemática, em James, como também a ampliou como ambivalência "própria de nações de periferia"[176].

Muitas vezes, a fascinação por tempos e espaços adventícios, supostamente mais nobres ou superiores, resulta na "pilhagem" como a que Maria Gostrey empreende aos objetos e destroços à deriva da civilização passada. Mas há também aqueles que preferem transplantar os próprios símbolos das terras alheias para a própria nação. É o fenômeno da cópia, ou do simulacro puro e simples. Como símbolos do novo imperialismo, os magnatas americanos fizeram seus arquitetos erigir imitações de edificações romanas ou renascentistas. O prédio da Tiffany's, por exemplo, é uma adaptação do Palazzo Cornate. Na casa Vanderbilt, cópia por sua vez do Chateau de Blois, realizou-se um faustoso baile em que o corretor Henry Clews declarou ter sido superior a qualquer

---

175. *Apud* Martin, 1967, p. 322.
176. Schwarz, 2000a, p. 35.

divertimento proporcionado por Alexandre, o Grande, Cleópatra ou Luís XIV[177].

Mas o que a nós importa agora é confrontar a imagem fantasmal da passagem de *Os Embaixadores* com outra história, escrita quase trinta anos antes, em que a dupla consciência exerce função prioritária e em que, de fato, topamos com um espectro. Em *Um Peregrino Apaixonado*, que fez parte das ficções de James traduzidas pela *Revue*, Clemente Searle é um homem atormentado por uma curiosa condição de desterro. Americano, descendente em grau distante de uns nobres ingleses, acredita que falhou como cidadão, chefe de família e homem de negócios nos Estados Unidos. Agora está em Londres, para reivindicar sua extração inglesa. "Mas não vivi a vida toda com saudades da Europa?", pergunta ele, que até então nunca pusera os pés naquele continente[178].

No decorrer da narrativa, Searle, que encontra no narrador, seu compatriota, uma figura de apoio, confronta os parentes ingleses e é esnobado por eles. Searle tem certeza de que é descendente de um antepassado réprobo, que embarcou para os Estados Unidos deixando a amante grávida para trás, sendo responsável indireto, assim, pela morte dela. Gravemente enfermo, o americano depara-se, em Oxford, com um miserável que esmola pão aos turistas. Seu *doppel-ganger* às avessas é um inglês que, posto ter tido berço e educação, perdeu tudo e agora sonha em refazer a vida na América. No delírio na morte próxima, Searle recebe a visita do fantasma da amante abandonada que, confundindo-o com o Clement inglês, exige que se case com ela. Searle morre e deixa seus bens para o miserável de Oxford, que, com isso, pode realizar o sonho de tentar a sorte no "grande lar das oportunidades", que são os Estados Unidos[179].

---

177. *Apud* Martin, *op. cit.*, pp. 321-322.
178. James, 2005, p. 65.
179. Não devemos esquecer que muitos estrangeiros, em vez de irem para os Estados Unidos, buscaram as terras brasileiras. Em livros como os de Richard

Nessa breve descrição da novela, vemos que a dupla condição implica um duplo movimento. Tanto se forja o olhar de cá para lá, como o de lá para cá. Searle demanda a condição europeia, que ironicamente só lhe é concedida por um fantasma ultrajado, enquanto sua contraparte europeia sonha com as oportunidades supostamente proporcionadas pelas terras americanas, as quais já não mais existiriam no Velho Mundo. Nos *Embaixadores*, grande atenção é dada ao desabafo de Strether a Little Bilham, encravado no segundo capítulo do quinto livro, proferido durante a festa dos Glorianis[180]. Strether, como Searle, percebe que não viveu, nos Estados Unidos, a vida que poderia ter vivido – a vida que aquele jardim parisiense, naquela bela tarde, oferece como possibilidade tardia demais.

Mas o fato é que, ali, o olhar dele está posto, por assim dizer, de cá para lá, do ponto de vista do americano deslumbrado com o potencial de vida que a Europa poderia proporcionar. Falta, claro, o olhar inverso, o olhar que vem do outro lado do espelho, a visão do *doppel-ganger*, ou seja, a perspectiva como ele procura ver-se não antes, como na cena da festa, mas após a aventura europeia ter-se concluído daquela forma quase cômica, quase trágica. Por isso é que, quando Madame de Vionnet é duplicada no piso espelhado – e ele logo lhe atribui a figura comparável – "o pobre Strether não atinava que tipo de analogia lhe seria mais apropriado".

A dupla consciência acarreta igualmente um olhar duplo, como sugere *Um Peregrino Apaixonado* e as palavras

---

Burton e em diários, como o do príncipe de Joinville, encontramos franceses, ingleses, alemães e chineses, vindos para cá na primeira metade do século XIX, antes da imigração institucionalizada, com a intenção de "fazer a América" (Burton, 1976; D'Orléans, 2006).

180. Grande parte da responsabilidade por essa atenção pode ser atribuída a James, que afirmou, logo no início do prefácio ao livro, que o assunto de *Os Embaixadores* está todo ali implantado, "rígida e proeminentemente, no centro da corrente, quase por ventura causando a obstrução do tráfego" (James, 2003, p. 244).

do pintor Vedder; no centro, o espelho, muita vez distorcido, muita vez partido, muita vez fantasmagórico, mas ainda assim um espelho, que, em nosso caso, forja-se com o padrão da conjuntura europeia. Strether chega a cogitar se não gostaria de ver Marie retomar a comédia, pois, se for obrigado a encarar a possibilidade de o próprio espelho ser um logro, como tudo mais, ele estaria face a face com o quê, o abismo? Como Searle, precisa reafirmar suas alianças com as fantasmagorias.

E, mais do que abolir os espaços, a dupla consciência evidentemente duplica-os. Estados Unidos e Europa, Novo e Velho Mundo, *Ancien Régime* e Estado Moderno, Império napoleônico e capitalismo internacional, o cruento jardim das Tulherias e o radiante jardim dos Glorianis: como no chão polido de Madame de Vionnet, os espaços se desdobram, como que simultaneamente. O estreitamento do tempo, de par com o espaço desdobrado, é insinuado também pelo *Postes et Télegraphes*, que possibilita o envio de mensagens não só de um lado a outro de Paris, como de um lado a outro do Atlântico, num tempo quase instantâneo.

A própria funcionalidade aludida pelo título do romance implica a possibilidade de alguém estar em dois lugares ao mesmo tempo. Quando Maria Gostrey pergunta a Strether, após o episódio com Sarah Pocock, se Chad não deveria fazer uma visita a Mrs. Newsome, ele lhe responde: "Minha querida, a mãe dele *o* visitou. Mrs. Newsome esteve aqui, durante este mês, com uma intensidade que Chad não pode ter deixado de sentir"[181]. Ele se refere, evidentemente, à visita da segunda delegação de embaixadores, os Pococks, em especial Sarah. Na conversa que teve com esta última, Strether sente não como se estivesse lidando diretamente com Mrs. Newsome, mas sim como se ela lhe enviasse uma mensagem direta: "De algum modo ela o alcançava através do longo braço do espírito e, nes-

---

181. James, 2010, p. 486.

se sentido, Strether era obrigado a tomá-la em consideração; mas ele, por sua vez, não a alcançava, não a fazia levá-*lo* em conta [...]"[182]. Claro que, quando Strether tenta argumentar seu ponto de vista com Mrs. Newsome/Sarah, é somente Sarah que ele atinge, não a mãe, mas o fato é que, por intermédio da filha, a industrial de Woollett pode estender seu braço ideológico através do Atlântico, pode passar a mensagem de Woollett ao (ora?) europeizado Strether, que traiu a causa de Woollett. Os embaixadores, como porta-vozes ou delegados de uma outra parte, possibilitam que essa parte interessada esteja noutros lugares, sem sair do seu posto.

Por isso é que, dentro desse entrelaçamento de sugestões e impressões que perpassa todo o romance, quando Strether percebe as duas faces de Marie – a que ela lhe apresentou no dia anterior, a face frívola, digamos, e a daquela noite, a face de uma mulher com certa profundidade –, ele não fica em verdade grato que ela agora lhe ofereça seu lado mais sincero. Não, o que ele mais aprecia é a possibilidade de ela ser, num "intervalo" reduzido, uma e outra sem que a mudança acarrete violência ou mau gosto. As suas duas faces podem ser vistas, como num átimo, como que engendradas pelo reflexo fantasmagórico no parquete. Os fantasmas, aliás, também são aqueles seres que podem desafiar o tempo, atravessar espaços e manifestar-se simultaneamente em dois lugares diversos.

Espaços ou faces ou representações diferentes ao mesmo tempo desdobrados: essa circunstância se torna possível num romance como este, que se concentra, principalmente, em esmiuçar o drama de uma consciência – nesse caso, dupla –, onde todos esses elementos podem aninhar-se, lado a lado[183], oferecendo-se a seu foco de inteligência e às suas inevitáveis zonas de sombra. Assim também, os momentos podem figurar

---

182. *Idem*, p. 452.
183. Num nível sintático, é notável como James muita vez parece querer comprimir essas variadas facetas em longuíssimas frases concatenadas.

como que enlaçados num mesmo tempo, ao modo da frase que abre o capítulo, na qual o futuro aparece ligado ao pretérito mais remoto, passando pelo presente do personagem, parecendo fechar-se num círculo sempre reinaugurado. Os espaços se desdobram e se duplicam, mas o tempo tem de ser único, pois estamos falando aqui do tempo sensorialmente eterno da consciência.

5. *Memorial de Aires:* Análise de Cena

> *Non, tu n'est pas la grande et sainte République!*
> *Ô fantôme à l'oeil louche, à l'attitude oblique [...]*
>
> Victor Hugo, "À une statue".

> *La conscience, mon cher, est un des ces bâtons que chacun prend pour battre son voisin, et dont il ne se sert jamais pour lui.*
>
> Honoré de Balzac, *Illusions perdues.*

O trecho que comentaremos aqui equivale, nos diários de Aires, ao período que vai de 17 de agosto a 4 de setembro de 1888[184]. A razão para a escolha de um tempo tão dilatado é de método: sempre que, no *Memorial*, ou mesmo em diversas outras obras da produção madura de Machado, procura-se isolar uma cena ou uma situação ficcional, percebe-se que ela se estende e está interligada a outras, tanto anteriores quanto posteriores.

De fato, o início do apontamento de 17 de agosto – "Fidélia chegou, Tristão e a madrinha chegaram, tudo chegou, eu mesmo cheguei a mim mesmo – por outras palavras estou reconciliado com minhas cãs" – constitui uma frase bastante

---

[184]. As citações referentes a esta passagem se localizam em Machado de Assis, *op. cit.*, vol. I, pp. 1139-1146.

afirmativa, que declara um estado definido de ação, mas, claro, refere-se a episódios antecedentes: chegaram de onde? por que o conselheiro se desaviera com suas cãs? A resposta para a última pergunta remonta, por sua vez, ao início do livro, quando, no cemitério de São João Batista, o sexagenário Aires avista a viúva Noronha e enamora-se dela. E, embora não tenhamos de retornar a esse episódio, ao cabo teremos de retroceder algumas páginas e examinar outro trecho – mas tudo isso, depois.

O que nos interessa agora é que Fidélia chegou de Paraíba do Sul. Seu pai, o barão de Santa-Pia, havia acabado de morrer, e ela, disposta a vender a fazenda, fora conversar com os libertos com o fito de acalmá-los e deixá-los com a dubitativa esperança de que os recomendaria ao futuro dono da propriedade, fosse ele quem fosse. Tristão fora acompanhar dona Carmo à cidade natal da senhora, Nova Friburgo, e ambos, igualmente, regressaram. Por fim, então, o conselheiro se interpõe nesse movimento de regresso, pilheriando que também ele voltava – a si.

Subtende-se que o fator que o havia tirado da comunhão consigo próprio, que o havia feito desavir com sua personalidade comedida e frugal, com seu fastio pelos arroubos e controvérsias e, sobretudo, com sua idade – a qual deveria reforçar, não negar, essas características de personalidade – foi seu fascínio por Fidélia. Admitindo que os olhos que pusera na viúva foram de "admiração pura", ele renuncia agora ao direito de cortejá-la. Lembra-se, então, dos versos de Shelley, os quais, a princípio, nas bodas de prata da gente Aguiar, associara a ela: "I can give not what men call love"[185]. A linha, da segunda de duas estâncias escritas em 1821, confirmaria a certeza do conselheiro de que a jovem viúva estaria apartada dos assuntos do

---

185. "Não era preciso mais para completar uma figura interessante no gesto e na conversação. Eu, depois de alguns instantes de exame, eis o que pensei da pessoa. Não pensei logo em prosa, mas em verso, e um verso justamente de Shelley, que relera dias antes, em casa…". *Idem*, p. 1104.

amor. Aires podia ficar despreocupado: ela não o amaria, mas não por repúdio ao velho galanteador ou galanteador velho; a viúva não podia amar ninguém, pois se alheara do objeto de Vênus. Na verdade, ela se configuraria, aliada a Tânatos que a fidelidade ao falecido a obrigaria, numa anti-Vênus, uma deusa fria e impassível, insensível a Eros.

Nas bodas, porém, por um estranho mecanismo de transferência, recordamos que os versos passam a ser dirigidos ao conselheiro, quando ele conta o caso a mana Rita. Seria antes o conselheiro a figura fechada para o amor. E Rita moteja: seria como se ele, temendo não vencer a resistência de Fidélia, dava-se "por incapaz da amar". A transferência, então, parece trafegar por mão dupla, como o comentário de Rita e a assunção de Aires confirmam. O conselheiro atribuiu a Fidélia o que era próprio dele (a aliança com Tânatos) e, no fim, acaba vestindo a carapuça (que sempre foi sua). Mas o caso fica ainda mais completo quando se pensa no real significado do verso de Shelley: afinal o poeta não se refere exatamente ao amor, mas "o que os homens *chamam* amor". Trata-se de um amor assim chamado, admitido por hipótese, mas que se encontra distante da esfera do amor verdadeiro, da paixão mais incontrolável por algo mais amplo e muita vez inatingível, como aliás atesta o restante das linhas da estrofe, aqui apresentadas em tradução livre: "Eu não posso dar o que os homens chamam amor, / Entretanto não aceitaríeis / O tributo que o coração erige / E os céus não enjeitam – / O desejo da mariposa pela estrela, / Da noite pelo amanhã / A devoção por algo longe / De nossa esfera do pesar?"

Trata-se de um amor para o gozo maior, cuja acepção verdadeira e cujo sentimento genuíno, frequentemente profanados e desdenhados, são bem diferentes daquilo que "os homens chamam amor"[186]. Difícil é imaginar que o conselheiro, esse

---

186. Eis o poema inteiro: I One word is too often profaned / For me to profane it, / One feeling too falsely disdained / For thee to disdain it; / One hope is too

quase cínico tornado mediador ponderado, poderia ser capaz dessa outra afeição. Se já é incapaz daquilo que os homens chamam amor, muito menos do sentimento vilipendiado pelo vulgo, do amor-desejo impossível e mesmo assim pleno de gozo que a mariposa sente pela estrela longínqua. De fato, ao ponderar agora novamente sobre a linha de Shelley, Aires logo escapa a toda dificuldade apondo um pensamento: "uma coisa é citar versos, outra é crer neles". Ele explica que um poema pode ser enganador, carregando um sentido oposto à realidade. O conselheiro recorda o episódio de um poeta descrente de Deus que compôs um soneto perfeitamente pio para agradar a um tio religioso e bastante endinheirado. Assim, não poderíamos mesmo crer no que cantam os poetas, pois eles por vezes mentem para alcançar um objetivo bem mais mundano – no caso, ostensivamente o dinheiro.

Se a esfera terrena e monetária (a mesma do pesar e daquilo que os homens chama amor) rege os interesses e entorta as palavras dos vates, por que não a dos outros sujeitos históricos, dos próprios historiadores, digamos, dos políticos e até dos escrevinhadores de diários, como o conselheiro? Se são falsos os versos do poeta, há algo, entretanto, de verdadeiro ali: a vontade do ateu disfarçado ou do falso pio de cair nas graças do tio abonado. Da mesma forma, o que há de verdadeiro na intenção de Aires é provar a sinceridade de sua intenção de retornar a si, ou seja, apenas a *intenção* de tornar a agir como um sujeito comedido, neutro, mostra-se verdadeira.

O que assim se insinua nesse pequeno trecho, em que se incluem a maioria dos principais atores do drama – Fidélia, Tristão, Carmo e o próprio narrador – é justamente a nota da

---

like despair / For prudence to smother, / And pity from thee more dear / Than that from another. II I can give not what men call love, / But wilt thou accept not / The worship the heart lifts above / And the Heavens reject not – / The desire of the moth for the star, / Of the night for the morrow, / The devotion to something afar / From the sphere of our sorrow? (Shelley, 1994, p. 69).

falsidade. E, de par com ela, a ideia de que, em suma, interesses mais comezinhos podem dirigir sentimentos hipoteticamente elevados. A partir desse ponto, até o dia 21 de agosto, quando o conselheiro cogita interromper o *Memorial*, institui-se um pêndulo constante, um contraste entre o que se vê e o que se pensa ter visto, entre a suposta verdade e a dúvida que interpõe pela possibilidade de o poeta ser um fingidor.

No dia seguinte, por exemplo, Tristão vai almoçar com Aires. Vimos que a descrição da conversa entre os dois é marcada por tal nível de maledicência sub-reptícia que o próprio conselheiro adverte que deixara pingar ali "um pouco de fel". Tristão lembra das duas ou três ocasiões em que, na infância e juventude, visitara Nova Friburgo com a madrinha, e louva a cidade, de antes e de agora. Essa parte do colóquio é contraposta a outra, mais para o fim do almoço, quando o "naturalizado" discursa sobre política. Ele estende-se sobre "a marcha das coisas públicas" em Portugal e na Espanha, confiando ao conselheiro suas ideias e "ambições de homem de Estado". Aires não esconde que as últimas palavras não são bem as que foram proferidas por Tristão; ele apenas resumiu algo que julgou constituir a expressão. O conselheiro, desde o uso do termo "naturalizado", até a concepção de que o jovem nutria aspirações políticas, prepara terreno para entrar no tema do abandono da pátria.

O ex-diplomata julga que o moço guarda melindres sobre o assunto e até se põe a alinhavar um discurso condescendente sobre a impossibilidade de o ser humano esquecer a terra onde nasce, sobre a adoção ser um ato político que não faz perder o sentimento de origem. Fiamos tanto nas palavras de Aires quanto no poema do sobrinho do tio beato. Há, oculta em toda conversa, a ideia de que Tristão traiu sim a pátria, que procura compensar a naturalização com uma preleção elogiosa sobre as coisas brasileiras (Nova Friburgo) – a qual talvez não seja sincera. O moço abandonou a nossa gente, para não mencionar a gente Aguiar, a quem até a volta inesperada não escreveu uma única linha. A nota falsa, porém, não é a do naturalizado, mas a do ex-diplomata. Por que Aires quer fazer o leitor desconfiar das palavras do afilhado de Carmo? Já o consideraria um rival no coração de Fidélia, a qual seria, desse modo, capaz de amar? Nesse caso, a intenção do conselheiro de ter voltado ao prumo pode não ter passado de mera intenção, quiçá uma bravata; é tão enganadora quanto os versos do ateu em traje de beato.

Na verdade, não apenas Aires não esqueceu Fidélia como ainda foi deixar-lhe um bilhete de visita, no dia seguinte ao almoço com Tristão. A visita se concretiza dois dias depois, após o tio dela tê-lo convidado para os acompanhar num chá. Estão na casa do desembargador, o anfitrião, Fidélia, dona Cesária e seu marido, o doutor Faria. Antes da chegada do casal, a viúva Noronha falava do defunto e também da fazenda e dos libertos, mas logo viria a desviar o assunto, pois, diz-nos o conselheiro, esse seria demasiado pessoal. A aparição de dona Cesária não constitui apenas o prosseguimento do fel do capítulo anterior: a senhora é a própria corporificação da maledicência.

Sabemos que Cesária é expansiva e simpática, mas também dotada de língua afiada. Trata-se de uma característica apreciada pelo conselheiro, dado o *humour* em que ela encharca seus apodos, mas o procedimento não impede de deixá-lo vez ou outra melindrado. A razão para o melindre reside no fato de a senhora, numa ocasião anterior, ter falado mal de Fidélia. A princípio ela desconfiara do luto da mulher mais jovem, mas acabara por aceitar a viuvez perpétua, não porque lhe admitisse a honradez, mas por achar pouca graça à viúva. Não haveria na moça nem vida nem maneiras. Fidélia parece-lhe, em suma, "uma defunta". O conselheiro engole o "dente", na ocasião, por julgá-lo um *bluff* – jogava-se pôquer naquele dia, um jogo novo para a época; e ele sente a necessidade de explicar ao leitor que blefe seria algo semelhante a um "conto do vigário".

Conto do vigário ou não, o dente é retirado durante o chá da tarde por intermédio da profusão de amabilidades, de palavras dirigidas à viúva pela esposa do doutor Faria. O conselheiro diz que as palavras o convenceram, pois vieram acompanhadas por uma "expressão dos olhos", por um "ar admirativo e aprovador, um sorriso teimoso, quase constante". O sorriso teimoso desponta quase forçado, ainda mais quando o conselheiro afirma que todo o desempenho vale por um "capital de afeto". Sabemos em que circunstância, antes, o capital fez mudar não só as palavras, como também as convicções de um homem – a do poeta de olho na herança do tio devoto.

A alusão do conselheiro não para no "capital", porém. Ele a esmiúça dizendo que, com "papel-moeda", comprou a tinta e papel com que escreve o diário, seu charuto e o almoço que agora digere. Nessa relação, ele reúne, portanto, as necessidades básicas (a comida), o prazer (do charuto) e até mesmo a arena das faculdades mais refinadas da memória, da escrita e da arte, que os diários no fundo representariam. Tudo isso, enfim, submeter-se-ia aos ditames do dinheiro, que pode adulterar crenças e falsear a realidade.

O dizer seguinte de Aires é um primor de ironia: Cesária é dessas pessoas que dão "interesse ao tédio e movimento ao defunto". Ora, vimos que a senhora achou a viúva Noronha tediosa (sem graça nem vida) – uma defunta, enfim, que, agora, com sua demonstração de júbilo e desvelo, com seu capital de afeto, pretende fazer movimentar. Dona Cesária não deixou de pensar em Fidélia como uma defunta, mas ela é agora uma defunta que anda, que foi de algum modo ressuscitada.

Há outros mortos na sala. O conselheiro lembra que a viúva mandou encaixilhar juntas as fotografias do pai e do marido. Agora, que ambos estão mortos, ela crê que as rivalidades possam ser reconciliadas. Há mais coisas implicadas na reconciliação: a velha oligarquia conservadora que o barão de Santa-Pia representa e a oposição dos profissionais liberais, dos *nouveaux riches* como o pai de Eduardo, advogado e inimigo político do fazendeiro. Não se diz que o pai do Eduardo é um político liberal, mas presume-se que sim, dadas as circunstâncias históricas e a reação arrebatada das duas famílias, contrárias como os Montequios e os Capuletos ao romance entre os jovens namorados. De modo que, no caixilho novo (comprado, diria o conselheiro, com "papel-moeda"), congraçam-se os universos da política, do afeto e do capital. Unindo-os simbolicamente, a defunta rediviva Fidélia também os está enterrando – no sentido de recalcar a contenda e também o trauma que ela acarretara. Não há mais briga, a morte os uniu, e agora a vida pode seguir em frente. A viúva pode movimentar-se, sobretudo agora que dispõe de um braço novo e garboso onde apoiar-se.

Nada disso é aludido ostensivamente pelo conselheiro. Na verdade, ele diz-se tocado pela atitude de Fidélia e chega a comentar o caso ao casal Faria, quando saem da recepção. O marido, que não engolira a história, torce o nariz e exclama: "Afetação!". Cesária também não deve compartilhar a opinião do conselheiro, pois logo procura desconversar, observando que o lampião da rua está escuro. Aires observa de si para si que está claríssimo, mas a intervenção da hábil Cesária na realidade faz o marido perceber que não deve enveredar por aquele assunto e ele, então, passa a disparar censuras contra a companhia de gás, contra o governo, contra os fiscais.

Há algo de muito grave no movimento que vinha se armando até então, de alusões à falsidade, de coisas mortas redivivas, de ironias retiradas e reintroduzidas, de motivos ocultos suscitados pelo capital, que tudo compra e tudo falseia. Essa causa secreta leva o conselheiro, pela primeira e única vez, a pensar com seriedade em interromper definitivamente o *Memorial*[187]. Seus

---

187. Há outras interrupções momentâneas, como a que se dá logo após o dia 26 de fevereiro de 1889 ("Já lá vão dias que não escrevo nada"). Como sempre, esses momentos de descontinuidade são psicologicamente relevantes: o casamento entre Fidélia e Tristão acabara de ser oficializado e, no dia seguinte, o corretor Miranda morrera. No cemitério, Aires visita o túmulo de Noronha. Na ocasião em que Fidélia "está prestes a enterrá-lo de novo", ele mais uma vez lembra os versos de Shelley e pergunta-se se a viúva, ao menos por hábito, ainda leva flores ao defunto. A acusação não podia ser mais inequívoca (*idem*, p. 1185).

olhos, afirma, estariam cansados, doentes. Na verdade, ele põe em xeque sua capacidade de ver. Seu senso de observação pode estar traindo esse seu relato de "fatos, impressões e ideias". Os olhos cansados parecem ter relação com o lampião supostamente escuro: de fato, tudo a seu redor estava bastante claro. Cesária via, Faria via, mas ele, o perspicaz diplomata, não havia visto: ele deixara iludir-se pelo gesto conciliatório de Fidélia.

Sua defesa de que a manobra da viúva corresponderia a um "ato íntimo e particular" é irrisória – não é íntimo nem particular, pois os retratos encaixilhados se expõem na sala de visitas, à vista de todos. Trata-se de uma declaração e de uma prova de alforria. Os libertos temem a atitude do novo proprietário da fazenda, mas a própria dona não tem com que se preocupar: entrega seu afeto antes cativo àquele que souber melhor administrá-lo. Não há dúvida aí. A situação se mostra às claras. Apenas o conselheiro, com seu lampião combalido, talvez não o veja. Mas, se ele não enxerga a situação, sem dúvida a intui, pois se sente ferido. Aires havia dito que se reconciliara com suas cãs, mas, ao ver agora a viúva reconciliar antigos e novos mortos (junto com o que isso significa), percebe que não estava realmente reconciliado. O verso de Shelley era enganoso. O coração de Fidélia estava o tempo todo pronto para o amor, apenas que não para o dele.

* * *

O golpe sub-reptício é grande, mas o conselheiro se recupera. Como? Ele diz ter visto (como, se já enxergava mal?), julgou ver enfim, "a sombra da sombra de uma lágrima". Era uma lágrima furtiva, quase fantasmagórica que supôs vislumbrar na pálpebra de Fidélia. O conselheiro, que não gosta de lágrimas, pois as considera um sinal de fraqueza e ele tem "tédio aos fracos", apega-se a esta gota enigmática com todas as forças – uma lágrima tão ínfima que, quando ele dá com ela, já nem mais existe. Essa lágrima seria, afinal, sua prova da sinceridade de Fidélia. Ele podia suspeitar de Cesária e do marido, podia (e queria) desconfiar de Tristão, mas não podia julgar mal a viúva Noronha. Uma prova quase inefável, tão estranha, portanto, a um homem de espírito material e hedonista como o conselheiro, é tudo que lhe resta – e ele se apega a ela e com ela decide prosseguir o *Memorial*.

Mas talvez seu diário de impressões venha a ter, a partir de agora, uma feição diferente. Ele reclama que seus olhos adoentados o impediriam de escrever um *Eclesiastes* à moderna; no que se imagina um *Eclesiastes* sem a feição bíblica. O conselheiro, porém, volta atrás: por que se daria ao trabalho de escrever uma obra como essa se nada "deva haver moderno depois daquele livro", o qual justamente anuncia que nada é novo debaixo do sol?[188] Os olhos não se cansam de ver nem os ouvidos de escutar, mas as coisas que se podem narrar são as mesmas, sempre foram e sempre serão, no entender do conselheiro embuído do espírito bíblico. Se o *Eclesiastes* moderno de Aires não teria nenhuma matéria nova a narrar, talvez pudesse ser então narrado de uma *maneira* que fosse nova. Essa é a inferência mais ou menos oculta; a forma muda e a forma é outra.

Sabemos como muitos adeptos da nova escola realista, incluídos nela de bom grado ou não, como Flaubert e James, valorizavam o trabalho com a forma, a ponto de serem acusados de fazer *l'art pour l'art*. Naqueles tempos de discurso filigranado e de desilusão com os rumos históricos conferi-

---

188. O trecho completo é: "Uma geração passa, e outra geração lhe sucede: mas a terra permanece sempre firme. O sol nasce, e se põe, e torna ao lugar de onde partiu: e renascendo aí, faz o seu giro pelo meio-dia, e depois dobra para o norte [...] O olho não se farta de ver, nem o ouvido se enche de escutar [...] Não há nada que seja novo debaixo do sol, e ninguém pode dizer: Eis aqui está uma coisa nova. Porque ela já a houve nos séculos que passaram antes de nós. Não há memória do que já foi, mas nem ainda haverá recordação das coisas que têm de suceder depois de nós, entre aqueles que hão de existir em tempo a elas muito posterior" (Ecl I: 4-11).

dos pela burguesia, os novos artistas fundaram uma retórica capaz de ser tanto retrato do mundo quanto questionamento dos limites artísticos na composição do retrato, observação de um pedaço de vida e feixe de procedimentos dotados de vida própria, em cujas correspondências com a realidade estão contidas a crise, a dúvida e a autorreflexão. No embate com a realidade posta em xeque, os novos artistas problematizam o modo como a realidade é observada, transformando qualquer questão de conteúdo em, acima de tudo, uma questão de forma.

Mas forma também pode significar andamento, e a frase do conselheiro sugere significados diversos. Se a lágrima de Fidélia motivou a ressurreição do próprio diário, ou seja, a reação da defunta perante seus mortos assegurou a renascença de si mesma no suporte figurativo em que se registra essa reação, o tom da melancolia mórbida pode vir agora temperado por toques de inaudita felicidade. Não são apenas a narrativa e a viúva que vinham ressuscitadas, Tristão também é dado como renascido pelo casal Aguiar, que julgava ter sido esquecido pelo afilhado, "aquele filho morto e redivivo". Carmo e Aguiar, radiantes de alegria, de braço dado com os dois filhos postiços, vão a passeios, organizam jantares e dariam até bailes se a nova geração os pedisse, mas não pede. O timbre alegre, que em parte substitui a dissonante desconfiança das páginas anteriores, é acompanhado não exatamente por uma nova forma narrativa, mas por uma outra forma de arte – a música – que celebra a ressurreição dos filhos postiços da gente Aguiar.

A música simboliza, em 31 de agosto, no chá de família na casa da gente Aguiar, o retorno de Fidélia à vida. Como na "Última Ceia", havia treze pessoas na cena, uma delas Tristão, que, sem se fazer de rogado, toca uma composição de Mozart. Depois de muita insistência, Fidélia também comparece ao piano, executando uma reminiscência de Schumann. Continua Aires: "Tristão voltou ainda uma vez ao piano, e pareciam apreciar os talentos um do outro. Saí encantado de ambos"[189]. Tão embevecido ele fica que, chegando em casa às onze, só prega os olhos à uma da manhã. Ele lembra que a viúva lhe havia dito que nunca mais tocaria, mas bastaram agora os pedidos do casal Aguiar e o exemplo de Tristão para ela voltar atrás. Era mais um sinal de que o luto terminara, pois a ausência da música, que sempre fora uma de suas predileções, marcara-lhe a viuvez. Aires anda um pouco perturbado com a transformação. Lamenta que sua atividade diplomática, ainda que em funções decorativas, impediu-o de aprender a tocar um instrumento musical. A justificativa tem a aparência de desculpa; afinal, sabemos que o ofício não lhe impediu de perseguir atrizes sevilhanas, por exemplo. Mas a verdade é que, sem ter desenvolvido a técnica da execução, é relegado, como os outros dez circunstantes, à posição de mero observador do idílio musical em que mergulham Fidélia e Tristão.

Aires ainda cogita a possibilidade de a viúva voltar em definitivo a tocar, suposição que lhe é confirmada no dia seguinte pelo desembargador. Às sete horas, o tio de Fidélia fora acordado pelo som do piano. A sobrinha dedilhava uma composição conhecida, possivelmente italiana. Ele pergunta:

– Mas que ressurreição é esta?
– Coisas de defunta, respondeu ela querendo sorrir.

A viúva assume aqui, pela primeira vez, a inferência de Cesária, posto que insinuasse que esse estado não existe mais. Como a

---

189. A música é tocada três vezes, nessa cena prenhe de simbolismos bíblicos (Cristo advertiu que Pedro o negaria três vezes). Resta saber quem é Jesus e quem seria responsável pela traição ao filho de Deus – figuras que, para Aires, melhor seriam representadas por Fidélia e por Tristão, respectivamente. (A não ser, claro, que Aires fosse Cristo; o que não destoaria de sua personalidade presumida nem da afinidade com personagens consoantes, como Félix, de *Ressureição*; veja p. 152.) Naquela leitura, porém, demoníaca, Judas não seria o traidor de Jesus, mas o responsável por sua eventual ressurreição.

lágrima percebida pelo conselheiro, assim que entrevista por ele, não está mais lá. Fidélia confessa-se defunta para indicar que já deixara de sê-lo. O conselheiro ainda pondera que a música pode combinar com o estado, mas o pensamento também se dissipa. Um pensamento triste cruza-lhe a mente. Poderia ler, mas acabaria por afetar a vista já não muito boa, de sorte que mais uma vez lamenta não saber tocar: "Ah! se eu soubesse música!".

Como não sabe, decide aceitar o convite do desembargador e ir escutar Fidélia novamente. Uma vez que o dia anterior fora 2 de setembro, aniversário da batalha de Sedan, o conselheiro pensa em sugerir que, em homenagem à vitória prussiana, a viúva lhe toque um trecho de Wagner[190]. Observamos como Aires e Strether apreciam o subtexto histórico. A característica é estudada por muitos comentadores do escritor brasileiro, como Augusto Meyer, que explicam como os doutos narradores machadianos cercam sua narrativa de referências de toda a espécie, sobretudo históricas[191]. Aqui, a batalha de Sedan, que marcou a derrota e capitulação de Luís Bonaparte e o fim do Segundo Império em França, está ligada a uma alusão anterior, a Revolução de 1848 (24 de fevereiro), em que Aires lembra o "grande Lamartine" ao desembargador e este faz a única menção direta do romance à iminente troca de governo: "Meu irmão [o barão de Santa-Pia] crê que também aqui a revolução está próxima, e com ela a República"[192]. Sabemos que na França a Revolução deu no governo republicano e, por fim, na ditadura imperial

---

190. Durante muitos anos a vitória da batalha de Sedan foi comemorada na Alemanha. Walter Benjamin lembra que, quando era criança, por volta de 1900, "não se podia conceber um ano sem o dia de Sedan [...] O que podia então vir depois de Sedan? Com a derrota dos franceses a história do mundo parecia ter se afundado em seu túmulo glorioso, sobre o qual essa coluna fazia as vezes de estela funerária [...]" Referia-se à Coluna da Vitória, que celebrava o êxito prussiano na guerra e que ele exclama ter sido "tostada pelo açúcar hibernal dos dias da infância" (Benjamin, 2000, pp. 72, 77 e 78).
191. Veja nota 12 da p. 20.
192. Machado De Assis, *op. cit.*, p. 1114.

de Napoleão III, cuja debacle foi a guerra franco-prussiana[193]. Após a derrota, com a recusa da capital francesa em ceder às condições humilhantes da trégua e ao governo de Defesa Nacional, formou-se a Comuna de Paris, que guarda identidade não só com a Comuna de 1792, como com o massacre de 1848, que Marx chamou de "cataclismo de junho"[194].

Pois bem. É bom ter em mente que, quando o conselheiro recorda a Revolução e alude aos "viçosos tempos!", ele não está celebrando as lides sediciosas. Ele claramente se alinha à burguesia e aos intelectuais conservadores que relutantemente derrubaram a monarquia de Luís Felipe, conquanto esta sempre tenha se mostrado simpática ao interesse dos negócios. Chamados à ação, porém, tanto pela crise econômica que quebrava o país, quanto por razões de ordem ideológica, eles alinhavaram uma aliança com a oposição socialista, posteriormente desfeita, culminando no grande trauma nacional acarretado pela sangrenta repressão às jornadas de junho. O conselheiro, portanto, põe-se do lado dos "fogos de artifício" de Lamartine, na expressão de Marx, que se transformariam, meses depois, "nas bombas incendiárias de Cavaignac"[195] – assunto ao qual retornaremos.

Vale notar ainda é que o brinde levantado pelo jovem Aires ao poeta que se tornou porta-voz do governo provisório em França sugere não apenas a parecença, pela via conservadora, entre a composição burguesa da malograda Segunda República e a elite oligárquica que reformaria o regime político brasileiro, como também uma coalizão com o partido mais fraco. Candidato malsucedido às eleições presidenciais, Lamartine obteve a menor votação do pleito, com meros 17900 votos, atrás até

---

193. Aliás, é *La Débâcle* o título do romance de 1892 de Émile Zola, que narra os eventos em torno do episódio.
194. *Apud* Oehler, 2004, p. 28.
195. Alusão ao general Cavaignac, que liderou, em nome da Assembleia Nacional, as forças de repressão. Em panfletos espalhados por Paris, ele chama os insurgentes de "irmãos desencaminhados" (*apud* Oehler, 1999, pp. 14 e 79).

mesmo do representante socialista e sofrendo, como todos os outros, a descomunal derrota para os cinco milhões e meio de votos obtidos por Luís Bonaparte[196]. O partido de Aires não é tão somente conservador, mas impopular, varrido tanto pelo povo quanto pela história.

Meses depois (25.3.1889), quando o conselheiro e Tristão voltam a falar de política, o assunto torna à baila, de modo inesperado, pois envolve uma discrepância no enredo. O conselheiro aí nos revela, de modo surpreendente, que o jovem assistira ao episódio da Comuna de Paris. Ora, sabemos que Luísa dera à luz Tristão, quando Carmo "ia em vinte e tantos anos"[197]. Como a mulher de Aguiar tem, em 1888, cinquenta anos completos, o moço teria nascido, no máximo, em 1863 (supondo-se que os "vinte e tantos" equivalham a no mínimo vinte e cinco, pois, na verdade, vinte e tantos dão a impressão de serem mais de vinte e cinco, e não menos, pois aí teríamos de dizer "vinte e poucos"). Também fomos informados de que, quando Tristão vai à Europa, tem entre treze e quatorze anos (Ele tem treze na ocasião em que decide ser "doutor"; "cinco ou seis meses depois" é que o pai resolve ir à Europa). Ou seja, não teria tido a oportunidade de presenciar a Comuna, que ocorreu em 1871.

É provável que esse equívoco tenha ocorrido por algum descuido de Machado. Segundo Helen Caldwell, que teve acesso aos manuscritos, o escritor se atrapalhou diversas vezes, trocando Fidélia por Carmo e suas variantes ("viúva" e "moça")[198]. A observação suscita algumas ideias interessantes, até do ponto de vista psicológico. Mas a verdade é que a idade de Carmo desde o início parece problemática. Ela age como se tivesse muito mais idade do que cinquenta anos (mesmo para aquela época). Tivesse

---

196. Burns, *op. cit.*, p. 720.
197. Machado de Assis, *op. cit*, p. 1108.
198. *Apud* Gledson, *op. cit.,* p. 244. Lembro também que Machado "confunde" a linhagem de Cesária; na maioria das vezes ela é cunhada, mas uma vez ele a chama de irmã do corretor Miranda. [Veja nota 79 da p. 58.]

ela sessenta, uma hipótese mais coerente dentro dos critérios da verossimilhança, jogaríamos o nascimento de Tristão dez anos para trás e... ele teria tido tempo de presenciar a Comuna.

Em todo caso, a "revelação" possibilita que o narrador defenda uma vez mais a volubilidade de Tristão, que "parece ter temperamento conservador fora da Inglaterra; em Inglaterra é liberal; na Itália, continua latino. Tudo se pega e se ajusta naquele *espírito diverso*. O que lhe notei bem é que em qualquer parte gosta da política. Vê-se que nasceu em terra dela e vive em terra dela"[199]. Voltaremos a essas múltiplas referências, mas desde já fica a constatação de que nada no *Memorial* é estanque, que as situações, motivos e padrões, mesmo que delimitados, costumam voltar e ser entretecidos com outros, mantendo, alterando ou evoluindo o significado de modo quase incessante, à maneira de um fino fio que surge e afunda no desenho do tapete, sem nunca desaparecer de todo, pois é ele afinal que sustenta a urdidura.

Retornemos, por ora, à batalha e ao pedido de Aires. A viúva mostra-se, desta feita, acabrunhada. Alegando dor de cabeça, recusa gentilmente a solicitação. Tristão salvou a situação dando um pedaço de *Tannhäuser*. Segundo Gledson, trata-se de uma ópera bastante popular na época, bem mais que *Tristan und Isolde*, por exemplo[200]. Como esta última, permite algumas inferências. A lenda de Tannhäuser (e a peça de Wagner) focaliza um cavaleiro e poeta que fundou Venusberg, lar subterrâneo de Vênus. Como Ulisses na ilha de Circe, Tannhäuser fica aprisionado na caverna da deusa, a quem cultua e que o mantém cativo. Mas ele consegue escapar, alegando crença na Virgem Maria, e regressar à sua cidade natal, onde sua antiga namorada Isabel o aguarda. Ele se mete em arengas ali, defendendo mais uma vez o amor sensual de Vênus. Em razão disso, sai em peregrinação a Roma, onde suplica o perdão papal. Urbano IV, porém, diz que dar-lhe o perdão é tão impossível quanto a

---

199. Machado de Assis, *op. cit*, pp. 1188-1189 (grifo meu).
200. Gledson, *op. cit.*, p. 245.

possibilidade de seu cajado vir a florescer. Tannhäuser volta, abatido. Isabel, que previa o pior, morre. O cajado do papa, que o herói carregara consigo, floresce.

Veem-se, por esse apanhado, alguns dos tópicos que animam tanto o *Memorial* quanto, sobretudo, as preocupações da viúva Noronha. Há em *Tannhäuser* uma disputa entre o amor transcendente, por meio do qual se pode alcançar a redenção, e o amor dos sentidos, subterrâneo. Fidélia, como vimos, até então se mantivera fiel ao amor eterno, do além-túmulo, tanto que já a chamamos de anti-Vênus, pois seria incapaz de ceder ao amor terreno. Agora, porém, por intermédio de Tristão, sente justamente brotar o amor profano, infernal, perigoso. Trata-se de um novo arranjo, numa esfera mais abstrata, dos temas sugeridos pelo *Tristan und Isolde*, pois não se refere agora propriamente a pessoas específicas nem à traição ou à morte de um amado, mas ao amor em si.

Em *Tannhäuser*, Isabel morre, assim como a figura da Fidélia-abnegada está em seus estertores. Sua morte e superação inclusive permitem que o cajado empunhado pelo herói possa enfim florescer (vale notar como, simbolicamente, a ideia de vigor fálico, de fertilidade, assuntos profanos, portanto, permaneçam no imaginário supostamente sagrado). Tristão também é assim perdoado, aceito na esfera mais pura do amor que redime, ao mesmo tempo em que Fidélia-venérea inicia sua emersão desde os subterrâneos.

Tudo isso pode estar passando pela mente da viúva, que, a despeito da alegada dor de cabeça, ouviu Tristão com "evidente prazer", e o aplaudiu sorrindo. Mas há uma atmosfera agridoce na casa do desembargador. Carmo e Aguiar andam macambúzios, e explicam a razão ao conselheiro. Tristão de fato viera ao Brasil liquidar uns negócios de foro, relativos ao pai. Além disso, há a eleição a deputado prometida em Lisboa. Carmo, que pretendia prendê-lo no Rio um ano, talvez mais, caíra em si, percebendo que o afilhado quiçá vá embora muito antes do que gostaria. "Trocamos nossos aborrecimentos, quero dizer que os somamos, e ficamos com o dobro cada um...", explica Aguiar.

Aires aprecia a metáfora do velho banqueiro, e queda observando Carmo e Fidélia, que se entretêm uma a outra, no canto da sala. A contemplação de ambas, que ele vê primeiramente como mãe e filha ("toda filha é eterna para as mães envelhecidas"), depois como irmãs (notando a perícia de Carmo "em se fazer moça com as moças"), leva-o a ruminações que não se encerram naquela ocasião, mas no dia seguinte. Aires não sabe qual é a matéria da conversação entre a viúva nova e a esposa velha. Só podemos adivinhar que talvez tratassem de Tristão, pois a tristeza de Carmo também é de Fidélia. Se concebermos a ressurreição da última ao menos em duas etapas, com o mandar encaixilhar os retratos do marido e do pai mortos, e depois, com a exibição de seu talento ao piano, a recusa em tocar agora pode indicar um regresso ao estado de perda. A volta, porém, não alcança o estágio anterior, pois ela já não se aflige pelo esposo morto, mas outro, em que a aflição se dirige ao homem bastante vivo, capaz de livrá-la do luto, mas que partiria mais cedo – ou mais tarde – do que convinha. É impossível precisar a exata proporção dos padecimentos de Fidélia nesse momento, pois nunca saberemos quando ela de fato cedeu a Tristão, mas a verdade é que a viúva já então nutria alguma forma de sentimento por ele, e sua partida possivelmente prematura para Portugal só podia deixá-la consternada.

Aires não cogita essa hipótese, no dia 4 de setembro. Realmente, ele não pensaria no assunto até ser surpreendido pelos fatos, a despeito dos indícios que ele mesmo ia deitando nas páginas do diário. Mas diz que, "relendo o dia de ontem", reflete que a afeição de Carmo, "tão meticulosa e tão serviçal", talvez não faça bem à moça. É a primeira vez que vemos uma palavra de crítica ao papel de benemérita da esposa de Aguiar – e a última, pelo menos de forma tão clara. A senhora pode, com a amizade, a afeição, o costume, roubar o destino da bela ainda jovem, que é o de ser esposa e mãe de família. O ex-diplomata insiste que não fala de si, e é provável que, desta vez, esteja sendo sincero: ele teve pela viúva apenas "veleidades sexagenárias". A idade eventualmente chegaria à Fidélia, os trinta viriam, depois os trinta e cinco, os quarenta; um dia, Carmo morreria e, junto com ela, também teriam desaparecido os pretendentes da moça, arranjados "pela natureza e pela sociedade". Então, Aires mais uma vez relê o que escreve e diz recear ter posto ali uma nota "poética ou romanesca", que destoaria dos diários, no qual "é tudo prosa, como a realidade possível"[201].

Percebemos aqui dois tipos de *modus operandi* do *Memorial*. O primeiro é a maneira como o narrador vai modificando o que escreve à medida que escreve. Trata-se de um procedimento natural ao que se espera de um diário. Reflete-se num dia o que se escreveu no anterior, muda-se de opinião, pensa-se em riscar o que está escrito, mas, sem apagar a primeira observação, adiciona-se a segunda. Então, ao reler outra vez as duas notas, teme-se que a ideia pode ter sido transmitida de forma equivocada e tenta corrigi-la, ajustá-la, enquanto ela ainda está em progressão. Não se elimina o que vinha antes, não se suprime, não se modifica, mas se adiciona. O modo é o da justaposição, uma forma bastante avançada para este *Eclesiastes* moderno.

Decerto não se trata de diário real, mas de uma obra de ficção que busca emular o modelo do diário – e, assim, naturalmente o imita, isto é, parece e soa natural ao leitor. Mas a verdade é que este narrador manipulador, que diz e desdiz, esse narrador "volúvel", conforme Roberto Schwarz o denominou e descreveu em *Um Mestre na Periferia do Capitalismo*, vinha sendo desenvolvido por Machado pelo menos desde *Memórias Póstumas*. Além disso, o próprio conselheiro faz questão de

---

201. Convém lembrar uma nota interessante da série *Bons Dias* (1889), em que um dos interlocutores diz faltar-lhe *prosa*, ou seja, dinheiro, na acepção que lhe teriam dado os soldados de Aníbal. Nesse caso, a narrativa relaciona--se não só ao aspecto material do dinheiro ou do soldo, mas também da guerra e das conquistas (Machado de Assis, *op. cit.*, vol. 3, p. 517).

frisar: não há nada de romanesco nem de poético ali, é, antes, "tudo prosa" – e, com isso, ele quer dizer que, no registro supostamente chão e cotidiano, livre das regras rígidas da poesia, valem a digressão, as quebras, as voltas e as constantes justaposições que vão concertando o sentido. Como constata Schwarz: "Monotonia, degradação, truncamento, desperdício, dissonância, esterilidade etc., não são presenças fortuitas, conforme trataremos de mostrar, mas efeitos salientes e estabilizados do movimento da prosa"[202].

O movimento da prosa tem algo a ver com a observação de Aguiar. A tristeza que causa a partida iminente de Tristão não é compartilhada entre Carmo e ele como se assim ambos pudessem dividi-la. O que ocorre é o contrário: soma-se a dor de um à do outro e cada um fica com o dobro. Nada, no *Memorial*, é como que dividido; a ação implica em somar e em multiplicar. Assim, à Fidélia que cultua a memória do marido soma-se a Fidélia que nunca esqueceu do pai, a Fidélia que preza a companhia dos Aguiares, a Fidélia que começa a sentir uma atração subterrânea por Tristão, a Fidélia que crê ser amada pelos libertos e que lhes promete migalhas quando eles rogam estabilidade. Uma faceta da personagem não elimina a outra, mas soma-se àquela, como que a modificando paulatinamente aos olhos do leitor. Cabe a este fazer os cálculos e ponderações necessários sobre cada personagem e cada situação. Não é nada fácil, e não é evidente, pois muitas dessas facetas e muitos desses fatos permanecem ocultos quer aos olhos do narrador, quer aos olhos do leitor. É preciso, portanto, chegar às conclusões a partir das impressões mais ínfimas, das sugestões muitas vezes duvidosas.

O último comentário do dia 4 de setembro, que encerra o trecho examinado, diz respeito aos mortos. Aires torna à ideia dos retratos – e, com ela, lembramos de todo o drama circundante: o "capital dos afetos" de Cesária, o papel-moeda que compra tudo, a busca ostensiva da conciliação e da libertação, a

---

202. Schwarz, 2000b, p. 59.

ideia de que a atitude de Fidélia era afetação e a intervenção da mulher de Faria sobre a luz dos postes, que leva o conselheiro a queixar-se dos olhos adoentados e a querer encerrar o *Memorial*; nada disso se perdeu acolá, retorna agora aqui, como num movimento circular. O conselheiro não volta, é certo, ao tema dos retratos em si, mas dá dialeticamente um passo além. Imagina que um dia Fidélia mandará transferir os ossos do pai ao jazigo do marido, conciliando-os na terra como antes os conciliara em imagem. O pó reforça, assim, o simulacro. "Aqui e ali toda a política se resume em viverem uns com outros, no mesmo que eram, e será para nunca mais", acrescenta, numa nota condizente a este *Eclesiastes* à moderna.

* * *

Mas, neste ponto, aproveitando o assunto dos mortos e da política, e aproveitando a ideia de que a prosa veiculada por Machado não consiste em suprimir ou dividir, mas em somar e dobrar, gostaríamos de voltar umas páginas, para uma situação anterior, que diz respeito às questões que viemos tratando[203].

No dia 18 de maio, Rita pede ao irmão informações sobre certo leiloeiro. Aires ri-se: que sabe ele de leiloeiros nem de leilões? Brinca que tudo ("o pouco que tem") pode ser vendido quando morrer, sua pele incluída, que, sem ser nova nem bela, ainda talvez dê para um pandeiro rústico. A missiva da irmã vem logo no início de um período de quatro ou cinco dias, durante o qual pretende enclausurar-se e não quer ver ninguém, exceto seu criado José. Não supõe encerrar o *Memorial*, como faria mais de três meses depois, mas prevê uma pausa de suas relações, cedo interrompida, portanto, pela epístola. Num espírito entre folgazão e malas-artes, Aires responde à irmã. Fala-lhe da carta de Tristão anunciando a chegada, dos agradecimentos do barão à filha e, após cogitar dizer que a viúva resolveu casar

---

203. A passagem se encontra em Machado de Assis, *op. cit.*, vol. 2, pp. 1119-1122.

com ele, volta atrás e informa à mana que o leiloeiro morreu (e, de si para si, reflete: "provavelmente ainda vive, mas há de morrer um dia").

No dia subsequente ao falso anúncio da morte, Aires depara-se no jornal com uma nota sobre o falecimento real do leiloeiro e, em seguida, mana Rita vem apurar os fatos. Trata-se de uma coincidência mórbida. Rita se esquecera de contar o motivo da inquirição: o leiloeiro, cujo nome é Rodrigues, morava no mesmo bairro do irmão, o Catete. Além disso, ela soubera que o homem caíra gravemente enfermo, e presumira que Aires podia ter alguma notícia fresca. As razões de Rita não eram humanitárias, longe disso. Ela entregara ao Rodrigues umas peças para vender e, agora, sobretudo com a morte deste, precisava determinar o que acontecera – se seus objetos foram vendidos ou não etc.

Por isso, quando o conselheiro lhe revela o logro (de início pensou em não confessá-lo), não fica nem brava nem divertida com a brincadeira: preocupa-se com o destino das peças. Aires acode em dizer que haverá uma escrituração e oferece-se para acompanhá-la à casa do falecido, para resolver o caso. Menos preocupada, Rita conta que os objetos eram uns quadros e romances velhos. Em seguida, antes de jantarem juntos, veem passar o féretro, cujo número de carros, segundo um hábito antigo, Rita faz questão de contar: trinta e sete ou trinta e oito.

O episódio inteiro é tratado com uma superficialidade e cinismo ímpares, que chegam a assemelhar-se ao prazer frívolo dos turistas da catástrofe, deleitados com a contemplação da tumba em que se transformara Paris no pós-1848 (veja páginas 256 e 257). Nem Aires nem Rita se condoem do leiloeiro. Sua morte inspira-lhes quer o gosto pelo espetáculo fúnebre quer o fastio da pequena amolação. Para a irmã tudo se resume a uma questão comercial e, diga-se de passagem, nem de grande monta, já que se tratava de artigos de somenos. Para o irmão, a contabilidade é outra. Espicaçado por uma morbidez bisbilhoteira – que o faz comungar do interesse estatístico de Rita no cortejo fúnebre –, gaba-se da coincidência macabra, que lhe dá foros quase divinos, de vida e de morte. Com efeito, nem de vida nem de morte, mas de invenção: "O acaso é corregedor de mentiras. Um homem que começa mentindo disfarçada ou descaradamente acaba muita vez exato e sincero".

A situação ficcional não terminou, mas já merece um comentário. O leiloeiro já era uma figura ligada às cousas mortas, negociador que fora de objetos de defuntos ou de gente velha como Rita. O conselheiro mata-o em carta e depois ele morre na realidade, confirmando tanto a hipótese de que a vida muita vez imita a arte, como o fato de que é preciso tomar cuidado com o que é aparentemente verdadeiro, pois também na aparente verdade pode ocultar-se uma mentira. Assim, de par com a ideia da justaposição, da somatória de elementos que ajudam a formar o quadro, um ao lado do outro, sem aparente descarte de nada; ao lado do *Eclesiastes* à moderna, ou seja, de fábulas antigas ou contemporâneas cujo conteúdo parece invariável desde sempre, pois o que vale é a maneira como se as exibem aos olhos e se as fazem ouvir aos ouvidos; em conjunto, em suma, com tudo isso, inclui-se esse elogio da impostura. Não só da impostura da máscara (digamos, a de Rita ao chegar à casa do falecido com cara compungida, quando apenas quer saber do destino de seu papel-moeda), mas do mentiroso que, por força das circunstâncias, acaba passando por homem sincero. Decerto há um quê da defesa da ficção aí, essa arte de dizer a verdade por intermédio do escamoteio. E, como Aires deitou sua lorota na epístola à irmã, não deixa de comungar algo do ofício do ficcionista. Contudo, há outra coisa muito mais próxima ao diário no sentido de advertência ao leitor: tome cuidado, meu amigo; muita vez as supostas verdades destas páginas nada mais são do que mentiras que as circunstâncias transformaram em coisas genuínas. Fique, portanto, atento ao logro, ao engano que se escondem por trás da hipotética verdade!

Pois então, no caminho ao armazém do finado Fernandes, Rita e o irmão tagarelam como se a morte fosse um assunto que não lhes dissesse respeito. Ela conta ao irmão que já sabia da carta de Tristão e da resposta de dona Carmo. É a primeira vez que se menciona "ressurreição do afilhado", cujo longo silêncio a senhora perdoara de todo. Rita diz que, em meio a uma visita que lhe fizera, vira apontar no rosto da amiga "uma pequenina lágrima de nada" – predecessora, assim, da lágrima quase inefável que o conselheiro julgaria depois distinguir no rosto de Fidélia. Rita também revela ter encontrado Fidélia na casa da gente Aguiar e que cresce a afeição entre a viúva e Carmo. E... é só. O capítulo do dia 22 de maio termina nesse ponto. Mas é claro que ele se iniciou com os irmãos indo ao armazém do leiloeiro. O conselheiro esqueceu-se justamente desse "pormenor". Ele se lembrará da gafe no dia seguinte, que abrirá com a frase: *"Les morts vont vite"*.

Não são os mortos que se esquecem depressa, mas sim essa morte tão desinteressante, de figura tão sem merecimento que a única coisa que dela querem saber é o que fez com os picuás de Rita. Os manos folgam em saber que os objetos estavam contabilizados, vendidos e o – "pouco" – dinheiro se encontrava à espera da dona. Aires nem achava importante acrescentar isso, mas, uma vez escrito, dá-lhe de lambuja à "reputação do finado". No entanto, o leitor decerto tem o direito de se perguntar (sobretudo após a pequena lição sobre as mentiras sinceras de dois dias atrás), onde, no meio de todo quiproquó, fica a reputação de Rita e de Aires.

Por fim, o conselheiro lembra de contar o que julga mais importante. Nada de Fernandes nem de trastes arrematados. Antes de subir ao bonde, a irmã lhe diz que há alguém que ficara "mordido" pela viúva. Ela não revela quem, pois já trepara ao comboio, que partia – deixando Aires, além do leitor, na expectativa. Aires anuncia a "nova", dizendo que o ofício de amar "não cansa nem morre", ao contrário do ofício dos leilões. O conselheiro parece querer justificar seu pouco caso com a morte do leiloeiro, defrontando o amor, imorredouro e incansável, ao negócio especulativo, limitado e transitório. O finado objeto de seus desejos pode, em suma, reviver, enquanto o defunto pregoeiro dos objetos alheios não tem nenhuma chance de renascimento nem de dignidade. Vale notar que a defesa implícita do amor desinteressado funciona como uma peça argumentativa quase irônica num romance em que aos amantes atribuem-se o consórcio de interesse e o destino dos trezentos contos. Além disso, trata-se de uma das várias aproximações entre a temática da morte e a temática do amor, assuntos que nunca, na obra de Machado, como neste livro, nem mesmo em *Ressurreição*, parecem encontrar-se tão interligados[204].

Em seguida, no apontamento do dia 24 de maio, elas voltam a encontrar-se. Acabrunhado com a nova de já ter um rival ao coração da viúva, ele surpreende-se com a visita de Fidélia:

– Conselheiro, disse ela entre graciosa e séria, que acha que faça? Que case ou fique viúva?
– Nem uma coisa nem outra.
– Não zombe, conselheiro.
– Não zombo, minha senhora. Viúva não lhe convém, assim tão verde; casada, sim, mas com quem, a não ser comigo?
– Tinha justamente pensado no senhor.

Nisso os olhos de um se cravam no outro. Os do conselheiro vão tão fundo na senhora que a atravessa, indo cair no rosto do criado José. No quarto, repercute o alarido do pregão – "Vai... vassouras! vai espanadores!". A visita não passara de um sonho, ocasionado, como o conselheiro viria a definir depois, pelas "veleidades de sexagenário". O pregão é o mesmo que abriu o romance, mostrando como esses detalhes do cotidiano estão costurados com precisão à "prosa" (e, se vêm somados, a soma se

---

204. Hélio de Seixas Guimarães acredita que uma exceção deva ser feita a *Helena*, em que a relação entre amor e morte é bastante forte desde o início, "pois é a morte do conselheiro Vale que abre espaço para o surgimento do amor entre Helena e Estácio que, romanticamente, só pode consumar-se *post mortem*". [Arguição de doutorado.]

dá mediante muita arte e engenho), nunca funcionando separados dos personagens, mas sempre em função deles. Os gritos dos ambulantes opõem-se ao sonho libidinoso do conselheiro, assim como antes, na condição de coisa típica da terra e da língua brasileiras, contrapuseram-se à Europa. O Velho Mundo se associa, assim, ao desejo nunca satisfeito de Aires de possuir a viúva, a qual, por sua vez, acabaria por refugiar-se naquele território a um tempo próximo e distante, como, aliás, são os sonhos. Já o pregão, os leilões e a morte ficam aqui. Tal como o conselheiro.

Já era tarde, quase dez horas, e Aires vai às suas abluções, ao seu café e aos seus jornais. O ex-adido havia despertado num humor não muito alegre, dada a impossibilidade de concretizar seus desejos oníricos, e torna às considerações funestas. Alguns periódicos celebram a vitória brasileira na batalha de Tuiuti. O ex-diplomata lembra quando, vinte anos atrás, teve de dar esclarecimentos a jornalistas estrangeiros sobre esse episódio da guerra do Paraguai. Em seguida vem a reflexão:

> Vinte anos mais, não estarei aqui para repetir esta lembrança; outros vinte, e não haverá sobrevivente dos jornalistas nem dos diplomatas, ou raro, muito raro; ainda vinte, e ninguém. E a Terra continuará a girar em volta do Sol com a mesma fidelidade às leis que os regem, e a batalha de Tuiuti, como a das Termópilas, como a de Iena, bradará do fundo do abismo aquela palavra da prece de Renan: "Ó abismo! Tu és o deus único!"

Várias ilações acorrem a esse trecho. A primeira é que é, em gênero, quase em número e certamente em grau, o excerto cola-se à passagem do *Eclesiastes* que destacamos e a qual o conselheiro aludiria exatos três meses depois. Mais um passo na direção do seu *Eclesiastes* à moderna. Ostensivamente o fragmento visa a ser um comentário sobre a passagem inexorável do tempo, que leva consigo os sonhos, os mortos (*ils vont vite*) e as ambições humanas. A segunda inferência está na razão pela qual o conselheiro ajuntou as batalhas das Termópilas e a de Iena, e não outras, àquela que culminou com a vitória brasileira na Guerra do Paraguai. Se tomarmos apenas esta última e a das Termópilas, veremos que em comum há o fato de ambas terem sido extremamente violentas. Tuiuti infligiu pesadas perdas ao lado paraguaio, ajudando a decidir o destino da guerra. Na batalha das Termópilas, que faz parte das Guerras Médicas, o exército grego resistiu bravamente, mas, após uma traição, os persas, sob o comando de Xerxes, conseguiram contornar o desfiladeiro e atacaram o inimigo pelas costas. Os gregos foram massacrados até o último homem.

Apesar de não ter sido talvez tão sangrentas quanto as outras duas, a de Iena tem maior peso para a história ocidental moderna. Se a supracitada batalha de Sedan apressou a queda de Luís Bonaparte e a instauração da República, a de Iena, travada em 1806, representa o coroamento da campanha fulminante de Napoleão, após ter vencido Alexandre I, da Rússia, e Francisco II, da Áustria. Afora marcar a derrota de Frederico Guilherme III, o conflito armado significou outras coisas também. A batalha que Franz Mehring classificou de a "Bastilha da Alemanha", assinalou o declínio do regime feudal e o início do Estado moderno na antiga Germânia. Além disso, da janela de uma casa, havia um sujeito que observava atentamente a passagem das tropas napoleônicas, quase como se a realidade que passava bem ali, diante de seus olhos, coroasse uma longa sequência de pensamentos.

O sujeito era Georg Wihelm Friedrich Hegel, que, na época, estava concluindo a elaboração de sua primeira grande obra, *A Fenomenologia do Espírito*. A entrada de Napoleão em Iena, em cuja universidade Hegel era livre-docente, causou impacto no alemão, que viu no glorioso imperador o poder da força individual transformando o Velho Mundo, a chegada de uma nova e radiante estação, em meio aos destroços de um panorama que se esfacelava – o velho e o novo, lado a lado. Diz Hegel no prefácio que escreveu para *A Fenomenologia*:

> De resto, não é difícil ver que o nosso tempo é um tempo de nascimento e passagem para um novo período. O Espírito rompeu com

o mundo de seu existir e do seu representar que até agora subsistia e, no trabalho da sua transformação, está para mergulhar esse existir e esse representar no passado. [...] o Espírito que se cultiva cresce lenta e silenciosamente até a nova figura e desintegra pedaço por pedaço seu mundo precedente. *Apenas sintomas isolados revelam seu abalo. A frivolidade e o tédio que tomam conta do que ainda subsiste, o pressentimento indeterminado de algo desconhecido, são os sinais precursores de que qualquer coisa diferente se aproxima.* Esse lento desmoronar-se, que não alterava os traços fisionômicos do todo, é interrompido pela aurora que, num clarão, descobre de uma só vez a estrutura do novo mundo[205].

* * *

O que temos, então? Voltemos os olhos mais uma vez para o tipo específico de realismo machadiano nesta obra, em confronto ao praticado por James, em *Os Embaixadores*. Em primeiro lugar, é preciso dizer que ambos, quer em suas primeiras obras quer nas últimas, mas sobretudo nestas, trabalham com um número bastante reduzido de caracteres. Em *A Taça de Ouro*, um livro extensíssimo, encontramos apenas quatro personagens principais – Maggie e seu pai, Adam Verver; Charlotte Stant e o príncipe Amerigo – e, tirando a intervenção de Fanny Assingham e do marido, quase tudo gira em torno deles. *Os Embaixadores* exibe mais pessoas, mas o núcleo principal não passa de meia dúzia de atores. No *Memorial*, os caracteres que realmente importam são o conselheiro Aires, o casal Aguiar, Fidélia e Tristão. Rita, o barão de Santa-Pia, Cesária, todos os demais, enfim, podem ser vistos como figuras secundárias, algumas mais importantes que outras para o significado da trama, mas ainda assim noutro patamar do interesse narrativo.

Em segundo lugar, James e Machado parecem ter permanecido fiéis a pelo menos duas lições da *Revue*. Para eles, primeira-

---

205. Hegel, 1980, p. 10 (grifo meu).

mente, o inventário minucioso da realidade não perfaz uma obra de arte[206]. O detalhe local, os costumes, a paisagem, o quadro externo só tinham sentido quando relacionados aos caracteres, os verdadeiros motores de sua fábula. A outra lição refere-se ao motivo ético. Sempre, por mais pífia que seja, devemos procurar uma escolha moral, uma opção dramática, pois ela existe. Costumeiramente um personagem ou outro se vê diante de decisão definitiva, a qual implica não apenas sua vida, mas também, muita vez, a de outras pessoas. Independentemente do grau de comprometimento pessoal, independentemente da mudança acarretada ou não acarretada, a ação ou atitude faz diferença do ponto de vista ético. Em *Ressurreição*, Félix deve optar entre o amor sincero de Lívia e a ficção ancorada num trauma do passado. E a personagem que, no *Memorial*, está mais apta a fazer a escolha, sem dúvida, é Fidélia. No fundo, cabe à viúva decidir se permanece leal aos mortos, seu pai e seu marido, e aos velhos, o casal Aguiar e Aires, ou se, casando de novo, com Tristão, embarca para uma nova vida. Ela casa. E parte.

Vimos que a primeira situação dramática por nós estudada mais a fundo neste capítulo (que vai de 17 de agosto a 4 de setembro de 1888) é engendrada como em dois blocos, pois uma interrupção a divide ao meio. A nota da falsidade perpassa todo o primeiro bloco (desde o poema do vate incréu, passando pelas farpas que o conselheiro lança contra Tristão e chegando à própria personificação do veneno, dona Cesária), que começa

---

206. James pode ter sido um pouco menos coerente nesse ponto, ao menos no princípio. Embora tivesse divertido seu amigo Howells sobre como Zola colecionava termos e expressões do jargão da classe trabalhadora e como Edmond de Goncourt empreendeu pesquisas num "prostíbulo *de province*", ele mesmo, em alguns casos, realizou a própria pesquisa de campo. "Estive a manhã toda na prisão Milbank (um lugar horrível) coligindo notas para uma cena de ficção. Veja você que naturalista e tanto me saí" (*apud* Martin, 1967, p. 355). Conforme observamos, seus trabalhos iniciais, como *Um Peregrino Apaixonado*, *Roderick Hudson* e *The Princess Casamassima* apresentam investimento na descrição local, indicando a intenção do autor de emular quer Balzac quer Turgueniev.

com Aires dizendo reconciliar-se com a velhice e termina com a reconciliação da viúva com a vida. O baque é tão grande que o conselheiro resolve interromper o *Memorial*. O segundo bloco, que se inicia após essa pausa com uma prova duvidosa da sinceridade da viúva, completa-se com uma tomada de consciência de Aires. A ressurreição de Fidélia acarreta um despertar do próprio conselheiro para uma realidade para a qual ele não tinha atentado de modo mais sério, se descontarmos as brincadeiras, a bravata da aposta, o jogo de galanteio, as veleidades: a viúva precisava casar. Simbolicamente, a visão deficitária de que reclama o ex--diplomata impedira-o de enxergar isso.

Parece-nos que a consciência ontológica e profissionalmente cindida do personagem de Aires (por causa de sua condição de representante de cousas velhas interessado nas novas e por causa de sua formação como delegado de vontades alheias) fica aqui bastante patente pela arrumação dos blocos como que divididos pelos olhos de Aires. É por intermédio do órgão da visão que o conselheiro descreve a cena, é por intermédio dele que também a adultera. Assim, o movimento da falsidade do primeiro bloco à consciência do segundo (na verdade, podemos imaginar os trechos como que comandados por dois clímaxes, com a insinuação dos Farias marcando o choque do primeiro e a apreciação da cena entre Fidélia e Carmo determinando o segundo; desse modo, outrossim, poderíamos compreender a verdade surgida pela maledicência, da parte inicial, materializando-se na verdade que vinha recalcada, do bloco posterior) vem ancorado em um ponto de vista duvidoso (lampiões que não iluminam, meias-tintas, achaques de visão). Dessa forma, mesmo a tomada de consciência – tecnicamente o ponto máximo de um romance de feitio psicológico – vem escorada numa era de consciência partida[207], regida pelo signo da dúvida, da imprecisão. Aquilo que Aires julga ter visto e que lhe permitiu dirigir-se para as luzes, por assim dizer, da compreensão,

---

207. Voltaremos a este tópico.

pode ou não ter existido, ou existe de fato apenas em sua tela mental. A realidade, apoiada na medida do homem inevitavelmente fendido, revela-se fugidia, relativa, posta em constante julgamento.

Toda essa passagem se liga a outra situação muito mais fúnebre, no sentido estrito da palavra, que inicia em 18 de maio, com a chegada de uma carta de Rita, inquirindo a respeito de um leiloeiro. Tristão ainda não chegara ao Brasil e o barão de Santa-Pia ainda vive. O trecho está eivado de elementos mortuários, muitos dos quais tratados com cinismo típico de um Brás Cubas, mesclados de sugestões do desejo recalcado. Sonhos lúbricos e ponderações funestas interpõem-se em meio ao elogio da impostura que constitui este fragmento. Como em toda parte, no *Memorial*, um elemento é aparentemente adicionado a outro, sem que o inicial seja subtraído. Na estratégia da justaposição, o final é a soma de todas as partes, a qual confere um quadro completo, ainda que não necessariamente mais claro nem objetivo. A soma, ao contrário da divisão ou da subtração, complica as relações, tornando-as mais nuançadas. Ela obriga o leitor a vê-las lado a lado, simultaneamente. Em vez de chegar a uma conclusão simples, ele tem de apreciar todas as variantes, apreender todos os caminhos e perceber que qualquer decisão por qualquer um deles acarreta mudança nos outros.

A outra instância formal também requisita a ajuda do leitor. Ficou sugerido pelo conselheiro que um mentiroso descarado pode tornar-se, pela força do acaso, um homem exato e sincero. Essa sugestão adverte o leitor para ver através das mentiras que parecem verdades e das verdades que parecem mentiras. Nesse percurso de perscrutação da realidade por meio dos olhos nem sempre confiáveis do narrador, o leitor precisa atentar para as menores sugestões ("apenas sintomas isolados revelam seu abalo", diz Hegel), que muitas vezes traem os personagens, pois podem aparecer ali à revelia deles. Diversas vezes essa realidade não é fácil de ser vislumbrada; ela pode vir escamoteada por camadas de máscaras, e de sentidos dúbios.

Como julgar Fidélia, por exemplo, por intermédio dos olhos enfermiços de Aires? Se o leitor não consegue abarcar toda a verdade, se toda a verdade é impossível de ser descrita, então o conselheiro sugere que a "prosa" – forma cotidiana com a qual o diário se identifica – não fornece toda a realidade, mas apenas a "realidade possível".

Voltando à decisão de Fidélia: esta aparenta ser, na verossimilhança em que se engendra o *Memorial*, menos uma escolha do que uma constatação: que mais podia fazer? De um lado estavam os mortos e os velhos; do outro, uma nova vida com um marido na Europa. Vimos, inclusive, que esse movimento em direção à vida já vinha se formando pelo menos desde o duplo bloco narrativo analisado em primeira instância, e que a dicotomia já estava instalada desde a cena incial, no cemitério (ver seção II.3). A sua "ascendente ficcional", a viúva Lívia, de *Ressurreição*, nunca teve dúvidas sobre a precisão de um novo consórcio e, consequentemente, de uma aliança com o futuro. O próprio conselheiro, ao cabo, acaba concordando que era preciso um noivo adventício trazido pela natureza e pela sociedade. Sobre ter, após o enlace matrimonial, deixado a velha ordem para trás, Fidélia não age, para com os velhos, de modo muito diferente que agira com os libertos. O máximo que podia fazer era recomendá-los ao futuro proprietário. Deixa-os à própria sorte, como abandonaria posteriormente Aires e Rita, Aguiar e Carmo, Cesária e Faria.

E a própria sorte, com relação a esses velhos conservadores, será deixá-los com a República que breve entraria em vigor. Ressaltamos que quase não há menção ostensiva, no *Memorial*, a essa agitação política que mudaria a forma de governo no Brasil. Se é possível ver todo o quadro da sociedade da época por meio dos caracteres que nele vivem, parece estranho que o advento da República não tenha, aqui, adquirido vulto. Por um lado sabemos que se trata de um recorte, pois o *Memorial* como um todo, conforme nos explica a "Advertência" a *Esaú e Jacó*, englobaria seis tomos, afora o sétimo, denominado apenas de "último". O derradeiro constituiria o próprio *Esaú e Jacó*, romance no qual a República é retratada com a ironia da troca das tabuletas, mas também por meio dos golpes e contragolpes, da dissolução do Congresso, das comissões políticas e da especulação financeira do encilhamento. Isso explica algo, mas decerto não explica tudo, pois ainda nos cabe indagar por que se escolheu esse recorte específico para o *Memorial*. Aqui se selecionaram dois anos dos diários do conselheiro, iniciando em 1888, quando foi decretada a abolição, mas parou em 1889, ano da proclamação da República, pouco antes dos eventos que desencadeariam a troca do governo. Fez-se questão de deixar esse fato político de fora. Como na fotografia, o que está fora do ângulo das lentes ou do quadro escolhido na ampliação pode ser tão significativo como o que vai dentro.

E então sabemos que todo o cenário é visto não apenas através de olhos de monarquistas conservadores, mas estes, outrossim, presos à ordem antiga, permanecem cegos ou indiferentes às mudanças que se avizinham. Sugerimos no terceiro capítulo desta segunda parte que a mudança política não interessa a um relato escrito sob a óptica de Aires (e, curiosamente, ou nem tanto, de um Aires ainda mais preso ao mundo da monarquia do que o de *Esaú e Jacó*, cuja ação é posterior em termos cronológicos), cuja aliança se faz com o pretérito, com a história do ritual ou da contemplação, com um tempo destituído de futuro. Com efeito, no dia 25 de março, menos de oito meses para a proclamação, Aires planeja cumprimentar o imperador pelo aniversário da constituição, e só não vai porque a visita de Tristão o faz mudar de ideia. Eles falam da Comuna de Paris e, mesmo assim, nada sobre a República no Brasil. Os olhos adoentados não só de Aires, como os de todos os representantes da antiga ordem, poderiam impedir que o leitor reconhecesse com clareza o novo estado de coisas.

E se não se deve explicar a narrativa do romance por elementos exteriores à ficção, sob o risco de enxergar mais coisas do que se deve ver, é forçoso notar que o ponto de vista do conselheiro assemelha-se ao que encontramos em textos jornalísticos do autor, como os analisados por Alfredo Bosi em "O Teatro Político nas Crônicas de Machado de Assis".

Um deles, publicado em 16 de junho de 1895, em *A Semana*, foi redigido por ocasião da morte de Saldanha Marinho. Em 1868, o político, entre outros parlamentares, recusou-se a aceitar a dissolução do gabinete liberal de Zacarias de Góis pelo do ultraconservador Itaboraí – fato político que, segundo Joaquim Nabuco e Sérgio Buarque de Holanda, implicava o declínio do regime monárquico. Primeiro signatário do manifesto republicano, Marinho depois defenderia o sufrágio universal e o Estado laico. A passagem do político, antes liberal, para as hostes republicanas é, todavia, descrita por Machado como mera "mudança de campo". Sobre a rusga entre liberais e conservadores, decisiva para a mudança do quadro político, o escritor comenta que "os liberais voltaram mais tarde, voltaram a cair, até que se foram de vez, como os conservadores, e com uns e outros o Império" e termina concluindo: "Ó tempos idos! Vencidos e vencedores vão entrando na história"[208].

Há outros exemplos, mas este basta. Como nos casos das batalhas de Tuiuti, de Iena e das Termópilas, tudo no fim acaba passando, liberais e conservadores, Império e República, brigas, mortes, todas as coisas entram para o fosso comum da história, que mais se assemelharia às águas do esquecimento do Letes, senão à própria eclipse proporcionada pelo Hades. O caráter prosaico, terreno, das atividades humanas, realçadas ainda mais pelo prosaísmo de virem lembradas nas páginas dos periódicos, os quais, mais do que os livros, têm destino efêmero, perde a fibra quando destacado em contraste com o arrepio vertiginoso de um plano mais vasto, cosmológico. As vaidades, ambições, amores e lutas dos caracteres (que, segundo Machado vinha frisando desde o início da trajetória literária, devem ser o principal foco da ficção, pois são eles os elementos que

---

208. Bosi, 2006, pp. 53-59.

dão sentido à narrativa), diante do quadro mais amplo, tremelicam e esvaem-se, quer indo rápido, quer não tão depressa[209]. A modernidade, o progresso, as alterações dos costumes, o avanço tecnológico, a industrialização, o mundo das finanças também são vistos com extrema desconfiança, como novidades que um dia também estarão caducas. "Os dias passam... e as ideias", digressiona Machado, ao falar de Heine, que não viveu para ver o surgimento do anarquismo e do niilismo[210].

Fidélia, imbuída de um espírito que não negaria esse pragmatismo pessimista, entrega seus velhos à ordem que vinha vencendo (após ter perdido) e que um dia também cairia; deixa-os com a possível lembrança de recomendá-los ao próximo mandatário da nação. Aires igualmente relega esses eventos grandiosos, assim como a própria vida miúda, ao mesmo buraco negro do tempo voraz. Nada resta e nada fica. A grande diferença de conteúdo entre o *Eclesiastes* bíblico e o contemporâneo, à Machado, é que o primeiro denuncia a vaidade humana e alude à certeza de que nada seria novo debaixo do Sol, para então recomendar o comedimento e o amor a Deus, ao passo que o segundo, enquanto faz suas as recriminações do primeiro, não partilha nem sua conclusão moral nem sua crença no Criador: na nova era moderna, da alma só se extrai a melancolia e o único deus possível é o abismo. Não admira que a forma resultante seja a da mais rematada desconfiança.

---

209. "Os mortos não vão tão depressa, como quer o adágio", diz crônica de 7 de julho de 1895 (*A Semana*), sobre a morte de Floriano Peixoto (Machado de Assis, *op. cit.*, vol. 3, p. 695).
210. Bosi, 2006, p. 66.

III

Chegada

> *The old man, full of scorn for the populace, as your austere republican so often is, had disregarded the preliminary sounds of trouble.*
>
> Joseph Conrad, *Nostromo*.

> *Should I, after tea and cakes and ices,*
> *Have the strength to force the moment to its crisis?*
>
> T. S. Eliot,
> "The love song of J. Alfred Prufrock".

> *Sounds a bit silly till you come to look into it well.*
> *Justice it means but it's everybody eating everyone else.*
> *That's what life is after all.*
>
> James Joyce, *Ulysses*.

Cerca de cem anos transcorreram desde que Hegel testemunhou a passagem de Napoleão, altivo em seu corcel, pelas ruas de Iena. O símbolo do individualismo orgulhoso em constrate com os estertores do modelo feudal de conduta e de estrutura social inspirou o filósofo alemão em sua crença no novo homem, cuja representação de potência máxima ele via assomar à sua frente. Os artistas românticos consagraram essa visão do homem – ou da mulher – batendo-se contra as forças externas, fossem elas naturais, fossem sociais, fossem político-ideológicas. Lamartine, citado por James e por Machado, é, por exemplo, em parte responsável pela imagem romântica de Madame Roland, que ficou gravada na mente de todos como a musa trágica da Revolução Francesa. Ela é um dos atores principais de sua *L'Histoire des*

Girondins, publicada um ano antes da Revolução de 1848. Além de figurar em inúmeras passagens, a "patriota" da Revolução Francesa protagoniza um capítulo escrito especialmente para contar sua trajetória, desde a infância, num meio que "mal havia se emancipado do trabalho manual", até sua contribuição para o movimento que ajudou a consagrar. "Se há invariavelmente uma mulher no início de toda grande realização humana", disse o escritor recorrendo a Virgílio ("dux faemini facti"), "era mister haver uma no princípio da Revolução Francesa. Podemos dizer que a filosofia encontrou essa mulher em Madame Roland." Lamartine apreendeu e ajudou a consagrar em sua obra a atração bastante especial exercida pela "divina Madame Roland" (nas palavras de Stendhal) sobre a geração romântica[1].

Mas, se os românticos celebraram em suas páginas o triunfo da vontade individual (mesmo que trágica), foram necessárias quase sete décadas para que Machado e James iniciassem sua perscrutação, igualmente bem particular, dos motivos ocultos, das causas secretas, que se alojavam na mente dos mesmos homens e mulheres glorificados pelos filhos das revoluções dos Setecentos e dos Oitocentos. Todavia, a glória, nesse intervalo, esvaíra-se por completo, e a investigação na realidade trouxera à tona provas embaraçosas de que aquela fervorosa confiança na obra humana podia ter sido exagerada. Por trás de belas e amplas realizações, escondiam-se crimes bárbaros. Dentro das alcovas e dos *salons* murmuravam horríveis fantasmas. O que se passara, então, para provocar tamanho desalento, tamanha descrença, tanta melancolia, na pena desses dois ficcionistas, dentre outros, para quem, ademais, se o drama não partisse dos caracteres, não haveria, de fato, drama nenhum?

Os leitores que acompanham estas páginas até este ponto já devem ter adivinhado que o evento que marcou a passagem

---

1. Lamartine, *op. cit.* Veja também Gita May, "Madame Roland devant la generation romantique", em *The French Review*, 1963, pp. 459-468.

da crença para a desconfiança foi a Revolução de 1848, com todo aparato de fracasso e desilusão, e barbárie fratricida, que assombrou o imaginário dos tempos modernos. A aliança formada com júbilo pela elite burguesa, pela antiga aristocracia, por socialistas e pelo povo, para destronar Luís Felipe e instaurar a nova República – um pacto que tinha em seu cerne o espírito revolucionário e o lustro nacionalista à Napoleão, além de um otimismo que roçava os momentos mais luminosos da Revolução Francesa – redundara num banho de sangue nunca antes presenciado na recente história da civilização ocidental.

O pacto decerto fora costurado com um quê de receio inicial de todas as partes. Em fevereiro, a elite burguesa, cuja causa a *Revue des Deux Mondes* representava, entrara algo cismada no governo provisório. Afinal, o rei sempre apoiara a causa do capital, recusando-se, por exemplo, a aprovar guerras que poderiam ser dispendiosas e de resultado funesto para os conchavos comerciais, o que causou desgosto junto aos nacionalistas. Se aderiu ao pacto, inclusive com o apoio efetivo da *intelligentsia*, de seus artistas – mesmo os mais conservadores –, a burguesia logo passou a amaldiçoá-lo. A *Revue*, como vimos, lamentou profundamente o sinistro momento em que "a anarquia desfilou por nossas ruas". Sobre a atuação do proletariado na insurreição de junho, foi com presteza exclamando: "Que requinte de barbárie!"[2]

Contudo, mesmo os artistas e intelectuais conservadores, como Victor Hugo, por exemplo, viriam a horrorizar-se diante dos três funestos dias de junho de 1848, quando as ruas de Paris se encharcaram de sangue. A reação à revolta operária, popular e socialista, à pretendida oclocracia, fora muito mais cruenta e bárbara do que as agressões (as barricadas, as demolições e incêndios) dos insurgentes, que, dessa forma, passaram a lutar contra o regime proprietista que a oligarquia lhes de-

---

2. Oehler, 1988, p. 21.

sejava impor³. Tiros eram disparados contra qualquer pessoa que passasse pelas ruas. Cadáveres se amontoavam. Poças de sangue tingiam as pedras. Milhares foram fuzilados sem nenhum julgamento ou vestígio de hesitação ética. Hugo, para quem aquela fora a "maior guerra das ruas de que a história tem conhecimento" (*Os Miseráveis*), chegou a ver uma prostituta galgar o alto de uma barricada, erguer a roupa até a cintura e provocar a Guarda Nacional a disparar contra seu ventre. Logo uma saraivada de tiros a abatia. Então, quando o horror parecia ter findado, outra mulher, bem mais jovem, quase uma criança, e mais bonita do que a primeira, surgiu no alto e voltou a arrostar a guarda. Novos tiros, gritos e o corpo ensanguentado despencou. Essas lembranças seriam posteriormente inseridas em seu romance famoso, no qual descreveu o evento "quase impossível de se classificar na filosofia da história" do junho de 1848 como "revolta do povo contra ele mesmo" – e, se o autor sugere que a crueldade e a loucura imperavam de ambos os lados, não hesita em defender a tese de que, naqueles "dias lúgubres", constatava-se "mais a culpa dos que reinam que a culpa dos que sofrem; mais a culpa dos privilegiados que a dos deserdados"⁴.

Renan, cuja citação sobre o Abismo Machado incluiu na notação do *Memorial* de 24 de maio, caminhou pela Paris em ruínas, onde diz ter vislumbrado a natureza humana em sua verdade desvelada: "É preciso ter visto aquilo [...] para ter uma ideia das grandes cenas de humanidade [...] em que, nu e apenas com seus instintos primitivos, o homem se depara cara a cara com o homem. Nunca a natureza humana ressoa com mais verdade do que nesses instantes, e é neles que se deve

3. O sentimento de insatisfação popular cresceu a partir de abril, com o resultado do sufrágio para a Assembleia Constituinte. Setores reacionários e burgueses haviam se coligado para proteger a propriedade privada, para a fúria dos radicais (Burns, *op. cit*, p. 720).
4. Hugo, 2002, vol. 2, pp. 527-533. Veja também Gallo, 2006, tomo II, pp. 49-67.

procurá-la a fim de encontrá-lo sem esse véu artificial que recobre a vida"[5].

O crítico alemão Dolf Oehler estudou longamente a reação da burguesia, dos intelectuais e dos artistas aos massacres de junho. A crença no futuro, na democracia, no progresso e na felicidade estava abalada, e essa perda das ilusões é muita vez evocada por meio da imagem da cisão. Assim, Sainte-Beuve iria pronunciar-se: "Por um bom tempo a alma estará partida, e a ideia de felicidade e alegria nessa vida se acha atingida pela morte. Não se tem mais fé na humanidade". A melancolia e o pessimismo tomam conta de todos os que até então haviam acreditado nos ideais românticos e iluministas ou que não podiam aceitar, como a nova burguesia consumista, que "a felicidade era tão certa para cada um quanto o progresso era para todos". Mesmo órgãos conservadores como a *Revue* batiam na tecla da ruptura no seio da civilização. No fundo do homem, que se julgava avançado, movia-se uma besta, "sempre tão bravia na vida civilizada como na vida selvagem". A humanidade, em suma, estaria voltando às hipotéticas trevas da Idade Média, pois se percebera, então, que "o demônio não se apartou do homem"[6]. Após o junho sangrento, segundo Sartre, surgia uma nova visão de mundo que não mais conseguia se apoiar no humanismo otimista.

Ao mesmo tempo, e também por causa da censura que passou a vigorar após o golpe de Napoleão III, a literatura tornou-se mais brumosa e enigmática. Se a metáfora é uma invenção antiga, ela agora começa a ser utilizada como símbolo daquele indizível que não podia mesmo ser dito, ou daquilo que estava recalcado, isto é, que simplesmente não se dizia. Pois um grande trauma

5. Oehler, 1988, p. 87. "Era o abismo...", diz Hugo sobre a barricada Saint-Antoine. O escritor usa o termo para descrever o estado de indigência física e moral que se abatera sobre os insurgentes. Curiosamente, as altíssimas barricadas correspondem, por inversão de sentido, às profundezas do caos (Hugo, *op.cit.*, p. 529).
6. Oehler, 1988, pp. 87 e 140.

neurótico, no entender de Oehler e de Sartre, estendera-se sobre a civilização moderna a partir do "pecado original da burguesia" (Sartre) cometido contra as jornadas de junho de 1848. Os escritores se voltam para autoanálise e para o modo confessional, tratando, quer seja por meio de consciências ficcionais, quer seja por meio do eu-lírico, no caso dos poetas, de circunstâncias muito particulares, nas quais, porém, em suas entrelinhas, o horror e a dúvida perante o homem pós-1848 se faziam perceber.

A "representação de si-mesmo" que se instalou na arte (e que não se confunde com o retrato aristocrático-romântico do indivíduo pintado pela geração anterior) pressupõe um novo posicionamento estético e político. Por isso, também, Benjamin, Lukács, Sartre e Barthes consideram 1848 o início tanto da lírica moderna quanto do romance moderno. Nas palavras de Oehler, artistas como Baudelaire e Flaubert

descobrem que a melancolia da impotência pode tornar-se uma força literária e produtiva, um alento para o rigorismo estético e intelectual, que, concentrando-se ostensivamente no mundo interior dos sujeitos isolados, é capaz de pôr a descoberto as relações secretas ou as correspondências entre o universo pessoal reduzido ao silêncio e o universo político a ser reduzido ao silêncio[7].

A eclosão do evento traumático, que gera, no campo das ideias, a suspeita com relação ao progresso e à concepção iluminista da humanidade e, no plano estético (conforme vimos em Schwarz), a crise do narrador, subentende uma série de procedimentos de ordem artístico-literária. A alma partida de que fala Sainte-Beuve, e que lembra a definição de Hugo sobre a insurreição de junho como a "revolta do povo contra ele mesmo", sugere um modo igualmente bipartido de observar a realidade[8]. Em vez

---

7. *Idem*, p. 21.
8. Em ensaio há pouco coligido sobre a literatura do século XX, o peruano Vargas Llosa desenvolve a mesma ideia ao dizer que a ficção é a arte de socie-

de abolir o véu, como queria o historiador, porém, os novos artistas o empregam de modo ostensivo, com o fito de encobrir uma outra realidade – que não pode e não deve ser exibida desnuda – em que se alojam a perversidade diabólica entrevista por Renan, a ideia do mal encarnado ou natural já expressado por Joseph de Maistre e por Edgar Allan Poe, e "a afinidade oculta entre a experiência histórica recalcada e a experiência cotidiana do indivíduo mergulhado no tédio"[9].

Essa forma bipartida envolve um conteúdo manifesto e um conteúdo implícito, e pressupõe convocar ainda a participação do leitor, que não pode mais se manter alheio à narrativa, mas deve procurar nela seu verdadeiro sentido, seja através das correspondências poéticas, seja através das alegorias implicadas, seja penetrando e compreendendo as camadas de ironia e de sátira que se encaixam dentro do quadro descrito. Para as novas condições de "neurose objetiva", na definição de Sartre, corresponde uma arte que expõe e oculta, que se mostra a um só tempo realista e alegórica, e onde o véu é incorporado como condição *sine qua non* para a decifração da realidade.

Essa arte refletiria, portanto, a neurose ou patologia, ou seja, a falsa objetividade, num sistema que, reconhecendo-se falso (pois sabe que constitui um simulacro, dentro da tradição platônico-aristotélica) e até mesmo investindo na excelência das técnicas reprodutivas da ilusão, procura advertir o leitor para a impostura, para que este último possa assim extrair dela o naco de verdade. Em outras palavras, é somente por meio dos fogos de artifício de Lamartine, no justo entendimento do que esta pirotecnia significa, que se pode chegar à terrível realidade das bombas incendiárias de

---

dades em que a fé experimenta uma crise: "onde a visão unitária, confiante e absoluta foi substituída por uma *visão rachada*" (Vargas Llosa, 2007, p. 18, grifo meu).
9. *Idem*, p. 23.

Cavaignac – e não o contrário. O disfarce se revela essencial para a decifração da verdade, pois é o próprio fato de esta vir encoberta que pode nos fazer compreender o fenômeno verdadeiro.

Assim também, os escritores eximem-se do julgamento moral. Flaubert, em *A Educação Sentimental*, teria deixado ao leitor a tarefa de emitir seu juízo sobre o herói, que, representante da pequena burguesia ávida por ascender na sociedade, diz e faz coisas que o comprometem eticamente. Além disso, como muitos privilegiam menos a ironia autoral do que a sentimentalidade do personagem, para Oehler é "lícito supor que Frédéric conservará uma atualidade social, enquanto encontrar leitores que se deixem enganar"[10].

Recalcado na sociedade, o trauma se torna invisível, embora não menos real. Por essa razão, outrossim, o artista impedido de exibir o quadro em sua inteireza começa a voltar-se para o mínimo e para o ínfimo, para as impressões minúsculas a partir das quais o véu pode soerguer-se e o horror ser denunciado. Além disso, a denúncia se mostra tão mais clara quanto mais o artista se debruça sobre o local onde o trauma pode alojar--se: a mente burguesa. Essa constatação implica que as novas narrativas se tornam uma espécie de drama internalizado, como descreve Earl Fitz, quando compara a ficção de Machado com a teoria freudiana: "esses textos, típicos da narrativa modernista, não oferecem ao leitor conclusões estáveis, definidas e lógicas sobre como é a realidade, mas uma torrente de indagações, hipóteses e investigações que esquadrinham, no mais das vezes de forma precária, a emaranhada teia psicológica da motivação humana"[11].

---

10. Oehler, *op. cit.*, p. 338. Ao apontar as diferenças entre narrativa e romance diante do quadro histórico da derrocada da *Erfahrung*, Benjamin afirma que as últimas palavras de *A Educação Sentimental* "mostram como o sentido do período burguês no início do seu declínio se depositou como um sedimento no copo da vida" (Benjamin, 2008, p. 212).
11. Fitz, *op. cit.*, p. 17.

Essa teia, esse mal-estar – que não foi privilégio da França, pois se espalhou pelos demais países europeus[12] – muitas vezes faz com que o suporte verbal que forma o texto torne-se tão intrincado e obscuro que o significado, potencialmente hermético, evade-se a uma explicação consensual. Assim ocorre com muitos dos poemas de Heine, cuja decifração e posicionamento ideológico ainda hoje causam polêmica, e também com os de Baudelaire, que por vezes são vistos como exemplos de arte pela arte, de pura beleza verbal ou de arte pura, quando, no fundo, subtendem também uma contundente crítica social.

No poema "Le Cygne", entre outros, que Oehler analisa para provar esse ponto de vista, há uns versos interessantes, que nos ajudam, inclusive, a fazer a ponte ultramarina:

Je pense à la négresse, amaigrie et phtisique,
Piétinant dans la boue, et cherchant, l'oeil hagard,
Les cocotiers absents de la superbe Afrique
Derrière la muraille immense du brouillard [...][13]

"Le Cygne", todo guarnecido com signos da antiga Paris, imunda e empoeirada, cheia de vielas e becos, que tanto o cisne quanto os operários representam, também revela a nova Paris, recendente do embelezamento estratégico promovido sob os auspícios de Luís Bonaparte; também alude à metrópole burguesa das vias largas e pomposas, da diversão e do artifício. Nesse contexto cismático, a negra magra e tísica, que patina na lama, vem reforçar as imagens tanto do primeiro quanto do segundo lado da oposição.

Uma das medidas tomadas pela República de 1848 foi a abolição dos escravos, um grupo que, agora livre, mas ainda em es-

---

12. Oehler argumenta que o "ar nauseabundo" dos anos 1850, de que fala Nietzsche, por exemplo, é sinal do mesmo fenômeno (Oehler, 1988, p. 348).
13. Oehler, 2004, pp. 106-109. "Penso na negra, magra e tísica, / Patinando na lama e buscando com o olhar esgazeado / Os coqueiros ausentes da soberba África / Por trás da muralha imensa do nevoeiro": eis a tradução literal de Samuel Titan Jr. contida no livro (p. 125).

tado deplorável, engrossava o caldo das mazelas citadinas. A *négresse* faz parte da miséria anterior que continua existindo, como símbolo meio vivo, meio fantasmagórico, pronto para conjurar os pecados da sociedade moderna, supostamente civilizada. Transplantada à força à nova realidade europeia, ela não tem escolha senão buscar com o olhar esgazeado os coqueiros inexistentes de sua África natal. Vale notar que essa procura absolutamente imaginária de algo que não está ali, pois o próprio imaginador não se encontra mais na realidade onde deveria estar, sucede, como sói suceder no espírito da nova arte desconfiada, no compasso da estética moderna, através de uma densa muralha de nevoeiro.

A imagem tem potencial para botar um pouco mais de lenha na fogueira da discussão sobre as ideias liberais no contexto da oligarquia brasileira. Importadas da Europa, essas ideias – que, na literatura teriam (segundo Schwarz) em Brás Cubas seu grande porta-voz – estariam ou não fora do lugar? No recente ensaio "Brás Cubas em três versões", Alfredo Bosi retoma o debate ao repetir a tese de que as ideias liberais, ao contrário de virem deslocadas, estariam sim no lugar certo. Seu argumento é de que havia dois tipos de liberalismo; um retrógrado e baseado na defesa da propriedade (inclusive a dos escravos) e outro reformista e democrático, o qual, pelo menos na época da ação de *Memórias Póstumas*, ainda estava em gestação.

Não se trata de um argumento novo. O professor Bosi defendera a ideia em ocasião anterior (em *Dialética da Colonização*) e Sérgio Buarque de Holanda (no volume da *História Geral da Civilização Brasileira* subintitulado *Do Império à República*) já sustentara a opinião de que se estabelecera no Brasil uma luta de "liberais contra liberais". A frase nos remete (noutra tecla) à ideia de Victor Hugo de um povo que se volta contra si próprio, e também implica, por tabela, que o modelo avançado não é o único a basear-se num ideário estrangeiro. A fonte externa fundamenta, igualmente, o próprio sistema oligárquico.

A escravidão, é forçoso constatar, não foi abolida junto com as melhores das intenções liberais da Revolução Francesa nem com a Carta dos Direitos do Cidadão, mas quase sessenta anos depois – e, a julgar-se pelo poema de Baudelaire, com resultado não muito diferente do que viria a suceder no quadro descrito pelo *Memorial*. Os negros foram abandonados à própria sorte, sem condições para sustentar-se, com os pés metidos na lama e os olhos postos nos signos impalpáveis da realidade que lhes fora sequestrada.

Conforme aponta Bosi, o modelo do liberalismo conservador brasileiro achava-se igualmente baseado em moldes franceses. Benjamin Constant de Rebecque, na carta restauradora francesa, por exemplo, dissera que "só a propriedade torna os homens capazes do exercício dos direitos políticos". A dificuldade está num ponto sutil, de preposição, mas que acarreta toda a diferença: trata-se de uma defesa *da* propriedade ou *à* propriedade? Além disso, a ênfase na propriedade parece pôr em segundo lugar a questão dos direitos do cidadão. Pois foi nesse espírito de liberalismo contrário à abolição, que não se confunde com democracia e igualitarismo, mas sim com a égide ao livre mercado, que Charles Dupin, assim opondo-se à reforma do Código Negro, declarou em 1845 na Câmara dos Pares: "Continuemos a respeitar, a favorecer a boa ordem, a economia e a sensatez da vida entre os trabalhadores negros como fazemos na França entre os trabalhadores brancos"[14]. Mesmo quando decretou a abolição, a Segunda República pagou aos proprietários su-

14. Sua contraparte, no Brasil, foi Pedro Araújo de Lima, marquês de Olinda, que rejeitou a emancipação dos escravos, em 1867, argumentando junto a D. Pedro II que as ideias democráticas provenientes do Velho Mundo não eram adequadas ao Brasil: "Os publicistas e homens de Estado na Europa não concebem a situação dos países que têm escravidão. Para cá não servem suas ideias". O pernambucano Araújo de Lima foi senador do Império e conselheiro de Estado. Também exerceu a função de regente do imperador na época em que François Ferdinand d'Órleans, príncipe de Joinville e filho de Luís Felipe, esteve no Brasil, em 1838. O político é pintado pelo príncipe com cores cruas. Ele emitira ordens para que indígenas fossem exibidos durante a passagem do francês pela estrada e que, se fosse de sua conveniência, François Ferdinand "poderia escolher um macho e uma fêmea para levá-los para França". O príncipe indaga se é possível "imaginar-se tal coisa", para em seguida apiedar-se do imperador e de

postamente espoliados de sua propriedade (o escravo) a devida indenização, reconhecendo implicitamente na prática, portanto, "o direito de propriedade do homem sobre o homem"[15].

Bosi defende, ainda, a tese de que "a simbiose de exploração feroz do trabalho plantista e liberalismo formal foi norma em todo o Ocidente pós-1789", tanto nas metrópoles quanto nas colônias. Portugal só concedeu a libertação definitiva em 1874, enquanto, em Cuba, o sistema escravocrata foi mantido pelas *cortes liberales* de Madri até aproximadamente a mesma época[16]. Mas o exemplo mais rematado da disputa travada entre liberalismo democrático e o conservador, uma disputa que de fato levou a uma batalha sangrenta de um povo contra si mesmo se deu na Guerra de Secessão (1861-1865), que quase rachou a nação ao meio e matou milhares de pessoas. Vale lembrar que dois irmãos de James lutaram na guerra, do lado do norte abolicionista, sendo que um deles, Wilky, só por milagre sobreviveu aos ferimentos infligidos em combate[17].

A concepção de que havia uma força liberal baseada na propriedade – e que esse impulso se alimentava do mecanismo do favor – não só combina, consequentemente, de modo harmonioso, com os romances de Machado, em que se destacam seus narradores caprichosos, como Brás Cubas, Bentinho e Aires, como também propicia uma via de compreensão para o funcionamento do enredo de *Os Embaixadores*. Conforme vimos, esse romance se estrutura com base num mecanismo de

---

suas irmãs, por concebê-los perseguidos "por uma nuvem de gente sem moral que deixa o país que lhes foi confiado dividir-se e cair em uma rápida decadência." Entre a "gente sem moral" sem dúvida incluía o então regente Lima (Bosi, 2006, pp. 110 e 135; D'Orléans, 2006, p. 31).

15. Bosi, *op. cit.*, p. 133.
16. *Idem, ibidem*.
17. James não se alistou por causa de um "ferimento obscuro", provavelmente nas costas, que sofreu quando a população de Newport tentava apagar um incêndio que consumia os estábulos de Charles B. Tenant. O acidente, que supostamente o deixou incapacitado para a batalha, ocorreu em outubro de 1861. No verão de 1862, James consultou-se com um cirurgião (Edel, *op. cit.*, pp. 56-63).

representação e de máscara, em que cada personagem age como o representante ou delegado de ideias, mundos e ações alheios. Em especial, Strether vai a Europa justamente para defender os interesses do capital ianque, simbolizado pela figura de Mrs. Newsome, que paira sobre a trama sem nunca aparecer.

O protagonista, a despeito de todas as suas qualidades e da profundidade de sua consciência a partir da qual a história se ilumina, é, no fundo, pelo menos até certo momento, nada mais do que um títere de Mrs. Newsome, nada mais, como ele mesmo ironicamente admite, do que a "capa verde" da revista liberal que ele edita com o dinheiro e benemerência da oligarca americana. A influência do vento liberal de variada origem que ele experimenta em Paris abala a estrutura desse contrato, que se baseia, como apenas os romances de Machado soem mostrar de modo tão evidente, no favor. Strether é dependente do poder e das prerrogativas emanados de Woollett, dependente do sucesso de sua missão europeia – de sorte que este também é seu dilema: continuar vivendo sob o esquema do favor que legitima sua posição na Nova Inglaterra ou dar as costas a ele, e enfrentar as consequências, inclusive financeiras.

Pelo que podemos perceber, não são propriamente as ideias liberais que importam no arcabouço narrativo destas histórias de Machado e James, sejam elas as do liberalismo oligárquico e conservador, sejam as do liberalismo democrático e igualitário; *isto é*, não são elas que fazem exatamente a diferença na tensão dialética destas suas ficções da fase madura, mas sim a ruptura que se alojou dentro do romance moderno a partir do desencanto sofrido, da decepção experimentada com a inadequação, no seio da civilização ocidental, da aspiração humanista. Diante do progresso industrial, dos interesses da propriedade, da defesa do capital, até mesmo a pretensão iluminista, certamente legítima, adquire foros sentimentais, passadistas, românticos – descolados da realidade.

O que queremos dizer, neste sentido, é que, no que se refere à substância de expressão do esquema proposto por Antonio Candido, em "Literatura e Cultura de 1900 a 1945"[18], a qual pode ser estendida para a compreensão dos romances de James, está menos em jogo uma ou outra variante do liberalismo (sendo que ambas são, claro, igualmente retratadas, como vimos, embrenhadas no caldo das condições locais), do que o terreno movediço formado pelo embate entre os sinais ilusórios do progresso, a impostura da ideia de civilização, de um lado, e a realidade, sempre posta ao largo, pois recalcada em trauma, do outro – um terreno que leva a uma ordem de coisas evasiva, pouco afeita à observação, e a um observador de fundo melancólico e natureza desconfiada.

O que é chamado à arena, e que faz a passagem para a modernidade, mais ainda do que o jogo perverso das relações entre dominadores e dominados, mais do que o embate entre conservadores e democratas, é o desmoronamento das certezas, é a crise na confiança, é a dúvida cravada na consciência (por vezes na inconsciência) cindida da burguesia – que, se foi alçada ao poder e ao conforto do progresso, desconfia que crimes foram cometidos para se alcançar esse estado de coisas; e, com um arrepio de horror, pergunta-se se o culpado não é justamente ela mesma. Se o burguês pode não acabar com os olhos vazados como Édipo, até mesmo porque devemos levar em consideração que a verdade muita vez não evolui até o nível consciente, percebe que não pode mais fiar nos próprios olhos.

A julgarmos pelas crônicas de Machado, o escritor não pode ser acusado de ingenuidade com respeito à configuração que, na prática, o liberalismo europeu adquiriria em seu tempo. A desilusão que Aires mostra sentir com os rumos da civilização Machado destila nos trechos em que analisa os acontecimentos do último quartel do século XIX. Guerras, conflitos, espoliações, matanças, todos os eventos catastróficos, tratados com ironia e distanciamento, parecem ligados em última instância aos interesses mais mesquinhos dos governos e do cha-

---

18. Candido, 2000, pp. 109-138.

mado processo civilizatório. Não passava pela cabeça do autor das crônicas que um país como a Itália, a França ou a Inglaterra fosse mais ou menos civilizado do que a África, a Turquia ou o Brasil. Sua descrença na civilização, no progresso, na lisura dos homens é igual para todos os países e pode ser resumido na frase do cardeal Antonelli: "Il mondo casca!", o mundo (de)cai[19].

* * *

Por coincidência ou não, Heinrich Heine e Charles Baudelaire, dois dos três autores examinados por Dolf Oehler em *Terrenos vulcânicos*, foram publicados pela *Revue*, que o crítico identifica como "órgão da grande burguesia" – isso, sem mencionar Henry James. Na verdade, se incluirmos no rol Flaubert, vergastado por Sartre em *L'Idiot de la Famille* como artista antissocial que a classe média aprendeu a apreciar após ter bebido nas águas da misantropia do pós-1848, e Machado de Assis, que o evolucionista Sílvio Romero julgava alienado e apartado das coisas brasileiras[20], veremos que os artistas identificados com um suposto ideário ou estética conservadores são os que têm, hoje, mais sentido dentro de uma concepção de literatura moderna do que os muitos que então mostraram ter espírito mais radical ou combativo. Como sugere Oehler, em *O Velho Mundo Desce aos Infernos*, a maioria dos escritores de 1848 caiu no esquecimento, servindo nos dias atuais mormente para a investigação histórica ou ideológica. Como entender esse suposto conservadorismo? Seriam esses autores, mais do

---

19. Veja, a esse respeito, o capítulo "Machado Sem Fronteiras", em Bosi, *op. cit.*, pp. 64-72.
20. A voz dissonante de Silvio Romero diante da quase unanimidade do coro nacional, que enaltece Machado, pode ter raízes pessoais. Sabemos que Machado acusou a primeira obra de Romero, *Os Cantos do Fim do Século*, de carecer de "forma poética", concluindo que a forma de Romero soaria "reversa e obscura: o que dá a impressão de um estrangeiro que apenas balbucia a língua nacional" (Machado de Assis, *op. cit.*, vol. 3, p. 828).

que conservadores, reacionários? Como se identificam com a literatura moderna do século XX? E como, especialmente no caso de James e de Machado, a via "antirrealista" assegurou-lhes um lugar na modernidade?

Oehler defendeu Baudelaire, Flaubert e Heine contra as críticas dos que viram em sua obra um exemplo de reacionarismo, quer estético (no caso dos dois primeiros, por serem considerados às vezes apenas cultores da forma) quer ideológico. Sartre acreditava que a ficção de Flaubert (cuja misantropia e pendor neurótico seriam anteriores ao cataclismo de junho) passou a ser estimada pelo público burguês após esse evento, porque sua patologia subjetiva, pessoal, encontrou ressonância na patologia recém-adquirida pela sociedade, que ele chama de "neurose objetiva". Oehler acredita que, sim, Flaubert pode ter sido um exemplo de misantropo e pode ter padecido, como todos, do trauma de 1848, mas discorda que ele o tenha simplesmente reproduzido em sua obra, promovendo o reacionarismo e o conformismo que ali estavam implicados. Na verdade, o escritor teria empregado a ficção para a autoanálise, como homem e representante de classe, e, desse modo, para expor a nação dilacerada como um todo.

A forma de veiculação desse conteúdo, em *A Educação Sentimental*, se daria por meio de um anti-herói que figura igualmente como indivíduo e preposto de sua classe, a pequena burguesia. Nesse romance, como nos outros, Flaubert procura evitar a opinião autoral, deixando ao leitor a tarefa de julgar Frédéric. Quando o herói vilipendia o amor da senhora Arnoux, escapando com Rosanette, durante os trágicos eventos de junho de 1848, para Fontainebleau, está, na verdade, agindo como sua classe, que, no fim, também acaba por denegrir a República (que a senhora Arnoux representa), ao, por assim dizer, virar-lhe as costas.

A descrição do idílio de Frédéric e Ronanette em Fontainebleau, longe de esforçar-se por escamotear os massacres de junho, mostra como a pequena burguesia, diante das chacinas, procurou uma forma de evasão. Assim a descrição da floresta, de forma enviesada e alegórica, sugeriria a hecatombe:

> os passeios de carruagem e a pé através da floresta, com as descrições de natureza solene, simbólica, como que assombrada pela civilização moderna: essas páginas recobrem o horror indescritível da realidade de junho de 1848 de modo tão artificial que o sangue parece escorrer por baixo do pano[21].

O fato é que procedimentos como esses – narração como que isenta da voz autoral; ordenamento formal do conteúdo em dois planos (o manifesto e o latente); olhar irônico, pois o encoberto implica o significado contrário do descoberto; a urgência de convocar o leitor para participar ativamente na construção dos significados; o uso de alegorias, metáforas e metonímias –, além de outros, como as correspondências poéticas de Baudelaire, ou as alegorias zoológicas de Heine, dificultam, em vez de facilitar, o entendimento, dando margem a inúmeros equívocos de interpretação. Baudelaire e Flaubert, tidos por muitos como reacionários, segundo Oehler desenvolveram com efeito uma "estética antiburguesa".

Deve-se notar, da mesma maneira, que vários desses procedimentos verificam-se na obra de James e de Machado. Vimos, no caso do primeiro, como uma cena quase anticlimática, uma cena de espera em que supostamente nada acontece, na realidade está grávida de tensões e significados ocultos. Cada pequena pincelada vem somar-se à montagem de um quadro bastante matizado, onde a descrição aparentemente neutra dos elementos da cidade, em oposição ao revestimento decorativo do apartamento de Madame de Vionnet, oculta implicações sociais profundas.

Quem acredita que James é um autor que se detém na superfície dos fatos, nas nuanças ou no claro-escuro do comporta-

---

21. Oehler, 2004, p. 27.

mento da elite refinada, pode surpreender-se ao perceber como, em poucas páginas, comprimem-se não só a farsa que essa classe encarna, como sua aliança arraigada com os derramamentos de sangue do passado, com as malferidas revoluções que possibilitaram o surgimento de uma burguesia frívola, do consumismo hedonista e de um novo e escorregadiço estado de coisas. Pode, sem dúvida, parecer estranho a quem o identifica somente como tradutor da alma humana, que personagens como Jim Pocock sejam apresentados de modo tão satírico como um retrato escarrado do *businessman* americano, ou como Mrs. Newsome, personagem que fantasmagoricamente estende seu braço através do oceano para dirigir o mecanismo de delegação e favor, venha a contrapor-se de modo tão flagrante e esquemático às fantasmagorias personificadas por Marie de Vionnet, quase como numa declaração de guerra entre a recente e a antiga oligarquia, entre o velho mundo agonizante e o novo mundo pujante. Elas são, afinal, como a rainha Isabel e Madame Roland, o que gera toda uma sorte de implicações ideológicas sobre a antiga e a nova burguesia e sobre a expansão de distintos impérios em épocas distintas. Se a ficção de James dá ensejo a uma leitura alegórica é porque a alegoria está presente da primeira à última página de suas ficções, o que se verifica tanto pelo uso retórico de elementos metafóricos ou simbólicos[22], quanto pela introdução de personagens e situações que servem não só às necessidades metonímicas da trama, do encadeamento realista de causa e efeito, como também, como vimos, a uma esfera mais ampla de relações históricas, sociais e políticas.

Em Machado, a prosa ao mesmo tempo realista e cifrada, com farto uso de metáforas, símiles e tropos, também permite ao leitor, a partir de um contexto espácio-temporal bem concre-

---

22. James costuma usar, desde o título, alegorias como ferramentas para descrever situações humanas complexas, como atestam diversas narrativas como *A Taça de Ouro*, *As Asas da Pomba*, *A Fera na Selva*, *A Volta do Parafuso*, entre outras.

to, derivar conclusões de caráter mais universal sobre o homem e a sociedade. Essa característica faz com que a obra de Machado, no entender de Earl Fitz, faça a ponte entre "o realismo de Flaubert e o modernismo de Joyce", o que alinha o autor, no assunto e na técnica, com escritores do século XX como Marcel Proust, Thomas Mann, T. S. Eliot e Albert Camus:

> Embora possamos concordar que Machado de Assis sem dúvida faça uso de certos temas, motivos e técnicas realistas, também é claro que, no fim das contas, ele exibe todos os temas, motivos e técnicas do modernismo literário. Dentre as tendências modernistas mais evidentes de Machado podemos citar: narrativas que se concentram não na ação externa, mas na apresentação de estados íntimos da consciência; narrativas que evocam no leitor um senso de niilismo, convencionalismo e aleatoriedade que se abriga por trás da superfície ordenada (isto é, realisticamente retratada) da vida e da realidade; narrativas que desafiam a legitimidade da moral e ética burguesas, e narrativas que são formalmente inventivas, que rompem com convenções rígidas sobre o que é a "realidade" e sobre como ela mais bem pode ser reproduzida, desafiando a necessidade de estruturas de enredo lineares, baseadas em causa e efeito[23].

E, conquanto talvez seja exagerado dizer, conforme propõe Fitz, que, como alguns dos personagens de Machado "se apresentam por meio de seus comentários e ações", seu método narrativo possa ser chamado de "dramático"[24] – como o de James, nesse sentido, aliás –, é certo que o uso de narradores e narrativas não confiáveis, e do conceito de leitor implicado, determinam, como em James, uma nova forma de objetividade. Vimos que o método dramático jamesiano fundamenta-se no *showing*

---

23. Fitz, *op. cit.*, p. 21.
24. *Idem*, p. 43. E embora tenhamos visto a crítica de Machado ao romance de Macedo, onde o leitor é solicitado a enxergar as situações apenas "pela boca do narrador", que, portanto, diz ou conta, quanto devia mostrar. [Veja pp. 184, 217-218.]

(mostrar), em oposição ao *telling* (contar). A ação se desenrola, assim, na tela da narrativa como que sem interferência autoral (*telling*), presentificando-se diante dos olhos do leitor como se ocorresse por si, naquele momento. De fato, se formos rigorosos, a interferência deveria limitar-se à intromissão de um narrador onisciente, que até pode ser confundido com a figura do autor, mas não admitiria um narrador em primeira pessoa, que deveria distinguir-se dessa figura. Uma ficção, portanto, como *A Volta do Parafuso*, não poderia, metodologicamente falando, ser vista como dramática, em primeiro lugar porque a ação não é presente; ela já ocorreu, muitos anos antes. Além disso, é narrada por uma testemunha não confiável dos fatos. Como o modo "autobiográfico" apresentava problemas de outra sorte, não só de manipulação, mas relativos ao risco de ele implicar uma forma (no entender de James) frouxa, o romancista evitava-o nas narrativas mais longas[25].

Mas não se pode negar que o leitor é capaz de derivar uma objetividade mesmo de relatos bastante subjetivos, como o de *A Volta* ou do *Memorial*, apenas encarando o narrador, seja a governanta, seja Aires, como outro personagem do drama, sujeito portanto à falibilidade, como todos os demais. Machado fez uso ostensivo desse tipo de narração em seus romances pós-1880. Com as possíveis exceções de *Quincas Borba* e de *Esaú e Jacó* (não podemos esquecer que o "autor" inferido neste último romance é Aires), o escritor serviu-se de narradores que manipulam amplamente a história, que fazem questão de expor-se como autor, escolhendo e embelezando e opinando a seu bel prazer – eles empregam à farta a elipse e a digressão, dão saltos no tempo, para frente e para trás, da maneira como

---

25. Mesmo Percy Lubbock considera que a escolha da narração em primeira pessoa constitui apenas "o primeiro passo" no sentido da dramatização. Daí para o "drama puro" ou o tratamento dramático a partir do ponto de vista de uma consciência, cujo progresso o leitor acompanha (como em James), restaria um bom caminho (Lubbock, *op. cit.*, pp. 142, 251-255).

mais lhes convém. Trata-se do narrador que Gledson chamou de não confiável, ou caprichoso, na acepção de Schwarz, que incorporaria tacitamente o modo de ser e de agir da oligarquia liberal de que faz parte.

Diante da forte carga de subjetividade que o narrador empresta à narrativa, o leitor se afasta dela, acompanhando-a como que a distância, analisando a motivação do narrador em cotejo com a dos outros caracteres, tomando em consideração não apenas o que ele diz, mas ainda o que não diz e o que esconde, o que recalca e o que mente, o que ele mesmo pode não compreender. Nesse caso, também é preciso atentar para dois níveis de significação, o resultado manifesto da narrativa e o implícito. Este último pode desdobrar-se, ainda, em dois patamares de investigação: aquilo que o leitor descobre por trás das palavras do narrador e aquilo que descobre ao contrapor-se às ilações que essas mesmas palavras pretendem sub-repticiamente sugerir. Por trás das palavras de Aires, por exemplo, podemos perceber que ele pretende que Tristão tenha traído sua pátria ao naturalizar-se português. Na contraposição, descobrimos que ele não está curado das "veleidades sexagenárias", quando diz que está; que Fidélia pode não estar tão cônscia de seus "deveres" de viúva como ele crê que ela esteja, e que Tristão possa ser eximido, senão de toda a responsabilidade, ao menos de parte dela. De todo modo, o narrador volúvel e desconfiado implica um leitor igualmente atento para essa volubilidade e desconfiado com a realidade que está sendo exposta.

Além disso, cada personagem, como em James e em Flaubert, responde tanto por aquilo que ele é, individualmente, quanto por seu lugar num contexto mais amplo, em que entram em ação os mecanismos de classe, do período histórico e social que ao mesmo tempo o revelam e são por ele revelados. Independentemente da forma, dramática ou autobiográfica ou confessional, percebe-se um profundo desencanto, um grande desalento com o estádio da civilização, com as conquistas burguesas e com o progresso tecnológico. Vimos que Aires prefere a caleça ao trem, porque, com a primeira, o tempo dilatado permite-lhe atentar para os aspectos pinturescos, para a sucessão espacial que lhe proporciona o quadro externo, portanto. De igual modo, Baudelaire protesta contra a ferrovia, pois acredita que, no panorama da janela do trem, perde-se a profundidade, desencadeando, assim, a perspectiva instável e nebulosa[26].

A questão também pode ser entendida a partir da "dissonância irresoluta" apontada por Lukács para a forma do romance; ou seja, no fato de que o objeto da experiência constrói-se segundo as leis do drama, ao passo que a subjetividade que o personagem experimenta é lírica. O que ocorre então quando um herói como Strether experimenta o objeto de sua experiência (por exemplo, o seu encontro com Chad e Madame de Vionnet no campo) como algo relativo à sua subjetividade; de um modo, portanto, para usar a dicotomia de Lukács, "lírico", sem qualquer repercussão épica? Será que ele então falharia em ver a "unidade orgânica de toda a sua vida como fruto do crescimento de seu presente vivo"? Pois o que é nítido tanto no *Memorial* quanto nos *Embaixadores* é a ausência de qualquer esperança. Strether de fato supostamente toma da taça da experiência (esta é a tônica de seu discurso ao pequeno Bilham), mas ela de nada lhe serve: o herói está associado ao tempo pretérito e, portanto, encontra maior facilidade (maior do que Chad) de forjar uma aliança com Madame de Vionnet. Já no *Memorial*, a perspectiva é sempre do pretérito. Mesmo os personagens que representam a nova geração partem, perdem-se numa absoluta ausência de sentido – a não ser que o sentido seja o de reforçar a desilusão pela perda do que passou. Nada cresce nem se transforma, na realidade. Neste ponto, *Os Embaixadores* soam mais próximos de uma ideia de *continuum* (mas não de esperança), pois há algo de novo (possivelmente) representado por

---

26. Flaubert e Ruskin também emitiram seu "protesto crítico e cultural contra a velocidade", insurgindo-se contra o desenvolvimento do setor ferroviário (*apud* Oehler, 1988, pp. 340-341).

Littlle Bilham e (certamente) por Chad, ainda que esta última novidade constitua o pior dos valores, no reforço ao simulacro, que possa constituir para a vida contemporênea[27].

* * *

Os tempos modernos são tempos de olhos vazados, tempos de cegueira cognitiva, em que camadas grossas de nevoeiro interpõem-se entre o sujeito e a realidade, a qual também não se encontra mais lá. Nessa nova era inaugurada no batismo de sangue em 1848, alguns de seus intérpretes finalmente percebem que o véu faz parte da vida bipartida ou rachada, seja a do homem cara a cara com o homem (Renan), seja a da revolta do povo contra si próprio (Hugo). São tempos, enfim, em que a máscara pode cair, apenas para revelar outra máscara e, outra atrás desta, infinitas outras (Strether, ao descrever Madame de Vionnet).

A imagem da máscara, vimos, foi muita vez aplicada pelos críticos da *Revue des Deux Mondes* para explicar por que o escritor não devia deter-se nos detalhes externos, superficiais e ardilosos, mas procurar respostas para o enigma da alma. Oehler diz que o periódico serviu como porta-voz da burguesia e ele tem razão, a partir de certo momento, mas, pelo menos até o final dos anos 1850, quando a revista era, no mais das vezes, francamente contrária ao realismo, ela também se voltou contra os incultos *nouveaux riches*. De fato, mais do que os princípios burgueses, a *Revue* parece no início defender os ideais clássicos da "grande arte", a estética clássica reciclada pela perspectiva do iluminismo liberal. Mas essa estética não tinha mais lugar na nova realidade pós-1848, conforme logo perceberam os realistas – ela se ligava a um otimismo cediço, a uma crença na felicidade que agora não tinha mais sentido (Sainte-Beuve), pois se tingiu de morte, de sangue e de ódio. Enquanto passa a imperar o progresso industrial e tecnológico, com a ampliação

---

27. Ver sobre esta discussão da forma romance, Georg Lukács, 2000, pp. 126-138.

da rede ferroviária e o advento do telégrafo, enquanto as novas cidades emergidas da catástrofe passam a funcionar por meio dos signos da diversão e do engodo, a velha ordem decrépita estertora, incapaz de sobreviver. E artistas, os novos artistas que não se deixaram cooptar pela sociedade moderna, respondem com tédio e desconfiança, com pessimismo e ironia.

James e Machado, ao contrário dos realistas mais sectários, e como Flaubert ou Baudelaire, por exemplo, deram um passo além ao incorporar a dúvida, ao incorporar o véu e a máscara no interior da narrativa, enviando, através das brumas e do sonho que a sociedade sopra sobre os olhos dos seus cidadãos, o convite ao leitor para a "vida desperta", a vida por trás das palavras de ordem e além da ideologia – para, na expressão de James, "a coisa real", a coisa em si –, onde quer que ela possa ser alcançada, se é que possa.

Sabemos que os dois foram leitores da *Revue*, que a usaram como elemento de suas tramas e que comungaram em muitos de seus conceitos, a maioria dos quais dotada de um viés conservador. Mas eles também lograram ultrapassá-la, pois não desconheciam os limites do periódico. Tanto um como o outro, inclusive, mostram-na em situações em que a *Revue* conecta-se à rede do artifício ou da impostura. Sofia passou a lê-la não por causa da matéria de que trata a publicação, mas por causa daquilo que essa matéria lhe permite ser: uma respeitada dama da fina-flor carioca. A *Revue* não vale ali pelo que é, mas pela imagem de refinamento que ela transmite; pelo continente, enfim, não pelo conteúdo. Da mesma forma, James, que já a havia associado à viúva ardilosa de *Eugene Pickering*, demonstra, nos *Embaixadores*, que a revista pode adquirir diferentes significados em diferentes circunstâncias: uma coisa na sala de visitas da Nova Inglaterra, outra no *salon de lecture* de Strether e outra ainda no *boudoir* de Madame de Vionnet.

Se as coisas denotam coisas diversas dependendo do contexto, elas também perdem o poder de substância unívoca, seu significado absoluto: esse é outro fator da nova ordem que Machado e James souberam contemplar em suas obras. Elas nos são apresentadas "em relação", nunca isoladamente e nunca de modo conclusivo. Vimos como o busto engalanado de Miss Barrace se liga às cabeças de esfinge da decoração da casa da rue de Bellechasse e depois às cabeças ensanguentadas dos representantes da ordem esfacelada. Da mesma forma, o corta-papel ou espátula (*paper-knife*) de Madame de Vionnet, dentro da *Revue*, ecoa as canetas afiadas (*needle-pointed public pen*) das mulherzinhas do Postes et Télégraphes, as quais, por sua vez, se ligam às execuções públicas e às decapitações: chega-se, assim, por outra ordem de correspondências, ao mesmo ponto. Paralelamente, Strether vai montando um retrato de Madame de Vionnet, ora aristocrata, ora revolucionária, para então descobrir que, no meio de tantas máscaras, pode não haver rosto nenhum. Através da bruma, como a negra tísica com olhos esgazeados de Baudelaire, ele pode estar à procura de coqueiros que já não mais existem exceto em sua memória ou imaginação livresca. Se tudo o que almejara, porém, não passa de uma fraude, é grande o temor de que, de dentro da névoa, nada mais lhe resta ver surgir do que a horrível e imperfeita imagem de si mesmo, dividido entre dois mundos.

De modo análogo, as referências e elementos, em Machado, vão se unindo em uma complexa rede de relações mútuas. O capital de afetos com que dona Cesária pagou o "dente" botado em Fidélia liga-se ao papel-moeda com que Aires comprara seus charutos e à moldura com que a viúva enquadrara os retratos do marido e do pai mortos (convertendo a rixa do passado em imagem de harmonia) e os muitos contos estimados pela fazenda de Paraíba do Sul, que talvez venham a perder-se (convertendo a imagem da harmonia entre as classes numa provável miséria futura). Mistura-se, assim, desde o início o campo dos afetos e do dinheiro, mas com diferentes resultados em cada caso. Assim, a aposta faustiana do princípio também se conecta à reminiscência de Schumann e depois à ópera *Tannhäuser*, de Wagner (e nem é preciso dizer que o compositor já vinha implicado no nome de Tristão), que combina as esferas do amor, profano e sagrado, e sua interdependência com a morte e redenção. Puxando outra ilação, Cesária havia sugerido que havia água benta financeira bem-fadando o casamento de Tristão e Fidélia. A ideia do matrimônio, desta maneira, a um só tempo mundano e sagrado, conjumina-se com o dilema da lenda germânica, enquanto o dinheiro liga-se à capital de afetos por trás do episódio das facções políticas reconciliadas.

Sugerimos que, em vez de se superporem, as imagens, como num diário autêntico, vão se reajustando enquanto se mantêm lado a lado. Como as fotografias emparelhadas, as diferentes Fidélias, manifestas e ocultas, alinham-se como que em justaposição – uma técnica bastante moderna. É um procedimento algo diferente do logrado nos *Embaixadores*, em que a mente de Strether redispõe as imagens no modo de bonecas russas, uma dentro da outra, como as inúmeras máscaras que ocultariam a face real de Madame de Vionnet. Enquanto, em Machado, engendra-se uma rede sintagmática de imagens contíguas, dilatando o espaço, em James o mecanismo mental privilegia a redução do espaço (as imagens refletidas, fantasmais) num contínuo temporal paradigmático. Aires privilegia os espaços que podem ser vistos pela janela das caleças tiradas a burro, ligados ao passado que breve se extingue, enquanto Strether serve-se do mecanismo quase instantâneo do telégrafo, cujo elo com o futuro rouba-lhe a esperança no presente. São duas instâncias de refletir o avanço tecnológico – avanço que, num caso e no outro, tenderia a abolir as referências mais habituais do ser humano com os seus semelhantes e com seu entorno.

Em qualquer um dos casos, a forma mais garantida de apreensão da realidade se dá por meio do quadro seletivo das sugestões ou impressões, conforme já preconizara a *Revue*, e não pelo inventário exaustivo dos detalhes do contorno material, conforme defendiam muitos realistas. Mais uma vez o procedimento pode ser explicado pela crise de 1848, a cuja realidade a burguesia evadiu-se (ou, ainda, soterrou-a por meio do recalque), como Frédéric em busca de seu refúgio no paraíso artificial de Fontainebleau. Mas, por baixo do revestimento verde do quadro campestre, na própria constituição das pedras e dos troncos das árvores, retorcidos e pulsantes, oculta-se a vida; basta puxar a ponta do cenário, insinua Oehler, para que o sangue comece a ressudar. Assim também, o gesto de Fidélia de unir pai e marido no porta-retratos da sala pode esconder a impostura e o banco de pedra das Tulherias pode ocultar cadáveres. A vista precisa ajustar-se para conseguir focar, em sua real dimensão, esses aspectos miúdos, o que contribui para conferir a impressão de miopia, de que reclama o conselheiro.

Lukács fez uma observação interessante acerca de Hegel, à época d'*A Fenomenologia*. O filósofo húngaro considera as observações do alemão como desdobramento do racionalismo moderno, segundo o qual o "objeto do conhecimento pode ser conhecido por nós e na medida em que for produzido por nós mesmos"[28]. Na feérica época em que James e Machado viveram, entretanto, o objeto do conhecimento fora sequestrado ao sujeito, fora desvirtuado, modificado, posto de cabeça para baixo e de dentro para fora. Estorvava-se, enfim, o processo de cognição, pois o objeto fugia ao escrutínio seguro.

Nem James nem Machado alimentavam a confiança de que a verdade podia ser capturada pela ciência ou pelas artes. Ao contrário dos outros realistas, nutridos em Comte e Stuart Mill, ambos nutriam sérias dúvidas sobre a eficácia do conhecimento positivo. A realidade, para eles, pode ser, quando muito, abordada apenas de viés, ou como associação – ou, conforme afirma lá o conselheiro, em certa altura, não se trata de toda a realidade, nem completa, nem absoluta, nem definitiva, mas apenas a "realidade possível", consoante a prosa ou a ficção.

A imagem de James redunda na mesma ideia. Como na floresta flaubertiana, não se vê mais o sangue: ele fora como que ca-

---

28. Lukács, G., *El Joven Hegel. Apud* Hegel, *op. cit.*, X.

nalizado para trás do quadro; como na nova Paris da diversão de Haussman, ele passou a habitar o cerne invisível à vista desarmada de cada avenida e bulevar que rasgou o centro de Paris, cada monumento imponente embebido nos massacres: não é mais visto, embora se possa senti-lo, se possa farejá-lo. Seu odor move os homens e mulheres que não perderam o instinto animalesco para a caçada, como insinua o nome do logradouro onde reside Madame de Vionnet; pelo contrário, toda a civilização não conseguiu ocultá-lo, apenas reprimi-lo ou dissimulá-lo. A sugestão, o odor, é tudo o que resta – mas essa impressão evoca o pesadelo de modo infinitamente mais poderoso, com toda a força da neurose que, recalcada, dilata a culpa até torná-la insuportável.

Aclimatizados em realidade diversa, tanto o espírito pessimista quanto a nova forma literária encontraram, em James e em Machado, soluções técnicas diferentes, mas com resultado muita vez comparável. Procuramos provar que, no caso da nação periférica, a tese da traição de Fidélia não se justifica no horizonte da verossimilhança realista. Também dissemos que a ausente ostensiva nas páginas do *Memorial* é a República. Sugerimos então que as circunstâncias em torno do evento se encontram mais bem explicitadas no romance "par" deste, o *Esaú e Jacó*. Neste último, um livro em que, desde o título, subentendem-se as inter-relações metafóricas da alegoria e das correspondências simbólicas[29], Flora pode ser vista como a República no seio da qual alojam-se tanto o espírito conservador quanto o viés liberal da oligarquia, naturalmente representados pelos irmãos gêmeos Pedro e Paulo. Não se trata de uma ilação nova[30].

Também é certo que a imagem do duplo, da duplicidade externa ou interna, não é inédita, embora tenha passado a ser usada com frequência para explicar a dicotomia constitucional do ho-

---

29. Fitz afirma que os dois últimos romances de Machado são "notavelmente 'míticos'" (Fitz, *op. cit.*, p. 22).
30. Veja, por exemplo, o ensaio de 1958 de Eugênio Gomes, "O Testamento Estético de Machado de Assis", em Machado de Assis, *op. cit.*, vol. 3, pp. 1997-1120.

mem e da sociedade do pós-1848 (conforme vimos em Renan e Sainte-Beuve, por exemplo). Machado mostra que o tema já vinha acalentado desde os clássicos, ao empregar a grande dicotomia existencial do *Fausto*, de Goethe, para explicar a ambivalência de Flora em *Esaú e Jacó* ("Ai, duas almas no meu seio moram"). Interessante como o esforço por separar naturezas opostas reflete, de um lado, a luta que se armou no meio literário e nas páginas da *Revue* entre os realistas, apegados à verdade material, e os defensores da arte pura. Mas o seio em que ambos os domínios relutantemente se conjugam ainda pode ser aquele da nova burguesia industrial e financeira (ligado ao domínio material) combinado com a velha ordem que se filiava ao ideal de tipo iluminista: esta se acha acima das nuvens, o que pode implicar tanto um descompasso com o real como um olhar não obliterado pelas névoas sopradas pelos eventos 1848. Uma e outra esfera procuram se acomodar dentro do peito da República, sim, mas, na visão descrente de Machado, trata-se de uma ambiguidade insolúvel. Dilacerado e sem ter como resolver o dilema, o receptáculo faustiano termina por expirar, como a pobre Flora. Vale notar que 1904, quando o romance foi publicado, também é o ano em que veio a morrer Carolina, e a doença terminal da mulher de Machado pode ter afetado a crença do autor numa solução redentora para este romance das cousas futuras[31].

---

31. A José Veríssimo (janeiro de 1904), por exemplo, ele menciona a patologia (anemia) em cartas enviadas de Nova Friburgo, para onde o casal dirigiu-se com o objetivo de restaurar a saúde de Carolina. Em outubro, ao mesmo tempo em que estima a boa impressão que *Esaú e Jacó* causou no escritor, diz que a mulher "manda agradecer-lhe os seus desejos de boa saúde". Poucos dias depois, ela falece. Em epístolas posteriores, Machado lamenta a perda da "companheira de 35 anos" – "uma existência inteira", diz a Francisco Ramos Paz. "Foi-se a melhor parte da minha vida, e aqui estou só no mundo", escreve a Joaquim Nabuco, explicando que contava em morrer antes da mulher. Ela ainda tinha parentes que a consolariam da perda, e ele não tinha nenhum: "Aqui me fico, por ora na mesma casa, no mesmo aposento, com os mesmos adornos seus. Tudo me lembra a minha meiga Carolina" (Machado de Assis, *op. cit.*, vol. 3, pp. 1064, 1069-1071).

O dilema lembra ainda o choque, em *Tannhäuser*, entre o amor egoísta e subterrâneo de Vênus e o amor incondicional e elevado de Isabel. Sabemos quem vive essa dicotomia – Fidélia. A diferença é que o seu Pedro dela não está apenas ligado às cousas do passado ou mortas; ele está de fato morto. E, aqui, a relação entre dona Carolina e outra personagem do romance, dona Carmo, é apontada pelo próprio Machado (disse ele em carta de 8.2.1908, a Mário de Alencar: "Aproveito a ocasião para lhe recomendar muito que, a respeito do modelo de Carmo, nada confie a ninguém; fica entre nós dois"[32]). Dissemos que, nos manuscritos, o escritor trocou várias vezes o nome da viúva pelo da esposa do Aguiar, o que levou Helen Caldwell a supor que ambas seriam personificação da esposa de Machado; uma, a Carolina, jovem; a outra, a velha. A coincidência aumenta quando lembramos que Carmo tinha "vinte e tantos anos" quando nascera seu filho postiço, aproximadamente a mesma idade de Fidélia quando se casa com Tristão. Se é correto pensar que, em *Esaú e Jacó*, Flora representa a República dividida e que sua morte pode ter sido precipitada pelo estado mórbido de Carolina, no romance seguinte, a analogia com a nação recai sobre duas personagens que podem implicar o passado e o futuro do país: Carmo/Fidélia.

Um exame sobre a semântica inspirada pela ordem republicana, em *O Velho Mundo Desce aos Infernos*, mostra que não é incomum esta vir simbolizada pela figura materna ou da amante (que pode ser santa ou libertina). A adoração de Frédéric pela senhora Arnoux, símbolo da República augusta em *Educação Sentimental*, é embalada pela exaltação do amor ideal, que ele não logra, entretanto, concretizar na prática carnal (o que remete ao impasse entre as pulsões sexuais e afetivas da frase de Freud: "quando amam, não desejam, e quando desejam, não podem amar"), ainda mais porque a dama também inspira uma fantasia de incesto com a mãe[33].

32. *Idem*, p. 1086.
33. Ver Oehler, 1988, pp. 111-121 e Oehler, 2004, pp. 13-34.

Do mesmo modo que Frédéric vilipendia o amor sonhado, rejeitando-o e trocando-o pelo amor profano com Rosanette, que também é amante do senhor Arnoux, ou seja, o pai simbólico, Tristão trai a velha ordem representada por dona Carmo, possuindo de certo modo incestuosamente a nova, que não deixa de ser a mesma (já se disse que seria fácil provar que o Brasil é mais uma oligarquia absoluta do que... etc.). A nação, mais do que morrer, como se dera em *Esaú e Jacó*, agora abandona a velha ordem à própria sorte, como fizera com os escravos que anteriormente explorava. Assim como Carolina deixou Machado na mesma casa, nos mesmos aposentos, com os pertences que lembravam toda uma existência, para que ele, sozinho, sobrevivesse ao "grande golpe" ou à "grande desgraça", a nação das cousas passadas, representada por Carmo e por Aguiar, era obrigada, num estado de "orfandade às avessas", a consolar-se com a saudade de si mesma. Shelley estava errado, constata o conselheiro, no fim. A leitura já não é meramente afetiva, mas política.

No *Memorial*, não é a nova Flora introjetada em Fidélia que morre, mas sim "Pedro" e "Paulo", agora encarnados nas figuras do barão e do médico, conservador e liberal, cuja rusga relacionava-se às cousas passadas. A viúva era plenamente capaz de sobreviver ao luto, de "separar-se alegremente do extinto e do caduco" e partir para uma nova vida, que o conselheiro, como seria de esperar, desaprova[34]. Pouco antes da decisão definitiva, ele lembra a índole volúvel do novo consorte. Ao contrário do caráter fixo, tipificado, de Pedro e Paulo, ou de Santa-Pia e Eduardo, o noivo atual muda de afeições, de preferências, de opinião, inclusive política, dependendo das circunstâncias; em França, é uma coisa, na Inglaterra, outra, na Itália, ainda outra. Testemunhou a Comuna, em cujas barricadas, bombardeios, incêndios e fuzi-

---

34. Não por acaso, logo quando desponta o ano de 1889, o da proclamação da República, a que não se menciona, Aires abre seu diário com a frase que sela o destino de Fidélia e de Tristão, e do país: "Enfim, amam-se" (Machado de Assis, *op. cit.*, p. 1176).

lamentos da Paris sitiada, sentiam-se os ecos de 1848, mas sua aliança, não é difícil de adivinhar pelas palavras do conselheiro e pelo temperamento do moço, dá-se com os que defendem a ordem, o progresso e a modernidade. Nesse espírito diverso, no qual tudo se ajusta[35], só não combinam o estado antigo e qualquer ligação com o povo. Devemos lembrar que se presume que parte do moço a ideia de dar a fazenda aos escravos, livrando-se assim, de uma só tacada, de ambos os elos com o passado.

Meses depois, pouco antes da partida de Fidélia e Tristão, o conselheiro encontra o casal diante dos mostradores da rua do Ouvidor, e cobra-lhes a reconciliação com "*nossa* terra", sublinhando o pronome para indicar a ênfase empregada na fala. Sabemos que é, agora, a terceira vez que Aires usa o verbo "reconciliar", com que antes indicara o suposto desarrufo com a velhice e o gesto da viúva de unir opostos para o deleite de todos, congelando-os numa exibição mórbida na sala de estar, como o de borboletas espetadas num mostruário de curiosidades. O vidro do porta-retratos transforma-se, então, na vidraça dos mostradores, em que os signos dos tempos modernos se exibem para a nova sociedade de consumo, a qual não se preocupa com *nossas* coisas mais do que se preocupa com as antigas. Tristão não percebe ou finge não perceber (pois é "capaz da intenção e do disfarce", já dissera dona Carmo) a indireta do conselheiro; apenas olha para a consorte, "como avivando o programa da viagem que iam fazer". As alianças estão rompidas. Tristão, num espírito afim ao da burguesia pós-1848, busca a evasão, a diversão, o artifício e os objetos de consumo formosamente ostentados nas vitrines. Suas intenções, opiniões e ideais, nesse novo tempo, já não são claros nem permanentes; ao contrário, são passageiros, instáveis, oportunistas – implacáveis em sua resolução.

---

35. Como se pergunta Strether: "Did he live in a false world, a world that had grown just to suit him ...? (Vivia ele num mundo falso, um mundo criado apenas para satisfazê-lo...?)" (James, 1960, p. 223).

Na penúltima recepção na casa Aguiar, enquanto o conselheiro e o casal de velhos evitam falar das cousas velhas, preferindo as futuras, a "santa senhora" punha os olhos "inquietos" sobre Fidélia e Tristão como a lhes perguntar que "parte viriam a ter no futuro que ela e nós imaginávamos"[36]. Mais uma vez voltamos à imagem do poema de Baudelaire. Os olhos agitados de Carmo lembram o olhar desnorteado da negra. O futuro imaginado pela esposa do Aguiar não é mais real do que o passado rememorado num contexto já então incapaz de comportá-lo. Ambas procuram um lugar na nova ordem para os signos de outrora, signos que as constituem existencialmente, e não os encontram. A nova sociedade não tem olhos para as cousas passadas; seu horizonte é outro, muito mais dirigido para as mercadorias que se oferecem fulgurantes nas montras, e, nele, nem o antigo nem o miserável fazem parte. A burguesia moderna, satisfeita no consumo com que se autoabastece, prefere deixá-los órfãos, entregues à nostalgia do eu inapreensível.

Ainda na Inglaterra, no início de *Os Embaixadores*, Strether percebe o impulso da corrente moderna diante das vitrinas do comércio elegante, que ele sente serem diferentes das de Woollett. A diferença está numa regra que o herói intui ser degradante ou desmoralizante, que lhe inspira uma inédita sensação de liberdade, enquanto o obriga a "querer coisas com as quais não saberia o que fazer". E aqui não está falando meramente dos objetos refinados, como o papel de carta timbrado ou as gravatas da moda que admira nos mostradores. Há, como Strether afirma, "uma espécie de sugestão bastante assombrosa do que podia encontrar no fim do percurso", diante do que ele então se pergunta se teria voltado ali depois de tantos anos, em "um estágio já tão semelhante ao entardecer da vida, somente para ser exposto a isso?" Waymarsh, na comparação, encarna o velho cidadão puritano da Nova Inglaterra que, face aos bens de consumo, só cogita adquirir itens úteis. Strether, ao contrá-

---

36. Machado de Assis, *op. cit.*, p. 1196.

rio, sabe que há algo mais ali, algo impalpável que o comércio possibilita e que ele não tem como precisar senão em termos morais: a inadmissível falácia da liberdade engendrada por uma ordem social que o impinge a "desejar mais desejos"[37].

Nesse sentido também, o romance de James regala o leitor com umas sugestões adicionais do que viria a constituir essa sociedade de consumo, cujos protótipos mais evidentes são Maria Gostrey, com seu covil de pirata, e Jim Pocock, com sua disposição irrefreável de turista. N'*Os Embaixadores*, as pessoas se comportam como num palco e, sobre ele, interagem, exibem-se, proferem suas falas, mas escondem grande parte do saque nos bastidores. Como no comentário irônico de Strether, o que importa é o nome na capa, por mais reles que ele pareça – é a sua face para o mundo, rasa, ínfima e efêmera. Nesse grande palco armado, decerto há uma luz poderosa que desponta – e é ela, justamente, que Strether se propõe, no início, a recuperar. Chadwick Newsome precisa voltar aos Estados Unidos, para assumir uma função muito específica. Ele deve regressar para seu país natal para administrar a área de propaganda do império, ou, como Strether define: "o segredo dos negócios". Chad vai mais longe, neste último colóquio com o amigo; a arte da publicidade afetaria a venda do objeto anunciado

> de maneira extraordinária; superando realmente as nossas previsões. Quero dizer, é claro, quando é usada da maneira que, em nossa era prospérrima, ela *pode* ser usada. [...] É uma arte como qualquer outra, e infinita como todas as artes. [...] Nas mãos, naturalmente, de um mestre. [...] Com o homem certo para fazer funcionar *c'est um monde*"[38].

C'est un monde de fato. A grande força nova da "publicidade cientificamente elaborada" pode instalar-se no palco

---

37. James, 2010, p. 67.
38. *Idem*, pp. 552-553. A ideia de Chad Newsome ainda hoje ecoa nos círculos da oligarquia americana, como se percebe pela frase do magnata e *popstar* Donald Trump: "Deals are my *art form*" (*apud* Louis Menand, "Notable Quotables", em *The New Yorker*, Feb. 19 & 26, 2007).

armado como um grandioso *deus ex machina*, não exatamente pelo que é, mas pelo que representa. Chad diz tratar-se de uma "revelação", e é mesmo. Na nova sociedade hedonista que se encanta com a "utopia do consumo ilimitado", na expressão de Oehler, a infinita arte da dissimulação legitima a fantasia e multiplica a voltagem dos desejos. Além disso, na sua capacidade de fazer com que se julgue o livro precisamente pela encadernação, pode escamotear tudo, pode fazer passar todas as coisas pelo que não são, pode fazer o ridículo artigo de produção de Woollett, lamentável demais para ser mencionado (mas poderoso o bastante para mover destinos), tornar-se um objeto radiante e admirável. O mundo sólido da antiga dominação, estertorando suas últimas empáfias, dá lugar ao mundo cintilante das aparências, do gosto médio, da classe média, da falta de classe, do *kitsch*, do poder regido pelo fantasmático jogo do fetiche e pela busca incessante da imagem vazia.

Numa instância assemelhada, de corte político, Balzac já advertia para o perigo da "publicidade", que ele associava à atividade jornalística, nunca isenta, mas ligada a interesses políticos, em primeiro lugar, e mercantis, em segundo: "[É] uma loja onde se vendem ao público palavras da cor que se deseja". Em um colóquio de *As Ilusões Perdidas*, especula-se que "tudo, daqui a dez anos, há de depender da publicidade", a qual "fará reis" e "desfará monarquias". Num temor congênere ao da aristocracia, um diplomata alemão também prevê a revolta das "massas", alimentadas pelas palavras fluorescentes da publicidade, aqui vista sob um prisma formador, inadvertidamente (para o locutor) mais favorável, portanto: "Não percebem que a superioridade das massas, admitindo-se que as esclareçam, há de tornar a grandeza do indivíduo mais difícil? Que, semeando o raciocínio no coração das classes mais baixas, colherão a revolta, e que hão de ser as primeiras vítimas dela?"[39]

---

39. Balzac, 1978, pp. 174-175. Essa parte do romance, a segunda, foi publicada em 1839, menos de dez anos antes dos massacres de junho.

Na virada do século, as circunstâncias mudaram um pouco de figura. A arte da propaganda não afeta somente as vendas do objeto promovido: ela afeta extraordinariamente, como James sugere e Balzac intuíra, a própria mercadoria e os desejos do consumidor. Entretanto, na nova e espetacular era, na era do espetáculo, as palavras e as coisas não apenas se revestem de sentidos espúrios, elas também mudam de feição para agradar à massa, tornam-se atraentes para o consumo. Mesmo a catástrofe pode, assim, servir para deleitar os olhos da burguesia ávida por diversão, como vimos anteriormente no quadro descrito por Oehler, em que senhoras e senhores em excursão apreciavam os escombros da Paris destruída. E a nova Paris surgida dessas ruínas – a cidade de Haussmann, que se tornou favorita da burguesia endinheirada – aprendeu que tudo é uma questão de escamoteio, de disfarce, de engodo.

O que nem Mrs. Newsome parece compreender, ela que representa o capital industrial, é que a experiência de Chad em Paris foi mais do que significativa para a formação do filho; ela foi essencial. O moço está levando de volta aos Estados Unidos as sementes vivas da era do simulacro. Essa nova tendência não busca mais descobrir, mas esconder; não mais capturar a essência, mas exibir a aparência – e, com essa arte, com essa técnica, o próprio jogo das relações humanas muda. Nem mesmo a reivindicação dos críticos da *Revue* – que defendiam que se deve resgatar o anjo ou o demônio que se aloja por trás da máscara – goza de prestígio, nos novos tempos. Como sugeriu James, a face oculta não é a realidade, mas via de acesso para camadas e mais camadas de aparência.

Não é à toa, portanto, que Chad diz que não olvidará Madame de Vionnet: "Eu naturalmente nunca, por um instante sequer, esquecerei o que eu devo a essa mulher. Eu lhe devo tudo." E, desta feita, está sendo sincero. Ela lhe ensinou o que há para ser aprendido sobre a arte do artifício, sobre a técnica das máscaras. Representante de uma sociedade ora agônica, ela se entrega ao jogo das aparências para sobreviver no novo mundo em transformação. Chad, representante de fato do Novo Mundo, subtrai do Velho justamente as qualidades que lhe restam ostentar: a capa, o véu, a ilusão. Como Tristão e Fidélia, porém, a gratidão não passa de um *bon mot*. Strether repara que, quando o herdeiro diz que não está nem um pouco cansado de Madame de Vionnet, fala como se dissesse que não se cansa de comer cordeiro assado ao jantar.

É uma metáfora crua, mas expressa de modo cabal a situação. A nova ordem se alimenta da velha com uma voracidade saturnal[40], devora-a com uma inconsciência comparável àquela com que também se serve de um prato de carne sangrenta. A leviandade é a mesma que a sugerida por Aires, quando ironicamente afirma ao desembargador que a mocidade pode "alegremente" desfazer-se do extinto e do caduco. Nos dois casos, o contado pelo brasileiro e o contado pelo americano, de todas as dúvidas suscitadas pela "prospérrima era" (*roaring age*), que decerto provoca todo tipo de indagação, resta à lépida juventude a certeza de que abandoná-los, depois de usufruir de seu convívio, é mais do que uma consequência natural dos fatos; é um dever.

Além do mais, o próprio devorar (das imagens, das lições, dos objetos) é característica distintiva da sociedade de consumo que então surgia com toda a força. Baudelaire, no *Spleen de Paris*, já dizia que nos cafés da cidade-luz toda a história estava a serviço da glutonaria. Frédéric, que Oehler identifica como "protótipo romântico da sociedade de consumo moderno", comunga na crença de que pode possuir tudo, ao mesmo tempo: "Na época do barco a vapor, do trem, do telégrafo, quando o tempo e o espaço estão praticamente superados, a caça à felicidade não parece mais exigir nenhum esforço digno de nota: a felicidade é entregue em domicílio ao consumidor ou então ele se deixa transportar até ela como turista"[41]. Guardadas as dife-

---

40. Subverte-se, portanto, a ordem de Cronos: são os filhos que, aqui, abocanham os pais.
41. Oehler, 1988, p. 339.

renças de classe e circunstância, Frédéric, Chad e Tristão compartilham a convicção íntima de que devem buscar a felicidade a qualquer custo (mesmo que ela seja, no máximo, uma mentira belamente embalada), devem devorar o que lhes é oferecido no menor espaço de tempo e usufruir aquilo com que o desejo lhes estiver acenando. Quanto a este último quesito, talvez apenas o filho de Mrs. Newsome possa não só cumpri-lo com maior eficácia, como também anunciar-lhes os louros ilusórios com maior espalhafato.

* * *

Assim, diferentemente do que a alguns possa parecer à primeira vista, a obra de James e de Machado não reflete uma posição nem reacionária nem conservadora, pois, como é sabido, não se deve confundir a matéria retratada com o retrato que se faz dela. Ambos por certo revelam um olhar desiludido com a vida, um pessimismo que não é estranho ao pós-1848 e, nesse sentido, estão na companhia de um Heine, de um Baudelaire, de um Flaubert, que também foram acusados de misantropia[42]. Mas essa descrença no progresso, no avanço otimista da humanidade, não implica uma arte acomodada nem conivente com a impostura dos novos tempos. Pelo contrário, ao tratar de uma ordem de coisas que se espraiava, como vimos, entre dois mundos, o de lá e o de cá; entre dois universos de dominação, o antigo e o novo; e até entre duas classes, pois não esquecem os miseráveis varridos para fora do cenário elegante, eles incorporam a melancolia, o cinismo e a dúvida, junto com todos os atores e as circunstâncias do drama de sua época crepuscular, no próprio movimento da ficção.

---

42. Em carta a Mário de Alencar, datada exatamente um mês antes de sua morte, Machado diz ter relido uma página da biografia de Flaubert, onde achou "a mesma solidão e tristeza e até o mesmo mal" de que padecia (Machado de Assis, *op. cit.*, vol. 3, p. 1094).

No *Memorial*, o estado instável da época abrange um grupo de pessoas, entre banqueiros, diplomatas e fazendeiros, ligado às "cousas antigas" – para quem não resta senão a nostalgia dos tempos vividos. Do outro lado, a mocidade que os abandona, encabeçada pelo volúvel Tristão e por Fidélia, é tacitamente acusada de traição. Essa traição, porém, é duvidosa dentro dos critérios de verossimilhança. As circunstâncias do enredo, bem como a motivação dos personagens, são narradas ao leitor por um representante da velha ordem, cujas veleidades amorosas são evidentes e que, por isso, tem todas as razões para desgostar do rival e sentir-se traído pela jovem. Refinado, o personagem não acusa o casal senão na filigrana, em tênues sinais que nos permite entrever, além de outros que ele mesmo deixa inadvertidamente passar. Ao leitor cabe o julgamento do quadro matizado em que se digladiam, de forma bastante sutil, as diversas vontades, incluindo a do próprio narrador. Nessa leitura, uma das formas de entender o romance é alegórica e, assim, podem-se compreender as razões de Fidélia, personagem que se associa à jovem nação, que concilia em imagem as rusgas do passado colonial para entronizá-las no espaço do esquecimento. Ela pode, assim, descartá-las, junto com a geração velha e todos os males que esta gerou (os antigos escravos e atuais miseráveis). Em troca, consorcia-se com um legítimo representante da ordem moderna, volúvel na política, frívola nos afetos e consumista na disposição.

Não se percebe conservadorismo nessa visão – a não ser que se esteja em busca de uma obra panfletária ou de história com mensagem, o que, sem dúvida, o romance não almeja ser – mas fidelidade ao quadro e fidelidade também ao princípio que Machado já observara em suas críticas e em seu primeiro romance, *Ressurreição*, cujo interesse deveria ser gerado pelo "contraste de dois caracteres". É a partir desse contraste dentro da cena armada, em que todos os elementos entram em jogo, inclusive, quando houver, o do próprio narrador não confiável, que podemos situar-nos com respeito às motivações secretas, aos meandros da alma humana e do quadro social. É dessa mesma maneira, mas pela perspectiva dos costumes, não no espírito confessional, embora haja exceções de ambos os lados, que James elabora seus grandes painéis dramáticos, que, como a de seu desconhecido colega brasileiro, comporta uma parcela mais do que razoável de vida.

Ilumina e também, como Machado, deixa zonas escuras, aonde o olhar do leitor deve dirigir-se para, acostumando-se ao lusco-fusco, buscar as chaves para a compreensão. *Os Embaixadores*, assim como o *Memorial*, trata de cousas cediças, mas estas, agora, encontram-se no próprio cenário onde foram originalmente geradas, a Europa. É nesse palco que um medíocre editor, representante dos interesses comerciais da Nova Inglaterra, descobre tardiamente que não viveu a vida que podia ter vivido. Trata-se de um equívoco: as condições que possibilitaram aquela vida, condições forjadas no *Ancien Régime*, não existem mais; ou, se ainda existem, são tão somente na forma de vestígios ornamentais nos domicílios de seus decadentes representantes ou como simulacro, na falsa pompa da nova Paris do capitalismo internacional.

O fascínio das nações colonizadas pelas coisas europeias é natural – e, com o dinheiro dos grandes investidores, os Estados Unidos puderam amealhar e até mesmo copiar as obras do Velho Mundo, em tristes arremedos desprovidos de sentido histórico[43]; mas há outro elemento que liga o Antigo Regime ao Novo Império americano: o mecanismo do favor. Mrs. Newsome é a força centrípeta que o põe em funcionamento e que, de modo invisível mas poderoso, faz gerar a múltipla e bastante complexa engrenagem, que envolve um sistema de alia-

---

43. No caso brasileiro, Antonio Candido menciona a tensão entre as tendências localistas e cosmopolitas na literatura brasileira, em cuja dialética insere-se também o "sentimento de inferioridade que um país novo, tropical e largamente mestiçado, desenvolve em face de velhos países de composição étnica estabilizada, com uma civilização elaborada em condições geográficas bastante diferentes" (Candido, 2000, p. 110).

dos e "embaixadores". Trata-se de uma força que nasce com as grandes corporações, mas cuja inspiração ou elo reside no passado europeu. "O princípio da monarquia, banido do governo, instalou-se na indústria e nas finanças", escreveu James Bryce, enquanto Edward Bellamy observou que "as analogias entre o velho feudalismo político e o moderno feudalismo comercial são muitas" e Vanderbilt foi acusado por Charles Francis Adams, Jr. de ter instalado o "cesarismo na vida corporativas"[44].

Na nova *Ville Lumière*, bela e espelhada, o "grande salão de baile do mundo"[45], a autocracia de Mrs. Newsome entra em choque com a antiga forma de mando, da qual deriva, representada por Madame de Vionnet. E, se esta última na prática tenha perdido a liderança (simbolicamente: a cabeça), ainda resiste em suas múltiplas e equívocas manifestações. A americana por sua vez é a rainha Isabel, cujo passado de glórias coloniais faz eco não só com o novo colonialismo às avessas, mas com o novo imperialismo à moda ianque. No meio das duas, Chad Newsome emerge como uma onda ainda mais avassaladora. Servindo-se da mecânica do favor e de tirania da mãe (é de seu costume, vimos, ficar nos bastidores deixando que os outros ajam e degladiem-se por ele, em benefício dele) e do jogo artificioso de máscaras da amante, ele se prepara para gerir a "revelação" que viria a mudar tanto o mundo dos negócios quanto os próprios objetos negociados e os desejos dos consumidores: a grande arte do artifício do século XX, a propaganda.

Ainda que não seja só por isso, vê-se que James não estava alheio (na verdade, estava na frente) dos acontecimentos e das discussões de seu tempo. Como Machado, ele os incluiu no drama, dentro da arquitetura da ficção, e, eximindo-se do julgamento, como que chama o leitor para decifrá-los, para conferir-lhes

---

44. *Apud* Martin, *op. cit.*, p. 321. E Benjamin, no *exposé* de 1935, cita o *Journal des Débats* que, em 1831, reconhece que "todo industrial vive em sua fábrica como o dono de um latifúndio em meio aos escravos". Benjamin, 2002, p. 13.
45. *Apud* Oehler, 1988, p. 100.

o sentido histórico. A visão que se extrai sem dúvida não é mais animadora do que a do brasileiro, cheia de sinais de que a tensão insuportável se encontra à espreita, pouco abaixo da superfície hipoteticamente mansa, de que o sangue escorre sob o parquete bem encerado dos salões e de que o abismo ou o caos se acha bem onde não se espera encontrá-lo: num belo jardim parisiense, numa estalagem à beira de um rio ou na elegante rua do Ouvidor.

No que se refere ao quadro formal, tanto James quanto Machado, confessadamente adeptos do rigor estético, encontraram soluções artísticas que mais bem refletiriam não só o quadro humano e social de sua época, mas também o espírito da era, marcado pela dúvida, pela incerteza e pelo desencanto. Compondo no rasto da crise do narrador do pós-1848, eles foram além de qualquer escritor, em seus domínios literários, no sentido de estabelecer uma ponte entre o realismo do século XIX e o modernismo do XX. Com base, em parte, em procedimentos antirrealistas cujas sementes foram plantadas na proposta conservadora da *Revue des Deux Mondes* por uma arte ideal, eles de fato incorporaram em suas narrativas a alegoria, o uso abundante da metáfora, o gosto pela analogia simbólica, que autores posteriores viriam a utilizar com frequência. No entanto, muito além da *Revue*, evitavam qualquer confusão deplorável com a ideia de meio-termo, de confortável bom senso, de artificialismo ou preciocismo estético que a revista por vezes abraçava; ao contrário, voltaram-se sim para a expressão, mas para imprimir nela (e mostrar por meio dela) as marcas das feridas de uma sociedade alienante e brutal, feridas que se ocultam por trás das aparências e da casca das convenções e contradições sociais. Em outras palavras, ao concentrarem-se na máscara mostraram que ela é, no mais das vezes, o próprio rosto. E só isso mostra a diferença que há entre um realismo de tipo psicológico com o qual foram amiúde identificados e sua recusa por configurações ditas neutras ou imparciais da realidade; por meio de uma estratégia narrativa que privilegia as lacunas e as antinomias, as nuanças e as ambivalências, trouxeram para a cena o que é subjetivo, a mente ou a alma do ser humano, com suas mazelas e horrores implícitos, de ordem natural ou social, como pouquíssimos escritores fizeram, em sua época. E nesse processo também conjuraram suas inquietações sobre as vantagens e os limites da ficção.

Do lado das vantagens, sabiam que a arte narrativa constituía uma janela imperfeita por onde observar uma realidade que lhes parecia também imperfeita. Se os olhos combalidos da virada do século já não conseguiam enxergar através da bruma da época feérica, através do faustoso engodo da civilização moderna, apostaram que as lentes mentirosas da ficção poderiam ajudá-los a ajustar o foco e fazer com que o leitor enxergasse melhor. Não custa lembrar que a ideia de que a ficção consiste na mentira que diz a verdade não deixa de ser, aliás, bastante moderna.

Quanto aos limites, foi aí que eles se superaram. Cônscios de que a arte não é mera reprodutora da realidade, intuíram que, em seu ordenamento, regras, processos e método, ela acaba engendrando sua própria realidade, que tanto reflete quanto é refletida pela outra. James e Machado, em suma, não acreditavam no modo supostamente científico, objetivo, de fazer arte. Supunham que essa concepção era um equívoco dos realistas e naturalistas mais intensos e completos. E, em sua matéria ficcional, fizeram questão que se embutisse ali a insatisfação e com o lusco-fusco dos novos tempos. A impossibilidade de conhecer de fato a realidade fez com que lançassem mão de outros recursos, de outras técnicas, que os tornaram tão modernos – podemos citar aí, além das supracitadas, o emprego da ironia, da elipse, da fragmentação, da justaposição, o uso especial quer do espaço quer do tempo; e, no que se refere ao ponto de vista, o retrato nuançado composto de modo indireto, por intermédio das impressões e das sugestões de um narrador não confiável ou de um refletor necessariamente falhado. Se o sangue, em suma, não é mais visto em sua ficção, há decerto ali seus traços, o indício, o eflúvio inconfundível.

Pois o que é a realidade possível? É a realidade que se desmancha quando se mais a procura imitar; a realidade tocada pela dúvida e pela melancolia, ofuscada quer pelas luzes do espetáculo quer pelas brumas que recobrem o passado; é a realidade desvirtuada pela catástrofe de 1848, corrompida pelo dinheiro e pela guerra, pelo embuste e pela ambição; é a realidade que não se arvora em ser verdade, mas apenas uma verdade, perspectiva oblíqua da verdade. Não se trata mais da realidade segura de si dos triunfos napoleônicos nem do retrato lastreado no orgulho romântico do ser, tanto nas esferas sublimes quanto infernais. A nova realidade baseia-se na cisão ontológica do eu que, de fato, já estava presente em grandes obras de períodos anteriores (como o *Fausto*), a qual se soma à ruptura sentida no tecido social. Na combinação, tem-se uma realidade rachada, feita de homens igualmente cindidos, com uma parte recalcada, imersa nas sombras, que, por mecanismos sutis, faz mover os cordéis da porção iluminada. É esse território de sombra que precisa ser posto a descoberto, sob o risco de deixar ao observador tão somente a ilusão, tão somente a impostura. Por fim, trata-se de uma realidade de uma era crepuscular, não só por todos os sentidos aqui examinados – a indefinição, as meias-tintas, a obliteração ocular, a impermanência –, mas sobretudo porque se trata, como vimos também, de uma zona de limiar – geográfico, histórico, social e artístico. O crepúsculo não alude apenas ao período que antece o fim, mas também, por uma curiosa inversão de sentido, ao sinal de algo novo, indeterminado, que se aproxima no horizonte – algo que, para James e Machado, ao contrário de Hegel, não parecia nada auspicioso.

Foi essa realidade que, em suas melhores obras, tanto James quanto Machado, realistas recalcitrantes, refletiram nas lentes artificiosas da ficção, pelas quais o leitor pode espiar ou farejar. Foi ela que, impressa nos interstícios da narrativa, esboçaram ao século que mal chegaram a contemplar, um século que não por acaso começaria com uma guerra de proporções extraordinárias, digna da "prospérrima era", o primeiro conflito mundial da história.

Bibliografia

Dos Autores

JAMES, Henry. *The Ambassadors* (Editado, com introdução e notas de Leon Edel). Boston, The Riverside Press Cambridge, 1960.

_____. *Daisy Miller, Les ailes de la colombe, Les ambassadeurs.* (Tradução de respectivamente, Philippe Blanchard, 1981; Marie Tadié, 1947 e Georges Belmont, 1950). Paris, Robert Laffont, 1999.

_____. *The Art of the Novel: Critical Prefaces* (Organização e introdução de Richard P. Blackmur.) Nova York e Londres, Charles Scribner's Sons, 1937.

_____. *El Arte de la Novela.* Valparaíso, Universidad Catolica de Valparaíso, 1973.

_____. *Du Roman Consideré Comme un des Beaux-Arts.* Christian Bourgois Editeur, 1987.

_____. *Autobiography* (Editado e com introdução de Frederick W. Dupee). Nova York, Criterion Books, 1956.

_____. *Literary Criticism.* Nova York, The Library of America/Literary Classics of the United States, 1984, 2 vols.

_____. *Complete Stories: 1864-1874.* Nova York, The Library of America/Literary Classics of the United States, 1984.

_____. *Complete Stories: 1874-1884.* Nova York, The Library of America/Literary Classics of the United States, 1999.

_____. *The Turn of the Screw and Other Stories*. Oxford, Oxford University Press, 1992.

_____. *The American*. Londres, Penguin Books, 1981.

_____. *The Princess Casamassima*. Londres, Penguin Books, 1987.

_____. *The Golden Bowl*. Oxford, Oxford Univeristy Press, 1995.

_____. *A Arte do Romance: Antologia de Prefácios* (Organização, tradução e notas de Marcelo Pen). São Paulo, Editora Globo, 2003.

_____. *A Arte da Ficção*. São Paulo, Imaginário 1995.

_____. *Os Embaixadores* (Tradução, notas e comentário de Marcelo Pen). São Paulo, Cosac Naify, 2010.

_____. *Um Peregrino Apaixonado e Outras Histórias*. São Paulo, Planeta, 2005.

_____. *A Madona do Futuro* (Apresentação de Arthur Nestrovski). São Paulo, Imago, 1997.

_____. *Daisy Miller e Um Incidente Internacional* (Introdução de Onédia Pereira de Queiroz). Rio de Janeiro, Imago, 1991.

_____. *A Vida Privada e Outras Histórias* (Apresentação de Onédia Pereira de Queiroz). São Paulo, Nova Alexandria, 2001.

_____. "A Volta do Parafuso". In: MANGUEL, Alberto (org.). *Contos de Horror do Século XIX*. São Paulo, Companhia das Letras, 2005.

_____. *A Volta do Parafuso* (Prólogo de Jorge Luís Borges). Rio de Janeiro, Ediouro, 1998.

_____. *A Morte do Leão: Histórias de Artistas e Escritores* (Posfácio de José Geraldo Couto). São Paulo, Companhia das Letras, 1993.

_____. *As Asas da Pomba*. Rio de Janeiro, Ediouro, 1998.

_____. *Retrato de uma Senhora*. São Paulo, Companhia das Letras, 1997.

MACHADO DE ASSIS, Joaquim Maria. *Obra Completa* (3 volumes). Rio de Janeiro, Nova Aguilar, 2004.

_____. *Memorial de Aires*. Rio de Janeiro, Jackson Editores, 1947.

_____. *Helena*. Rio de Janeiro, Jackson Editores, 1952.

_____. *Contos Completos*. Juiz de Fora, Editora UFJF, 2003.

_____. *Bons Dias!* (Introdução e notas de John Gledson). Campinas, Editora Unicamp, 2008.

_____. *Teatro*. São Paulo, Companhia Editora Nacional, 2006.

Sobre os Autores

ANESKO, Michael. "Friction with the Market". In: *Henry James and the Profession of Authorship*. Nova York, Oxford University Press, 1986.

BEACH, Joseph Warren. *The Method of Henry James*. 2ed., Filadélfia, Albert Saifer, 1954.

_____. "The Witness of the Notebooks". In: *Forms of Modern Fiction*. Minneapolis, University of Minnesota Press, 1948.

BELLEI, Sérgio. *Theory of the Novel: Henry James*. Florianópolis, Ares, 1998.

BLACKMUR, Richard P. *Studies in Henry James*. Nova York, New Directions, 1983.

BLAIR, Sara. *Henry James and the Writing of Race and Nation*. Cambridge, Cambridge University Press, 1996

BLOOM, H (org). *Henry James* (Introdução de Harold Bloom). Nova York, Chelsea House, 1987.

BOSI, Alfredo. *Brás Cubas em Três Versões*. São Paulo, Companhia das Letras, 2006.

_____. *Machado de Assis: O Enigma do Olhar*. São Paulo, Martins Fontes, 2007.

BROCA, Brito. *Machado de Assis e a Política (Mais Outros Estudos)*. Petrópolis, Instituto Nacional do Livro, 1983.

BROOKS, Peter. *The Melodramatic Imagination: Balzac, Henry James, Melodrama and the Mode of Excess*. New Haven, Yale University Press, 1976.

CALDWELL, Helen. *O Otelo Brasileiro de Machado de Assis*. São Paulo, Ateliê Editorial, 2002.

CANDIDO, Antonio. "Esquema de Machado de Assis". In: *Vários Escritos*. São Paulo, Duas Cidades, 1995.

CARGILL, Oscar. *The Novels of Henry James*. Nova York, Macmillan, 1961.

CHALHOUB, Sidney. *Machado de Assis: Historiador*. São Paulo, Companhia das Letras, 2003.

CREWS, Frederick C. *The Tragedy of Manners: Moral Drama in the Later Novels of Henry James*. New Haven, Yale University Press, 1957.

DUPEE, F. W.(org.). *The Question of Henry James: A Collection of Critical Essays*. Nova York, Henry Holt & Co., 1945.

_____. *Henry James*. Londres, Methuen, 1951.

EDEL, Leon (ed.). *Henry James Letters* (4 vols.). Cambridge, Harvard University Press, 1974-84.

_____. *The Life of Henry* James (5 vols.). Nova York, J. B. Lippincott Co., 1953-1972.

_____. *The Prefaces of Henry James*. Paris, Jouve et Cie., 1931.

_____. *Henry James: A Life*. Londres, Collins, 1985.

_____. "Introdução" a *The Ghostly Tales of Henry James*. New Brunswick, Rutgers University Press, 1948

_____. "The Architecture of Henry James' *New York Edition*". *New England Quaterly*, 24 (June), 1951.

_____. "Introduction". In: JAMES, Henry. *The Ambassadors*. Londres, The Bodley Head, 1980.

FAORO, Raymundo. *Machado de Assis: A Pirâmide e o Trapézio*. São Paulo, Editora Nacional, 1976.

FITZ, Earl E. *Machado de Assis*. Boston, Twayne Publishers, 1989.

FORD, Ford Madox. *Henry James: A Critical Study*. Nova York, A. and C. Boni, 1915.

FREEDMAN, Jonathan (org.). *The Cambridge Companion to Henry James*. Cambridge, Cambridge University Press, 1998.

GLEDSON, John. *The Deceptive Realism of Machado de Assis*. Liverpool, Francis Cacins, 1984.

_____. "Machado de Assis between Romance and Satire: *A Parasita Azul*". In: *What's Past is Prologue: A Collection of Essays in Honour of L. J. Woodward*. Edimburgo, Scottish Academic Press, 1984.

_____. *Machado de Assis: Ficção e História*. São Paulo, Paz e Terra, 1986.

GOETZ, William R. "Criticism and Autobiography in James's Prefaces". *American Literature*, 51(3), Novembro, 1979.

GOMES, Eugênio. *Machado de Assis: Influências Inglesas*. Rio de Janeiro, Pallas, 1976.

GOODE, John (org.). *The Air of Reality: New Essays on Henry James*. London, Metheun, 1972.

GORDON, Lyndall. *A Private Life of Henry James*. Nova York, W.W. Norton & Company, 1999.

GRAHAM, Kenneth. *Henry James: A Literary Life*. Kent, MacMillan Press, 1995.

GRAHAM, Wendy. *Henry James's Thwarted Love*. Califórnia, Stanford University Press, 1999.

HARDY, Barbara. *Henry James: The Later Writing*. Plymouth, Northcote House Publishers, 1995.

KELLEY, Cornelia Pulsifer. *The Early Development of Henry James*. Urbana, The University of Illinois, 1930.

KROOK, Dorothea. *The Ordeal of Consciouness in Henry James*. Nova York, Cambridge University Press, 1962.

LE CLAIR, Robert C. *Young Henry James (1943-1870)*. Nova York, Bookman Associates, 1955.

LEVY, Leo Ben. *Version of Melodrama: A Study of The Fiction and Drama of Henry James*, Berkeley, University of California Press, 1957.

JOBIM, José Luís (org.). *A Biblioteca de Machado de Assis*. Rio de Janeiro, Topbooks, 2001.

MASSA, Jean-Michel. "Entrevista". In: *Teresa: Revista de Literatura Brasileira*, São Paulo, USP/Editora 34/Imprensa Oficial, número 6/7 (2004,2005).

MATTHIESSEN, Francis Otto. *Henry James: The Major Phase*. Nova York, Oxford University Press, 1947.

MATTHIESSEN e MURDOCK (orgs.). *The Notebooks of Henry James*. Nova York, Oxford University Press, 1947.

MERQUIOR, José Guilherme. "Gênero e Estilo nas *Memórias Póstumas de Brás Cubas*". In: Colóquio/Letras, 8 (1972).

MEYER, Augusto. "De Machado a Brás Cubas". In: *Teresa: Revista de Literatura Brasileira*. São Paulo, USP/Editora 34/Imprensa Oficial, número 6/7 (2004,2005).

MCCARTHY, Harold T. *Henry James: The Creative Process*. Nova York, Thomas Yoseloff, 1958.

MCELDERY, Bruce R. *Henry James*. Rio de Janeiro, Lidador, 1966.

MCWHIRTER, David. *Henry James's New York Edition: The Construction of Authorship*. Califórnia, Stanford University Press, 1995.

MOORE, Harry T. *Henry James*. Londres, Thames and Hudson, 1999.

NOWELL-SMITH, Simon. *The Legend of the Master*. Nova York, Charles Scribner's Sons. 1948.

PEARSON, John H. *The Prefaces of Henry James: Framing the Modern Reader.* Pennsylvania, The Pennsylvania State University Press, 1997.

POIRIER, Richard. *The Comic Sense of Henry James: A Study of the Early Novels*. Nova York, Oxford University Press, 1967.

POLLAK, Vivian R. *New Essays on "Daisy Miller" and "The Turn of the Screw"*. Cambridge, Cambridge University Press, 1993.

PORTE, Joel. *New Essays on* The Portrait of a Lady. Cambridge, Cambridge University Press, 1990

POWERS, Lyall H. *Henry James: An Introduction and Interpretation*. Nova York, Holt, Rinehart and Winston, Inc, 1970.

RIVKIN, Julie. *False Positions: The Representational Logics of Henry James's Fiction*. Stanford, Stanford University Press, 1996.

ROUANET, Sergio Paulo. "A Forma Shandiana: Laurence Sterne e Machado de Assis". In: *Teresa: Revista de Literatura Brasileira*. São Paulo, USP/Editora 34/Imprensa Oficial, número 6/7 (2004,2005).

ROBERTS, Morris. *Henry James's Criticism*. Cambridge, Harvard University Press, 1929.

RONCARI, Luiz Dagobert Aguirra. *Machado Manifesto: O Nacional e a Utopia em Machado de Assis, um Estudo sobre a Cultura Brasileira*. Dissertação de mestrado, Universidade de São Paulo, 1980.

SCHWARZ, Roberto. *Ao Vencedor as Batatas*. São Paulo, Duas Cidades/ Editora 34, 2000. (Obs.: citado como SCHWARZ, 2000a.)

_____. *Um Mestre na Periferia do Capitalismo*. São Paulo, Duas Cidades/Editora 34, 2000. (Obs.: citado como SCHWARZ, 2000b.)

_____. "Retrato de uma Senhora (O Método de Henry James)". In: *A Sereia e Desconfiado: Ensaios Críticos*. São Paulo, Paz e Terra, 1981.

SHORT, R. W. "Some Critical Terms of Henry James". In: *PMLA*, LXV (Setembro, 1950).

STEVENS, Hugh. *Henry James and Sexuality*. Cambridge, Cambridge University Press, 1998

STEVENSON, Elizabeth. *The Crooked Corridor: A Study of Henry James*. Nova York, Macmillan, 1949.

TAMBLING, Jeremy. *Henry James* (coleção *Critical Issues*). Londres e Nova York, St. Martin's Press, 2000.

TRILLING, Lionel. "A Princesa Casamassima". In: *Literatura e Sociedade*. Rio de Janeiro, Lidador, 1950.

VEEDER, William e GRIFFIN, Susan, M. (orgs.). *The Art of Criticism: Henry James and the Theory and Practice of Fiction*. Chicago, University of Chicago Press, 1986.

WARD, Joseph A. *The Imagination of Disaster: Evil in the Fiction of Henry James*. Lincoln, University of Nebraska Press, 1961.

WELLEK, René. "Henry James's Literary Theory and Criticism". *American Literature*, XXX (Novembro, 1958).

_____. "Henry James". In: *A History of Modern Criticism, 1750-1950*. New Haven, Yale University Press, 1965.

WILLEN, G. (ed.) *A Casebook on Henry James's "The Turn of the Screw"*. Nova York, Thomas Y. Crowell Co., 1960.

WILLIAMS, Merle A. *Henry James and the Philosophical Novel: Being and Seeing*. Cambridge, Cambridge University Press, 1993

WILSON, Edmund. *The Triple Thinkers*. Nova York, Oxford University Press, 1948.

WINTERS, Yvor. "Maule's Well, or Henry James and the Relation of Morals to Manners". In: *In Defense of Reason*. Denver, University of Denver Press, 1947.

WOOLF, Judith. *The Major Novels of Henry James*. Cambridge, Cambridge University Press, 1999.

YEAZELL, Ruth Bernard (org). *Henry James: A Collection of Critical Essays*. New Jersey, Prentice Hall, 1994.

ZABEL, Morton Dauwen (ed.) *The Portable Henry James*. Londres, Penguin Books, 1974.

GERAL

ADORNO, Theodor W. *Minima Moralia*. Rio de Janeiro, Azougue, 2008.

ADORNO, Theodor W. e HORKHEIMER, Max. *Dialética do Esclarecimento: Fragmentos Filosóficos*. Rio de Janeiro, Jorge Zahar, 1985.

AGOSTINHO, Santo [Aurélio Agostinho]. "Confissões". In: *Os Pensadores*. São Paulo, Abril Cultural, 1973.

ARISTÓTELES, HORÁCIO, LONGINO. *A Poética Clássica*. São Paulo, Cultrix, 1988.

AUERBACH, Erich. *Mimesis: A Representação da Realidade na Literatura Ocidental*. São Paulo, Perspectiva, 2001.

BAKHTIN, M. *Questões de Literatura e de Estética: A Teoria do Romance*. São Paulo, Hucitec, 2002.

BALZAC, Honoré de. *As Ilusões Perdidas*. São Paulo, Abril Cultural, 1978.

_____. *Louis Lambert – Les Proscrits – Jésus Christ en Flandre*. Paris, Gallimard, 1980.

BEACH, Joseph Warren. *The 20th Century Novel: Studies in Technique*. Nova York, 1932.

BENJAMIN, W. *Obras Escolhidas: Magia e Técnica, Arte e Política*. São Paulo, Brasiliense, 2008.

_____. *Obras Escolhidas II: Rua de Mão Única*. São Paulo, Brasiliense, 2000.

_____. *Obras Escolhidas III: Charles Baudelaire: Um Lírico no Auge do Capitalismo*. São Paulo, Brasiliense, 1994.

_____. *The Arcades Project*. Cambridge, Mass., Harvard University Press, 2002.

BOSI, Alfredo. *Dialética da Colonização*. São Paulo, Companhia das Letras, 1992.

BOOTH, Wayne C. *The Rhetoric of Fiction*. Chicago, The University of Chicago Press, 1979.

BROCA, Brito. *Americanos*. Campinas, Editora da Unicamp, 1998.

_____. *A Vida Literária no Brasil: 1900*. Rio de Janeiro, José Olympio Editora, 2004.

BÜRGER, Peter. "O Declínio da Era Moderna". In: *Novos Estudos Cebrap*, n° 20, março de 1988.

BURNS, E. McNall. *História da Civilização Ocidental* (2 Vols.). Porto Alegre, Editora Globo, 1959.

BURTON, Richard. *Viagem do Rio de Janeiro a Morro Velho*. Belo Horizonte, Editora Itatiaia, 1976.

CAMARGO, Kátia Aily Franco de. *A Revue des Deux Mondes: Intermediária entre Dois Mundos*. Natal, Editora da UFRN, 2007.

CANDIDO, Antonio. *Literatura e Sociedade: Estudos de Teoria e História Literária*. São Paulo, T. A. Queiroz, 2000.

_____. *Formação da Literatura Brasileira* (2 vols.). Belo Horizonte, Itatiaia, 1975.

_____. *O Romantismo no Brasil*. São Paulo, Humanitas, 2002.

CARPEAUX, Otto Maria. *História da Literatura Universal* (4 volumes). São Paulo, Leya, 2010.

CARROLL, Lewis. *Alice in Wonderland*. Hertfordshire, Wordsworth Classics, 1993.

CHATEAUBRIAND, François. *Génie du Christianisme*. Paris, Librarie Larrousse, 1936.

D'ORLÉANS, François Ferdinand Philippe Louis Marie. *Diário de um Príncipe no Rio de Janeiro*. Rio de Janeiro, José Olympio Editora, 2006.

DU VAL, Jr. T.E. *The Subject of Realism in the* Revue des Deux Mondes *(1831-1865)*. Filadélfia, University of Pennsylvania, 1936.

EDEL, Leon (org.). *A Collection of Critical Essays*. Englewoof Cliffs, Prentice-Hall, 1963.

_____. *The Psychological Novel, 1900-1950*. Nova York, J.B. Lippincott & Co., 1955.

FLAUBERT, Gustave. *Madame Bovary* (Tradução, apresentação e notas de Fúlvia M. L. Moretto). São Paulo, Nova Alexandria, 2009.

_____. *Três Contos* (Tradução e apêndice de Samuel Titan Jr. e Milton Hatoum; prefácio de S. Titan Jr.). São Paulo, Cosac Naify, 2004.

FORSTER, E. M. *Aspectos do Romance*. São Paulo, Editora Globo, 2003.

_____. *A Room With a View*. Londres, Hodder & Stoughton, 1992.

GALLO, Max. *Victor Hugo (1844-1885): Este Sou Seu*. Rio de Janeiro, Bertrand Brasil, 2006.

GIBSON, Walter. "Authors, Speakers, Readers and Mock Readers". *College English*, XI, Fevereiro, 1950.

GOETHE, Johann Wolfgang von. *Fausto: Uma Tragédia* (Primeira parte). São Paulo, Editora 34, 2004.

HAUSER, Arnold. *História Social da Arte e da Literatura*. São Paulo, Martins Fontes, 2003.

HAYES, Kevin J. *Henry James: The Contemporary Reviews*. Cambridge, Cambridge University Press, 1996.

HEGEL, George W. F. *Hegel* (série "Os Pensadores"). São Paulo, Abril Cultural, 1980.

HOLANDA, Sérgio Buarque de. *História Geral da Civilização Brasileira*. São Paulo, Difel, vol. 5, 1963.

HOMERO. *Odisseia*. São Paulo, Cultrix, 1982.

HUGO, Victor. *Os Miseráveis* (2 vols.). São Paulo, Cosac & Naify, 2002.

JAMESON, Fredric. "Realismo e Afeto". In: *Caderno de Conferências do XI Congresso da Abralic*. São Paulo, Hucitec, no prelo.

LIDDELL, Robert. *A Treatise on the Novel*. Jonathan Cape, 1947.

LIKHATCHOV, D. "Sobre el Realismo y su Definición". In: *Textos e Contextos*. Havana, Arte y Literatura, 1985.

LUBBOCK, Percy. *The Craft of Fiction*. Nova York, The Viking Press, 1976.

LUKÁCS, G. *A Teoria do Romance*. São Paulo, Duas Cidades/Editora 34, 2000.

MARCOVITCH, Jacques. *Pioneiros e Empreendedores: A Saga do Desenvolvimento no Brasil* (Vol. 1). São Paulo, Edusp, 2003.

MARTIN, Jay. *Harvests of Change: American Literature: 1865-1914*. Nova Jersey, Prentice-Hall, 1967.

MAY, Gita. "Madame Roland devant la Generation Romantique". In: *The French Review*, vol. 36, nº 5 (abril, 1963).

MELLO, Jefferson Agostini. "Literatura Comparada e Literatura de Viagem: Estratégias Ópticas". In: *Magma* (Humanitas, FFLCH-USP), nº 8, 2002-2003.

_____. *Intervenções Insulares: Açores, Santa Catarina e Malvinas: Viagens na* Revue des Deux Mondes. Florianópolis, Tese de mestrado, UFSC, 1999.

MEYER, Augusto. *Textos Críticos* (org. João Alexandre Barbosa). São Paulo, Editora Perspectiva, 1983.

MUIR, Edwin. *A Estrutura do Romance*. Porto Alegre, Editora Globo, 1975.

NIETZSCHE, Friedrich. *O Nascimento da Tragédia*. São Paulo, Companhia de Bolso, 2007.

Ousby, Ian. *Companion to Literature in English*. Ware, Wordsworth Editions, 1994.

Oehler, D. *O Velho Mundo Desce aos Infernos*. São Paulo, Companhia das Letras, 1988.

_____. *Terrenos Vulcânicos*. São Paulo, Cosac & Naify, 2004.

Penn Warren, Robert. "Faulkner: Past and Future". In: *Faulkner: A Collection of Critical Essays*. New Jersey, Prentice-Hall, 1966.

Putnam, S. *A Marvelous Journey*. Nova York, Alfred A. Knopf, 1948.

Rahv, Philip. *Image and Idea: Fourteeen Essays on Literary Themes*. Nova York, New Directions, 1949.

Sartre, Jean-Paul. *Que É a Literatura?* São Paulo, Ática, 2006.

_____. "On *The Sound and the Fury*: Time in the Work of Faulkner". In: Penn Warren, Robert. *Faulkner: A Collection of Critical Essays*. New Jersey, Prentice-Hall, 1966.

Stang, Richard. *The Theory of the Novel in England, 1850-1870*. Londres, Routledge & Kegar Paul, 1959.

Shelley, Percy Bysshe. *Selected Poems*. Nova York, Gramercy Books, 1994.

Todorov, Tzvetan. *A Literatura em Perigo*. Rio de Janeiro, Difel, 2009.

Valéry, Paul. *Variedades*. São Paulo, Iluminuras, 1991.

Vargas Llosa, Mario. *A Verdade das Mentiras*. São Paulo, Arx, 2007.

Veríssimo, José. *Homens e Coisas Estrangeiras: 1899-1908*. Rio de Janeiro, Topbooks, 2003.

Watt, Ian. *A Ascensão do Romance: Estudos sobre Defoe, Richardson e Fielding*. São Paulo, Companhia das Letras, 1996.

Williams, Raymond. *Palavras-chave (Um Vocabulário de Cultura e Sociedade)*. Rio de Janeiro, Boitempo, 2007.

Wilson, Edmund. *O Castelo de Axel: Estudo sobre a Literatura Imaginativa de 1870 a 1930*. São Paulo, Companhia das Letras, 2004.

Witham, Larry. *A City upon the Hill: How the Sermon Changed the Course of American History*. Nova York, Harper San Francisco, 2007.

Título	*Realidade Possível*
Autor	Marcelo Pen Parreira
Editor	Plinio Martins Filho
Produção editorial	Aline Sato
Capa	Tomás Martins (projeto)
	Henrique Xavier (ilustração)
Revisão	Oswaldo de Camargo
Editoração eletrônica	Daniela Fujiwara
	Fabiana Soares Vieira
Formato	12,5 x 20,5 cm
Tipologia	Times LT
Papel	Cartão Supremo 250 g/m² (capa)
	Pólen Soft 80 g/m² (miolo)
Número de páginas	360
Impressão e acabamento	Gráfica Vida e Consciência